U0487045

战国合纵连横述要

赵玉宝　王金涛
张　野　董云香　著

黑龙江人民出版社

图书在版编目(CIP)数据

战国合纵连横述要 / 赵玉宝等著. — 哈尔滨 : 黑龙江人民出版社, 2021.1 (2023.1重印)
ISBN 978 - 7 - 207 - 12377 - 0

Ⅰ. ①战… Ⅱ. ①赵… Ⅲ. ①谋略—研究—中国—战国时代 Ⅳ. ①D691

中国版本图书馆 CIP 数据核字(2021)第 022231 号

责任编辑:张 巍 孙国志
封面设计:徐 媛 滕文静

战国合纵连横述要
ZHANGUO HEZONG LIANHENG SHUYAO
赵玉宝 王金涛 张 野 董云香 著

出版发行 黑龙江人民出版社
地　　址 哈尔滨市南岗区宣庆小区 1 号楼
网　　址 www. hljrmcbs. com
印　　刷 北京一鑫印务有限责任公司
开　　本 787 × 1092 1/16
印　　张 23. 25
字　　数 370 千字
版　　次 2021 年 1 月第 1 版
印　　次 2023 年 1 月第 2 次印刷
书　　号 ISBN 978 - 7 - 207 - 12377 - 0
定　　价 88. 00 元

目　录

第一章　兼并战争的序曲：桂陵之战

提起中国的战国时代，人们常常用王夫之（明清之际的思想家）在其名著《读通鉴论》中提出的“古今一大变革之会”来描述这个时代的剧烈变化。这一时代之所以能成为历史上“变革”之际，与其所踵续的春秋时期有密切的关联。春秋时代王室衰微，权力下移，诸侯各自为政，西周的土地所有制——井田制——解体，诸侯为了在列国竞争中占据领先位置，并成为列国盟主，纷纷各自在国内加快推进土地私有化进程。从经济学观点来看，土地私有化之后，土地的产出效益会有明显的增加，而农业产值增加所导致的社会总财富的增长又会推动农业技术的革新发明、手工业的发展、大型公共工程的开展、社会结构的变化、社会思潮的产生等诸方面的社会进步。这些都为战国的社会变革提供了有力的物质、思想和文化支撑。战国社会变革跟中国古代社会后来的很多变法、改革的最大不同在于，它在政治、思想、文化等各个方面都产生了的深刻变化，这些变化为其后中国两千年的政治体制和思想文化发展构建了一个基本框架。战国变革在政治上的表现是，受“溥天之下，莫非王土；率土之滨，莫非王臣”[①]的早期王权思想的影响，春秋时代数百年的国家兼并、分裂，几个在实力上超群的大诸侯国已经不甘于从事春秋时代那种为争当霸主、控制他国而热衷战争的国家行为，其主要目的已经转变为兼并，从而统一天下。由于经济实力、武器、技术和战争目的的变化，战争形态也发生了显著的改变。对此杨宽先生有很精练的描述：

> 春秋时代的军队以“国人”（贵族的下层）为主力，乘着马车作战，人数较少，并由国君或卿大夫鸣鼓指挥，胜负常由双方用排列的车阵作战来决定，一次大战的胜负常在一二天内就分晓。战国时代实行以郡县

① 《诗经·小雅·北山》。

为单位的征兵制度,征发成年的农民作为主力,开始以步骑兵进行战斗,军队人数大增。由于锋利的铁兵器的使用,特别是远射有力的“弩”的使用,已不能用车阵作战,于是广泛采用步骑兵的野战和保卫战。作战的指挥开始成为一种专门技术,兵法开始讲求,专门指挥作战的将军和兵法家因而产生。这个变化开始于春秋晚期。①

与春秋时代相比,战国时期的战争变化不仅限于上面所提的战争形态、战争谋略、新兵器和军队数量的变化,战争的频率和持续时间也大大超过了春秋时代,而且越到后期,战争越发频仍。杨宽先生在前面曾提到春秋晚期“兵法开始讲求”,这种战争艺术或者称之为战争技术的学问在战国时期的发展呈现两个趋势:一是在春秋时期兵法基础上继续发展,成为领兵统帅的必读书目;二是借鉴兵法的精髓,如“不战而屈人之兵”,将兵法运用于战争间歇的外交联合、斗争、斡旋和妥协中。这种专门的知识和学问,需要具有特定知识基础的人来将其运用于外交之中。春秋时代的知识下移、宗法制崩坏和人员流动使社会出现了一个新的阶层——士阶层,而出于这一阶层且善于言辞论说者承担起了这一角色,后世称这些游走于列国宫廷的人为纵横家。他们在列国间纵横捭阖,合纵连横,运用出色的外交手段和诡谲的谋略以较小的代价为所服务的国家赢得了战略上的胜利。但是应该看到,纵横家能够在变乱纷杂的战国时期赢得变现自己的舞台,除了他们个人过人的才华和胆识之外,更为重要的是战国时代日益频繁的战争和统一需求。《淮南子·要略》谓:

晚世之时,六国诸侯,溪异谷别,水绝山隔,各自治其境内,守其分地,握其权柄,擅其政令。下无方伯,上无天子,力征争权,胜者为右,恃连与国,约重致,剖信符,结远援,以守其国家,持其社稷,故纵横修短生焉。

传统上所称“战国七雄”固然实力较为强劲,但在接连不断的混战和分合不定的联盟中,各国统治阶层囿于身份和自身能力,难免力有不逮,他们需要

① 杨宽:《战国史》,上海人民出版社 2003 年版,《前言》第 2 页。

一批对列国形势熟稔,且长于外交的人来辅助,因此纵横家群体便应这一需求而产生并登上了精彩的战国舞台。纵横家是在战国各国长期攻伐和多极格局中成长起来的,所以在纵横名士出场前,需要先从战国时期的大国战争开始述说。

战国时期大规模的兼并战争始于"战国七雄"格局形成之后。春秋时期,从《春秋》《左传》《史记》等典籍中可见的大小诸侯国还有一百多个,经过春秋时期的列国战争,数十个诸侯国已经被大国吞并,能侥幸在大国夹缝中生存的小国如宋、卫、郑等也是得益于小心翼翼地侍奉大国,唯大国之命是从。司马迁在《史记·太史公自序》里是这样说的:"《春秋》之中,弑君三十六,亡国五十二,诸侯奔走不得保其社稷者不可胜数。"到战国初年,又发生了两件极为重要的历史事件,即三家分晋和田氏代齐,至此齐、楚、秦、燕、赵、魏、韩七雄鼎立的政治格局正式形成。七雄鼎立局面形成之后的第一场较大规模的战争——桂陵之战,就主要发生在战国初期刚刚登上政治舞台的齐国和魏国之间。在描述这场大战之前,有必要先交代一下这两个国家在战国初年的兴起。

一、齐魏两国的崛起

(一)齐国的兴起与变法

1. 陈氏奔齐　终代姜氏

战国时代所称的齐国与春秋时代齐国的疆域大致相当,但王室并非同一家。春秋时代的齐国为姜姓,是西周初年辅佐周武王灭纣有功的太公望的封国。[①] 春秋初年,齐桓公任用管仲在国内进行行政、军事和经济方面的改革,使齐国一跃成为列国中的翘楚。对于当时齐国的国势,齐桓公曾这样自信地说道:"寡人南伐至召陵,望熊山;北伐山戎、离枝、孤竹;西伐大夏,涉流沙;束马悬车登太行,至卑耳山而还。诸侯莫违寡人。寡人兵车之会三,

---

① 周武王灭商纣之后,为了有效地管理国家,将王室子弟、贵族和功勋大臣分封到各地,给他们划分一定的土地、城邑,让其建立诸侯国,管理地方。这也是周代实行的一项重要的政治制度——分封制。齐国的开国之君太公望(又称吕尚)的国都建于营丘(今山东淄博),齐国也是周代重要的诸侯国之一。

乘车之会六，九合诸侯，一匡天下。"[1]齐桓公七年(前679年)，"诸侯会桓公于甄(属于魏国的城邑，在今山东鄄城)，而桓公于是始霸焉。"齐国正式成为春秋五霸中的首霸。但齐国的霸业在桓公死后就没有持续下去，据《史记·齐太公世家》记载，在齐桓公死后，他儿子中的五个欲继其位，纷纷结党争权，朝政陷于混乱，以致他们的父亲桓公在死后六十七天都没有下葬，桓公遗体腐败，尸虫都从门中爬了出来，一代枭雄的身后之事可说是惨不忍睹。齐桓公之后，虽然齐国仍然是大国，但其实力已然不比从前，而且国内政局阴晴不定，国君的更迭常常处于一种不正常的状态，其中有数任君主死于内部权力争斗。仅拿齐桓公死后的几位国君来说，继桓公而立的是其子无诡，但无诡刚即位三个月，宋襄公便"率诸侯兵送齐太子昭而伐齐。齐人恐，杀其君无诡"[2]，立太子昭，是为齐孝公。孝公卒，卫公子开方杀孝公之子而立孝公的弟弟潘，是为昭公。昭公死后，他的弟弟商人又杀了继位的昭公之子舍，"昭公之弟商人以桓公死争立而不得，阴交贤士，附爱百姓，百姓说。及昭公卒，子舍立，孤弱，即与众十月即墓上弑齐君舍，而商人自立，是为懿公。"[3]懿公为人非常狠毒，因为断人足、夺人妻而被属下杀掉，《左传》中是这样记述的："齐懿公之为公子也，与邴歜之父争田，弗胜。及即位，乃掘而刖之，而使歜仆。纳阎职之妻，而使职骖乘。夏五月，公游于申池。二人浴于池，歜以扑抶职。职怒。歜曰：'人夺女妻而不怒，一抶女，庸何伤？'职曰：'与刖其父而弗能病者何如？'乃谋弑懿公，纳诸竹中。"[4]王位在这样的不正常交替中，国君的权力及其对臣下的制约能力都打了很大的折扣。国君之下的卿大夫这时就有了独揽大权的机会，尤其在碰到强势的卿大夫时，权力就逐渐下移。从西周建国到春秋中期的所谓卿大夫，事实上跟各国王室都有血缘关系。根据西周的宗法制，在诸侯国内，国君为大宗，国君的嫡长子(即正室所生的长子)继承君位，其余各子封为卿大夫，所以在春秋之前，各国的卿族都属于公室(也可以叫公族)的一部分，意思就是国君的家族成员。齐国的情形也是如此。春秋中期之前，齐国的卿大夫主要是国氏、高氏等公族。从现存文献来看，他们在位时与国君并无太大矛盾，相处也算融洽。齐

① 《史记·齐太公世家》。
② 《史记·齐太公世家》。
③ 《史记·齐太公世家》。
④ 《左传·文公十八年》。

国政治格局的变化发生在齐景公时,田氏一族在政坛上的崛起。

田氏在齐国的先祖陈完是陈厉公之子。陈厉公在蔡国被杀后,陈完未能继承君位,做了陈大夫。陈宣公时,杀太子御寇,陈完恐祸及己身,于齐桓公十四年(前672年)出奔齐国。到齐国后齐桓公欲使之为卿,他坚辞不就,后来做了工正(主管城市中手工业生产)。陈完到齐国后改姓为田,这就是后来齐国田氏的由来。至于改为田姓的原因,对《史记》进行注解的学者们持有两种意见:一种是《史记集解》引应劭所云"始食菜地于田,由是改姓田氏";第二种如《史记索隐》中说的"敬仲(陈完死后谥号'敬仲',所以《史记》称其为田敬仲)奔齐,以陈田二字声相近,遂以为田氏"。根据对上古语音的构拟,陈、田二字在先秦语音中的确相近,不过是否因此改姓田,还未有更多文献的支持,只可备一说。田敬仲之后经过四世,到田僖子乞(即田乞)时,逐渐开始兴起。田乞为人颇有心计,在齐国广泛收买民心。《左传》记载他向人民借贷粮食时以自家所定的大斗借出,而收回时却是以公家的小斗来计算,以此有意让利于民。此外他还以便宜的价格向人们出售山泽土产,"山木如市,弗加于山;鱼、盐、蜃、蛤,弗加于海"。反观齐国国君景公却昏庸暴敛,滥用刑罚,当时国内"民参(三)其力,二入于公,而衣食其一。公聚朽蠹,而三老冻馁","国之诸市,屦贱踊贵"[①],大意是说国中受刑人太多,以致市场上断足人穿用的鞋子的价格高涨,而正常鞋子的行情却下跌。齐国贤臣晏婴敏锐地观察到了其中的玄机,他说:"吾弗知齐其为陈氏矣。"[②]齐景公死后,公族国、高二氏立子荼,而田乞私下联络鲍牧和诸大夫攻入公室,打败国、高二氏,另从鲁国迎立公子阳生为国君,是为齐悼公。至此,田乞"专齐政"[③]。齐悼公子简公在位时,田乞子田常与监止[④]共同辅佐简公。田常与监止两人其实相处并不和睦,监止欲联络田氏一族的田豹先下手为强除掉田常,由于田豹告密反被田常率人攻灭。齐简公出逃,在舒州(今河北大城县)被田氏擒获,旋被弑。公元前481年,田常拥立平公,自己为相,"行之五年,

---

① 《左传·昭公三年》。

② 《左传·昭公三年》。

③ 《史记·田敬仲完世家》。

④ 监止就是后来被田常所杀的子我,《史记》将子我说成是监止的"宗人",实误。子我是孔子弟子,名宰予,其名及事迹见于《论语》《史记·仲尼弟子列传》。

齐国之政皆归田常”[1]。田常把琅琊(今山东临沂)作为自己封邑,且“封邑大于平王之所食”,俨然成为一国之君。这种政治格局在田常之后几代并未有多大变化,齐君权力越来越小,甚至到齐康公时,食邑仅剩一城,这还是以奉祀先王的名义被保留下来的。公元前379年,田和正式被周天子立为“齐侯”,田氏代齐最终完成。为与之前的姜姓齐国相区别,有时也称之为田齐。

2.齐用邹忌　意欲图强

田氏列为诸侯的前后即已是战国初年,西边的魏国早已开始变法图强。齐威王执政的最初几年,接连遭遇战事失利,《史记·田敬仲完世家》称之为“诸侯并伐,国人不治”,齐国形势不容乐观。后来齐威王遇到了前来献策的邹忌和稷下先生(齐国国都临淄稷下学宫的学者,稷下位于临淄西门稷门外,齐宣公好养士,在此地成立学宫,鼎盛时有学士数百千人之多)淳于髡等人,任用他们在齐国进行改革,齐国开始扭转了衰微的态势。

同大多数中国古代的政治改革一样,齐国的改革是一次发端于君主意愿的政治变革,所以齐威王改革的措施也是改革成功的基础之一就是善于纳谏,广开言路。齐威王是一位能够采纳大臣劝谏的国君,这在《史记》等史书中多有反映。《史记·滑稽列传》就记载齐威王喜欢饮酒且无节制,淳于髡就以自己的饮酒经验委婉地劝道:“酒极则乱,乐极则悲,万事尽然。”齐威王“乃罢长夜之饮”。《战国策·齐策一》中有一篇名文,记载了邹忌以自己为喻劝谏威王纳谏,从而使得齐国言路大开:

邹忌修八尺有余,身体昳丽。朝服衣冠,窥镜,谓其妻曰:“我孰与城北徐公美?”其妻曰:“君美甚,徐公何能及公也?”城北徐公,齐国之美丽者也。忌不自信,而复问其妾曰:“吾孰与徐公美?”妾曰:“徐公何能及君也?”旦日,客从外来,与坐谈,问之客曰:“吾与徐公孰美?”客曰:“徐公不若君之美也。”明日,徐公来,孰视之,自以为不如。窥镜而自视,又弗如远甚。暮寝而思之,曰:“吾妻之美我者,私我也;妾之美我者,畏我也;客之美我者,欲有求于我也。”

于是入朝,见威王曰:“臣诚知不如徐公美,臣之妻私臣,臣之妾畏臣,臣之客欲有求于臣,皆以美于徐公。今齐地方千里,百二十城。宫

① 《史记·田敬仲完世家》。

妇左右,莫不私王;朝廷之臣,莫不畏王;四境之内,莫不有求于王。由此观之,王之蔽甚矣!”王曰:“善。”乃下令:“群臣吏民能面刺寡人之过者,受上赏;上书谏寡人者,受中赏;能谤议于市朝,闻寡人之耳者,受下赏。”令初下,群臣进谏,门庭若市。数月之后,时时而间进。期年之后,虽欲言,无可进者。

齐威王改革的成功还在于他善用人才,能做到选贤用能,突破个人的出身限制。这一点最明显地体现在任用邹忌和淳于髡上。淳于髡原为齐国一“赘婿”(赘婿在古代社会身份低微,出土文献睡虎地秦简中就有“自今以来,叚门逆旅,赘婿后父,勿令为户”的记载),但其“博闻强记,学无所主”[①]。邹忌的出身文献中没有交代,但从《新序·杂事二》中“邹忌既为齐相,稷下先生淳于髡之属七十二人,皆轻邹忌”的记载来看,似乎也不是名门望族中人。后面桂陵之战中将要出场的战国著名军事家孙膑,虽为著名军事家孙武之后,但到孙膑时,也只能说是士阶层的一员。齐威王不拘泥于传统,大胆起用出身寒门却有经世治国才能的士人,这是其改革成功的关键。齐威王不仅能够任用贤臣辅佐自己进行改革,而且他本人也非庸碌之君,具有知人、识人、赏罚分明的执政能力。《史记》记载,齐威王曾“赏一人,罚一人”,所赏的即墨大夫在朝中有很多人弹劾他,齐威王令人去即墨(今山东平度东南)调查,发现“田野辟,民人给,官无留事,东方以宁”,齐威王认为之所以有人诋毁即墨大夫,是因为他不肯以金钱贿赂自己身边的人。而被罚的阿大夫,官声甚佳,经人实地调查后发现阿(亦称“东阿”“柯”,在今山东东阿西南)这个地方“田野不辟,民贫苦”[②]。而且赵国攻甄(今山东鄄城北)的时候,阿大夫没去救援;卫国取薛陵(今山东东阿西南,薛陵在阿之西,距阿很近)的时候,他竟然一无所知。阿大夫的官声是通过向国君左右之人行贿换来的,于是威王将其连同左右受贿之人一同处以烹刑。由此可见齐威王赏罚分明,不是昏庸的君主。邹忌、淳于髡还向齐威王推荐了不少能人异士,他也都罗致帐下。有了这些治国能臣的辅弼,齐国的国力在威王时期有了很明显的起色。《说苑·臣术》中记载了这样一件事:齐威王出游瑶台,成侯卿邹

---

① 《史记·孟子荀卿列传》。

② 《史记·田敬仲完世家》。

忌前来奏事,后面跟随的车辆仪仗甚多。齐威王就问左右:"来者何为者也?"左右答曰:"成侯卿也。"威王不悦地说:"国至贫也,何出之盛也?"左右侍从答曰:"与人者有以责之也,受人者有以易之也,王试问其说。"这时邹忌到了,禀报道:"忌也。"威王没吱声。邹忌再次禀报"忌也",威王还是没回应。等到邹忌第三次禀报"忌也",威王才开口问他:"国家如此贫困,你出门的阵仗怎么这么庞大?"邹忌说:"赦其死罪,使臣得言其说。"威王说可以。邹忌接着说:"忌举田居子为西河,而秦、梁弱;忌举田解子为南城,而楚人抱罗绮而朝;忌举黔涿子为冥州,而燕人给牲,赵人给盛;忌举田种首子为即墨,而于齐足究;忌举北郭刀勃子为大士,而九族益亲,民益富;举此数良人者,王枕而卧耳,何患国之贫哉?"这件事情一方面说明邹忌有知人之能,文中所提到的田居子、田解子、黔涿子、田种首子、北郭刀勃子都能用其所长,另一方面也反映了在齐威王起用人才之后,国力迅速提升的事实,即文中所谓"秦、梁(魏国)弱""楚人朝""燕人给牲""赵人给盛"。齐国变法取得成功后,也开始向外谋求扩张土地和势力,它与周边国家的冲突便开始了。

(二)魏国的兴起与变法

1. 晋国三分　魏氏封侯

魏国列为诸侯则涉及春秋战国之际的一个极为重要的历史事件,即"三家分晋"。之所以涉及晋国,是因为魏国王室的先人原在晋国作卿大夫。晋国为周王室同宗,是周成王弟叔虞的封国,在春秋时代是一个有着举足轻重作用的中原大国。但从晋昭公时期以降,逐渐衰落,其主要表现是王权旁落,六卿专权,《史记·晋世家》称之为"六卿强,公室卑"。晋国六卿是韩、赵、魏、范、中行和智氏(亦作"知氏")六家。

随着六家势力的逐渐坐大,他们之间的矛盾加大,兼并之心开始产生。晋定公时,六家的兼并因一件看似偶然的内斗事件而发。晋定公十二年(前500年),赵鞅围困卫国,卫国因此而贡赵鞅五百家,赵鞅将这五百家暂时安置在邯郸(今河北邯郸)。三年后(前497年)赵鞅向当时封于邯郸的同宗族人赵午索要这五百家,赵午起初答应了。但回去与邯郸的父兄长老一商量又感觉不妥,于是背言。赵鞅怒而杀赵午。赵午之子赵稷等人在邯郸反叛,上军司马籍秦围邯郸。由于赵午是中行氏的荀寅的外甥,而荀寅又与范吉射有姻亲关系,所以同年七月范氏、中行氏伐赵鞅。此时,与范氏、中行氏交恶的韩氏、魏氏以及知文子等人奉晋侯之命伐范、中行二氏，二氏败走朝歌（今河南淇县），赵鞅归绛（今山西翼城东南，晋国国都）。范氏、中行氏虽逃到朝歌，但仍有一定实力，赵稷也还占据着邯郸。公元前494年，齐、卫和中山国也卷入了晋国内争，他们出兵救邯郸的赵稷与范氏。公元前492年，赵鞅围攻朝歌，荀寅出逃至邯郸，赵鞅杀范皋夷。次年，齐、卫两国围困晋国五鹿（今河北大名东）以救范氏，而赵鞅却在另一边攻下邯郸，城内的荀寅、赵稷逃走。后齐国和鲜虞（也就是中山国）送荀寅至柏人（今河北隆尧西南）。公元前490年，晋军围柏人，荀寅和范吉射再逃至齐国。至此，范氏和中行氏的势力被彻底清除。晋出公十七年（前458年），"知伯与赵、韩、魏共分范、中行地以为邑"[①]。六卿之中，范氏和中行氏首先灭亡，已有人事先做出过预测。20世纪70年代出土于山东临沂的银雀山汉简《孙子兵法·吴问》中就记载有一段吴王和孙子之间关于晋国政局的谈话。在谈话中吴王问孙子说："晋国的六大卿大夫哪个会先灭亡？哪个会守住自己的封地？"孙子回答："范、中行是（氏）先亡。""接下来是哪家？"吴王接着问。孙子答道："智是（氏）为次。"吴王又问："那再接下来呢？"孙子答曰："韩、巍（魏）为次。赵毋失其故法，晋国归焉。"吴王说："您可以给我说说其中的道理吗？"孙子说道："范氏和中行氏规定的田制，以八十步为畹（土地面积单位），以一百六十步为亩，收取两成的税，他们的田制小，养的士多，征收两成的税赋，因此公家富裕。而公家富，养士多，就会主骄臣奢，贪功好战，所以先灭亡。……（原文残缺）而韩、魏两家的田制以一百步为一畹，二百步为一亩，收取两成的税，并且同样公家富，养士多，主骄臣奢，贪功好战，但因亩制比范氏、中行氏、智氏（智氏的亩制原文残缺，此据文意推测）大一些，因此后灭亡。"孙子提到赵氏，他说："赵氏的田制，以一百二十步为畹，二百四十步为亩，公家不收税。公家贫，就养士少，主公节俭，臣子收敛，人民就会富裕，这样就能守

---

① 《史记·晋世家》。关于四家分范氏和中行氏土地的时间，本书暂主杨宽《战国史》之说。但需要指出的是，此事《史记·赵世家》记载于赵襄子四年，即公元前454年。晁福林先生认为，《晋世家》所载晋出公的在位年数与古本《竹书纪年》和《集解》所载不相吻合，不能采信，当依《赵世家》之说。晁先生认为虽然赵襄子的系年存在问题，但《史记·六国年表》将分地时间列在周贞定王十五年（前454年）之下，这个绝对年代是没有问题的，可备一说。参见晁福林《春秋战国的社会变迁》（上册），商务印书馆2011年版，第158页下注。

住封地。晋国迟早是赵氏的。”吴王说:“善。王者之道,宜以厚爱其民者也。”[①]事实上在春秋时期,六家都不同程度地改革了亩制和税制,其中韩、魏、赵三家亩制最大,而税制较低,可以说把更多的利益让渡给了民众,因此他们在晋国就能更受到民众拥戴,这也是他们能在最后的争夺中获胜的原因之一。孙子对晋国政局发展走向的判断十分准确,正如他所说,范氏、中行氏势力被清除后,下一个退出晋国政坛的就是知氏。

知氏在剩下的四卿中势力最强,但如孙子所说“主骄臣奢”,最为骄狂。《左传·定公十四年》记载,因为知氏的亲信梁婴父厌恶赵鞅的近臣董安于,向知氏进谗言,要其早除董安于,以免助赵氏成事。知氏遂逼迫赵鞅。董安于明白赵鞅的困境,最终自缢以了结此事。知氏之骄狂可见一斑。而知氏的灭亡也是由其狂妄和咄咄逼人而起。分范氏、中行氏之地后,知氏并不满足,他先后向韩氏、魏氏和赵氏索要“万室之邑”和土地。前两家知其“好利而鸷复,来请地不与,必加兵”,因此都满足了知氏的无理要求,只有赵氏回绝了知氏。因此知氏联合(可能也是逼迫)韩、魏两家伐赵。赵氏退守晋阳(今山西太原西南)。知氏等攻晋阳城三月不克,于是决晋水灌入城中。城内情况十分危急,赵氏遂派张孟谈夜见韩、魏二氏,以“唇亡齿寒”之辞告其利害,于是韩、魏答应为赵氏内应,反攻知氏。公元前453年的一天夜里,“杀守堤之吏而决水灌知伯军。知伯军救水而乱,韩、魏翼而击之,襄子将卒犯其前,大败知伯军而禽知伯”[②]。灭知氏后,三家分其地。尽管晋国王室在此后又延续了几十年,但三家分晋的格局已经形成。公元前446年,魏文侯初立。公元前403年,周威烈王列魏、赵、韩为诸侯。[③]

2. 李悝相魏　始作变法

魏国在魏文侯时期即开始了变法,也是战国时期列国中首先进行变法改革的国家。主持这场改革的是李悝,因此魏国的变法通常被称为“李悝变法”。魏文侯在任用李悝进行变法的同时,也延请和起用了一批当时的名士

---

① 银雀山汉墓竹简整理小组:《银雀山汉墓竹简(壹)》,文物出版社1985年版,释文第30页。

② 《战国策·赵策一》。

③ 由于《史记》中战国时期诸国的纪年有不少错乱,杨宽、钱穆等前辈学者已多有考证,所以本文之公元纪年如无特别说明,一律按杨宽《战国史》后所附《战国大事年表》为准。详见杨宽《战国史》,上海人民出版社2003年版,第696—722页。

来帮助谋划改革:“魏文侯师卜子夏,友田子方,礼段干木。”①其中尤以子夏名望最高。子夏为孔子高足,以“文学”著称,《史记·仲尼弟子列传》中记载:“孔子既没,子夏居西河教授,为魏文侯师。”得到了这些名士的辅助,魏国的改革在措施和路径上都很符合当时魏国的实际情况和变法目标,可以说为后来各国的变法开风气之先,具有引导性作用。从现有文献记载来看,李悝变法的政策措施十分广泛,不仅包括新农业政策的制定,而且还有诸多制度创设。

在农业政策上,李悝主要推行“尽地力之教”。所谓“尽地力之教”,就是推广新农业技术,鼓励农民在土地上精耕细作,尽可能地在土地上多收获粮食,不浪费田力。《汉书·食货志》中说:

> 李悝为魏文侯作尽地力之教,以为地方百里,提封九万顷,除山泽邑居参(叁)分去一,为六百万晦(亩)。治田勤谨则晦益三升,不勤则损亦如之。地方百里之增减,辄为粟百八十万石矣。

通过这段对田地产量具体估算的话,可见粗耕与细耕差别之大。对于精耕细作之法,史书上也有较为明确的记载。比如“必杂五种,以备灾害。力耕数耘,收获如寇盗之至。环庐树桑,菜茹有畦,瓜瓠果蓏,殖于疆场。”②李悝主张应在农田中种植多种作物,以避免单一作物在遇到灾害时颗粒无收。在种植时要深耕,并在成熟时及时抢收果实。在房屋周围种植桑树,开辟菜园,多植瓜果蔬菜,这样既满足实物需求,也能增加家庭收入。这种农业种植方法在后来的农业生产中被广泛应用,由此可见李悝推广的这些农业技术是符合魏国农业和土地现实的。魏文侯也支持李悝这种因地制宜的农业政策,认为农业耕种应该不违农时。《淮南子·人间训》曾记载有官员在年终考绩的时候上缴的财政收入是上年的三倍,于是上级为其请功。文侯看到收入增加了如此之多,感觉到很奇怪,问:“吾土地非益广也,人民非益众也,入何以三倍?”官员答道:“以冬伐木而积之,于春浮之河而鬻之。”文侯不同意这种做法,说:“民春以力耕,暑以强耘,秋以收敛,冬间无事,以伐林而

---

① 《吕氏春秋·察贤》。
② 《通典·食货二·水利田》。

积之,负轭而浮之河。是用民不得休息也。民以敝矣。虽有三倍之入,将焉用之?"魏文侯看到发展农业应该以民为本,如果不与民休息,那么作为主业的农业也会受到影响。

李悝还在魏国推行"平籴法"。平籴法是针对当时魏国"籴其贵伤民,甚贱伤农;民伤则离散,农伤则国贫",即无论粮食价格过贵或过贱都伤民的情况制定的。而当时这种状况还不止是由粮食价格的起伏造成的,公粮、赋税征收过高也导致农夫丧失种田的积极性。《汉书·食货志》记载:

> 今一夫挟五口,治田百晦,岁收晦一石半,为粟百五十石,除十一之税十五石,余百三十五石。食,人月一石半,五人终岁为粟九十石,余有四十五石。石三十,为钱千三百五十,除社闾尝新春秋之祠,用钱三百,余千五十。衣,人率用钱三百,五人终岁用千五百,不足四百五十。不幸疾病死丧之费,及上赋敛,又未与此。此农夫所以常困,有不劝耕之心,而令籴至于甚贵者也。

可见在扣除缴粮、赋税、口粮和其他必要生活支出后,农民常常入不敷出。因此针对农民赋税过重的问题,李悝出台了平籴法,宗旨在于平衡粮食价格,减轻农民的赋税负担。其主要的措施如下:

> 善平籴者,必谨观岁有上中下孰。上孰其收自四,余四百石;中孰自三,余三百石;下孰自倍,余百石。小饥则收百石,中饥七十石,大饥三十石。故大孰则上籴三而舍一,中孰则籴二,下孰则籴一,使民适足,贾平则止。小饥则发小孰之所敛,中饥则发中孰之所敛,大饥则发大孰之所敛,而粜之。故虽遇饥馑水旱,籴不贵而民不散,取有余以补不足也。

这项措施就是按照收成将好年景分为上中下三等,饥年亦如是。好年成"由官府按好年成的等级出钱籴进一定数量的余粮,坏年成由官府按照坏年成的等级平价粜出一定数量的粮食"①。因此李悝此举除了能让粮食价格稳

---

① 杨宽:《战国史》,上海人民出版社2003年版,第190页。

定,农民不致破产之外,还能在饥荒之年避免饿殍遍野的情况发生。杨宽先生认为这是后来历代王朝的均输、常平仓等办法的开端。

魏文侯为了在地方推行他的新政,任命了很多能士到地方任职,如他曾派吴起治西河、西门豹治邺、李悝治上郡、李克治中山等等,都取得了良好的效果。西门豹治邺,"引漳水溉邺,以富魏之河内"[①];吴起治西河,"与诸侯大战七十六,全胜六十四,余则钧解,辟土四面,拒地千里,皆起之功也"[②]。魏文侯能够招徕如此多的人才,与其能礼贤下士有很大关联。史载有一次田子方与魏文侯共坐,太子入见,宾客群臣皆起身致意,唯独田子方不起身,见此情形文侯与太子都不太高兴,田子方称曰:"为子起欤?无如礼何。不为子起欤?无如罪何。请为子诵——楚恭王之为太子也,将出之云梦,遇大夫工尹,工尹遂趋避家人之门中,太子下车,从之家人之门中曰:'子大夫,何为其若是?吾闻之:敬其父者不兼其子,兼其子者不祥莫大焉。子大夫,何为其若是!'工尹曰:'向吾望见子之面,今而后记子之心。审如此,汝将何之?'"[③]文侯点头称善,太子击也前诵恭王之言三遍。可见魏文侯对人才的重视和胸襟之宽广

李悝变法对中国古代政治制度的一大贡献在于制定了一部具有开创性意义的法典——《法经》。《法经》原文已经散佚。据我们目前所知,其内容共分为六篇:《盗法》《贼法》《网法》《捕法》《杂法》《具法》。《法经》涉及的内容,在《晋书·刑法志》中的记载如下:

> 悝撰次诸国法,著《法经》。以为王者之政,莫急于盗贼,故其律始于《盗贼》。盗贼须劾捕,故著《网捕》二篇。其轻狡、越城、博戏、借假不廉、淫侈、踰制以为《杂律》一篇,又以《具律》具其加减。是故所著六篇而已,然皆罪名之制也。商君受之以相秦。汉承秦制,萧何定律,除参夷连坐之罪,增部主见知之条,益事律《兴》《厩》《户》三篇,合为九篇。

从这寥寥的记载中来看,《法经》的内容主要是刑法和诉讼的内容,法律调整

---

① 《史记·河渠书》。
② 《吴子·图国》。
③ 《说苑·敬慎》。

的社会生活和行为较为单一，但从明人董说《七国考》引桓谭《新论》[①]的记载来看，应该不仅限于此：

> 魏文侯师李悝著《法经》，……《正律》略曰："杀人者诛，籍其家，及其妻氏，杀二人及其母氏。大盗戍为守卒，重则诛。窥宫者膑，拾遗者刖，曰：为盗心焉'"。其《杂律》略曰："夫有一妻二妾其刑，夫有二妻则诛；妻有外夫则宫，曰：'淫禁。'……群相居一日则问，三日、四日、五日则诛，曰：'徒禁。'丞相受金，左右伏诛；犀首以下受金，则诛；金自镒以下罚，不诛也。曰：'金禁。'"

由此可见，《法经》已经包括了很多规范民事行为的内容，而对于这些行为的规定如"夫有二妻则诛；妻有外夫则宫"则反映了礼法的要求。

魏文侯变法后，魏国的实力迅速强大起来。公元前409年，吴起为魏攻下秦国的临晋（今陕西大荔东南）、元里（今陕西澄城南）、合阳（今陕西合阳东南），占领了河西地区。其后又进攻东北面的小国中山，经过三年将其攻灭（中山后来又复国，第六章会讲到）。可见作为首先变法的国家，其收效十分显著。魏武侯时，变法的进程一度放缓，魏国的进攻态势有所收敛。到魏惠王时，由于国力的衰减，加之曾接连受到周围齐、秦等国的入侵，魏国继续了文侯时代的变法事业。公元前361年，魏将国都从地处河东的安邑（今山西夏县）迁至河内的大梁（今河南开封西北）。魏国可分为河西、河东和河内三部分，河东和河内地区由北边的上党山区相连，其大部分国土则处于河内地区。将国都迁至大梁后，既便于管理河内地区，又避免了因安邑受韩、赵、秦三国国土包围而面临的威胁。鉴于魏国不断遭受西边强邻秦国的进犯，魏国派"龙贾帅师筑长城于西边"。[②] 为了应对日益频繁和高强度的战争，魏国设立"武卒"制度。关于魏国武卒的选拔条件，《荀子·议兵》是这样描述的："魏氏之武卒，以度取之，衣三属之甲，操十二石之弩，负服矢五十个，置

---

① 杨宽先生认为这段记载是后人的伪作，但也有不少学者肯定其价值。从出土的秦律来看，法律的内容不限于刑事法条，还涵盖有农业、税赋、人身关系、货币等诸多内容。而作为秦律来源的《法经》也当不止于《晋书·刑法志》所记载的范围。在未有更多证据说明其伪造前，应肯定其真实性。

② 《水经·济水注》引《纪年》。

戈其上，冠胄带剑，赢三日之粮，日中而趋百里。”对于入选为武卒的人，魏国给予优厚的待遇，“中试则复其户，利其田宅”。魏国的武卒制度也是应战国时期军队专业化趋势的要求而设立的。另外，魏国还兴建水利工程，开鸿沟以沟通黄河与圃田泽（古湖泊名，在今河南中牟西），引黄河水灌溉农田，促进农业发展，从而增加国家税收。魏国在文侯在位的几十年中通过变法已经积蓄了很强的实力，后来再经过惠王的二次改革，实力又有所壮大。魏国将国都迁往大梁后，更加靠近东方各国。所以杨宽先生在分析魏国迁都后的形势时说：“自从魏国迁都到了大梁，战国的形势发生了重大的变化，各国间拉拢与国的活动空前活跃起来。”[①]魏惠王时期，伴随着各国的变法活动的开展或完成，各国互相兼并的野心开始膨胀。尤其是像齐、魏这样的邻国，战争更加难以避免。

二、战争序幕的开启

齐魏两国之间较大规模战争在魏文侯时期实际上就已经发生过一次，不过那一次的起因是齐国内乱，赵、魏、韩三国出兵干涉。《史记·田敬仲完世家》曰：“宣公五十一年卒（前405年），田会自廪丘（在今山东郓城县）反。”《水经·瓠子水注》引《纪年》对事情的发展记载更为详尽：晋烈公十一年（前405年），齐国国君田悼子死去，田布杀了大夫公孙孙。公孙孙的亲信公孙会[②]（即田会）见势不妙，就在廪丘起兵反叛，投奔赵国。田布当然不能坐视不理，于是发兵围攻廪丘。由于公孙会已经投奔了赵国，魏、赵、韩三国便有了借口出兵干涉，遂派翟角、赵孔屑、韩师救廪丘。与田布大战于龙泽，田布战败被俘。廪丘位于齐、魏、赵交会的地区，所以赵、魏、韩三国出兵干涉有地利之便。是役，三国大获全胜，斩获颇多，《吕氏春秋·不广》记载赵将孔屑“与齐人战，大败之。齐将死。得车二千，得尸三万”，当时尸体多得都摞成了两座高高的人堆。三国联军在大败齐军后，第二年又奉周天子之命越过了齐长城，进入齐国境内。20世纪30年代出土于河南洛阳的《羌钟》就记载了这个重要事件，现以通行文字移录如下：

---

① 杨宽：《战国史》，上海人民出版社2003年版，第302页。

② 晁福林先生认为，公孙会虽然在《史记》中名为田会，但可能是齐国旧王室姜氏的族人而非田氏一族，其姓为田可能是后来投靠了田氏。见晁福林《春秋战国的社会变迁》（上册），商务印书馆2011年版，第176—177页。

> 唯廿又再祀，羌作【戎】，厥辟韩宗（彻）【率】征秦□齐，入长城，先会于平阴，武侄寺力，□【夺】楚京，赏于韩宗，令（命）于晋公，卲（昭）于天子，用明则之于铭，武文咸烈，永世毋忘。

铭文中的韩宗彻就是《水经·汶水注》引《竹书纪年》[1]（以下简称《纪年》）中所记载的韩景子（也就是韩景侯，公元前408—前400年在位，公元前403年被周天子正式册命为诸侯。因为这时候还不是诸侯，所以只称“韩宗”），这件铜器的器主羌则是韩景子手下的将领，他率军攻破齐长城而首先到达齐国平阴（今山东平阴东北），立了头功，因而受到韩景子、晋国国君和周天子的三重嘉奖，于是铸了此钟以铭刻功绩，以示永世不忘。

赵、魏、韩三国大败齐国后没有瓜分土地，而是借由平定齐国内乱的功劳先解决他们诸侯身份的问题。公元前403年，三国将齐国国君齐康公（当时王室还是姜氏）裹挟到周天子处，请周威烈王宣布他们为诸侯。这时三家事实上已经是一方诸侯了，欠缺的就是一个程序，因此周天子也就做了个顺水人情，正式册封赵、魏、韩为诸侯。田氏列为诸侯之后（公元前386年田和列为诸侯），齐国仍不断受到魏国以及其他国家的侵袭，如公元前373年，鲁国伐齐，攻入阳关（今山东泰安南），同年魏国攻至齐国博陵（今山东茌平西北）。在被列国频繁侵扰和各国变法的刺激下，齐威王实行了变法改革，齐国实力也随之相应上升，有了与魏国抗衡的实力。齐魏间的大战也即将爆发。

齐魏之间的冲突缘起于赵国对卫国的进攻。《水经·济水注》引《纪年》记载，魏惠王十六年（公元前354年），赵国入侵卫国，占卫之漆（今河南长垣）、富丘（地望不详），并在其地筑城。卫国地处魏国与齐国之间，《史记索隐》引《纪年》说魏惠王十四年（前355年）鲁恭侯、宋桓侯、卫成侯、郑僖侯曾一起朝见魏惠王，因此在某种意义上，卫国属于魏国的势力范围，魏国自然无法容忍他国进入自己的势力范围。《战国策·秦策四》记载有位谋士向秦

① 《竹书纪年》，晋武帝时被盗贼盗发于汲郡汲县的战国魏襄王墓中，系魏国的编年体史书，因其原书于竹简，故称《竹书纪年》。所载史事上起夏、商、周三代，下迄魏襄王二十年（公元前299年）。原书已亡佚，清代以来多有学者从古书中摘出佚文汇集成辑本，称古本《竹书纪年》。

王进言时对于战争之前的形势曾有过这样描述:

> 昔者,赵氏亦尝强矣。曰赵强何若?举左案齐,举右案魏,厌案万乘之国,二国,千乘之宋也。筑刚平,卫无东野,刍牧薪采,莫敢窥东门。当是时,卫危于累卵,天下之士相从谋曰:“吾将还其委质,而朝于邯郸之君乎!”于是天下有称伐邯郸者,莫不令朝行。魏伐邯郸。

话中描述了当时赵国的气势,“举左案齐,举右案魏,厌案万乘之国,二国,千乘之宋也”,是说赵国能压制住齐、魏两国,在赵国面前,两国只不过相当于千乘之国宋国而已,当然这只是说客的夸大之辞,赵国在当时的实力不可能达到压制齐、魏两国的地步,不然后来也不至于在桂陵之战时需要齐国来帮忙了。不过接下来记述当时赵国侵卫时,卫国“危于累卵”的情形倒是符合事实的。给卫国国君献策的谋士劝其取回献给魏国的“委质”(即委贽,是呈献给朝见之国国君的礼物,以表臣服),而转投赵国。谋士接着道破了这种做法的玄机,“于是天下有称伐邯郸者,莫不令朝行”(天下要讨伐赵国的,就会很快行动起来)。而在当时,最有意愿助卫讨伐赵国的大概也只有魏国一家,由此可见魏国会为了维护自己的霸主地位和势力范围与赵国一战。

事情果然不出这位谋士所料,当年魏国便出兵伐赵。魏国出兵之后还请曾入朝朝见过自己的宋国一起发兵攻赵。宋国国君一方面安抚魏国,一面派使臣去赵国面见赵王。宋国的使臣对赵王说,魏国兵强马壮,实力雄厚,现在询问宋国能不能一同出兵攻赵,宋国是一小国,如果不从命,恐怕社稷都要不保;而如果助魏伐赵的话,又会危害到赵国,宋国亦不忍心,因此来听听赵国的意见。赵王对宋国的苦衷表示理解,他说:“夫宋之不足如梁也,寡人知之矣。弱赵以强梁(即魏国,因为魏国国都是大梁,因此魏在史书中也被称为梁),宋必不利也。则吾何以告子而可乎?”[①]赵王提到魏国强大之后对宋国同样不利,问来使有没有什么两全其美的办法,使臣说:“臣请受边城,徐其公而留其日,以待下吏之有城而已。”对于宋使提出的假意攻打一座边城的想法赵王表示同意。于是宋国举兵攻入赵境,魏王对于宋国出兵也很满意,说“宋人助我攻矣”。宋国作为一个小国,生存在强国的阴影下,只

---

① 《战国策·宋卫策》。

能小心翼翼地侍奉大国,如有不慎就将社稷不保。在这种情况下唯有施展外交手段以求得不结怨于人。宋国处理与大国关系的方法,不失为一次成功的外交策略,使其“德施于梁而无怨于赵,故名有所加而实有所归”。魏国胁迫小国宋国出兵助己,事实上也只能起到壮大声势的作用,对攻赵不可能有多少实质性帮助。

魏国出兵之后围困了赵都邯郸,《纪年》记载当时“邯郸四曀(形容天气阴而有风),室坏多死”,邯郸城内破败不堪,一片愁云惨淡的景象,可见邯郸形势危急。在这种情况下,公元前353年,赵国向东边的邻国齐国求救,齐国开始考虑出兵救赵。对于是否出兵,齐国君臣还有过一番辩论。《战国策·齐策一》记载邹忌当时反对出兵,而段干纶(《史记·田敬仲完世家》作段干朋)则认为不救赵国对齐国不利,齐君问其原因,他说:“夫魏氏兼邯郸,其于齐何利哉!”齐威王自己也认为救赵可行,于是打算派兵到邯郸城外,伺机与魏国交战,段干纶认为不可,他说:“夫救邯郸,军于其郊,是赵不拔而魏全也。故不如南攻襄陵以弊魏,邯郸拔而承魏之弊,是赵破而魏弱也。”由是可见齐国出兵的目的不单在于解邯郸之围,其更希望借此达到削弱赵、魏两国这个一石二鸟的企图。由于襄陵久攻不下,[①]公元前353年,齐威王又有意派孙膑将兵解赵国之围,孙膑认为自己是“刑余之人”(孙膑在齐国曾受到被砍掉双足之刑和脸上刺字的墨刑,第三章中会讲到),如果作为三军统帅,有损齐国之威,故推辞不就。于是齐威王“乃以田忌为将,而孙子为师,居辎车中,坐为计谋”[②]。对于接下来的战役,传世的史籍上记载较为简略,《史记·孙子吴起列传》上是这样记载的:

> 田忌欲引兵之赵,孙子曰:“夫解杂乱纷纠者不控卷,救斗者不搏撠,批亢捣虚,形格势禁,则自为解耳。今梁赵相攻,轻兵锐卒必竭于外,老弱罢于内。君不若引兵疾走大梁,据其街路,冲其方虚,彼必释赵而自救。是我一举解赵之围而收獘于魏也。”田忌从之,魏果去邯郸,与齐战于桂陵,大破梁军。

---

① 《水经·淮水注》引《纪年》曰:公元前352年,“惠成王(魏惠王)以韩师败诸侯师于襄陵”。据此推测,来年魏国败各国军队于襄陵,很可能襄陵是久攻不下,而齐国没达到以攻襄陵而解邯郸之围的目的。

② 《史记·孙子吴起列传》。

这段文字的大意是说田忌想直接去赵都救援,孙膑跟他说:“想解开杂乱纠缠的东西,要善以手来解,不能使用双拳,去拉架的人不能把自己置于其中参与打斗,要击其咽喉,攻其虚弱,这样争斗者由于形势限制,就自然解开。现在魏、赵相攻,魏国的精锐力量必然都在外面攻赵了,国内剩下的都是老弱残兵。你不如此时直接引兵攻魏国的大梁,占据交通要害,攻击他虚弱的地方,这样赵国之围自然解除,既可以解赵之围又能击败魏国。”孙膑使用避实就虚之策,以较小的代价来换取胜利。田忌依其计行事,在桂陵大破魏军。这就是历史上以“围魏救赵”而闻名的桂陵之战。至于孙膑是如何巧妙运用兵法击败魏军的,《史记》中没有交代。20 世纪 70 年代在山东临沂的银雀山汉墓中出土的汉简《孙膑兵法》中有《擒庞涓》一篇,详细描述了桂陵之战的经过,使今人了解到了桂陵之战的更多细节。

汉简《孙膑兵法》所讲述的事情经过是这样的:

魏惠王派将军庞涓率兵八万进攻邯郸,庞涓大军进至卫国的茬丘(地望不详)。庞涓是孙膑的故交,这个在第三章会讲到。齐威王这时已经决定出兵救赵,他听说魏军有八万之众,于是自己也派给田忌八万人。田忌出师之后想直接奔赴茬丘攻击魏军,军师孙膑不同意他的想法,说:“救卫是失令。”田忌问孙膑:“若不救卫,将何为?”孙膑让他去攻平陵(今山东菏泽)①,他告诉田忌,平陵这个地方虽然城邑小,但是管辖的县境却很大,人口众多,兵力甚强,是魏国东阳地区的军事重镇,很难攻取。而且平陵是个四战之地,“南有宋,北有卫,当涂(途)有市(原作‘市’,误)丘”,可以说前后左右都是魏国的势力范围,在这里齐军的粮草都得不到及时的补给。孙膑偏偏选择这样一个不利的地方进攻有其用意,他要迷惑庞涓,让其认为齐军主帅“不智(知)事”,也就是不懂得将兵之法。这是孙膑使出的第一计。等齐军快到平陵的时候,田忌召见孙膑,询问他该如何攻打平陵。孙膑没有急于排兵布阵,而是直接问田忌,都大夫中谁最不会带兵打仗。田忌告诉他是齐城(齐都临淄)和高唐(今山东高唐东)的都大夫。孙膑说:“那就赶快请派齐城、高唐二位都大夫各率所部去攻平陵吧。”接着他又对田忌说:“他们去平陵将会

---

① 平陵地望说,观点有三:一为张震泽《孙膑兵法校理》所主,认为平陵即襄陵,在今河南睢县;二为山东菏泽说,这种观点以白崇坤、仝晰纲等为代表;三为平丘说,即今河南封丘,田昌五持此说。本书取第二种观点。参见仝晰纲《桂陵之战诸问题辨析》,《史学月刊》1999 年第 3 期;田昌五《谈桂陵之战及相关诸问题》,《文史哲》1991 年第 3 期。

经过魏国的横、卷(今河南原阳西)二邑附近,这两座城外都有四通八达的环城大路,恰是敌人布阵和集结兵力的好地方。我军的后续部队保持精锐,主力部队不要分散。而齐城、高唐两部前有平陵,后有魏军沿环城大路的不断袭击,必败无疑。"于是田忌就派齐城、高唐二部兵分两路进攻平陵。结果果然不出孙膑所料,齐城、高唐二部没能攻下平陵,在路上被魏军击溃。这实际是孙膑的第二计,故意让魏军以为齐军不堪一击,以麻痹斗志。平陵之役后田忌又召见孙膑,问他:"吾攻平陵不得而亡齐城、高唐,当术而厥(蹶)。事将何为?"孙膑于是亮出了他的第三计,他让田忌派出轻车赶奔到大梁的郊外,同时将士兵分散开向魏军挑战,一则激怒魏军,二则继续向魏军示弱。至此,魏军统帅庞涓已相信齐军的实力不强,他为了急于救大梁之围,便抛弃辎重,日夜兼程地赶往大梁。齐军此时早已在桂陵[①](今河南封丘东北)等候多时,魏军一到,齐军便马上发起连续不断的进攻,魏军大败,主帅庞涓被擒[②]。齐国巧妙运用利用孙膑计谋击败魏军,暂时削弱了魏国正盛的气势。[③]

三、桂陵之后的争夺

魏国在桂陵被齐国打败后,虽然其进攻的锐气受到削弱,但实力并未受到很大损失,依然是一支强劲的军事力量。桂陵之战后,魏国在襄陵(今河南睢县西)击败齐、宋、卫联军,《水经·淮水注》引《纪年》记载:"梁惠成王十七年(前353年,与桂陵之战同年)宋景敾,卫公孙仓会齐师围我襄陵。""十八年(前352年),惠成王以韩师败诸侯师于襄陵。齐侯使楚景舍来求成。公会宋、卫之围。"对于齐、宋、卫联合攻襄陵的时间,杨宽先生认为:"魏围邯郸,赵求救于齐,齐救赵攻魏,先起兵南攻襄陵。及魏拔邯郸,齐因乘魏

---

① 关于桂陵的位置,现大致有三种说法。第一种是《史记·赵世家》之《正义》引《括地志》所云在"曹州乘氏县东北二十一里",即今山东菏泽东北;第二种观点认为在山东曹县,如顾炎武《读史方舆纪要》卷三十三;第三种观点来源于《水经·济水注》,认为桂陵在"濮渠之侧",其地大约位于今河南长垣西北,晁福林先生以为在河南封丘东北,其地域与长垣西北大致重合。本文取第三种观点,参见晁福林《春秋战国的社会变迁》(上册),商务印书馆2011年版,第213页注。

② 张震泽先生在《孙膑兵法校理》中提出"擒"在文献中有两个意思:一是俘获,二是制服。他进而认为桂陵之战中的"禽庞涓"应作制服解,而非擒获。王文涛先生则以为当作捕获解,他在分析后认为庞涓在桂陵被擒并不影响他获释归魏、再度任魏将,参加后来的马陵之战。本书以后者为是。参见王文涛《从"禽庞涓"谈"马陵之战"及其他》,《聊城大学学报》(社科版)2006年第3期。

③ 银雀山汉墓竹简整理小组编:《银雀山汉墓竹简(壹)》,文物出版社1985年版,释文第45页。

之弊,大破之于桂陵。《田世家》谓十月(公元前353年)拔邯郸,而《齐策一》作七月,可知攻襄陵在七月或十月以前。"[①]此说不确。前文已经提到过《战国策·宋策四》记载魏国在攻打赵国时,曾邀宋国国君一同举兵,宋国为避免得罪魏国,便出兵佯攻赵国一个边城。因此在魏国败于桂陵之前,宋国不大可能去协助齐国伐魏或者说倒戈助齐。据此齐、宋、卫攻襄陵应当发生在桂陵之战后。但齐国在发兵救赵后,桂陵之战前,曾单独出兵围襄陵则应是事实,不过其主帅不应是《田敬仲完世家》所说的田忌。大概由于齐出兵围襄陵救赵没有奏效,故又另派田忌、孙膑率军战桂陵。

桂陵之战前夕,魏国曾一度占领邯郸,但因中齐军之计,后来又撤出邯郸去救大梁。桂陵之役以后,魏国又重新包围邯郸,《吕氏春秋·不屈》记载"围邯郸三年而弗能取"。由于连年的围困,邯郸终于在公元前351年被魏国攻下。《战国策·魏策三》说魏国出动十万大军攻打邯郸,由此可见魏国的实力没有因为桂陵之败而有太大损失。同年,魏国还攻取了赵国的玄武(今山西高平)、濩泽(今山西沁水)[②],在三梁(今河北唐县东)胜赵军。从魏国在桂陵之战后的这些军事行动来看,其扩张的势头没有丝毫收敛的迹象,反而在不断地谋求土地。但此时魏国在与列国的战争中并非都是节节胜利。就在邯郸被魏攻破之后不久,早已在等待机会的楚国出兵占领了魏国睢水和濊水之间的土地。就在邯郸再次被魏国围困时,楚国国内对于是否派兵救赵还有过一番争论。昭奚恤跟楚王说:"大王不如别去救赵,而让魏国更强,魏国强大起来之后,必然会想割去赵国更多的土地。赵国要是不答应,就一定会坚守,这样二者就会两败俱伤。"但是景舍说:"不对。昭奚恤很不明智。魏国攻打赵国,惧怕的就是楚国从后面袭击它。如果现在不去救赵,赵国就会有灭亡之虞,而魏国没有楚的后顾之忧,就间接地等于楚国和魏一同攻赵,赵国受害必深,怎能说是两败俱伤呢?况且魏令它的士兵深入赵国,赵国出现灭亡的征兆,知道楚国不来救援,它就一定会跟魏国联手来图谋我们楚国。因此,大王不如少出兵,作为赵的援军。这样赵国依仗着有了我们的援助,就必定会和魏国作战。魏国恼怒赵国力战,但又看到楚国那点救兵不足为惧,必然不会放过赵国。这样赵、魏两损,而齐、秦两国乘机起

① 杨宽:《战国史料编年辑证》,上海人民出版社2001年版,第326页。

② 《水经·沁水注》引《纪年》。

兵来配合楚国,这样魏国就可以击破了。"[1]于是楚王采纳了景舍的提议,让他起兵救赵。魏国攻破邯郸,楚国取得了"睢、濊之间"的地盘。

银雀山汉墓中出土的《战国纵横家书》中述之更详,但内容和人物有出入。现一并摘录如下:

> □□□□【邯】郸□□□□□□□□□未将令(命)也。工(江)君奚洫曰:"子之来也,其将请师耶?彼将□□□重此□,如北兼邯郸,南必□□□□□□□□□城必危,楚国必弱,然则吾将悉兴以救邯【郸】,吾非敢以为邯郸赐也,吾将以救吾□□。"【麛】皮曰:"主君若有赐,兴□兵以救敝邑,则使臣赤(亦)敢请其日以复于□君乎?"工(江)君奚洫曰:"大(太)缓救邯郸,邯郸□□□郸。进兵于楚,非国之利也,子择其日归而已矣,师今从子之后。"(麛)皮归,复令(命)于邯郸君曰:"□□□□□□和于魏,楚兵不足侍(恃)也。"邯郸君曰:"子使,未将令(命)也。人许子兵甚俞,何为而不足侍(恃)【也】?"(麛)皮曰:"臣之□□【不足】侍(恃)者以其俞也。彼其应臣甚辨,大似有理。彼非卒(猝)然之应也。彼笥(伺)齐□□□□□□守其□□□利矣。□□□兵之日不肯告臣。然进其左耳而后其右耳,台乎其所后者,必其心与□□□□□□俞许我兵,我必列地以和于魏,魏必不敝,得地于赵,非楚之利也。故俞许我兵者,所劲吾国,吾国劲而魏氏敝,【楚】人然后举兵兼承吾国之敝。主君何为亡邯郸以敝魏氏,而兼为楚人禽(擒)戋(哉)。故筭(数)和为可矣。"邯郸君榣(摇)于楚人之许己兵而不肯和。三年,邯郸。楚人然后举兵,兼为正乎两国。若由是观之,楚国之口虽□□,其实未也。故□□应。且曾闻其音以知其心。夫?然见于左耳,(麛)皮已计之矣。[2]

虽然两篇文章的内容有出入,但从中可基本得出这样一些结论:楚国出兵的目的不是帮助解邯郸之围,楚国担心如不救赵国,赵国会反过来与魏国联合攻打自己。其实楚国更深层的想法并没有在话中说明,魏国作为新兴的强国,其风头正劲,如果楚国不对其加以制约,自己早晚也会受池鱼之殃。然

---

① 《战国策 · 楚策一》

② 马王堆汉墓帛书整理小组编:《战国纵横家书》,文物出版社 1976 年版,第 120—121 页。

而楚国又不想真正出力,只想做个姿态,如果有机会的话,就趁势在乱中取利,正如赵国使臣曨皮说的那样:“俞许我兵者,所劲吾国,吾国劲而魏氏敝,楚人然后举兵兼承吾国之敝。”因此楚国就“少出兵”,待魏国的十万大军在邯郸攻城,分身乏术之机占领魏国土地。最有意思的是,就在前一年,齐、宋、卫在襄陵被魏、韩联军打败后,建议楚王助赵攻魏的景舍还受齐侯之托去魏国求和。①

考虑到不能多线树敌和作战,魏国于公元前351年主动归还了邯郸,并在漳水与赵国结盟。《战国策·魏策三》和《战国纵横家书》第十五章都说“赵氏不割而邯郸复归”,魏国把邯郸无条件地归还给赵国并非源于楚国趁机北上掠地,更主要的原因在于魏国西部邻国秦国的崛起。

秦国原本是偏居西陲一隅的诸侯国,周孝王时其先祖因给周天子养马有功被赐予秦地作封邑。与中原地区的各诸侯国相比,其立国较晚。西周末年周幽王之乱时,秦襄公因将兵救周以及护送平王东迁有功,被列为诸侯,并“赐之岐以西之地”(即今陕西岐山以西的关中地区)。襄公之后的几位国君在任内都没与周边的中原大国发生过大的冲突,主要精力放在驱赶占领“岐以西之地”的戎狄上。秦穆公时,穆公任用百里奚、蹇叔等人,意图向东发展,但由于东邻晋国此时正处于实力最鼎盛的时期,因此几次较大的进攻都没占到太多便宜。向东虽然没有什么进展,但在另一边却颇有斩获。秦穆公多次击败周边的戎人,《史记·秦本纪》说当时秦国“益国十二,开地千里,遂霸西戎”,从土地面积上来看,已成为一个大国。秦穆公之后,秦国的势力范围也只局限于黄河以西的关中地区,与中原地区的国家交锋不多。进入战国时代之后,以魏国为代表的中原各国纷纷开始变法改革。尤其是魏国,自魏文侯时代之后,便不断与秦国争夺两国交界处的河西地区(也称西河地区,今陕西华阴以北,黄龙以南,洛河以东,黄河以西的地区)。河西之地原为大荔等西戎部族之地,公元前461年,秦国出兵占领了大荔的国都(今陕西大荔东南)之后,逐渐控制了河西地区。河西地区由于地处黄河之滨,土地富饶,又是魏国进入秦国腹地的必经之地,如果占领了河西之地,就可在黄河左岸取得立足之地,无论攻或守都极为便利,因此秦魏两国数十年的争夺就围绕这块土地展开。《六国年表》记载秦灵公八年(前417年,为魏

① 《水经·淮水注》引《纪年》。

文侯二十九年)“城堑河濒”,在黄河沿岸修筑城墙,显然是防备魏国的进攻。秦灵公十年(前415年),“补庞,城籍姑”,意即修补庞的城墙,在籍姑筑城。庞的地望不详,籍姑,据《秦本纪》正义引《括地志》可知在今黄河左岸的陕西韩城北面。秦国接连在靠近魏国的黄河沿岸地区修筑城池,可以推知秦国已经感受或者说察觉到魏国西侵的意图。后来的事实证明秦国的未雨绸缪并非杞人忧天。公元前409、408两年,魏国接连伐秦,占领秦国的临晋(今陕西大荔东南)、元里(今陕西澄城南)、洛阴(今大荔西南)、合阳(今陕西合阳东南)四地,突入至腹地郑(今陕西华县),并在这些地方筑城(其作用一为固守,防秦国反攻;其二作为进攻基地)[①]。公元前408年,秦国退据洛水,并在洛水旁修筑重泉城(今陕西蒲城东南)。到秦惠公时,情况似乎有了一些转机,秦国表现出了一些积极进攻的动向。秦惠公九年(前391年),秦伐韩国宜阳(今河南宜阳西),取六邑;翌年,与魏国在武城交战(今陕西华县东),并“县陕(今河南三门峡西)”[②]。武城为河西之地,而陕则在黄河以东,可知秦国已经越过河西攻入了魏国腹地,并小有斩获。公元前389年,秦又入侵魏国的阴晋(今陕西华阴东南)。总的来说,秦国在秦惠王时期在与魏国对河西之地的争夺中稍微扭转了以往被动的局面。不过经过变法的魏国毕竟实力强劲,不可能轻易接受国土被侵占的事实。公元前385年,魏国利用秦国君出子去世后国内政局不稳的空隙,出兵夺回先前被秦国占领的河西之地。

继出子即位的秦献公是秦国历史上具有转折性意义的国君。出子去世时,献公还在魏国河西,因此他是从魏国的河西归国即位的。在魏国生活期间秦献公目睹了变法对魏国面貌的改变,可以说对变法他有着切身感受,所以即位后秦献公也着手准备在秦国推行改革。他在位期间,颁布了“止从死”(废除人殉制度)、迁都栎阳(今陕西凤翔县南)、“初行为市”(鼓励商业活动)等政策,使秦国的面貌发生了不小的变化。秦献公也一直对与魏国争夺河西之地的事情念念不忘,因此秦魏之间又开始了对河西之地新一轮的争夺。

---

① 杨宽先生认为河西之地此时全部为魏国所占。见杨宽《战国史料编年辑证》,上海人民出版社2001年版,第167页。

② 《史记·六国年表》。

公元前 366 年,魏国在河西的武堵(《六国年表》作“武都”,今陕西华县东)筑城,秦出兵击魏,魏败。接着在武堵吃了亏的魏国与韩国联合进攻秦国,又被秦败于洛阴(今陕西大荔东南)。在河西击败魏国的秦国在两年后即公元前 364 年进入黄河以东的魏国河东地区,在石门(今山西运城西南)与魏国交战。这场战役的规模很大,秦国再次大胜魏国,《史记·秦本纪》记载秦军“斩首六万”。这件事对当时的各国震动很大,以致周天子都赐秦王黼黻以致贺,并赐予秦献公“伯”的称号。次年秦国又进攻魏国的少梁(今陕西韩城西南),想一鼓作气拿下河西全境,不过由于赵国出兵救魏,秦国才没有得手[①]。然而又过了一年即公元前 362 年,秦国趁魏国甫与韩、赵联军在浍水北岸大战结束之机,再次伐魏国的少梁,败魏,俘虏其主帅公孙痤。但这次秦军没有在少梁停留多久,战事结束后便撤退了(后来秦国还曾多次进攻少梁,可证)。至于撤军的原因,可能由于这是秦国的一次试探性进攻,或者当时秦国虽然逐渐兴起,但其整体实力仍不足以与魏国相抗衡,无法在少梁长期立足。二者中又以后者最有可能。

那么为何秦国屡次跟魏国在少梁城这个地方拉锯争夺不已呢?少梁原是周代小封国梁国的封邑[②],公元前 641 年,梁国灭于秦国[③],少梁之地纳入秦国版图。由于少梁紧靠黄河左岸,距其不远,北有籍姑、繁庞,南有合阳,是黄河左右岸的交通要津,因此也成了战略要地,无论秦国东进还是晋国西入,少梁都是一个必须控制的城邑。也正因如此,少梁很早就成了两国争夺的焦点。秦康公四年(前 617 年),晋国从秦国手中夺取少梁。三家分晋后,秦魏对于少梁的争夺更甚。秦灵公六年(前 419 年),魏在少梁筑城,“秦击之”[④],翌年,秦又与魏在少梁发生交战。这些战争的发生足可证明少梁战略位置之重要。

秦献公去世后,其子秦孝公即位。即位后三年,任命商鞅主持变法。商鞅变法无论从内容还是效果来看都远胜其他国家,因此秦国的国力上升非

---

① 《史记·赵世家》。

② 梁国国君称“梁伯”,于省吾《商周金文录遗》中收有《梁其钟》《梁其鼎》。

③ 《史记·秦本纪》此事记在秦穆公二十年(前 642 年)。雷学淇认为“亡在十九年之冬,而取在二十年也。”见陈槃《春秋大事表列国爵姓及存灭表撰异》(上册),上海古籍出版社 2010 年版,第 415 页。

④ 《史记·秦本纪》。

常之明显。有了实力作为后盾,秦国扩张的势头更加超越于前,它对魏国河西地区的争夺也在加紧准备。魏国对此亦有所察觉,并做出了相应的对策。《水经·济水注》引《纪年》记载,魏惠王十二年(前358年)龙贾率师筑长城于西边。此段长城起自河南原阳西,经原阳东南,向西南折向河南密县东北。公元前355年,将军龙贾又在阳池(今河南原阳)筑城(《元和郡县图志》引《纪年》)。这两次修筑行动都发生在魏国新都大梁的西北方向,反映了魏国防备西边秦国和北方赵国的战略意图,其中主要防备的还是秦国,原因有二:龙贾率师筑长城一事,《淮南子·说林训》说"秦通崤塞而魏筑城也",可见修筑长城是对秦国东进的因应之策;第二,魏国曾与赵国在公元前362年发生过浍之战等几次战争,后来又和赵国交换土地,总体而言对赵国采取的是又拉又打的政策。[1] 魏国自己设定的主要对手不是赵国,而是齐、秦两国。魏国的防备工作刚刚开始,秦国的进攻就开始了。公元前354年,秦国与魏国战于元里(今陕西澄城南),并继公元前362年之后再一次攻克少梁。公元前352年,乘着魏国在东边与齐、赵等国鏖战,秦国进一步越过黄河,此时已是秦国大良造的商鞅亲自率军攻击魏国旧都安邑(今山西夏阳西北),安邑守军出降。由于无法固守,占领安邑后不久秦军就从安邑撤军。[2] 公元前351年,商鞅领兵围固阳(今内蒙古固阳北),固阳守军出降。秦国连年对魏国的河西乃至河东之地用兵,其对魏国的主动进攻态势已十分明显,而魏国连续几年在东线与齐国等国处于交战状态,如果持续地进行两线作战,对于魏国来说势必难以招架。因此魏国在公元前351年左右东线击败齐、赵等国之后,很快抓住这个有利时机,与齐、赵媾和,归还邯郸给赵国,以此减轻东线的压力。魏国在东线战事结束后,便全力对付秦国。公元前350年,魏国出兵还击秦国,攻定阳[3](今陕西延安东南),显示了魏国在经历几年战争后依然强大的军事实力,也在一定程度上遏阻了秦国刚刚开始的扩张势头。

---

① 晁福林:《春秋战国的社会变迁》(上册),商务印书馆2011年版,第208页。

② 撤军一事为推测。公元前340年,商鞅说秦孝公伐魏前谓:"秦之与魏,譬若人之有腹心疾,非魏并秦,秦即并魏。何者?魏居领厄之西,都安邑,与秦界河而独擅山东之利。利则西侵秦,病则东收地。今以君之贤圣,国赖以盛。而魏往年大破于齐,诸侯畔之,可因此时伐魏。魏不支秦,必东徙。"可见直到公元前340年安邑还是属于魏国所有。晁福林:《春秋战国的社会变迁》(上册),商务印书馆2011年版,第216页。

③ 《战国策·齐策五》:"昔者魏王拥土千里,带甲三十六万,其强而拔邯郸,西围定阳。"

定阳之战的同年，秦孝公与魏惠王相会于彤（今陕西华县西南），这是两国和好的一次外交会面。接下来的几年中，魏秦两国没有发生大的战事。秦国从公元前 359 年开始的第一阶段变法实行了奖励军功的政策后，直接激发了军队士卒的战斗热情，这也是秦国在短短几年间能够显示出对魏国等东方邻国积极进攻态势的原因。随着商鞅变法的深入进行，秦国的实力在快速上升，它很快将成为东方各国的强劲对手。

第二章　魏国之盛:逢泽之会

一、逢泽之会会诸侯

魏国从魏文侯任用李悝，拜师子夏、田子方、段干木开始变法之后，在比较短的时间内实力上升为列国之中的最强者之一。魏国在文侯、武侯、惠王三代君主时期，先后对齐、秦、赵等国用兵，虽然互有胜负，但总体而言，魏国在各场战事中是占据上风的，可以说这一时期魏国无疑是势头最为强劲的国家。这时的魏国与春秋时期五霸之一的齐国十分相似。齐国在齐桓公时任用管仲进行改革，成为那个时代第一个霸主。他们在自己所处的时代都是首先实行改革而兴起的国家。齐桓公在成就霸业之后便组织各国诸侯会盟，用意在于让诸侯承认自己的盟主地位。有了盟主的名号，便可以以一种名正言顺的方式来干涉、调解各国国内政务和列国间的事务。不过此时魏惠王似乎还没有做盟主这种打算，因为在与齐、赵交锋后，他正忙着思考如何与西边崛起的秦国争夺河西的土地。

秦王知道魏国有西进的意图，夜不安寝，食不甘味。他命令国内所有的城防都准备好武器，做好守备，并招募死士，置将军，以待魏国来攻。商鞅知道秦王为此忧心忡忡，便主动要求出使魏国，他说："夫魏氏其功大，而令行于天下，有十二诸侯而朝天子，其与必众。故以一秦而敌大魏，恐不如。王何不使臣见魏王，则臣请必北魏矣。"秦王答应了他的请求。商鞅来到魏国见到魏王后，首先对魏惠王大大恭维了一番："大王之功大矣，令行于天下矣。"接着商鞅又假装好意帮魏王谋划如何称雄各国："今大王之所从十二诸侯，非宋、卫也，则邹、鲁、陈、蔡，此固大王之所以鞭棰使也，不足以王天下。大王不若北取燕，东伐齐，则赵必从矣；西取秦，南伐楚，则韩必从矣。大王有伐齐、楚心,而从天下之志,则王业见矣。"[1]当然这些事情不是在瞬息之间能办得到的,商鞅接着建议魏王不如先行穿用王者的服饰(实际上就是称王),然后再来图齐、楚。商鞅的目的当然不是指导魏王如何称王,他是以称王一事来转移魏王的注意力,让魏国暂时搁下对秦国征伐的念头,减轻对秦国的军事压力。魏惠王没能听出商鞅的真实意图,他倒是被商鞅规划的称王路线图给迷住了,尤其是先行称王的主意,十分合他的心意。他觉得现在魏国实力在各国之上,自己的功绩可比齐桓公、楚庄王这些春秋枭雄,所以他采纳了商鞅的意见,他扩建自己的宫殿,立丹漆彩柱,建九斿(旗帜上的垂饰)之旗,出行有七星的旟旗(画着鸟隼的旗子)跟着,这些都是周天子才能享用的排场。魏王不仅在国内僭用天子的制度,他还要让各国承认他的地位。就在魏惠王二十六年(前 344 年),魏王召集秦、宋、卫、邹、鲁等国在魏国国都大梁附近的逢泽(今河南开封南)举行会盟。在会上,魏惠王"乘夏车"出场,并在诸侯面前称"夏王"[2]。要知道,在周代,"王"这个称呼只有周天子可以使用,其他诸侯最多只能称"公"(楚国在春秋时代就已称王,但不被认可)。魏惠王称王之举说明在他内心里已经认为自己可以跟天子并驾齐驱,号令各国了。虽然魏惠王已称王,但还是仿照春秋霸主们的做法,带领各国去朝见周天子,以表明自己对周天子还是尊重的。各国随魏惠王前去朝见周天子表明他们默认了其称王之举。

从魏国的历史和当时的形势来看,魏国会盟诸侯以求得各国承认也是情理之中的事情。魏国是战国初年才得到天子承认而列为诸侯的新兴国家,经过魏文侯的图强变法后很快上升为一等强国,并且通过对齐、秦、赵等国的战争让大国见识到了魏国强大的军事实力。苏秦对齐闵王回顾这一时期的魏国时曾说:"魏王(惠王)拥土千里,带甲三十六万,其强而拔邯郸,西围定阳。"可见魏国这时实力之强。魏惠王时迁都至中原的大梁,政治中心东移,与中原各国的互动更加便利。在逢泽之会的前几年中并无大战事,虽无更多记载,但魏国与各国的联络应该是较之以往更为频繁。从历史上的争霸来看,诸侯国在取得政治和军事上的优势后普遍都会以结盟的形式谋求各国承认。如齐桓公称霸时就先后会盟诸侯达 15 次之多,其中公元前

---

① 《战国策 · 齐策五》。

② 《战国策 · 秦策四》。

651 年的葵丘之会(今河南兰考东),周天子派周公宰孔致胙,实际上等于庆祝齐国的霸业成功。公元前 632 年,晋文公与诸侯会盟于践土(今河南原阳西南),周襄王也一同赴会并册封晋文公,确立了晋国的霸主地位。公元前 589 年,楚国在蜀(今山东泰安西)会盟诸侯,晋、齐、秦等大国也参加,实际上也是一次承认楚国霸主地位的会盟。因此魏国在当时实力比较强盛的情况下主持会盟是完全可能的,其自身也有这样的政治需求。

由于史书流传时间久远,记录人和时间的不同,对同一史实的记载往往有相互龃龉之处。关于逢泽之会,有一部分史料的记载显示秦国才是这次会盟的主持人,换言之,逢泽之会是承认秦国霸主地位的历史事件。支持这种观点的史料主要有以下几种:

> (秦孝公)十九年,天子致伯。二十年,诸侯毕贺。秦使公子少官率师会诸侯逢泽,朝天子。[1]
>
> (秦孝公二十年)诸侯毕贺,会诸侯于泽。朝天子。[2]
>
> 徐广《史记音义》云:"秦孝公会诸侯于逢泽陂"。陂,《汲郡墓竹书纪年》作逢泽。[3]
>
> (周显王)二十五年,秦会诸侯于周。二十六年,周致伯于秦孝公。[4]

由此可看出,《秦本纪》《周本纪》等都记载是秦国(是否为秦孝公赴盟,史料也有分歧)在逢泽召集了这次会盟,至于具体时间,或在周显王二十五年(前 344 年),或在秦孝公二十年(前 342 年)。下面就来分析一下召集会盟的是否是秦国。

诚然,秦国在秦孝公时期任用商鞅进行了变法改革,而且改革的领域十分广泛,包括户籍制度、征兵制度、土地制度以至民间风俗等等,其效果亦十分显著。在逢泽之会的前几年中屡次进攻魏国的河西(也称"西河")地区,取得了不错的战绩。但是也应该看到,秦国虽然在秦孝公时摆脱了过去那

---

① 《史记·秦本纪》。

② 《史记·六国年表》。《集解》引徐广云:"《纪年》作逢泽"。

③ 《水经·渠水注》引。

④ 《史记·周本纪》。

种在河西地区的以防御为主的态势,转为积极进攻,但其绝对实力较之魏国仍有差距,想要完全拿下河西并且加以固守尚有困难。否则秦国不会在攻下少梁、安邑这样的重要城邑之后又主动撤退。公元前350年在彤与魏国国君相会,就是一个表示休兵的信号,当然此时魏国为避免多线作战也有意罢兵。所以秦国此时召集诸侯会盟,时机并不成熟。像魏国这样刚刚兴起的强国又是交过手的邻国也未必能承认秦国的盟主地位。除去魏国难以支持秦国组织会盟之外,其他国家能否承认秦国的盟主地位也未可知。三晋中韩国、赵国与魏国关系相对较好,与魏君会面频繁。齐国是东方大国,与秦国不是邻国,没有交手的历史,不一定能够承认秦国的实力,而宋、卫等小国早已“朝魏”,在会盟的问题上当是看魏国的脸色行事,因此秦国能否邀请到中原各国参加只能打一个大大的问号。所以钱穆先生也认为:“秦自孝公以前,中国诸侯夷翟遇之,摈不得与朝盟,孝公用商鞅,变法图治,稍侵魏疆,尤不为中国诸侯所重。何来有会诸侯而朝天子之事?魏既败于马陵(在逢泽之会后),其后二年,商鞅虏魏公子卬,以功得封邑。若其前已能会诸侯,朝天子,殃之功烈大矣,不待至此始封。”①

其次,逢泽位于魏国都城大梁附近。《汉书·地理志》注引《纪年》上说逢泽就是“(魏)惠王发逢忌之薮以赐民”的“逢忌”。《史记·秦本纪》之《集解》引徐广云:“开封东北有逢泽。”魏国作为一个新兴的强国不可能接受其他国家在自己的国都附近以会盟来确立盟主地位。而且在历史上,强国会盟这种事情一般都选择在第三国的城邑进行,而且一般是中小国家,如齐桓公的葵丘之会,葵丘就是郑国之地。很难想象魏、秦作为两个同时兴起的强权,一个强权能允许另一个强权在自己的土地上先于自己称霸。《吕氏春秋·报更》记载战国著名的纵横家张仪说“逢泽之会,魏王尝为御,韩王为右”,这个记载并不能理解为魏王和韩王真的在逢泽之会上为周天子驾车而为配角。张仪的整段话所要表达的是让秦惠王学习魏、韩两国尊周天子的做法,不能理解为魏国作为会盟的配角出现。因此,秦国组织会盟之说很难成立。而《秦本纪》《六国年表》等记载秦国会于逢泽应该理解为秦国参与逢泽之会。对于秦国的参加者,《秦本纪》云“公子少官”,徐广《史记音义》说是秦孝公本人,由于缺乏更多史料的支持,目前还很难下定论。此外,关于

① 钱穆:《先秦诸子系年》,商务印书馆2001年版,第294页。

会盟时间，《周本纪》认为是公元前344年，而《秦本纪》等认为在公元前342年，应以前者为是。《秦本纪》误把秦国赴逢泽之会（前344年）与公元前342年诸侯前来祝贺秦公的事情（因为前一年周天子致伯秦公）混为一谈。[①]

二、魏惠称王欲为主

（一）魏惠称王年代辨

根据前文《战国策·秦策》《战国策·齐策》的记载，魏惠王在商鞅的建议下，"广公宫"、僭用天子服饰礼仪称王，并且在逢泽之会"乘夏车，称夏王，朝为天子，天下皆从"，即魏惠王用天子的车马，自称夏王，然后又朝见周天子。可知魏惠王于逢泽之会之年在诸侯面前公开称王应是没有问题的。但也有学者提出魏惠王称王的时间可能还要在此之前。

有学者详细分析了史料中的相关记录，认为魏惠王称王应当在魏惠王九年（前361年）以前，很可能在魏惠王元年。现将其理由简述如下[②]：

第一条理由是古本《竹书纪年》对于君主称谓区分得比较严格。韩宣王本称威侯，但《纪年》在韩威侯七年五月巫沙之会魏惠王和韩威侯相见之后就立刻改称为韩宣王。同样道理，《纪年》一直称魏惠王之父为魏武侯，而到魏惠王即位后便称之为惠王或王，因此可推测魏惠王即位之年便称王。本书以为，《纪年》对于君主称谓记述十分严格是事实，但有一点需要留心的是，《纪年》系当时魏国的史书，本国史官对于本国君主称谓的记述恐怕不一定会那么严格。如魏国迁都大梁事在魏惠王九年（前367年，一说六年），按情理来说，《纪年》如在事情发生之年如实记录的话，应在此年之后才可称其为"梁惠成王"（即《史记》所称魏惠王），但事实是从魏惠王元年开始，《纪年》就径称之为"梁惠成王"。[③] 因此亦存在一种可能，即魏惠王在在位的某年自己称王，而史官追溯历史时，便以王的称谓来记录整个魏惠王的历史，这种可能性应是存在的，所以很难断定魏惠王在元年称王。第二条理由是从《水经注·济水注》引《纪年》记载卫卿南劲"朝于魏，后惠成王（魏惠王）

① 杨宽：《战国史料编年辑证》，上海人民出版社2001年版，第358页。

② 晁福林：《春秋战国的社会变迁》，商务印书馆2011年版，第203—204页。

③ 陈梦家先生更认为，魏惠王被称作"梁王"可能在其十四年（前356年）。参见陈梦家《西周年代考 六国纪年》，中华书局2005年版，第165页。

如卫，命子南为侯”推论而来。在周代，只有王才能任命侯，三晋和田齐的君主都是得到周王的承认后才列为侯。因此魏王到卫国任命南劲为侯，说明魏惠王此时已自称王了。《史记·卫世家》对声公之后的国君开始称侯被认为是魏惠王“命子南（南劲）为侯”的结果。南劲篡权发生于卫声公末年，待魏惠王承认后即称卫成侯元年。据《六国年表》的记载，其事在魏惠王九年（前361年）。因此认为魏惠王称王最晚发生于此年。按，此说不确。魏惠王到卫国任命卫卿南劲为侯的确可证明魏惠王那时已称王，但问题是南劲是否是卫成侯。根据《史记·卫世家》索隐的记载，卫成侯名为“子逝”而非“南劲”。南劲是取代卫成侯为卫平侯，此事在公元前344年。[①] 因此《水经注》的记载只能说明公元前344年魏惠王已称王，而不是魏惠王九年（前361年）。再者，卫成侯改称侯也不在其元年，而在成侯十六年（前356年）。[②]

因此从现有的史料来看，魏惠王公开称王应当是在逢泽之会的当年。而《水经注·济水注》提到的魏惠王到卫国命南劲为卫侯当是逢泽之会后以盟主和“王”的身份前去任命的。

（二）魏惠称王的解读

魏惠王称王是战国史上一件非常重要的事件，它开辟了战国诸侯称王的先例（但不是整个周代诸侯称王的先例，楚国在春秋时期就已自称为王），预示着战国争霸战争的目标和内容将要发生转变。之所以这样说，是因为在先秦时期，天、诸侯、卿、士人的等级是十分清楚的，每一个等级都对应着相应的称谓、礼仪、制度和权力，等级之间的分隔十分森严，不能随便逾越。鲁国的季氏僭用天子的八佾之舞，孔子愤怒地说：“八佾（佾是乐舞的列，每列八人，八佾即六十四人。周代礼制规定天子八佾，诸侯六，大夫四，士二，季氏作为大夫只能享受四佾之舞）舞于庭，是可忍也，孰不可忍也。”[③]孔子不能忍受季氏用天子之舞的原因在于等级制度是保证社会正常运转的重要工具，等级混乱就会导致整个社会的秩序荡然无存，因此是不能破坏的。《左

---

① 杨宽：《战国史料编年辑证》，上海人民出版社2001年版，第363—364页。

② 《史记·卫世家》。据杨宽先生考证，《六国年表》中关于卫成侯元年的记载有误，当提前十年至周显王八年（前371年），可从。因此卫成侯十六年是公元前356年。参见杨宽《战国史料编年辑证》，上海人民出版社2001年版，第237—238页。

③ 《论语·八佾》。

传》记载齐侯派管仲去调解戎人和周天子之间的冲突，周天子以上卿的礼节来招待管仲，管仲认为自己的爵位不应该用上卿之礼，所以说："臣，贱有司也，有天子之二守国、高在，若节春秋来承王命，何以礼焉，陪臣敢辞。"周天子对管仲恪守礼法的行为表示赞赏。后来儒家学者在整理《春秋》时，还特地称赞了管仲的美德："管氏之世祀也宜哉！让不忘其上，诗曰：'恺悌君子，神所劳矣'。"[①]由是观之，在西周乃至春秋时期，宗法制度在这些上层贵族心目中还是具有极为重要地位的。在周代，作为天下共主的周王和各国诸侯之间，其礼法的差别是非常明显的。从名号上来说，整个天下只有周王可以称为王，各个诸侯国的国君和下面的卿士都有相应的爵位和封号，这一点在《礼记·王制》中记载得十分清晰："王者之制禄爵，公、侯、伯、子、男，凡五等。诸侯之上大夫卿、下大夫、上士、中士、下士，凡五等。"根据这一制度，诸侯有五等爵，而魏国被周王册封的是侯爵，所以魏惠王的父亲和祖父只能被称为魏武侯和魏文侯，在史书上都不能称王。魏文侯和武侯虽然功业甚伟，但名义上也始终是周王下面的诸侯，魏惠王则擅自将名号改为王，僭用天子之号。表面上看，魏惠王改号只是一字之差，其统治的领土、权力延伸的范围并没有什么变化，然而如果了解名称后面所代表的含义就会洞悉魏惠王的用心了。

如前所述，王是周天子的专用名称，诸侯不得使用。诸侯的爵位由周天子颁授，三晋正式列为诸侯时就是请求周天子册封的，因为只有周天子才有这样合法的权力。天子和诸侯之间的差别更多地体现在周代的宗法制和礼制中。周代礼制规定，诸侯有向天子定期朝见和进贡的义务。《礼记·王制》云："诸侯之于天子也，比年一小聘，三年一大聘，五年一朝。""天子无事与诸侯相见曰朝，考礼、正刑、一德，以尊于天子。"如果诸侯不履行朝聘的义务，将成为一项罪状。鲁僖公四年，齐国率诸国军队伐楚国，质问楚王的罪状中就有一条"尔贡包茅（用来沥祭祀用酒的一种茅草）不入，王祭不共，无以缩酒，寡人是征"，楚王也承认"贡之不入，寡君之罪也"。[②] 天子和诸侯在祭祀礼仪上所享受的礼仪制度也是有很大差别的，所谓"国之大事，在祀与戎"，祭祀是和战争一样作为国家的头等大事。周代礼制规定："天子七庙，

---

① 《左传·僖公十二年》。

② 《左传·僖公四年》。

三昭三穆,与大(太)祖之庙而七。诸侯五庙,二昭二穆,与大祖之庙而五。大夫三庙,一昭一穆,与大祖之庙而三。士一庙。庶人祭于寝。"[①]这是对供奉祖先的太庙的规定,无论从形制还是数量上,诸侯都无法与天子齐平。对于祭祀神灵的对象,天子和诸侯等也各不相同,"天子祭天地,诸侯祭社稷,大夫祭五祀。天子祭天下名山大川,五岳视三公,四渎视诸侯。诸侯祭名山大川之在其地者。"而且在祭祀所用牺牲和祭品的名目上,诸侯也要低于天子:"天子社稷皆大牢(即太牢,祭祀时用牛、羊、猪各一),诸侯社稷皆少牢(用羊、猪各一)。大夫、士宗庙之祭,有田则祭,无田则荐。庶人春荐韭,夏荐麦,秋荐黍,冬荐稻。韭以卵,麦以鱼,黍以豚,稻以雁。"在穿着服饰上,天子与诸侯的服饰在周代就有了明确的规定:"天子龙衮,诸侯黼,大夫黻,士玄衣纁裳。天子之冕,朱绿藻,十有二旒,诸侯九,上大夫七,下大夫五,士三。"[②]甚至在宫殿、田地和城邑上,诸侯都不能与天子的规制相同。《礼记·礼器》曰:"天子之堂九尺,诸侯七尺,大夫五尺,士三尺。"在占有田地上,天子拥有最大的亩数,诸侯则远不如天子。《礼记·王制》:"天子之田方千里,公侯田方百里,伯七十里,子男五十里。"周礼中对城邑也有明确的规定,《左传·隐公元年》曾记录这样一件事情:郑武公与武姜有两子,一个是后来的郑庄公寤生,一个是共叔段。庄公即位后,武姜为共叔段向庄公要求城邑京,庄公同意了,这样共叔段又被称为"京城大叔"。按照先王定下的制度,京这座城的规模已经逾制了,大臣祭仲进谏说:"凡属都邑,城垣的周围超过三百丈,就是国家的祸害,先王定下的制度:大的都邑不超过国都的三分之一;中等的都邑不超过国都的五分之一;小都邑不能超过九分之一。现在京这座城池不合规定,君主是不能够隐忍的。"庄公说:"这是姜氏要求的城池,怎样才能避免这个祸害呢?"此时庄公比较为难,对于母亲的要求,他也不好多说什么。所以话要让大臣来说。祭仲说:"姜氏怎么能够满足呢!不如早做安排,免得让他四处蔓延。一旦蔓延就很难对付了,蔓延的野草尚且除不干净,何况您的兄弟呢?"最后庄公说了一句"多行不义,必自毙,子姑待之。"实际上是暗示将要动手铲除共叔段这个祸患。对于弟弟共叔段城邑逾制一事,庄公说出"多行不义,必自毙"这样带有诅咒意味的话语,可见即使是筑

① 《礼记·王制》。
② 《礼记·礼器》。

城逾制这类看起来似乎属于炫耀性的行为在当时都会成为非常危险的政治隐喻。因为逾制不是简单的违规行为,它隐含着臣下想要犯上作乱的喻义,即便逾制者本人不这么想,诸侯或者天子也难免会有这样的疑惑,所以祭仲建议庄公早点除掉共叔段以绝后患。除了这些物质和制度上的差异外,最重要的区别在于作为天子,可以向普天之下的臣民发号施令,命令臣民执行自己的旨意,即使是诸侯也不能例外。从以上所述天子与诸侯、卿、大夫的种种等级差异和名称对应的内涵来看,魏惠王称王的举动并不是更改一个更响亮的名号这么简单。

首先,魏惠王称王后在形式上使用了王的舆服、制度,《战国策・齐策五》说"身广公宫,制丹衣柱,建九斿,从七星之旟(旗帜)。此天子之位也",《秦策四》也记载"乘夏车,称夏王",这些都说明魏惠王在形式上先要向世人表明自己称王的意思。其次,魏惠王称王后以天下之主自居,履行作为王的职责。如卫国的卿南劲就是被魏惠王封为侯的,而以往只有周天子才具有这样册封的权力。

魏惠王称王虽然在某些形式上师法了春秋霸主,但是在目的上却是完全不同的。在春秋时代,作为霸主的国家在称霸之后并不会称王,他们一般在会盟时借助周天子的威信,打着尊王攘夷的旗号号令诸侯为自己的政治目的服务,正如孟子所说的"搂诸侯以伐诸侯"。比如春秋首霸的齐桓公,在确立为霸主的葵丘之会上,周天子曾派宰孔赐齐侯胙(祭肉)。齐侯在会上宣布了诸侯的行为守则:"初命曰,诛不孝,无易树子,无以妾为妻。再命曰,尊贤育才,以彰有德。三命曰,敬老慈幼,无忘宾旅。四命曰,士无世官,官事无摄,取士必得,无专杀大夫。五命曰,无曲防,无遏籴,无有封而不告。"[①] 这些准则实际上是来维护传统的礼乐秩序,齐桓公把维护周天子和各国的秩序作为己任。在这一点上,魏惠王称王的行为显示出和春秋时代霸主的最大的区别,即他有了想要做天下之主的念头。不过从史书的记载看,他也仅仅是表露了一点念头,并没有付诸实际行动。《战国策》上说魏王仍然要效仿那些春秋时代的霸主率各路诸侯朝见天子,以取得天子的认可。其中的原因似乎在于魏国当时的实力没有达到可以称王的地步,只能借助朝见天子的形式表明自己还是尊王的,减轻其他大国对魏国的敌视。

---

① 《孟子・告子下》。

三、逢泽之会之分析

逢泽之会是一次魏国在展现实力之后取得诸侯认可的会盟活动,魏国作为会盟的盟主可以说达到了它的初衷。逢泽之会也是魏国在政治上达到高峰的一个里程碑。作为一个被册封为诸侯不久的国家,能够在短短几十年的时间里成为各国认可的大国,说明魏文侯和武侯两代的改革取得了很大的成功。魏国在战国时代开变法之先河,魏文侯任用的李悝、西门豹等人所实施的措施得当,使魏国的变法达到了强国的预期效果。魏武侯和魏惠王作为继任者,也是具有进取精神和强国梦想的君主,因而他们能够延续文侯时代的政策,使魏国持续保持强盛的实力。处于战国这个列国竞争的时代,魏国在改革的同时积极向外扩张。魏国的战略方针十分明确,西向与秦国争夺河西之地,东向与齐国争雄,与同为三晋国家的韩、赵两国大体上保持相对友好的关系,并拉拢宋、卫等处于中间地带的小国。魏国自文侯变法之后的发展轨迹也是按照这个总体战略来进展的:派吴起、西门豹等争夺、治理河西之地,取得了令魏国满意的成果,后借赵国攻卫之机,与齐国发生战事,不过东线进展并不顺利,在桂陵败于齐军,庞涓等主帅被俘。后来在襄陵联合韩国击败齐国组织的联军,攻克邯郸,接着主动与赵国修好,维持三晋内部相对的团结。魏国的战略从实施的效果而言,虽然在战争中与齐、秦等国互有胜负,但总体上魏国还是处于强势地位。经过多年努力,魏国为自己组织这次逢泽之会创造了有利的内部和外部条件,这是逢泽之会能够成功举行的条件之一。

魏国能够在逢泽之会被各国承认为盟主还与当时的外部环境有关。从魏文侯到魏惠王这一历史阶段,几个大国在看到魏国变法成果后,多数也都开始效法魏国在国内实施变法,但是由于变法效果不彰或以失败告终等原因,各国在实力上与同时期的魏国相比都没有什么优势。南方的楚国,在楚悼王时任用从魏国前来的吴起进行变法,其变法的时间仅次于魏国,楚悼王在世时也取得了不错的成绩,如楚国曾为救赵而伐魏,战于州(今河南武陟西南)西,出于梁门,一直攻到黄河边。楚国还曾西攻百越,占据苍梧(古山名,又称九嶷,在今湖南宁远南)、洞庭一带。然而随着楚悼王的去世,在变法中利益受到损害的旧贵族反扑,杀死了吴起,变法也就此中断。此后楚国对于中原的政治纷争一直少有涉足,自然也不能与魏国相争。韩国和赵国虽与魏国同为三晋之后，但实力不如魏国。魏国的西侧是秦国，秦国自献公之后不断进行改革，与魏国的冲突也开始增多。秦国在与魏国的交手中虽曾占据过一定优势，但从秦、魏相会于彤修好来判断，秦国虽然实力增强，但这时还不能跟魏国相比，只能暂时与魏国维持和睦的关系，所以逢泽之会秦国也派人到场祝贺。东方的齐国是传统的强国，又在齐威王时实施了变法，可以说齐国的实力不在魏国之下。齐国与魏国存在着明显的竞争关系，因此逢泽之会齐国可能没有参加。① 从对当时魏国周围的列国形势的分析可以看出，魏国周边的政治生态能够允许他会盟诸国，除了齐国之外，其他几个大国对其会盟表面上还是采取了赞成的态度。但是应该看到，列国对魏国作为盟主的赞成态度仅仅是暂时的，是基于魏国实力的强大而做出的不得已的政治姿态，随着实力的此消彼长，魏国的盟主地位不会很长久，这与春秋时代的五霸更迭没有什么区别。

魏国借助逢泽之会登上了政治的顶峰，使列国在情愿或被迫的情况下承认了魏国的地位。然而魏国在逢泽之会上取得的地位不能与春秋时代的霸主相类比。春秋霸主以尊王为旗号可以号令一些诸侯国跟随自己讨伐对自己不利的国家，在春秋时代周天子的政治影响力仍然存在的情形下，尊王对诸侯国能起到号令的作用。但是，到了战国时代情形就完全不同了。周天子对诸侯的影响力已远远不如春秋时期，甚至连周王室都已经一分为二形成了西周和东周两个小朝廷，其规模跟一个小国差不多。周王室的分裂导致周室在各国心目中的地位也在下降，顾炎武在谈到战国时代变化时就曾言“春秋时尤宗周王，而七国则绝不言王矣”②。因此魏国不可能再用尊王的旗号集合各国。况且各大国都在国内进行变法以图强，因此经过春秋的大浪淘沙，剩下来的几个大国不可能听令于魏国，他们之间是一种竞合关系。从这个意义上说，魏国在逢泽之会上的盟主地位也仅仅是个名称而已。魏惠王内心可能是企图效法齐桓公先成就霸主地位，再徐图兼并之事，但是时易世变，他的这种想法无法实现。

逢泽之会的一个重要影响就是它加快了各国竞争的步伐。从后面历史的发展来看，列国之间的战争、会盟、媾和变得更加频繁。魏惠王在逢泽之

① 《战国策·秦策四》载：“齐太公〔为齐威王之误〕闻之〔魏惠王称王〕，举兵伐魏。”

② ［清］顾炎武：《日知录》卷十三《周末风俗》。

会前后“身广公宫,制丹衣柱,建九斿,从七星之旟”公开称王的举动事实上刺激了各个强国,尤其是邻国齐国。齐国论实力不在魏国之下,又曾在桂陵击败过魏国,俘虏魏将庞涓,也具备称王的实力,魏国称王齐国自然不会心服。《大良造殃方升》(商鞅任大良造时期的青铜量器)的铭文说:“十八年齐率卿大夫众来聘。”对于这段铭文的记载,杨宽先生认为“是年魏召集逢泽之会,并率诸侯朝天子,而齐正谋与魏对抗,齐侯因有率卿大夫多人聘问秦国之举。”[①]以当时魏、齐、秦三国的实力对比来看,这种情况是完全有可能的。魏国的称王之举无疑会使自己成为众矢之的,不过当时的魏惠王处于逢泽之会带来的喜悦和信心膨胀中,不一定会意识到这种危险的存在。逢泽之会后的魏国还将继续它的扩张与兼并。

---

① 杨宽:《战国史料编年辑证》,上海人民出版社 2001 年版,第 362 页。

第三章 个人与家国:孙膑、庞涓与马陵之役

一、孙庞二人再交锋

逢泽之会将魏国推上了盟主的位置,如前文所说,魏国的盟主之号实际上是一个没有太多号召力的虚衔。随后发生的历史也确实让刚当上盟主的魏惠王明白了他的称王之举不仅没有给他带来好处,反而招致了各路诸侯的围攻。赵肃侯七年(前 343 年),赵国公子刻率兵攻魏国的首垣(今河南长垣东北)。论实力赵国在魏国之下,况且赵国在魏国的总体战略中是被拉拢的对象,即便如此,在逢泽之会的第二年,赵国就前来主动进攻,其中的玄机,除了魏国曾在桂陵之战前后攻打过赵国都城邯郸的之外,恐怕也反映了魏国做盟主后各国对待魏国在心态上的微妙变化。然而魏国此时正处于实力和政治地位的顶点,其扩张的野心也随着地位的上升而一点点膨胀。

据《水经·渠水注》引《纪年》记载,魏惠王二十八年(前 342 年),魏国将领穰疵率军跟韩国(《纪年》称之为"郑",盖因韩哀侯灭郑国后迁都新郑,故称其为"郑")的孔夜战于梁(即后文所说的南梁,在今河南临汝西)、赫(位于南梁西南)。韩国当然不是魏国的对手,被魏国打得败逃回去(这一场战役也被称作"南梁之难"),于是韩国派人去魏国的对手齐国那里求救。齐威王便召集大臣商议,大臣们都倾向于出兵救韩,但是对于出兵的时机还有分歧。齐威王问众大臣早发兵救韩与晚出兵救韩,哪个更有利,大臣张丐(《田敬仲完世家》索隐作"张田")认为如果晚发兵,一旦韩国被彻底打败就会投向魏国阵营,不如早点救韩国。而田忌[①](《战国策》原文作"田臣思",臣是"期"之误,田思就是田忌)则认为不可。他说,韩、魏之间的战争还没有到双方都疲惫不堪的程度,如果我们出手救援,那么齐军就会代替韩国遭受

① 《史记·田敬仲完世家》作"孙子",即孙膑。本章取《战国策》的说法。

魏国的猛烈进攻，到时候反而会听命于韩国。魏国有灭亡韩国的意思，韩国看到自己即将国破，必然会来向齐国求救。不如暗地里结交韩国，等魏国打得疲惫不堪时再去攻击魏国，这样既扬我国威，又能名利双收。齐君同意了田忌的意见，便暗地里答应了韩国使者的请求。①

齐国出兵救韩对自己是有利的。如果不救韩国，坐视韩国被魏国击溃或吞并只能肥魏而不利齐，到那时魏国实力更强，齐国即便是想出手制魏恐怕也是有心无力。齐国救韩，既能打击魏国扩张的势头，又可以拉拢韩国，让其站到齐国一边，共同对抗魏国。田忌对出兵时机的判断也是准确的。魏国刚在逢泽之会上称王，气势正盛，齐国此时与其交战，即使取胜也要付出较大代价。但是如果在韩、魏两国都疲惫的时机出兵，一则取胜的把握较大，二则可以用较小的代价换来胜利，一举两得。

韩国由于得到了齐国的口头允诺，便不把魏国放在眼里，但其实力本来就不如魏国，因此再跟魏国交手接连五战皆败。韩国这时再次请求齐国出兵。齐国见时机已到，于是决定出兵助韩伐魏。② 齐威王以田忌、田肦为将，孙膑为军师出兵魏国。③ 魏国见齐国出兵助韩，于是派出大军，"使庞涓将，而令太子申为上将军"④。历史的迷人之处在于它总是充满着偶然与巧合，齐国军师孙膑和魏国大将庞涓在桂陵之战就已交过手，庞涓败于孙膑，且被齐军俘虏，不过后来放还魏国。十余年后，孙、庞二人再度在战场上会面。事实上，孙膑和庞涓很早就已相识，中间还有一段充满曲折的故事。

---

① 《战国策·齐策一》。

② 《史记》中有记载提到齐国出兵的原因与赵国有关。《史记·田敬仲完世家》："（齐宣王）二年（应为齐威王十六年），魏伐赵。赵与韩亲，共击魏。赵不利，战于南梁。"《史记·魏世家》："（魏惠王）三十年（应为二十九年），魏伐赵，赵告急齐。齐宣王用孙子计，救赵击魏。"《史记正义》说："此文误耳。魏伐赵，赵请救齐，齐使孙膑救赵，败魏桂陵，乃在十八年也。"杨宽先生也认为这实际上把马陵之战的起因跟桂陵之战混为一谈。杨宽：《战国史料编年辑证》，上海人民出版社 2001 年版，第 369 页。

③ 《史记·田敬仲完世家》云："使田忌、田婴将，孙子为师。"《集解》引徐广曰："婴，一作肦。"可从。《史记·魏世家》之《索隐》引《纪年》谓"（魏惠王）二十八年，与齐田肦战于马陵。"杨宽、方诗铭等都主此说。但是也有记载说田婴参加了马陵之战。《史记·六国年表》："齐宣王二年败魏马陵，田忌、田婴、田肦将，孙子为师。"《史记·孟尝君列传》："宣王二年（应为齐威王十六年），田忌与孙膑、田婴俱伐魏。"杨宽先生认为田婴"亦尝参与是役，但并非主将"。参见杨宽《战国史料编年辑证》，上海人民出版社 2001 年版，第 368、371 页；方诗铭、王修龄《古本竹书纪年辑证》，上海古籍出版社 2005 年版，第 141 页。

④ 《史记·魏世家》。

根据《史记·孙子吴起列传》的记载,孙膑是春秋时代著名军事家孙武(《孙子兵法》作者)的后人,出生于“阿鄄之间”(今山东阳谷县到鄄城县一带)。之所以说孙膑和庞涓很早就已经认识,是因为孙膑曾经与庞涓一同学习过兵法。民间流传着两人一同随鬼谷子学习兵法,不过这一点《史记》以及其他先秦史书中并没有提及,当是后人的传说。学成之后,两人各奔东西。庞涓去了魏国,此时正值魏国最为强盛的时期,魏惠王需要人才为自己开疆扩土。庞涓因为熟读兵法,受到了魏惠王重用,成为魏国将军。庞涓这个人为人心胸非常狭隘,自知学识不及同门孙膑,又担心假如孙膑日后成名会成为自己的对手,思来想去便定下了一条毒计。他假意邀请孙膑前来魏国一起奔赴前程,孙膑以为这是庞涓念及同窗之情来提携自己,便很高兴地答应了,哪知一个阴谋在前面等着他。孙膑到了魏国之后,庞涓的惶恐日甚一日,他生怕孙膑将来会爬到自己的上面,于是故意栽赃陷害孙膑。史书上没有交代陷害的理由,但必定是重罪,因为孙膑被施刑砍掉了双脚,又被加处以黥刑(在脸上刺刻涂墨的刑罚,也称“墨刑”),使其身体发肤受到重创。庞涓想用这个阴毒的办法让孙膑永远不能扬名于世。孙膑是一个意志十分坚强的人,受此重创并没有就此消沉,他在等待着机会逃离庞涓的控制。后来机会终于降临了,孙膑得知齐国的使臣到魏国国都来,他以刑徒的身份秘密跟齐使见了面。在会面中孙膑向使臣讲述了他的遭遇以及他的学识和抱负,齐使惊讶于孙膑的才华,想请孙膑到齐国去,为齐国效力。于是齐使偷偷把孙膑藏在他的马车中,将他载回齐国。这样孙膑就摆脱了庞涓的监视和迫害。

孙膑到齐国后结识了在桂陵和这次马陵之战中一起合作的齐国大将田忌,田忌对孙膑亦十分友好,待之如上宾。而田忌正是后来孙膑能够得到重用并一展抱负的重要引荐者。田忌以前大约听闻过孙膑的才华,可是真正了解他的才华则是通过一次赛马。田忌经常跟齐国的王公贵族下赌注赛马,孙膑则在一旁观赛。通过细心观察,孙膑发现田忌马匹的脚力都差不多,但如果细分仍可分为上、中、下三等。观察了一段时间,一日孙膑跟田忌说:“我可以让您在赛马中取胜。”田忌相信了孙膑的话,就下注千金与王公、王孙们赛马。赛马比赛采取三局两胜制,按照田忌以往的比赛经验,他一般用好马去跟别人的好马比,下等马跟下等马比,这次也不例外。可是临近比赛开始时,孙膑对田忌说:“您先用下等马跟别人的上等马比,第二场用您的上等马和别人的中等马比，最后一场用中等马跟别人的下等马比。”很明显，虽然田忌的赛马不占体力的优势，但是经过巧妙地调整战术后，以己之长攻别人之短，田忌三场胜二，赢得了王公们的赌金。田忌从这次赛马中看出孙膑善于谋略，是一个真正的良才，于是将孙膑推荐给齐威王。孙膑跟齐威王讲授兵法之道，齐威王也认为孙膑很有才华，便拜他为师。孙膑得到齐威王赏识之后所参与的第一次大战，就是在桂陵与使他身陷囹圄的庞涓交手，结果庞涓败于孙膑之手。而这次孙膑担任军师助韩伐魏，又是一场与庞涓谋略与胆识的较量。

齐国在公元前342年①出兵之后，跟上次桂陵之战一样，派田忌直奔魏都大梁。庞涓听闻后不得不离开韩国回兵大梁以保国都安全。等魏军赶到大梁附近，齐军已经离开大梁向西而去。这次孙膑没有在去往大梁的路上截击魏军，他跟田忌说：“彼三晋之兵素悍勇而轻齐，齐号为怯，善战者因其势而利导之。”②齐军素来被三晋之兵轻视为怯懦，孙膑就要利用这个刻板印象，即所谓因势利导之法。他接着说：“兵法，百里而趣利者蹶上将，五十里而趣利者军半至。”孙膑说此话的目的就是要利用这个军事常识来迷惑魏军主帅庞涓。孙膑让齐军在魏国境内第一天做饭砌十万人的灶，第二天减为五万人的灶，第三天再减为三万人的灶。孙膑以减灶之法使庞涓误以为齐军怯战，大量减员。庞涓率军跟在齐军后面追了三天，由于他跟孙膑一同学过兵法所以见此情形心中大喜，他说：“我固知齐军怯，入吾地三日，士卒亡者过半矣。”这反倒刺激了庞涓的交战欲望，他干脆丢下步兵，率领轻装的精锐部队日夜兼程地追赶齐军。孙膑经过计算，知其在当天晚上就会赶到马陵（今山东范县西南）。马陵这个地方道路狭窄，两旁多是峻隘险阻，十分适合设伏。孙膑让人砍去大树的树皮，在白色的树干上大书“庞涓死于此树下”字样。又令齐军弓弩手万名夹道而伏，约定以晚上看见树下火光亮起就万箭齐发。在银雀山汉简《孙膑兵法·陈忌（田忌）问垒》中孙膑后来向田忌回顾了他是怎样在险要地方排兵布阵的。

当时齐军的士兵较少，彼此又难以接应，而且齐军置伏兵的马陵地势狭

---

① 马陵之战在出兵后第二年，即公元前341年。《史记·秦本纪》：“二十一年（前341年），齐败魏马陵。”《史记·商君列传》：“（秦孝公二十一年）齐败魏兵于马陵，虏其太子申，杀将军庞涓。”

② 《史记·孙子吴起列传》。

窄,又十分险要。针对这种情况,孙膑向田忌提出了应对突发事件和面对“隘塞死地”的方法:

> 孙子曰:“疾利(蒺藜,木头或金属制成的带刺的障碍物)者,所以当沟池也。车者,所以当垒【也】。【□□者】,所以当堞也。发者(盾牌),所以当俾(埤)堄(矮墙)也。长兵次之,所以救其隋(隳)也。从(鏦,小矛)次之者,所以为长兵【□】也。短兵次之者,所以难其归而徼(邀)其衰也。弩次之者,所以当投几(机)也。中央无人,故盈之以□……卒已定,乃具其法。制曰:以弩次疾利(蒺藜),然后以其法射之,垒上弩戟分。法曰:见使枼(谍,侦察兵)来言而动□……去守五里直(置)候,令相见也。高则方之,下则员(圆)之。夜则击鼓,昼则举旗。”①

从这段话中可以看出孙膑将各种武器装备进行了十分精妙的搭配,使人、武器和地形实现了完美的结合,把战争真正提升到了战争艺术的高度。孙膑在兵力布置的时候,以蒺藜作沟堑和护城河,战车用来作城墙和壁垒,盾牌可以用来作城上有孔的矮墙(埤堄)。长柄武器配置在后面,用来救援危急的部位。钬配置在它的后面,用来辅助长柄武器。刀、剑之类短柄武器配置在钬的后面用来截断敌人的退路。弩机放置在短柄武器的后面作抛石机。兵力部署完毕后制定作战方案,方案中规定:把弩机放在蒺藜的后面进行射击。壁垒上弩和戟的数量各一半。在营地五里外设置哨所,令营地与侦察哨所能彼此看到。侦察哨在高处的建成方形,在低处的建成圆形。夜里用鼓来指挥和传递信号,白天则使用旌旗。可见孙膑对行军阵法已熟稔于心。在马陵这个地形狭隘的地方等待着庞涓大军的将是一张严密的大网。

是夜,庞涓果然追到此地,见到树上有字,便命人钻火照明。还没有等到庞涓完全看清字迹,齐军便“万弩俱发”,魏军阵中大乱。根据《史记·孙子吴起列传》的记载,此时庞涓见魏军兵败如山倒,大势已去,大喊一声:“遂成竖子之名!”(成就了孙膑小子的名声),于是拔剑自刎。齐军大破魏军,俘虏了魏国统帅太子申回师。应该指出的是,对马陵之战主角庞涓的下场,史

① 银雀山汉墓竹简整理小组编:《银雀山汉墓竹简(壹)》,文物出版社 1985 年版,释文第 55 页。

书上记载并不一致。《史记》中的《田敬仲完世家》《魏世家》《孟尝君列传》和《六国年表》都记载"杀庞涓"，也就是庞涓被齐军杀死。然而出土文献《孙膑兵法·陈忌问垒》中说"取庞□而禽泰子申(太子申)"，《战国策·齐策一》则云"系梁太子申，禽庞涓"。在庞涓自杀、被杀和被擒这三种结局中，以庞涓被擒可信度稍高，因为支持这种说法的《孙膑兵法·陈忌问垒》系抄写于西汉前期，其成书年代可能在战国中期，由其门人或再传弟子整理而成，因而可信度较高。且在春秋、战国的战争中被俘主帅被放回的事例非常之多，故庞涓被擒有其可能性。再者，《孙子吴起列传》对马陵之战的描写实事求是地说，确实有文学化倾向。《容斋随笔》中对孙膑减灶一事的经过提出了几点疑问，书中云：

> 孙膑胜庞涓之事，兵家以为奇谋，予独有疑焉，云："齐军入魏地为十万灶，明日为五万灶，又明日为二万灶。"方师行逐利，每夕而兴此役，不知以几何人给之，又必人人各一灶乎！庞涓行三日而大喜，曰："齐士卒亡者过半。"则是所过之处，必使人枚数之矣。是岂救急赴敌之师乎？又云："度其暮当至马陵，乃斫大树，白而书之，曰'庞涓死于此树之下'。遂伏万弩，期日暮见火举而俱发。涓果夜至斫木下，见白书，钻火烛之，读未毕，万弩俱发。"夫军行迟速，既非他人所料，安能必其以暮至不差晷刻乎！齐弩尚能俱发，而涓读八字未毕，皆不可深信。殆好事者为之而不精考耳。①

虽然洪迈提出的几点疑问中有可商榷之处，如他将"十万灶"等理解为"十万个锅灶"就不一定准确，但是他提出的质疑还是有其合理之处。在记录先秦历史的史书如《左传》《史记》等典籍中，其事实和人物刻画生动、细节描写详细之处不能排除有后人演绎的成分。因此洪迈的质疑值得引起人们对史书记载的重新思考。像庞涓自刎的一幕就多少有些多行不义必自毙的因果报应论的影子。不管庞涓的最终结局如何，庞涓以小人之心加害于同窗孙膑，最终孙、庞两人在战场上相见，以两军对决这样一种宏大的方式了结了两人多年的恩怨，也成为一段常常被后人品评的历史故事。

---

① [宋]洪迈：《容斋随笔》卷十三《孙膑减灶》，中华书局2005年版，第176页。

魏国在马陵大败后元气大伤,齐、秦、赵三国乘机接连进攻魏国。据《史记·魏世家》引《纪年》记载,马陵之战后不久,公元前341年五月,齐国派田朌领兵会同宋国从东面攻击魏国的“东鄙”(东部地方),围攻平阳(今河北临漳西南)。九月,秦国派商鞅从西边伐魏国的“西鄙”;十月,赵国从北部伐魏国的“北鄙”。魏惠王还曾亲自率军去西边迎击商鞅,但被秦军击败。然而各国对魏国的攻击并未到此结束。第二年,即公元前340年,齐、赵、秦三国又来伐魏。此番三国分成两路大军,齐、赵组成联军从东边攻。《田敬仲完世家》集解徐广引《六国年表》说:“齐宣王三年(当作齐威王十七年)与赵会博望(齐邑,今山东茌平西北),伐魏。”另一路,秦国从西边攻魏,并且仍然由大良造商鞅领兵,魏国则派公子卬赴西边迎战。

根据《史记·商君列传》的记载,秦国伐魏正是商鞅向秦孝公提出的建议,他对秦孝公说:“秦国和魏国,在彼此看来就像人身体的腹心之疾,不是魏国吞并秦国,就是秦国吞掉魏国。为何这么说呢?魏国扼住西边之地,以安邑为都,跟我们秦国以黄河为界,而却能独擅山东之利(山东系指崤山、函谷关以东的地区,崤山位于河南省西部,灵宝、陕县一带。崤山附近有著名的函谷关,函谷关以西大致是秦国之地,以东为中原地区,因此在战国时期,中原地区又称关东。魏国东部领土以大梁为中心与齐、卫、楚、韩、赵等国皆相邻,所以商鞅说魏国独擅山东之利)。如果形势对魏国有利,那么它就会向西侵略秦国,如果西边不利就会向东去争夺土地。现在因为国君您的贤明,我们秦国才赖以强盛。不久前魏国被齐国打败(指马陵之战),各诸侯纷纷背叛魏国,我们可以借此机会攻伐魏国。魏国无法抵挡秦国,必然东迁。魏国东迁,秦国就可以凭借河山的险要,面向东方制衡中原各国,这就是帝王之业啊。”于是孝公就依商鞅之议起兵伐魏。商鞅的这番话是基于他对秦国地缘政治的分析,他看到如果秦国要想称霸诸侯,第一步就要击败魏国这个横亘在秦国东进之路上的障碍。此时商鞅在秦国的变法已进行了多年,秦国的实力越来越强大,其向东与各国争雄的欲望也日盛一日,因此秦国对于征伐魏国的态度可以说是最为积极的。

这次商鞅领军讨伐魏国,对方主将公子卬恰好是商鞅的故知。早年商鞅在魏国待过一段时间,由于一直得不到重用,才投奔秦国。商鞅应该是在那个时候认识的魏国公子卬并与其交好的。因为有了与公子卬是故交的这层关系,所以商鞅决定用计以求不战而胜。商鞅托人给公子卬传递口信说:

“我之所以离开魏国，欲求闻达于诸侯，都是因为公子您的缘故。现在秦国令我为将，而魏国令公子您为将与我交手，我怎么能够忍心与您见于沙场呢？不如这样，公子您跟魏国国君说，我也去说服秦君，我们两家罢兵算了。”公子卬大约没有经历过大战历练，又或者心地较为单纯，听了商鞅这番动之以情的话，决定收兵回朝。见第一步成功，商鞅开始他的下一步行动。就在各自要班师回朝的时候，商鞅派人跟公子卬说：“您这一回去不知何时才能相见，我愿与您一叙。”公子卬觉得好友多年未见，虽是两军阵前对峙，但眼下已经休兵，见一下也无妨，因此答应了商鞅的请求。但是公子卬的部下看出了此行可能会有一定的风险，纷纷跟他建议还是不去为好。可是公子卬不听部下的劝告，执意赴会。实际上商鞅早已定下埋伏之计，他跟秦军伏兵约定，只要见两人举杯，便冲出将公子卬擒住。商鞅和公子卬两人在会上相谈甚欢，一同回忆了当年在魏国的生活。在这次会面的最后，两人要饮酒话别。两人同时举杯对饮，此时早已埋伏在周围的甲士突然出来袭击，就这样兵不血刃地俘虏了魏国统帅公子卬。魏军统帅被俘，群龙无首。商鞅抓住战机，立即下令攻击魏军，魏军大败。商鞅使诈骗取公子卬信任，使其被俘，进而战胜魏军，这种手段在战国时代为很多人所不齿，《吕氏春秋》将这件事归到《无义》篇，用意很明显，就是批判商鞅见利忘义、为个人功名不择手段的行为。虽然从道义上说商鞅胜之不武，但是秦国毕竟取得了胜利。魏国自马陵之战后连续遭到重创，这次大败无疑是雪上加霜。《商君列传》说魏国“国内空，日以削”，在这种内外交困的情况下，魏国不得已将河西之地割让给秦国以求得边境太平（实际上直到公元前330年，魏国才将西河地全部给予秦国。这里说的恐怕过于夸大，应该是只割让了一两座城池）。商鞅这次伐魏大胜，厥功甚伟，回国之后，秦孝公封他为列侯，号为商君。赐於地为封邑，更名於为商（今陕西商县东南，此地后称为商於）。

魏国大败后，魏惠王曾说：“寡人恨不用公叔痤之言也。”[①]惠王此话是意有所指的。当年商鞅在魏相公叔痤门下做中庶子（官名，掌公族。《战国策·韩策》鲍彪注说秦置中庶子，为太子官）。公叔痤生了重病，魏惠王亲往探望，他问公叔痤：“一旦相国不测，社稷可怎么办啊？”公叔痤答道：“我的部下有中庶子商鞅，虽然年纪很轻，但是有奇才，希望大王能将治国大任委托

① 《史记·商君列传》。

给他。”惠王没作声。惠王在要走之前，公叔痤屏退了左右侍从，对惠王说：“王即不听用鞅，必杀之，无令出境。”[①]惠王答应后就离开了。惠王走后，公叔痤对自己说的话感到后悔，他出于爱才之心，不忍见商鞅被杀，便找来商鞅对他说：“今天大王问我可以接替我的位置作相国的人选，我推荐了你，从大王的表情中我看出他不同意我的提议。我就站在以国君为重的立场，跟大王说即便不用你，也要杀掉你，以免被其他国家任用。大王答应了我。你现在快快离开吧，不走就会被抓起来的。”商鞅却说：“大王既然不能听从您的意见用我，那怎么会听您的杀掉我呢？”于是就没有离开魏国。而惠王回宫之后，如同商鞅预料的那样，对左右侍从说：“公叔相国病得太重了，真让人悲哀啊，他居然让寡人将国家托付于商鞅这个年轻小子，难道不是有悖常理吗？”魏惠王不用公叔痤之言，让一个经世之才从面前经过而不能为己所用。通过此事可见魏惠王在慧眼识才和知人善任的能力上不如其祖父魏文侯和父亲魏武侯。

总之，魏国在经过马陵之战以及秦、齐等国的征伐的惨败后，实力已经严重受损。魏国已经不能像从前那样去四处扩张领土，因此《水经·济水注》引《纪年》说“梁惠成王三十年（前 340 年）城济阳（今河南开封东北）”，目的是防备齐国的进攻，保卫大梁的安全。

魏国从一个一度相当强盛的国家陷入四面受敌、屡战屡败的境地，魏惠王对此十分忧虑，意欲摆脱这种不利的局面，他曾就这个问题询问过孟子。魏惠王问孟子：“晋国（即魏国），天下莫强焉，叟之所知也。及寡人之身，东败于齐，长子死焉；西丧地于秦七百里；南辱于楚。寡人耻之，愿比死者壹洒之，如之何则可？”面对魏惠王如何才能雪耻的提问，孟子回答道：“地方百里而可以王。王如施仁政于民，省刑罚，薄税敛，深耕易耨；壮者以暇日修其孝悌忠信，入以事其父兄，出以事其长上，可使制梃以挞秦楚之坚甲利兵矣。彼夺其民时，使不得耕耨以养其父母。父母冻饿，兄弟妻子离散。彼陷溺其民，王往而征之，夫谁与王敌？故曰：‘仁者无敌。’王请勿疑！”[②]孟子出于自己仁学的观点，认为应该实行仁政，轻徭薄赋，这样使民众能够吃饱穿暖，也有闲暇的时间学习孝悌忠信。孟子认为魏国遭遇失败的原因在于国君不施

---

① 《史记·商君列传》。

② 《孟子·梁惠王上》。

行仁政，这个观点孟子在与弟子公孙丑的对话中曾经说起过，孟子说："不仁哉，梁惠王也！仁者以其所爱及其所不爱，不仁者以其所不爱及其所爱。"他说魏惠王为了同诸侯争夺土地，"糜烂其民而战之，大败"，大败后还要再战（指马陵之战），怕不能取胜，于是"驱其所爱子弟（指太子申）以殉之，是之谓以其所不爱及其所爱也。"[①]孟子提出"仁者无敌"，的确，如果执政者没有那么多贪念，没有不停歇地发动战争，多关注人民的生活，就不会招致国家的衰败。那么魏惠王不施仁政是魏国马陵之战及其后几次战役失败的唯一原因吗？下面就将对马陵之战及其后续影响做一分析。

二、马陵之战的解析

魏国在马陵之战前不久才有逢泽之会，魏惠王在会上威风凛凛，后来又和诸侯朝见周天子，实际上让天子承认他的地位，那么为何会在实力达到鼎盛后不久就接连遭到失败呢？

首先，魏国组织逢泽之会和自己称王的时机不当，惹怒了其他强国。魏国在魏文侯时李悝变法之后，实力大为增强，可以说开风气之先，在步伐上要超越同时代其他国家。正因如此，在魏文侯、武侯时代能够从秦国那里夺来河西之地，能够和赵、韩两国一起去干涉齐国内乱，攻入齐国长城之内，这些都反映了魏国实力的增长速度比其他国家要快。这些都给继位的魏惠王打下了很好的基础。魏惠王为了更方便地与东方各国竞争和交往，在公元前 361 年迁都大梁，结交赵、韩等国，为下一步的扩张做准备。但是魏惠王对于其他国家内部的变化没有引起足够的重视。在魏国变法之后，齐国、秦国、赵国、韩国等也先后进行了不同程度的变法，其中齐国和秦国的变法效果更好，在这两者中尤以秦国更为显著。齐国本为大国，稍加改革，实力已与魏国相当，秦国虽然基础稍差，但其改革广泛而深入，国力上升很快。魏惠王可能低估了其他国家的变法，仍然按照东进的战略与齐国争夺，于是就有了因围攻邯郸而起的桂陵之战。桂陵之战的失败对魏国造成的损失不算太大，魏惠王此时应该清楚齐国的实力以及齐国对自己向东方扩张是不能容忍的态度。秦国在公元前 362 和前 354 年两次攻下少梁的积极进攻态势

---

① 《孟子·尽心下》。

也显示出了秦国的战略已经由原先守势慢慢转为攻势。这两个强邻的警示显然没有让魏惠王对战略进行调整。魏国仍然于公元前 344 年组织逢泽之会,并且公开称王。前面的章节已经说过,“王”在秦始皇称帝之前是最高的称号,被大家承认是“王”的只有周天子(楚国也自尊为王,但是诸侯并不承认,事在楚武王三十七年,公元前 704 年)。周王室地位急剧下降,列国对其尊崇也大不如前,但是敢于凌驾于制度,公开称王,在中原各国中尚无先例。魏惠王的称王行为必然会被目为妄自尊大,引来对手加倍敌视。逢泽之会当年,齐君到秦国去聘问就是一个信号。在这种看似风光无限实则埋伏危急的情况下,魏国仍然去征伐韩国,齐国、秦国必然会借此机会教训魏国。魏国在马陵败后,秦国、赵国等集体讨伐魏国就是它树敌太多的明证。

其二,魏国马陵之役中主帅选用不当。魏国以庞涓为将,却以没有多少战争经验和指挥能力的太子申为上将军。反观齐国,以田忌、田肦为将,孙膑为军师。田忌、田肦都是身经百战的名将,孙膑是军事奇才。这种阵容对比,高下立现。孙子曾说“兵者,国之大事,死生之地,存亡之道,不可不察也”①,齐国派田忌、孙膑等率军来伐,由于先前在桂陵已经领教过对手的厉害,魏惠王本应该在主帅人选上更加谨慎,但他却任人唯亲,不能不说是失察。事实上,太子申被任命为上将军起兵攻齐的消息在魏国国内传开之后,就已经有人预料到此番出征胜算渺茫。魏国公子理手下的一位宾客对公子理的师傅说:“为什么不让公子到太后面前去哭,以阻止太子出征?如果阻止成功了就树立了威德,不成功就做定国君了。太子年轻,不熟悉兵法。田肦是齐国的名将,而孙膑善于用兵,此战必不能胜,不胜必被擒。因此,公子到大王面前去谏阻,大王听了公子的话,公子必会受封;不听公子的话,太子必败;太子大败,公子必然被立为太子;被立为太子,将来就一定会做国君。”②这位无名宾客建议的理由很浅显,一个没有经验的王孙怎么能跟宿将抗衡呢?后来这位宾客的意见有没有被采纳就不得而知了。总之,太子申还是领兵去伐齐了。《战国策·宋策》记载,太子申在赶赴齐国,路过宋国的外黄(今河南杞县东北)时,碰到了当地一位叫徐子(徐子应该不是全名,子是对有一定身份的成年男子的敬称)的人,徐子对太子申说:“臣有百战百胜

---

① 《孙子兵法·始计》。

② 《战国策·魏策二》。

之术,太子能听臣乎?"太子答云:"愿闻之。"徐子说:"固愿效之。今太子自将攻齐,大胜并莒,则富不过有魏,而贵不益为王。若战不胜,则万世无魏。此臣之百战百胜之术也。"徐子的回答看起来似乎与印象中排兵布阵、兵法谋略一类百战百胜的方法没什么关系。细想之下,徐子实际上是以教授百战百胜方法这样好听的名义委婉地劝告太子申,赢了也只不过作魏王,如若不胜,则永远没机会拥有魏国了,这其实是在暗示太子申此行伐齐胜算不大。太子申听出了徐子的话外音,他说:"诺。请必从公之言而还。"徐子此时看出魏军已是箭在弦上不得不发,便说:"太子虽欲返回,但却不可能了。那些高兴太子攻战,来满足自己欲望的人很多,太子虽想班师,却不能够了。"太子申上车想要返回,驾车人却说:"刚刚出师就要回去,与战败一样,不如继续前进。"最后太子申终于还是向东去和齐国交战了。从以上两个小插曲中可以看到,魏惠王任命太子申为统帅这件事情在当时就不被人看好,只是没有人敢于在他面前捅破这层窗户纸而已。魏惠王在带兵征战人选这种事情上任人唯亲,也反映了他对真正能带兵打仗将领的信任感仍显不足,而更加倚靠公室子弟。马陵之战的惨败并没有让魏惠王认识到这个决策失误,在后来迎战秦军的战役中,魏惠王又派出子弟公子卬,结果中了商鞅的圈套,主帅再次被俘,又是大败。杨宽先生认为,魏惠王"沿袭春秋时代贵族亲自指挥作战之遗风,本人既'数被于军旅',又常使太子、公子为将,殊不知此时战争方式已发生重大之变革,指挥作战必须讲究战略与战术,精通兵法而有作战经验"①。面对战国时代兵法和谋略在战争中越来越广泛的应用,魏惠王囿于陈规,显然已经落后于时代了。

其三,从齐国的方面来说,能够赢得马陵之战的关键除了齐威王能选用贤臣之外,更为重要的是孙膑的谋略得当。孙膑利用庞涓对兵法熟悉的特点,故布疑阵,诱敌深入。孙膑说:"兵法,百里而趣利者蹶上将,五十里而趣利者军半至。"这条兵法道理在《孙子兵法》中就能找到,《孙子兵法·军争》中说:"卷甲而趋,日夜不处,倍道兼行,百里而争利,则擒三将军,劲者先,疲者后,其法十一而至;五十里而争利,则蹶上将军,其法半至;三十里而争利,则三分之二至。"孙膑知道庞涓必定也会知道这个军事原理,所以故意用"减

① 杨宽:《战国史料编年辑证》,上海人民出版社2001年版,第376页。

灶”的办法，向庞涓显示齐军因为惧怕魏军正在仓皇逃窜，以此激起庞涓追击的欲望。第二，孙膑对战场的选择得当。《孙子兵法·地形》说：“夫地形者，兵之助也。料敌制胜，计险厄远近，上将之道也。”马陵这个地方较为狭窄，“而旁多阻隘”，十分适合伏兵，由此可见孙膑在战争中十分善于利用地形。选择此处作为决战地点，优点在于能以较小的伤亡代价赢得胜利。孙子云：“军旁有险阻、潢井、兼葭、林木、蘙荟者，必谨覆索之，此伏奸之所也。”[①]庞涓此时见到齐军迅速减员的假象，以为齐军不堪一击，轻装突进，全速追击，早已忘记了在险要地形之处应该多加留意的原则。第三，孙膑对战场的布置十分合理。孙膑因地制宜，以现有的兵器装备设置防御工事：铺洒蒺藜作为沟池，以战车作为壁垒，以盾牌作埤垷（城墙上有孔的矮墙）。孙膑还十分注重武器的搭配使用，将长柄和短兵按照前后位置合理配备，相得益彰。在马陵之战中，孙膑突出使用了弩这一在战国时代才开始大规模使用的兵器，《孙膑兵法》云：“以弩次疾利（蒺藜），然后以其法射之，垒上弩戟分。”弩的优点是杀伤范围大，超过了以往的矛、戈等近身搏斗武器，两军不必有近距离接触即可使用，减少了己方伤亡。孙膑本人对弩机十分看重，“劲弩趋发者，所以甘战持久也。”[②]孙膑以蒺藜、战车、盾牌为工事，长短武器结合以抵御敌人的进攻，以弩机为利器杀伤和压制敌人，只在中央留下空缺，等待魏国大军“入瓮”。除此之外，他还注意敌情的侦察，在距营地五里之外设置瞭望哨，夜间通过鼓、白天则用旌旗来及时传递敌情。这种完美的战场布局是孙膑击溃齐军的关键之所在。反观庞涓，从战役的初始就犯了轻敌的大忌，齐国堂堂东方强国，怎么可能还未与敌军接战就发生大规模减员呢？再加上庞涓此人贪恋战功，一看到敌人示弱，就丧失对战情的理性分析，一味追击，故有此战败的下场。

如果说魏国在桂陵之战上是略损发肤，马陵之战及其后的多国伐魏，则使得魏国元气大伤。可以说马陵之战是魏国实力由盛转衰的一个转折点，魏国的战略优势逐渐消失。《吕氏春秋·不屈》谓：“当惠王之时，五十战而二十败，所杀者不可胜数，大将、爱子有禽者也。大术之愚，为天下笑，得举其讳，乃请令周太史更着其名。围邯郸三年而弗能取，士民罢潞，国家空虚，

① 《孙子兵法·行军》。

② 《孙膑兵法·威王问》。

天下之兵四至。众庶诽谤,诸侯不誉。”由于魏惠王在战略和指挥上的失误,使魏国陷入四面受敌,较为孤立的境地。魏国没有能力用战争的方法来解决这种不利的境况,如果想要化解这种不利的局面,只能考虑采用外交的方法。

第四章　盟主易位:齐魏相王与秦国始强

一、魏王纡尊　东面朝齐

(一)惠施献计尊齐王

魏国在马陵之战被齐国打败后,频频遭到其他国家的讨伐。前一章提到,公元前340年,赵、齐、秦三国攻魏,其中秦国派出以商鞅为统帅的大军大败魏国军队,俘虏公子卬,这是魏国继马陵之战后的又一次惨败。然而邻国的侵伐并没有结束。日益强大起来的秦国的首要战略目标就是东进,魏国就成为秦国不断攻击的对象。公元前338年,秦与魏战于岸门(今山西河津南),俘虏了魏将魏错,又于是年进攻合阳(今陕西合阳县东南,属于河西之地)。在秦国的不断进攻下,魏国的西部边境压力陡增。从秦国连年进攻的态势上看,秦国大有要尽快攻下整个河西地区的意思。恰恰在这个时候,秦国国内发生了变故,给了魏国一个喘息的机会。

就在岸门之战的这一年,使秦国走向强盛之路的秦孝公驾崩,其子秦惠文王立。当年被秦孝公委以重任主持变法的商鞅,却因为变法中触动了一些亲贵的利益,遭车裂而死。商鞅之死固然有在改革中废旧立新而触犯权贵的既得利益的原因,也与他个人性格与行事方面的缺陷有关。商鞅当年刚刚开始推行变法的时候,法令根本推行不下去,有一些贵族因为触及自己的利益,对变法十分抵触。一次太子犯了法,商鞅为了能让法令得到遵守和推行,便对秦君说:“法之不行,自于贵戚。君必欲行法,先于太子。太子不可黥,黥其傅师。”[①]于是太子傅代太子受刑。另有一次,公子虔犯法,商鞅也下令将他处以黥刑。商鞅为了强力推动变法,不惜得罪达官显贵,这些都为

① 《史记·秦本纪》。

他日后的身死埋下了祸根。商鞅这个人虽然很有政治魄力和才能,但是他的人品却并不像才华那样被人称道。司马迁说商鞅“天资刻薄”“少恩”,从商鞅利用友情欺骗魏国的公子卬就可见一斑。当时也有人劝过商鞅不可把事情做绝,断了自己的后路。《史记·商君列传》记载,一位叫赵良的人见商鞅,商鞅对他说:“鞅之得见也,从孟兰皋,今鞅请得交,可乎?”对于商鞅交友的请求,赵良却说不敢当,他说:“孔丘有言曰:‘推贤而戴者进,聚不肖而王者退。’仆不肖,故不敢受命。仆闻之曰:‘非其位而居之曰贪位,非其名而有之曰贪名。’仆听君之义,则恐仆贪位贪名也。故不敢闻命。”赵良的话明里说是怕被人说自己贪名、贪位,实际上是在暗讽商鞅。商鞅当然知道他的话外之音,他问赵良是不是不满意其在秦国的治理方式,赵良答道:“反听之谓聪,内视之谓明,自胜之谓强。虞舜有言曰:‘自卑也尚矣。’君不若道虞舜之道,无为问仆矣。”赵良的表达很婉转,他让商鞅学习“虞舜之道”的话表明其对商鞅在秦国严刑峻法的治理方式并不认可,他认为商鞅应该多施虞舜那样的仁政。商鞅并不接受赵良观点,他认为自己做得很好,甚至可以与秦国先贤五羖大夫(即百里奚,春秋时期辅佐秦穆公称霸)的功绩一较高下。他说:“始秦戎翟之教,父子无别,同室而居。今我更制其教,而为其男女之别,大筑冀阙,营如鲁卫矣。子观我治秦也,孰与五羖大夫贤?”赵良并未直接回答商鞅的问题,他先问商鞅:“千羊之皮,不如一狐之腋;千人之诺诺,不如一士之谔谔。武王谔谔以昌,殷纣墨墨以亡。君若不非武王乎,则仆请终日正言而无诛,可乎?”商鞅答曰:“语有之矣,貌言华也,至言实也,苦言药也,甘言疾也。夫子果肯终日正言,鞅之药也。鞅将事子,子又何辞焉!”看到商鞅愿意听逆耳之言,赵良继续说:“夫五羖大夫,荆之鄙人也。闻秦缪公(即秦穆公,春秋五霸之一)之贤而愿望见,行而无资,自粥于秦客,被褐食牛。期年,缪公知之,举之牛口之下,而加之百姓之上,秦国莫敢望焉。相秦六七年,而东伐郑,三置晋国之君,一救荆国之祸。发教封内,而巴人致贡;施德诸侯,而八戎来服。由余(秦穆公时贤臣,由西戎投奔而来,帮助秦穆公平定西戎各国,使秦国称霸西戎)闻之,款关请见。五羖大夫之相秦也,劳不坐乘,暑不张盖,行于国中,不从车乘,不操干戈,功名藏于府库,德行施于后世。五羖大夫死,秦国男女流涕,童子不歌谣,舂者不相杵。此五羖大夫之德也。”赞颂完五羖大夫,赵良开始评价商鞅:“今君之见秦王也,因嬖人景监以为主,非所以为名也。相秦不以百姓为事,而大筑冀阙,非所以为功也。

刑黥太子之师傅,残伤民以骏刑,是积怨畜祸也。教之化民也深于命,民之效上也捷于令。今君又左建外易,非所以为教也。君又南面而称寡人,日绳秦之贵公子。《诗》曰:'相鼠有体,人而无礼;人而无礼,何不遄死。'以诗观之,非所以为寿也。公子虔杜门不出已八年矣,君又杀祝欢而黥公孙贾。《诗》曰:'得人者兴,失人者崩。'此数事者,非所以得人也。君之出也,后车十数,从车载甲,多力而骈胁者为骖乘,持矛而操闟戟者旁车而趋。此一物不具,君固不出。《书》曰:'恃德者昌,恃力者亡。'君之危若朝露,尚将欲延年益寿乎?"在指出了商鞅结怨太多后,赵良劝他不如把赏赐给他的十五个封邑归还,在郊野种种园子,去劝说秦王重用那些隐士,赡养老人,抚恤孤儿,尊敬父兄,论功行赏,尊重有德之人,这样才可以稍保平安。最后赵良警告商鞅,如果他现在还贪恋"商於之富,宠秦国之教",不断"畜百姓之怨",那么"秦王一旦捐宾客而不立朝"(隐讳地指代秦孝公死去),那么到时候"秦国之所以收君者,岂其微哉? 亡可翘足而待。"商鞅最终也没听赵良这逆耳的忠言。没过多久,秦孝公去世。受过他惩罚的公子虔告发他谋反,要去抓他,商鞅听到风声后立刻带着母亲和亲信想逃往魏国,逃至秦国关隘的地方,天色已晚,他们一行准备住店。因为他们是仓皇出逃,所以没有出行的证件。客舍的老板不知道他是商鞅,就对他说:"根据商君之法,如果住店的人没有证件,那么店主也要一起论处。"商鞅感叹道:"嗟乎,为法之敝一至此哉!"逃至魏国关前,魏国将军襄疵(就是马陵之战中被魏王任命攻韩的将军穰疵)因为公子卬受骗被俘的事情对商鞅耿耿于怀,说:"以君之反公子卬也,吾无道知君。"①没办法商鞅又逃回他的封邑。他和部属发动封邑中的士兵向北攻打韩国,这时秦国出兵讨伐他,最后商鞅被杀死在韩国的黾池(即渑池,在今河南渑池)。尸体运回国后又被五马分尸,全家被诛灭。商鞅最后下场悲惨是他自己推行政策过于激进、招惹众怒造成的,而且他本人为了功名不择手段,也为人所不齿。但是不能不承认商鞅的政策符合秦国国情,为秦国最后统一列国起到了至关重要的作用。

秦国国君秦孝公去世,新君秦惠文王刚刚即位,人心未稳,因此对魏国河西地区的进攻就暂时中止了。魏国在西边的军事压力暂时得到了缓解。马陵之战后,魏惠王也在反思自己的战略失误,宋国人惠施这时来到魏国,

① 《吕氏春秋·无义》。

被魏王任命为相国。惠施是一位很有学问的人，庄子都曾称赞“惠施多方，其学五车”[①]。惠施针对马陵之战后魏国所面临的不利处境，向魏惠王提出与齐国修好的建议。魏王有一天召见惠施，跟他说：“夫齐，寡人之仇也，怨之至死不忘。国虽小，吾常欲悉起兵而攻之，何如？”惠施对答道：“不可。臣闻之，王者得度，而霸者知计。今王所以告臣者，疏于度而远于计。王固先属怨于赵，而后与齐战。今战不胜，国无守战之备，王又欲悉起而攻齐，此非臣之所谓也。”惠施坚决反对魏惠王逞一时之快，用国家安危去冒险，同时他提出了一个借刀杀人的主意：“王若欲报齐乎，则不如因变服折节而朝齐，楚王必怒矣。王游人而合其斗，则楚必伐齐。以休楚而伐罢齐，则必为楚禽矣。是王以楚毁齐也。”楚国实力在春秋时代与齐国不相上下，楚悼王之后虽势头不如从前，但作为大国其进窥中原之心仍存。齐国接受作为强国魏国的朝见，在楚国看来齐国有做天下之主的野心，因此楚国必不能隐忍不发。魏王看到此计不需耗费魏国一兵一卒即能报仇，便同意了惠施的主意。于是他派人向齐国报告，表示愿意像犬马一般去朝拜齐国。他们找到了曾参与过马陵之战的田婴，田婴心机不多，一听魏国愿意屈膝朝见齐国，认为这是件好事，便答应了下来。一个叫作张丑的人看出了其中的险恶用心，对田婴说：“不可。战不胜魏，而得朝礼，与魏和而下楚，此可以大胜也。今战胜魏，覆十万之军，而禽太子申；臣万乘之魏，而卑秦、楚，此其暴于戾定矣。且楚王之为人也，好用兵而甚务名，终为齐患者，必楚也。”[②]可惜田婴没有听进去他的建议。公元前336年，田婴出使韩、魏两国，为朝见的事宜做准备。当年，魏国和韩国就到东阿（今山东阳谷东北，一作平阿，在今安徽怀远西南，误）之南朝见齐威王[③]。翌年，魏、韩两国国君又到甄（今山东鄄城北）“变服折节”（穿上普通衣服，降低身份）朝见齐威王。紧接着，公元前334年，魏惠王与诸侯等在徐州（今山东滕州东南）朝见齐威王。在会上，齐威王与魏惠王“相王”，即诸侯尊齐威王为王，魏惠王称王的事实也被齐国承认了，此即所谓齐魏相王。魏王回去之后，就在这一年改元（君主更改纪年，新君即位一般都会改元，君主在位时也有多次改元的，像汉武帝就多次改元，

① 《庄子·天下》。

② 《战国策·魏策二》。

③ 《田敬仲完世家》《孟尝君列传》《六国年表》等都以为是齐宣王，误，据杨宽说改。见杨宽《战国史》，上海人民出版社2003年版，第346页。

有多个年号，每次改元纪年都从一年起算)。这三次朝见就是《战国策·魏策二》所说的“朝齐侯再三”。那么三次朝见本是魏国提出来的，韩国为何也去降低身段去参加呢？这是因为韩国地处齐、楚、魏、秦、赵之间，且实力较弱。如马陵之战就是因魏国侵韩而起，秦惠文王三年(前335年)，秦拔韩国的宜阳(今河南宜阳西)，即所谓“魏破韩弱，韩、魏之君因田婴北面而朝田侯”①。再者，齐国曾有恩于韩国，若非齐国出手相救，韩国早就在马陵之战前被魏国攻下了。基于以上两点理由，韩国朝见齐国就不足为奇了。

齐魏相王后，事情果然如惠施判断的那样，楚威王见齐国公然称王，接受魏、韩等诸侯的朝见，勃然大怒，《战国策》中形容楚王听说这个消息后“寝不寐，食不饱”②，可见齐魏相王对他的刺激相当之大。于是楚国决定发兵挫挫齐国的锐气。

齐威王第一时间得知了这一消息，因为鲁国比较亲楚，齐王很忧虑。张丐看到齐王忧心忡忡的样子，就主动提出出使鲁国，让鲁君保持中立。张丐见到鲁君后，鲁君问他：“齐王惧乎?”对这个问题，张丐当然不能正面回答，他说这不是他所能知道的，接着又说：“臣来吊足下。”鲁君很奇怪，问他吊问他什么。张丐回答道：“君之谋过矣。君不与胜者而与不胜者，何故也?”鲁君又问他：“子以齐、楚为孰胜哉?”张丐说得很有意思：“鬼且不知也。”鲁君反诘道：“连鬼都不知道谁能取胜，那你来吊问什么?”张丐答曰：“齐，楚之权敌也，不用有鲁与无鲁。足下岂如令众而合二国之后哉！楚大胜齐，其良士选卒必殪，其余兵足以待天下；齐为胜，其良士选卒亦殪。而君以鲁众合战胜后，此其为德也亦大矣，其见恩德亦其大也。”③鲁君听了这话，也觉得齐、楚两个是大国，还是不参与他们的纷争为好，于是就退兵而不再帮楚。在魏国那一边，楚国出兵教训齐国的消息也很快传了过去，犀首(也就是后来的纵横家公孙衍)建议魏王“阳与齐而阴结于楚”，他认为“二国恃王，齐、楚必战。齐战胜楚，而与乘之，必取方城之外；楚战胜齐，而与乘之，是太子之仇报矣。”④魏王便听从犀首的意见假意与齐国相约一起迎战楚国，并以董庆为人质作为担保。公元前333年，楚国出兵围齐国的徐州(即前次齐魏相王的

① 《战国策·齐策一》。
② 《战国策·秦策四》。
③ 《战国策·齐策一》。
④ 《战国策·魏策一》。

地方),齐国派出将军申缚与楚国交战,结果大败。在齐国战事不利的当口,魏国却作壁上观,眼看齐国败绩而不发兵相救。这时已经是齐国相国的田婴见魏国见死不救,十分愤怒,要杀了董庆。旰夷为救董庆跟田婴说:“楚攻齐,大败之,而不敢深入者,以魏为将内之于齐而击其后。今杀董庆,是示楚无魏也。魏怒合于楚,齐必危矣。不如贵董庆以善魏,而疑之于楚也。”[①]田婴也怕杀董庆会逼魏国投靠楚国,于是也就作罢。楚威王认为齐国之所以在前一年在徐州相王,都是“奸相”田婴在中间撺掇的结果,因此在战胜齐国后,想把田婴赶出齐国。田婴听说后很惊恐。这时当初建议田婴不要听信魏国朝见齐君建议的张丑又帮了田婴一次,他去跟楚王说:“王战胜于徐州也,盼子不用也。盼子有功于国,百姓为之用。婴子不善,而用申缚。申缚者,大臣与百姓弗为用,故王胜之也。今婴子逐,盼子必用。复整其士卒以与王遇,必不便于王也。”[②]楚王听后也觉得留着这个“奸相”,还能对自己有些好处。从张丑的话中可以听出齐国兵败与主将申缚无能也有很大关系。那么齐国为何不任用名将呢?如果仔细分析会发现,张丑的话中没有提到桂陵之战和马陵之战立下功勋的田忌。那么为齐国立下大功的田忌去哪里了呢?

原来田忌与邹忌一向不睦,至于具体原因史书没有说明,据后来事情的发展过程来推测,似乎是邹忌嫉妒田忌的功劳,担心田忌日益提升的威望影响到自己的地位。他们二人之间隔阂在桂陵之战中就已初见端倪。在桂陵之战前夕,齐王召集大臣商议是否要救赵时,邹忌是持反对意见的。事后他的门客公孙闬跟邹忌说:“公何不为王谋伐魏?胜,则是君之谋也,君可以有功;战不胜,田忌不进,战而不死,曲挠而诛。”[③]邹忌听从了公孙闬阴险的主意,便建议魏王派田忌去救赵,自己等着坐收渔翁之利。谁知田忌在孙膑的帮助下打了胜仗,此事也就不了了之。后来《史记·田敬仲完世家》《战国策》上还提到公孙闬又派人“操十金而往卜于市”,假扮成田忌的亲信去卜问道:“我田忌之人也,吾三战而三胜,声威天下,欲为大事,亦吉否?”意思是问想要举事造反吉不吉利。然后又把占卜者给抓了起来,将卜问的结果拿给

① 《战国策·魏策一》。
② 《战国策·齐策一》。
③ 《战国策·齐策一》。

齐王看，意图嫁祸田忌。田忌听说此事后立即逃离齐国。[①] 此事经梁玉绳、杨宽等先生辨析，并非事实。不过其中也反映了邹忌和田忌之间紧张的关系已接近于非你即我的地步。马陵之战田忌作为统帅又大获全胜，孙膑是军事奇才，长于谋略计算，他看出了这次胜利班师回朝后，田忌一定会受封赏，到那时邹、田二人的关系会更加势同水火，于是他跟田忌说："将军可以为大事乎？"田忌不大明白孙膑话中的意思，问："奈何？"孙膑说："将军无解兵而入齐。使彼罢弊于先弱守于主。主（地名，地望不详）者，循轶之途也，辖击摩车而相过。使彼罢弊先弱守于主，必一而当十，十而当百，百而当千。然后背太山（泰山），左济（济水），右天唐（即高唐，在今山东高唐东），军重踵高宛（今山东邹平东北），使轻车锐骑冲雍门（临淄西门）。若是，则齐君可正，而成侯（邹忌）可走。不然，则将军不得入于齐矣。"[②]田忌是个识大体、忠君爱国之人，听到孙膑这番话，田忌选择主动离开，没有回到齐国，奔楚国而去。田忌逃到楚国后，邹忌代之做了齐相。当了相国之后，邹忌仍然担心田忌借助楚国的力量回到齐国，门客杜赫说："臣请为留楚。"杜赫去跟楚王说："邹忌所以不善楚者，恐田忌之以楚权复于齐也。王不如封田忌于江南，以示田忌之不返齐也，邹忌以齐厚事楚。田忌亡人也，而得封，必德王。若复于齐，必以齐事楚。此用二忌之道也。"[③]楚王不想与齐交恶，便把田忌封到远离中原的长江以南地区了。由此足见邹忌是个心胸狭隘之人，尽管对齐国变法有功，但其为人不足称道。可叹一代名将田忌被人逼迫流落他乡。田忌出走他乡，对齐国来说是一个巨大的损失。齐国本为强国，其国力方兴未艾，若非所用非人，不会在与楚国的交战中失败。

（二）齐魏相王之分析

齐魏相王是魏国对逢泽之会后战略失误的一个重要的调整。面对魏国屡次被诸侯讨伐遭受损失而实力下降的现实，魏国不得不放低身段，向老对手齐国屈膝朝拜。匡章（齐国名将，后曾率军在垂沙之战击败楚军，又率齐、魏、韩三国联军攻入秦函谷关，见后文第六和十三章）和惠施曾经有一段对

---

① 《史记》之《田敬仲完世家》和《孟尝君列传》说田忌因而造反攻击临淄（一说攻一边城）。

② 《战国策·齐策一》。

③ 《战国策·齐策一》。

话，反映了这一事实。匡章问惠施："公之学去尊，今又王齐王，何其到也？"惠施回答："今有人于此，欲必击其爱子之头，石可以代之。"还没有等惠施说完，匡章打断了他的话，接着说："公取之代乎，其不与？"惠施答曰"施取代之。子头所重也，石所轻也。击其所轻以免其所重，岂不可哉？"匡章转入正题，问道："齐王之所以用兵而不休，攻击人而不止者，何也？"惠施说："大者可以王，其次可以霸也。"接着他又谈到了尊齐为王的原因，"今可以王齐王而寿黔首之命，免民之死，是以石代爱子头也，何为不为？民寒则欲火，暑则欲冰，燥则欲湿，湿则欲燥。寒暑燥湿相反，其于利民一也。利民岂一道哉？当其时而已矣。"[①]惠施说出了这样一个事实，虽然他是反对称王的，但是形势逼迫，为了保全魏国百姓的性命，暂时委屈一下也无不可。同理，魏国国君考虑的是，如果尊齐这一招管用，能够保全自己国家不再受到轮番攻击，那么何必在乎面子受损呢？

魏国在当时面临着两个强敌，一个是齐国，另一个是西部的秦国。两国都对魏国发动了攻击，为何魏国选择朝见齐国而不是朝见秦国呢？其原因在于，第一，魏国迁都大梁后，国都位置更加靠近齐国，齐国攻伐魏国大梁从距离上来看是比较近的。当年桂陵之战的时候，田忌就是率军直奔大梁的方向而去，齐国对魏国国都的威胁是显而易见的。秦国地处西陲，与魏国的河西地区接壤，但与魏国国都大梁则中间有韩国相隔。况且秦国当时的战略目标还是优先拿下河西地区，对大梁尚不构成直接威胁。第二，齐国作为传统的大国，有着不容小觑的影响力。魏国周边的小国如卫、宋，大国如赵、韩都在齐国的影响范围之内。假如齐国讨伐魏国，绝对有能力召集其他国家影从，像赵国这样曾被魏国攻下过国都的国家更是呼之即来。秦国虽然也是一个大国，并且在当时已经逐渐成长为真正的强国。然而秦国所处的地理位置，与戎狄杂处，在"裔不谋夏，夷不乱华"华夷之辨甚严的先秦时代，秦国常常被诸侯视为粗鄙，也正因如此商鞅变法才要特地"更制其教"，改变戎狄习俗。再加上秦国偏居西边，因此对列国的号召力在当时来说尚不及齐国。也正因此，魏国安抚住了齐国，就等于同时减少了几个国家对他的军事压力。第三，魏国在前一阶段的战略重心在东方，主要与齐国一争高下。如果纡尊降贵地去朝见齐君，就等于在这场较量中向齐国变相地认输。齐

① 《吕氏春秋·爱类》。

国出于一个胜利者的心态，也比较容易接受。而秦国在没有得到他想要的河西之地的时候，即使魏王去朝见秦君，也不见得会有什么效果。这一点，后来秦国密集地攻击河西城邑就能证明。

惠施向魏王提出以朝见这种形式尊齐君为王的做法也是非常有效的。齐国国君除了与魏国争夺与国、势力范围之外，一直以来有一个心结，这就是他对魏王在逢泽之会公开称王非常不满。前文已提过，齐国论实力和魏国处于伯仲之间，因此让魏王抢先一步称王接受朝见，齐君心中自然难服。既然魏君称王已成事实，齐君心里多少也会萌发同样的想法。只不过缺少一个时机，即需要一个场合被众诸侯以会盟的形式承认，否则自己称王名不正、言不顺。惠施的意见恰好迎合了齐王这种心理，再加上中间又有田婴进行撮合，因此这个方案最后实施起来十分顺利，“梁王（魏王）身抱质执璧，请为陈侯臣，天下乃释梁”①，使得魏国暂时摆脱了东线的压力。

齐魏相王显示魏国已从“盟主”的位置上被各国拽了下来，此消彼长，齐国的实力已经超越了魏国，成为东方各国的新“盟主”。但是齐国这次徐州相王给它带来的最大收获恐怕就是“王”这个头衔，跟魏王称王一样，它并不能带来实际的好处。在这一时期，贸然称王很有可能成为众矢之的，魏国和齐国都已经经历了这种体验。在诸侯心目中，“王”仍然专指周天子，称王就意味着僭越，这一点跟后来战国七雄人人称王是不同的，所以此时称王还是具有一定风险的事情。齐君如果不称王，效法当年的齐桓公那样行尊王攘夷之法来实现称霸也是难以实现的，一来周天子的号召力已今非昔比，二来齐君的目的已不是称霸那样简单。随着列国争夺激烈程度的加深，齐王或许也会时不时地想想自己可能有一天会成为真正的天子。此时西边的秦国，正在快速地崛起，秦国的实力将会很快达到与东部的齐国相抗衡的程度。

二、夺取河西　秦国遂愿

在齐国接受诸国朝见，享受着称王带来的愉悦的同时，秦国的实力也在持续地上升。虽然秦孝公死后，商鞅被贵族所杀，但是秦国没有像楚国那样，主持变法的吴起一死，变法就归于沉寂。在秦国商鞅的主要政策措施得

---

① 《战国策·秦策四》。

到了保留,孝公时代奠定的实力基础也没有受到什么损失。秦惠文王元年(前 337 年),楚、韩、赵、蜀来朝。次年,周天子祝贺秦惠文王即位。同年秦惠文王颁行新的法令,名曰“初行钱”,就是秦国开始铸造、流通圆钱(因为秦国的商品经济不发达,所以早期并没有铸钱,以布作为货币使用,睡虎地秦简中有《金布律》,对布的使用等事项加以规定。所以这里叫作“初行钱”)。经过两年的摸索,秦惠文王王位已稳,从三年开始,又启动了对外的征伐战争。是年,秦国攻韩,拔韩宜阳,又于当年,伐义渠(西戎的一支,其首领称王,筑城数十,分布于今陕西省北部、甘肃省北部和宁夏等地),被义渠击败。[①] 秦惠文王四年(前 334 年),周天子使卿大夫辰来致文、武胙[②](祭祀周文王和周武王时使用的祭肉。周代天子祭祀后将祭肉分给诸侯,这属于一种赏赐和荣耀)。在政局稳定后,秦惠文王开始执行秦国的既定战略,即夺取魏国的河西地。秦惠文公五年(前 332 年),魏国为了向秦国示好,主动将阴晋(今陕西华阴东,紧靠黄河西岸)送给秦国,秦国更名为宁秦。可是太平日子没过多久,公元前 331 年[③],秦国派公孙衍率军北上进攻魏国上郡的雕阴(今陕西甘泉南),败魏国四万五千大军(《秦本纪》谓八万人,恐为司马迁据秦国国史《秦记》移录,有夸大之嫌),擒魏将龙贾。[④] 此役,使魏国在上郡(辖有今陕西洛河以东,黄梁河以北,东北到陕西子长、延安一带的地区)的防卫力量受到极大削弱,同时也显示秦国对位于关中平原北边的上郡意欲占而有之。[⑤] 公元前 330 年,秦国派出另一路大军以樗里疾(秦惠文王同父异母弟弟,其人多智,秦人称之为智囊)为主将,出函谷关攻曲沃和焦(皆在今河南三门峡西南),“尽出其人,取其城,地入秦”[⑥]。雕阴之战,魏国在西部的大军几乎全军覆没。在秦国的连续攻势下,魏国再也无法招架,只好在公元前 330 年献出河西之地以与秦国媾和。至此秦国得到了几十年来一直梦

---

① 《后汉书·西羌传》。

② 见于《史记》之《周本纪》《秦本纪》《楚世家》和出土的《秦封右庶长歜宗邑瓦书》。

③ 关于雕阴之战的年代,《史记·六国年表》在魏惠王二年(改元后),即公元前 333 年;《秦本纪》在秦惠文王七年,即公元前 331 年;《魏世家》在魏襄王五年(应为魏惠文王后元五年),即公元前 330 年,三种说法都有学者主张,其论述皆有道理。本书则以第二种为是。

④ 前文曾提过龙贾在魏惠王十二年率师筑长城于西边,十五年又筑阳池以备秦。

⑤ 公元前 328 年,在张仪的劝说下,魏国为表示与秦国连横的诚意,献出了上郡十五县和少梁。

⑥ 《史记·樗里子甘茂列传》。

寐以求的河西之地。获取了河西之地,秦国向东方进军变得更加便利了。秦国向东扩张的步伐从此加快了,第二年,秦军就渡过黄河进攻魏国河东的汾阴(今山西万荣西南)和皮氏(今山西河津东),取之。魏国见秦国在取得河西后仍然进攻不停,魏惠王只好出面,与秦王会于应(今河南叶县)。

雕阴之战使魏国的力量受到很大削弱,也是让魏国被迫放弃了河西之地的直接原因。魏国在徐州齐魏相王实际上就是其实力下降的一个标志,表明魏国已经不再是当年逢泽之会上那个能呼风唤雨的国家,《吕氏春秋·不屈》说魏国马陵之战后的情形是“名宝散出,土地四削,魏国从此衰矣”。而雕阴之战则使魏国为列国盟主的时代彻底结束,秦国获得河西之地给它打开了通向中原腹地之门,表明秦国已经成为当时最强的国家之一。从此秦国将会更多地参与中原地区的政治斗争。

魏惠王此人比较好战,虽然自己的国家接连遭受惨败,但仍然不收敛其扩张的欲望。就在献出河西之地的那一年,魏国公子景贾率师伐韩,与韩国将军韩明战于阳(中阳,今河南郑州东,在圃田泽之西),不幸的是,此战又失利,败退至圃田泽北边。公元前 329 年,楚威王去世,魏国听说楚国新丧,马上发兵伐楚。秦国听说魏国攻楚,也想有所动作。张仪对秦王说:“不如与魏以劲之,魏战胜,复听于秦,必入西河之外;不胜,魏不能守,王必取之。”[①]秦王采纳了张仪的意见,发刚刚占领的皮氏的士卒一万人,车百乘,助魏攻楚。魏国战胜楚国,取楚国的陉山。魏国士兵这时较为疲敝,魏恐秦国来攻,就顺利地交接了河西之地。在这里出现了一个人物——张仪。张仪原是魏国人,此时来到了秦国,他在魏国伐楚这件事情上向秦王建议助魏而不是助楚,一是为秦国谋取利益,也就是河西之地;第二也是跟魏国修好的表示。从中已经能隐约看到日后张仪连横策略的影子,这也是为他下一步的外交战略做铺垫。就在此前一年(前 330 年),公孙衍在秦国当上了大良造。张仪、公孙衍这两位日后在战国舞台上叱咤风云、纵横捭阖的纵横家即将登上历史舞台,开始他们的外交穿梭活动。

---

① 《战国策·秦策一》。

第五章　纵横家初登场:公孙衍合纵与张仪连横

"战国者,纵横之世也。"①合纵、连横不仅是纵横家依据当时纷繁复杂的形势提出的两种不同的结盟策略,同时以合纵、连横为主要形式的兼并与反兼并斗争,也凸显了战国时代主要社会政治特征。

战国前期,各国纷纷展开变法运动。但由于变法的时间、背景、深度与广度的不同,各国政治经济发展呈现出不平衡的状态,各国综合国力的消长也时常发生变化。春秋霸主迭兴的局面被打破,形成战国七雄并立的新局面。然而,七国之间的力量对比也在不断发生变化,新平衡不断出现,又不断被打破。并且在进入战国以后,社会生产力提高,铁制兵器逐渐代替青铜兵器,因而步骑兵野战与包围战代替车战成为战争的主要形式。同时,军队数量大增,战争规模扩大,残酷性增强。正如《孟子·离娄上》所载:"争地以战,杀人盈野;争城以战,杀人盈城。"战争的目的已经由争霸转为兼并土地。然而残酷兼并战争的胜负不仅取决于军事力量,还取决于交战国的政治、经济、外交、人口的数量与素质,乃至民心向背等因素。在这种情况下,寻找好的外交环境,通过外交活动来为国家谋得更多的利益,从而在频繁的兼并战争中立于不败之地,无疑是一个国家的重要活动之一。因此,各国毫无例外普遍重视"择交"。在这一过程中,强国为了扩充势力,常常拉拢弱国;弱国为了生存也往往依赖强国。有时,强国、弱国之间为了彼此的共同利益,也可能暂时携手,实现某种程度的联合。因此,合纵连横这种政治策略就在这种极端严峻的形势下产生,并具有了以下两个特点:首先,它们具有变幻不定的特征。合纵、连横盟国的成员为了各自的利益,经常更换结盟对象,呈现出时离时合、不断变化的状态。其次,合纵连横并不具有固定的形式,只

① 《文史通义·诗教上》。

是在策略上是相互对立的。它们经常与一定的军事活动相结合，呈现“从(纵)横间之，举兵相角(较)”[①]的局面。

面对严峻的军事形势和纷繁复杂的外交活动，涌现出了一大批长于外交、精于谋划的人物。他们熟知天下形势及各国军事力量对比，以敏捷的思维、雄辩的口才，奔走游说于诸侯国之间，为国君献计献策、排忧解难。他们根据国家的利益与局势的变化，为诸侯国择交，提出与谁和、与谁离的方针，以确立敌国和盟国。而敌友一旦确立，随之而来的就是根据不同的方针建立某种形式的联盟，进而相互对抗。也正是由于在合纵连横、风云变幻的外交活动中发挥了特殊作用，他们被后人称为纵横家。而战国中期，叱咤风云、煊赫一时的纵横家非张仪和公孙衍莫属。时人景春曾感叹道：“公孙衍、张仪岂不大丈夫诚哉！一怒而诸侯惧，安居而天下息。”[②]他们从布衣平民成为显要高官，从默默无闻到权倾朝野，同时也将满腹经纶转化为成功实践，最终实现了自己的人生价值。张仪终其一生倡导强一秦而弱六国的方针，公孙衍主要坚持弱国合纵以弱秦的策略。因二人所持政见不同，代表的国家利益亦不相同，故其在战国政治舞台上同台角力，演绎了一幕幕波澜壮阔、有声有色的合纵连横政治斗争。

一、合纵与连横的较量——公孙衍与张仪的三次对抗

公孙衍，魏国阴晋人(今陕西华阴东)。曾被秦王任命为大良造(战国时为秦国的最高官职，掌握军政大权。自秦惠文王设立相国掌握军政大权后，大良造主要用作爵名)，为秦国取得对魏战争的多次胜利做出了贡献。他与张仪曾同朝为官，因与其所持政见不同，遭到张仪的排挤，后离秦入魏，任犀首一职(魏国武官名，司马彪注《战国策》曰：“犀首，魏官，若今虎牙将军。”盖公孙衍以官名为号)，并先后担任过魏相与韩相。他首倡合纵，发起“五国相王”，组织五国伐秦，奉行联合弱国以弱秦的方针，在一定程度上遏制了秦国的势力。

张仪，字余子，魏国人。原是魏公族庶支出身。曾向鬼谷子(《史记索隐》按：鬼谷，地名也，扶风池阳、颍川阳城并有鬼谷墟，盖是其人所居，以此

① 《淮南子·览冥训》。
② 《孟子·滕文公下》。

为号)学习"术"(即合纵连横之术),学成后下山游说。曾求仕魏国,不被任用。后来他看到齐、魏马陵之战后魏国国力削弱,遂携其妻入楚求仕。张仪游说楚王没有得志,不得已成为楚相的门下客。不久,楚相失璧,张仪因家贫被人诬陷盗璧,被鞭打得奄奄一息。张仪的妻子看到他的困顿模样,垂泪而泣道:"嘻(悲叹之声)!子毋读书游说,安得此辱乎?"张仪问其妻:"视吾舌尚在不?"其妻笑曰:"舌尚在。"张仪道:"足矣。"[①]受辱而归,并没有让张仪意志消沉,他凭借"三寸不烂之舌",入秦游说,路经东周,曾得到东周昭文君的礼遇与资助,于公元前329年,入秦为官。张仪审时度势,运筹帷幄,通过与韩、魏的连横为秦国争取到了极大的物质利益,从而步步高升,成为相国。之后,张仪运用韬略智谋,纵横捭阖,多次瓦解合纵同盟,为秦国的统一事业创造了极为有利的外交环境。

公孙衍、张仪曾在秦国、魏国同朝为官,而二人所持的政见却是南辕北辙,差异极大。在张仪看来,应当首先"伐赵"。他在游说秦惠文王时,曾提道:"举赵亡韩,臣荆(楚)、魏,亲齐、燕,以成伯(霸)王之名,朝四邻诸侯之道。"不久之后,他改变了想法,认为应该先与韩、魏连横,即"欲以秦、韩与魏之势伐齐、荆"。[②] 这样做,最好的打算是借助韩、魏的势力讨伐齐、楚、赵等国;若行不通,也可以稳定东方,避免两线作战。张仪此后一直按照这一策略行事,始终巩固秦与韩、魏的联盟。公孙衍在离秦入魏后,奉行的策略是以魏与齐、楚、赵、韩、燕等国合纵以抗秦的策略,这与惠施(宋人,合纵抗秦的最主要的组织人和支持者)提出"欲以魏合于齐、楚以案兵"[③]的方针大体相同。大致说来,公孙衍所发起的合纵,与张仪倡导的连横,在战国的舞台上进行了三次大规模的较量。

(一)公孙衍、张仪政治资本累积时期(前333—前324年)

魏国不堪秦、齐等国的夹击,于公元前334年齐、魏相王后投入了齐国的怀抱。这是楚、赵、秦三国所不能容忍的。公元前333年,赵肃侯派兵进攻魏

① 《史记·张仪列传》。
② 《战国策·魏策一》。
③ 《战国策·魏策一》。

的黄城(今河南内黄西),并在漳水、滏水间筑起长城,防止齐、魏的进攻;楚威王为了表示对齐、魏"徐州相王"的愤怒,亲率大军进攻徐州,大败齐将申缚的军队。秦王仍将魏当作心腹大患,齐、魏联合后,不断派兵攻魏。

1. 公孙衍的政绩

在这种局势下,公元前333年,秦惠文王起用魏阴晋人公孙衍为大良造,图谋攻魏,第二年,魏主动与秦和好,献上了阴晋(今陕西华阴东),与秦修好,秦将它改名为宁秦,这样就便于秦国向东方开疆扩土了。公孙衍也于此时,开始在秦国大展拳脚。公元前332年,秦派遣公孙衍领兵大举进攻魏国,这场战争持续了两年之久,一直到公元前330年才结束,秦攻取了魏上郡雕阳(今陕西甘泉南),"俘魏将龙贾,斩首八万。"[①]此役的胜利,使魏防守上郡、河西郡的主力被秦一举歼灭。由于缺少防守的力量,次年魏不得不将河西地区交给秦国。

此后秦不断攻魏。公元前329年,秦军渡过黄河,攻取汾阴(今山西万荣西南)、皮氏(今山西河津东),不断蚕食魏国国土。公孙衍为秦征战沙场,立下汗马功劳,本该正值春风得意之时,然而他前进的步伐却被张仪所阻。公元前329年,张仪入秦为官,其与韩、魏连横以伐齐楚的主张,甚得秦惠文王的欢心。公孙衍与张仪所持的政见不同,备受排挤,不久离开秦国入魏为将,并立下战功率领魏军战胜楚威王的军队。[②]

由于魏国国力衰退,公孙衍图谋拉拢别国,联和出击取胜。公元前325年,公孙衍拉拢齐国名将田肦(即肦子,齐威王时期的名将),以齐、魏之兵共同伐赵。然而在战前,魏惠王与齐威王都不赞成,因此公孙衍对田肦说:"请国出五万人,不过五月而赵破。"田肦见公孙衍自信满满,话说得这么容易,不禁有些怀疑。他说:"夫轻用其兵者,其国易危。易用其计者,其身易穷。"他认为轻而易举地发兵作战,国家必然陷入危险;轻易使用计谋,人也容易陷入困境。"公今言破赵大易,恐有后咎。"而公孙衍则有不同看法:"公之不慧也,夫二君者固已不欲矣,今公又言有难以惧之,是赵不伐而二士之谋困也。"[③]他认为如果将伐赵之事说得太困难了,二国国君根本就不会打算出

---

① 《史记·秦本纪》《魏本纪》作"四万五千"。龙贾是魏国的一员大将,是魏防守西边、抵抗秦兵的主力。魏的中原长城即为龙贾率师所建,《魏世家》也曾提及。

② 《战国策·秦策一》。

③ 《战国策·魏策二》。

兵,不如先对赵宣战,齐王与魏王看到战争有危险,又怎会不派兵增援呢?后来果然如此,两国大败赵兵。田肦俘虏了赵将韩举,公孙衍也打败了赵将赵护。此役为公孙衍为魏将后取得的最大一次胜利,巩固了他在魏国的地位。从此以后,公孙衍开始了拉拢别国以抗秦的合纵活动。

2. 张仪的政绩

公元前329年,张仪入秦为官,他在深入分析形势后,很快将目标锁定在魏国与韩国身上。并且在他看来,韩国距离秦国较近,较易攻伐控制,魏国与秦国并不接壤,且处于中原地区的中心位置,较难控制。但如果魏国可以加入秦国的阵营,秦国的实力不但有所增强,而且拥有了一个可以进攻中原其他国家的据点。于是,张仪制定了"欲以秦、韩与魏之势伐齐、荆(楚)"①的策略,首先对魏国展开打拉结合、为拉而打的连横活动。当时正值楚威王攻魏,张仪从楚魏之战中看到秦国有利可图。于是他游说原打算作壁上观的秦惠王,出兵帮助魏国攻楚。张仪认为秦助魏攻楚可使秦国多方受益,魏胜则"复听与秦,必如西河之外";魏败则"魏不能守,王必取之(西河之地)。"②于是,秦惠王以新得皮氏的"卒百万,车百乘"支持魏作战。结果魏将楚打得大败,但自身也因消耗实力过多加上河西守将曾被公孙衍消灭殆尽,不得不献上河西之地。公元前328年,张仪又与公子华(又作公子桑)率兵围攻魏的蒲阳(今临汾隰县),攻取了却又归还,张仪又说服秦王派公子繇作为"质子"到魏国去。魏惠王受宠若惊,张仪乘机劝说魏王"不可以无礼",③诱使其割地以谢秦。魏王因而将上郡十五县连同少梁(今陕西韩城南)在内献给秦国。秦受益良多,不仅开拓了国土,与魏建立了友好关系,并且使其可以集中精力攻打赵国。秦于此年打败了赵将赵庇,取得了蔺(今山西离石西)与离石(今山西离石)。张仪因所立之功,被秦惠王封为"相邦"。此后张仪继续实行连横政策,为套牢魏国,他于公元前327年将曲沃(今山西侯马市)、焦(今亳州城关)归还给魏国,巩固秦魏联盟,也为秦惠文王称王做准备。

公元前325年,张仪辅助秦惠文王举行称"王"仪式。按照齐、魏相王的

---

① 《战国策·魏策一》。

② 《战国策·秦策一》。

③ 《史记·张仪列传》。

先例,邀请魏、韩之君入秦朝见,并推尊秦君为王。同时,秦王也承认魏、韩两君的王号。张仪此举在于巩固秦与韩、魏两国的连横关系。公元前324年,魏王听从惠施的建议,想要与韩、赵联合,张仪苦心建立的连横同盟有破产的风险,于是他率兵出函谷关攻魏,夺取其陕地,并将其作为秦进攻中原的基地。这一军事行动对魏起到了威慑作用。

张仪通过连横策略,加强了秦与韩、魏的同盟,不仅助秦国开疆拓土,更使其获得了良好的外交环境。张仪因立下大功,而深受秦惠王的重用,从默默无闻的布衣,转而成为权倾朝野的相国。

(二)第一次较量(前323—前321年)

这一时期斗争的焦点是:张仪加强连横与公孙衍发起合纵以破坏其连横。

由于魏相惠施主张"欲以魏合于齐、楚以按兵"的合纵策略,并且劝说魏惠王在齐魏"会徐州相王"后,使魏太子嗣入质于齐,魏公子高入质于楚。并且公孙衍为魏将后,又拉拢齐将田肦共同伐赵,魏欲合于齐、楚的意图就更加明显。在这种情况下,张仪为了维护秦、魏、韩的连横,千方百计地拉拢齐楚,以破坏可能结成的合纵联盟。因此,公元前323年,张仪与齐、楚大臣在啮桑(今江西沛县西南)相会,目的在于占据主动、争取齐楚,煽动其攻魏,破坏即将结成的合纵联盟。

在这样的形势下,公孙衍为了合纵发起了"五国相王"[①],参加国为韩、魏、赵、燕、中山五国,从此赵、燕、中山三国也开始称王。公孙衍发起"五国相王"的目的,是为了联合秦周边的国家与秦抗衡,并遏制秦国的势力发展,但最终却没有什么成就。究其原因主要是受到了齐、楚的干预。首先,齐国借口中山面积小、国力弱,不承认它有称王的资格,想要联合魏、赵、燕三国迫使中山废除王号;其次,楚国为了使魏国投入其怀抱,想要废除质于齐的魏太子嗣,改立入质于楚国的魏公子高为太子,[②]为逼迫魏就范,楚派出柱国昭阳(楚怀王时将)攻打魏国,并取得了八个邑。[③] 齐楚的干预,加上参加国

---

① 《战国策·中山策》。
② 《战国策·韩策二》。
③ 《史记·楚世家》。

各为自己的利益打算,并不同心协力,致使“五国相王”以失败告终。

“五国相王”后,张仪的想法发生了一定转变。他认为维护秦与韩、魏的连横,最有效的方式莫过于争取主动,由他亲自出任魏国的相国,以便把持魏国的内政外交大权。于是,他为了夺取魏相采取了一系列的行动。首先,他派秦兵不断攻魏,在军事上给魏国施加压力;其次,他抓住“五国相王”后,魏惠王对惠施合纵计划产生怀疑这一有利时机,离秦入魏为官,向魏惠王频进惠施的谗言,诱使魏惠王罢免惠施的相位,改立自己为相;同时,张仪还收买朝臣,让他们为自己说话。[①] 不久之后,惠施就被魏王逐走,“惠子易衣变冠,乘舆而走,几不出乎魏境”,[②]可见惠施被驱逐后,不仅乔装改扮,而且不敢在魏国境内久留,他逃到楚国,楚王欲留却惧怕张仪,只得将他送到宋国。张仪铲除了惠施这一头号政敌后,正式出任魏相,秦国也于此时对外宣布罢免张仪的相位。[③] 实际上,张仪既入魏为相又兼领秦相,[④]他的目的是“欲令魏先事秦而诸侯效之”[⑤],将魏国当作诸侯的榜样,进一步推行连横政策。张仪为魏相后,对内打压公孙衍等持合纵意见的大臣;对外加紧促成魏与秦国的连横,并挑动其他国家相斗,让它们无暇西顾,以便让秦国获得向西发展的大好时机。

可见,张仪通过把握斗争的主动权,运用韬略智谋运筹帷幄,使他在合纵连横的第一场较量中率先取得优胜。

(三)第二次较量(前320—前317年)

张仪兼领秦、魏之相位后,继续推行“欲以秦、韩与魏之势伐齐、荆(楚)”[⑥]的连横策略。公元前320年,秦假道韩、魏向齐发起进攻。齐威王派匡章应战。匡章的母亲曾得罪了其父,其父将其母杀死,埋葬在马栈之下。当齐威王任命匡章为将军时曾许诺,若得胜归来,“必更葬将军之母”。匡章回答说他不敢如此,原因是“不敢欺死父”。匡章率军到达前线,“章子为变

---

① 《战国策·魏策一》。

② 《吕氏春秋·不屈》。

③ 《史记·张仪列传》。

④ 《战国策·魏策一》。

⑤ 《史记·张仪列传》。

⑥ 《战国策·魏策一》。

其徽章,以杂秦军”,即为打败秦军曾变换一些齐军的徽章,使其混入秦军内部以刺探军情。有人多次向齐威王报告匡章以齐军降秦,“威王不应”,最终齐军根据情报将秦军打得大败。事后威王谈到他之所以如此信任匡章的原因时说道:“夫为人子而不欺死父,岂为人臣欺生君哉!”[①]匡章初次大胜秦军,使得张仪借助韩、魏之力以伐齐的行动受挫,为公孙衍合纵策略的展开奠定了良好的外部环境。

齐秦之战后,局势发生了新的变化,齐楚等国意识到秦国的威胁,开始谋划驱除魏相张仪,以便拉拢魏国合纵的行动。张仪曾以秦、魏两国的名义到齐国去组织连横。公孙衍想要破坏这件事,就对卫国的嗣君说:“衍非有怨于仪也,值所以为国者不同而,君必解衍。”卫嗣君将公孙衍的话转告给张仪,张仪欣然表示愿意和解。公孙衍和张仪都坐在卫君前,公孙衍却跪地向张仪称“千岁”祝贺。齐王听说后,对张仪大发雷霆说:“衍也吾仇而仪与之俱,是必与衍鬻吾国矣。”[②]齐王认为公孙衍是他的仇敌——公孙衍曾助魏攻齐,如今张仪却和他狼狈为奸,两人一定会合伙出卖齐国。从此后齐王不再信任张仪,因而张仪的连横计划没有成功。此时公孙衍抓住有利时机,建议韩国权臣公叔伯婴帮助自己夺取魏国相位。他派人对公叔说:“张仪以合秦、魏矣,其言曰‘魏攻南阳,秦攻三川,韩氏必亡’。”并且魏惠王重用张仪,就是为了要夺取土地,如此韩国的南阳就会被侵占。于是公孙衍劝说道:“子盍少委焉,以为衍功,则秦、魏之交可废矣。如此,则魏必图秦而弃仪,收韩而相衍。”[③]公孙伯婴认为公孙衍所言甚是,就拿出一部分土地让他去取悦魏王,魏惠王果然很高兴。之后公孙衍又以诈术导演了张仪策说初即位的魏襄王禅让王位于张仪的事件,致使魏惠王大怒,驱逐张仪而重用公孙衍为魏相。[④] 公孙衍正是利用韩对秦的恐惧以及魏王对土地的贪求心理,成功离间张仪与惠王的关系,夺得相位。

公元前 319 年,公孙衍正式由魏将升为相国。他上任后,召回了流亡在外的惠施。这一年,魏惠王去世。举行葬礼时,遇到了大雨雪,群臣劝太子延期举行,太子不听,因而报告给公孙衍,公孙衍又转告惠施,由惠施成功劝

---

① 《战国策・齐策一》。
② 《战国策・齐策二》。
③ 《战国策・魏策一》。
④ 《战国策・魏策二》。

说太子接受葬礼延期的决定。可见,公孙衍此时已成为魏国的朝廷首脑,惠施也已经重新回国,成为魏国大臣。公孙衍上任后,派出使者到楚、赵、燕等国,争取合纵。而齐王此时却在魏国邀请燕、赵、楚三国,打算排斥魏国。魏襄王很担心,于是就找公孙衍来商量,公孙衍回答说:"王与臣百金,臣请败之。"襄王给公孙衍准备马车,车上载有黄金百斤。公孙衍先送战车五十辆给卫国,以离间其与齐国的关系。然后携黄金百斤去求见齐王。齐王接受黄金,因而十分高兴,宾主谈了很久。赵、楚、燕三国对齐王说:"王与三国约外魏,魏使公孙衍来,今久与之谈,是王谋三国也?"齐王连忙解释说:"魏王闻寡人来,使公孙子劳寡人,寡人无与之语也。"但三国都不再相信齐国,于是这次会盟破产。[①] 公孙衍乘机派出使者到三国争取合纵,不久就得到了这些国家的支持。公孙衍见时机成熟,于公元前318年,倡导了"五国伐秦"。[②] 这一次合纵攻秦,参加的有魏、赵、韩、燕、楚五国,并推举楚怀王为纵约长,但实际上与秦交战的只有韩、赵、魏三国。联军攻至函谷关时,秦出兵反击,魏损失较大。因此,魏派惠施到楚国去,请求与秦国讲和。楚相昭阳不同意秦魏议和,害怕由楚国承担伐秦的罪名,于是阻拦惠施,暗中派人到秦国讲和。楚又害怕与魏国结怨,派人到魏国缔结友好关系。[③] 秦楚讲和后,五国纷纷退兵。次年,秦国派樗里疾乘胜出击,一直攻到韩邑修鱼(今河南原阳西南),俘虏了韩将申差,打败赵公子渴、韩太子奂,斩首八万。[④] 此时义渠乘机起兵,将秦军打得大败。根据《史记·张仪列传》与《战国策·秦策二》的记载:公孙衍曾借秦与义渠的宿怨,挑动义渠攻秦。义渠国君曾到魏国访问,公孙衍假借为其分析形势之名进言道:"中国无事于秦,则秦且烧获君之国;中国为有事于秦,则秦且轻使重币,而事君之国也。"[⑤]就是说假如秦与中原各国相安无事,那么秦就会对贵国劫掠焚烧;若中原之国攻打秦国,秦就会派急使为贵国送上重礼。果然不久之后,五国伐秦,秦王为避免两线作战,听从陈轸的建议,送重礼以安抚义渠。义渠君认为这正是应验了公孙衍所言,起兵伐秦。公孙衍看到义渠位于秦的西方,与秦有宿怨。他正是利用

① 《战国策·魏策一》。
② 《战国策·楚策三》。
③ 《战国策·楚策三》。
④ 《史记·韩世家》《史记·赵世家》。
⑤ 《史记·张仪列传》。

了这一点，将义渠引上了伐秦之路。而战争开始后，果如公孙衍所料，义渠君起兵伐秦，这就在客观上削弱、牵制了秦国的力量，有助于五国伐秦。

"五国伐秦"虽然失败了，但声势曾煊赫一时，也为公孙衍后来的合纵活动打下基础，因此这一时期合纵连横的较量，公孙衍略占上风。

（四）第三次较量（前316—前311年）

1. 第一阶段

秦反击五国联军取得胜利，使得秦王重新重用张仪为相，继续推行连横政策。此时，秦国开始向西部兼并土地，稳固后方。公元前316年，蜀国发生内乱，秦国的战略需要重新调整。张仪主张伐韩，司马错（秦人，《史记·太史公自序》云：自司马氏去周适晋，分散，或在卫，或在赵，或在秦……在秦者，名错与张仪争论）主张伐蜀，两人各持己见，争论于秦惠王前。张仪认为应当伐韩，因为可以："据九鼎，按图籍，挟天子以令天下，天下莫不敢听，此王业也。"他认为蜀国是一个处在西方的边远之地，劳民伤财前去攻打，也不足以建立霸业。司马错从富民、安民的角度出发反驳张仪道："臣闻之，欲富国者，务广其地；欲强兵者，务富其民；欲王者，务博其德。三资而备，而王（王业）随之矣。"[①]他认为秦攻蜀国，夺取其土地，可以扩充国土；得到其财用，可以富国安民，虽然用兵却不伤害一般的百姓，所以秦国即使灭亡了蜀国，天下人都不会以秦国为暴；即使秦国抢走蜀国的一切珍宝，诸侯也不会以秦国为贪。如果贸然攻打韩国，不见得能获得什么利益，反而劳民伤财，且落得一个不义的坏名。秦惠王最终采纳了司马错的建议，讨伐蜀国。秦惠王派司马错、都尉墨等人伐蜀，蜀王亲自率兵抵御秦军，失败后逃到武阳（今四川彭山），被秦军杀死，蜀国为秦所灭。接着秦将司马错等人又攻灭了苴国和巴国。[②] 公元前313年，秦又大举向义渠进攻，攻取徒泾（在河西郡）等二十五个城。[③] 从此秦在西北地区的势力有了很大的发展，不仅开疆扩土、增加财富，而且稳固了后方使其可以集中精力进攻中原各国。

公元前316年，魏襄王为了取得齐国的支持，任用田需（亦作田繻）为宰

---

① 《战国策·秦策一》。

② 《史记·秦本纪》《史记·张仪列传》。

③ 《史记·秦本纪》。

相掌握大权。惠施曾对其劝谏道：

> 子必善左右！今夫杨，横树之则生，倒树之则生，折而树之又生。然使十人树杨，一人拔之，则无生杨矣。故以十人之众，树易生之物，然而不胜一人者，何也？树之难而去之易也。今子虽自树于王，而欲去子者众，则子必危矣。[①]

惠施劝田需必须好好对待君王左右的人。他以栽种杨树即“十个人栽树，一个人来拔树，树也不会成活”来比喻成就伟业难，毁人易。他告诫田需虽然现在取宠于魏王，但想要“拔掉”阁下的人很多。不久之后，田需就与公孙衍产生了矛盾。公孙衍为了打压田需，先是派出说客季子以“服牛骖骥”的故事游说魏王，表示若明知二人不和，却还是用田需的计策而让公孙衍去实行，结果就是“王之国必伤矣”。继而，公孙衍在魏襄王面前进言道：“臣尽力竭知，欲以王广土取尊名，田需从中败君，王又听之，是臣终无成也。需亡（逃亡），臣将侍；需侍，臣请亡。”魏王听后，只好向公孙衍承诺：“今吾为子外之，令毋敢入子之事。入子之事者，吾为子杀之亡之，胡如？”[②]不久之后，公孙衍又向魏王进言，他认为魏国现在最担心的就是齐国的攻伐，而齐王对田婴（谥号靖郭君，其为齐邑靖郭之长）的话言听计从，王欲得齐为何不召其子田文（孟尝君）为相呢？于是，魏襄王东见田婴与之结约，召田文而相魏，公孙衍成为韩相。[③] 公孙衍此举还有另一个目的，就是破坏田需与田文的关系，他们两人曾想联合起来陷害自己。通过推荐田文为魏相，公孙衍成功离间了田需与田文的关系，为自己扫除了政敌。这样在齐相田婴的支持下，合纵的形势又出现了好转。田文作为公孙衍合纵的合作者和继任者，就是从这次事件开始的。

公元前315年，秦向韩的中原腹地进攻，双方战于浊泽（今河南长葛西北），韩国情况危急。主张与秦国连横的韩国大臣公仲朋认为“与国不可侍”，不如通过张仪与秦讲和，给秦一个都邑，与秦一起伐楚，“此以一易二之

① 《战国策·魏策二》。
② 《战国策·魏策二》。
③ 《战国策·魏策二》。

计”[①]。韩王赞成这个建议,打算使公仲朋入秦。楚怀王听到这个消息十分恐惧,招陈轸(据《史记·张仪列传》载:陈轸亦为此时期的游说名士,并曾与张仪共事秦惠王,张仪恶陈轸于秦王,致使陈轸离秦入楚)商议对策,陈轸认为秦国想要攻打楚国已经很久了,如今得到韩国进献的都邑更是如虎添翼。并且秦韩合兵南下,楚国一定会遭受重击。不如在四境之内设置警戒,选取精锐的部队,声称去救援韩国,并且“令战车满夏路”,使韩王真的相信楚国是去救援。这样做韩王即使不接受楚国的好意,也会感激大王,不会充当秦国的侵略先锋。若韩国能听从建议与秦国绝交,秦必攻韩,正好解除楚国的祸患。当楚使到来并说明来意后,韩王果然大悦,命公仲朋取消入秦求和之计。公仲朋认为这一定是陈轸的诡计。韩王不听公仲朋的建议,绝和于秦。秦因此大怒,派樗里疾(亦名樗里子,名疾,秦惠文王异母弟也)率大军进攻韩国,而楚国的“救兵”却迟迟不到,最终秦大败韩军于岸门(今河南许昌),斩首万人,公孙衍作为将领也狼狈逃走。[②] 次年,樗里疾还攻取了魏的焦与曲沃,迫使韩向秦屈服,将太子仓入质于秦,这是公孙衍合纵后的又一次大败,也使张仪所倡导的秦与韩、魏连横的形势再度出现。

张仪见韩国的国力削弱,亲自去游说韩王,想要拉拢韩国。他先陈述秦、韩的力量对比,继而分析秦攻韩所产生的严重后果,威胁韩王如不侍秦必然亡国。最后张仪又用秦韩联合攻楚可得土地来利诱韩王,最终韩王采纳了张仪的建议,于公元前312年助秦攻楚,成为秦国削弱楚国的得力助手。

2. 第二阶段

公元前313年,秦已经在中原地区占领了两个重要的进攻基地,一个是函谷关东北的曲沃,另一个是武关以东的“商於之地”(今河南内乡、新野、西峡一带)。这两个地方成为秦军进攻中原诸国的两个矛头。张仪想要推行“欲以秦、韩与魏之势伐齐、楚”的策略,首当其冲是楚国。与此同时,楚国也派出三大夫统率九军包围曲沃和於中两地,并且在齐军的帮助下,楚已经攻取了曲沃,接着就要进攻商於地区。而秦惠王不但想要战胜楚军于商於之地,还想要夺取楚的汉中地区。因此首要的任务是瓦解齐楚同盟,做好反击楚军的准备。秦相张仪承担了这一任务,南下游说楚怀王。他声称秦王最

① 《战国策·韩策一》。
② 《史记·韩世家》。

推崇楚王,最痛恨齐王;自己作为人臣也最敬佩楚王。现在秦国要攻打齐国,只因齐、楚交好,秦王便不再尊重楚王。若楚肯与齐国断交,他就请秦王献出商於之地六百里。楚王为得到土地,不听陈轸的劝阻,在没有得到土地之前就与齐国彻底断交。为促使齐楚断交,张仪故意从车上摔下,以养伤为名避不上朝,等齐楚彻底断交,秦齐缔结联盟后,张仪对索要土地的楚使者说,当初自己答应的土地只有六里而非六百里。楚王为张仪所诳骗因而大怒,想要发兵攻秦,陈轸认为不可,不如割地以贿赂秦国,与秦国一起攻齐,“我楚地于秦,取偿于齐也,王国尚可存。”①楚王不听,坚持发兵攻秦,于公元前312年初,派将军屈丐攻打秦国,而秦国于张仪称病不出之时早已做好了战斗的准备。齐国抛开了与楚国的恩怨,在秦、韩、魏与楚国陈兵对峙一触即发的情况下,依然站在楚国的一边,联合宋一起围攻魏的煮枣(今山东东明东)。这是秦楚两国首次调动大军,进行激烈的大战,此战亦关系到此后秦、楚两国的兴衰,两国可说是倾其全力以战。秦国内由张仪主事,军事上则由张仪的得力助手魏章统筹指挥。秦军兵分三路,东路由名将樗里疾统率,从函谷关进入韩的三川地区,帮助韩对围攻雍氏的楚将景翠进行反包围;中路由魏章统率,从蓝田(今陕西蓝田西)出发,经武关(今陕西丹凤东武关河北岸),到商於之地进攻楚军;西路由甘茂(下蔡人,曾事下蔡史举先生,根据《史记·甘茂列传》记载:甘茂因张仪、樗里子之事求见秦惠王,“王见而说之,使将,佐魏章略定汉中之地”。统率从南郑(今陕西汉中)出发,向东进攻楚的汉水流域,配合魏章进攻汉中地区。中路军是进攻的主力,首先由魏章在丹阳(今河南西峡丹水以北地区),大败楚军,斩首八万,俘虏了将军屈丐、佐将逢丑侯等七十多人,魏章又向西面进攻,与西路向东进攻的甘茂所部汇合,攻取楚汉中之地六百里。东路军在樗里疾的率领下,帮助甘茂打败楚将景翠,助韩解雍氏之围,帮助魏攻打齐军,齐将匡章败走。

楚失汉中六百里土地后,怀王大惧,与陈轸商量割二城如秦求和,魏章遣人请命与秦王,惠王回答道:“寡人欲得黔中之地(今湖南、湖北西部、贵州东北部),请以商於之地易之,如允,便可罢兵。”魏章奉秦王之命,使人言与怀王。怀王极其痛恨张仪的欺诈之行,想要杀之以泄愤,因而回答说:“不愿

---

① 《史记·张仪列传》。

易地，愿得张仪而献黔中之地。”得此消息，秦朝中与张仪有过节或嫉妒他才能之臣，纷纷乘此时机游说惠王，皆进言：“以一人而易数百里之地，利莫大焉。”惠王顾念张仪曾立下大功，是秦国的股肱之臣，不忍将他交给楚国，张仪却奏请惠王表示愿意前往。惠王说：“楚王含盛怒以待先生，往必见杀，故寡人不忍谴也。”张仪回答道：“杀臣一人，而为秦得黔中之地，臣死有余荣矣！况未必死乎。”[①]惠王询问张仪以何计策脱困，张仪为惠王解答说，楚怀王夫人郑袖，长得十分漂亮而且非常有心机，极得怀王宠爱。并且他在楚国时，曾听说这样一件事，魏王曾送给怀王一名美人，怀王对她宠爱有加，郑袖于是对那位美人嘘寒问暖、百般殷勤，二人关系极为融洽。怀王对郑袖的大度宽容赞赏有加。郑袖见自己已经博得了宽容的名声，就对那位美人说，怀王厌恶别人以鼻息触之，建议她见怀王时一定要掩住鼻子。那名美人信以为真，每当见怀王必掩其鼻。怀王不解，向郑袖询问此事，郑袖却回答说：“其似恶闻君王之丑也。”怀王听后大怒，下令割掉美人的鼻子，此后对郑袖越发的宠爱，对其言听计从。[②] 怀王还有个宠臣叫靳尚，既得怀王宠信又得郑袖欢心。张仪认为自己与靳尚素有交情，说不定可以靠他保住自己的性命。张仪还建议让魏章留守汉中，做出进攻之势，以威胁楚国。[③] 秦王于是便同意派张仪到楚国去。刚到楚国，怀王就命令将张仪囚禁起来，择日在太庙前将其诛杀。张仪派遣随从送上重礼，去靳尚那里打通关节。于是靳尚对郑袖进言道：“夫人之宠不终矣，奈何?”郑袖忙问这是何故，靳尚回答道：

> 张仪者，秦王之忠信有功臣也，今楚拘之，秦王欲出之。秦王有爱女而美，又简择宫中佳丽习音者以懽从之，资之金玉宝器，奉以上庸六县汤沐邑，欲因张仪内之楚王。楚王必爱秦女，依强秦以为重，挟宝地以为资，势为王妻以临于楚。王惑于虞乐，必厚尊敬亲爱之，而忘子，子益贱而日疏矣。[④]

在靳尚看来秦王明知张仪激怒了楚王，却还派遣他来，暗地里为保住张仪，

① 《史记·张仪列传》。
② 《战国策·楚策四》。
③ 《战国策·楚策二》。
④ 《战国策·楚策二》。

一定会将秦国侵占的土地归还楚国,将秦王室之女嫁给楚王,并派美人歌姬为媵妾,以此来平息楚王的怨恨。秦国公主到来后,楚王一定会对她百般礼遇,秦公主也仰仗强秦来抬高自己的身价,而请求大王立她为夫人,那么郑袖的地位将不保。郑袖听后大惊,连忙追问靳尚有何计策。靳尚建议郑袖不如劝说楚王释放张仪,这样秦女就不会来楚了,张仪也一定对您非常感激,供您差遣。这样您不仅在楚国保住了尊贵的地位,在外又和强秦相交,您的子孙一定会成为楚国的太子的。郑袖认为所言甚是,便日夜向怀王哭诉:"人臣各为其主用。今地未入秦,秦使张仪来,至重王。王未有礼而杀张仪,秦必大怒攻楚。妾请子母具迁江南,毋为秦所鱼肉也。"①靳尚也乘机游说怀王,杀掉一个张仪,对秦国没有什么损失,却损失了关中数百里之地。不如释放张仪,以此作为和秦之地。怀王亦爰惜黔中之地,加上郑袖与靳尚的劝说,释放张仪,并加之厚礼。怀王遣张仪归秦,通两国之好。

怀王在释放张仪之时,曾担心他回国后会破坏自己的名声,这时靳尚进言说愿与张仪同归秦,如果张仪对楚王有不利的言行,就将他杀掉,怀王于是答应释放张仪。楚国有个宦官,是靳尚的仇敌,他对魏国重臣张旄说:以张仪之智,而有秦、楚之用,君必穷矣。君不如使人微要靳尚而刺之,楚王必大怒仪也。彼仪穷,则子重矣。秦、楚相难,则魏无患矣。

张旄派刺客将靳尚杀死,结果楚王大怒,发兵攻秦,秦、楚争相拉拢魏国,张旄果然受到了魏国的极大重视。楚相屈平出使齐国归来,听闻张仪被释放回国,于是进谏怀王道:"前大王见欺于张仪,张仪至,臣以为大王烹之;今纵弗忍杀之,又听其邪说,不可。"②怀王听后十分懊悔,派人去追张仪,哪里还追得回。不久又听说自己的宠臣靳尚被杀,怀王更加痛恨张仪,再次发兵攻秦,结果被秦打得大败。韩、魏也乘机攻楚,楚国受到重击。公元前313年,秦进一步攻取了楚国的召陵。不久之后,秦惠王去世,秦也停止攻楚。

此役的胜利,张仪功不可没,也是他推行与韩、魏连横政策的又一次成功。秦取得了汉中,并与巴蜀相连,排除了楚国对秦国的威胁。秦又占领了函谷关与武关以东的重要据点,使它的势力发展到中原,张仪更是通过此次战役,为其连横活动奠定了胜局。

---

① 《史记·楚世家》。

② 《史记·楚世家》。

（五）结局

秦、楚之战后，张仪为拉拢楚国，想要将汉中之地归还给楚国，于是他向秦惠王进谏道："有汉中，蠹。种树不处者，人必害之。家有不宜之财则伤本。汉中南边为楚利，此国累也。"张仪认为汉中偏南，而且跟楚国很接近，因而会造成累赘。甘茂不同意归还汉中，对惠王说道："地大者固多忧乎。天下有变，王割汉中以为和楚，楚必叛天下而与王。王今以汉中与楚，即天下有变，王何以市楚也？"甘茂认为一个国家的版图大不一定会造成国家的困扰，并且一旦天下发生变乱，可以把汉中归还楚国作为和谈的条件，彼时楚国必与秦国结盟而抗拒其他诸侯。假如无缘无故将汉中归还楚国，以后天下万一发生变乱，就无以讨好楚国缔结盟约了。[①] 张仪继续游说惠王说他万死一生，才有机会再见到秦王。楚怀王现在已经很畏惧秦国了，即使是这样，也不应该失信于楚。他秦王如果能割取汉中之地，结交楚国，与其结为婚姻之国，楚国必然感激我国，然后再去游说楚国，以其作为其他国家的榜样，以使六国联袂以事秦。秦惠王认为张仪所言甚是，就割汉中五县遣人到楚国修好，同时念张仪之功劳，封以五邑，号武信君，为他准备黄金白璧、高车驷马，让其以连横之术游说诸侯。[②] 关于张仪游说中原诸君的说辞及其游说的策略，笔者将在本章的第二部分做详细的介绍。

秦与楚之战后威名远播，加上张仪巧舌如簧威逼利诱，诸国国君纷纷答应加入连横之盟。张仪完成使命准备回秦，未至咸阳，却听闻惠王已薨，秦武王于公元前310年即位。武王生性粗直，为太子之时，就厌恶张仪的伪诈，加上"群臣日夜恶张仪未已"[③]，说张仪侍秦王不忠，以致武王对张仪更加厌恶。张仪游说齐湣王时，湣王曾被其误导，以为三晋均已献地事秦，故不敢自异，同意与秦连横。不久湣王听说张仪说齐后，方才到赵国游说，因而对张仪的欺骗行为十分愤恨，于是派孟尝君致书列国，约其背秦再次结成合纵同盟，湣王自为"从约长"，想要讨伐张仪。此时，张仪的处境可谓是内外交困。在这紧要关头，他运用韬略智谋，想出了一计免除了双祸。张仪先去晋

---

① 《战国策·秦策一》。
② 《史记·张仪列传》。
③ 《史记·张仪列传》。

见武王,并说要献上一项关乎秦国社稷的计策,他说:

> 为社稷计者,东方有大变,然后王可以多割地。今齐王甚憎仪,仪之所在必举兵而伐之。故仪愿乞不肖而之梁,齐必举兵而伐之。齐、梁之兵连于城下,不能相去。王以其间伐韩,入三关,出兵函谷而无伐以临周,祭器必出,挟天子,按图籍,此王业也[①]。

秦武王听后大喜,于是派三十辆兵车,将张仪护送到魏都大梁。张仪抓住武王想要建功立业的心理,运用雄辩的口才,为他展示了一副王业已成的美好画面,因此武王才会对张仪入魏的计划欣然赞同。张仪离秦入魏后,齐王果然发兵攻魏,魏王十分恐惧。张仪劝说魏王不必担忧,他自有退齐妙计。于是张仪派出他的舍人冯喜前往楚国,冯喜又借机收买楚使前往齐国,齐、楚之事完毕后,楚使对齐王说:"王甚憎张仪,虽然,厚矣王之托仪于秦王也。"齐王疑惑不解说道:"寡人甚憎仪,仪之所在,必举兵伐之,何以托仪也?"楚使回答说:"是乃王之托仪也。仪之出秦,因与秦王约:'为王计者东方有大变,然后王可以多割地,今齐王甚憎仪,仪之所在必举兵而伐之。故仪愿乞不肖而之梁,齐必举兵而伐之。齐、梁之兵连于城下,不能去。王以其间伐韩,入三关,出兵函谷而无伐以临周,祭器必出,挟天子,按图籍,是王业也。'秦王以为然,举革车三十乘,而纳仪于梁。而果伐之,是王内自罢而伐與国,广邻敌以自邻,而信仪于秦王也,此臣之所谓托仪也。"齐王听后,恍然大悟,马上停止攻魏。[②] 魏国的兵祸得到消弭,张仪也因此受到魏王的厚待,在魏国的地位也得到巩固。

张仪离秦入魏不到一年,就死在了魏国。公元前309年,武王任用甘茂、樗里疾为左右丞相。[③]

根据《史记·张仪列传》记载:张仪死后,公孙衍曾为秦国的相国,后来还曾配有五国相印,或横或纵,常为约长。

最初合纵是各弱国联合抵御强国的行为,公孙衍的合纵,也主要是由于

---

① 《战国策·齐策二》。

② 《战国策·齐策二》。

③ 《史记·张仪列传》。

三晋遭到秦国的压迫,因而主要的目的是对抗秦国。但由于参加合纵的国家矛盾无法统一,所以合纵联盟不能持久巩固。张仪在游说魏哀王时曾说:"合从者,一天下(一统天下),约为兄弟,刑白马以盟于衡水之上,以相坚也。夫亲昆弟,同父母,尚有争钱财……其不可以成亦明矣。"①张仪对合纵的看法是比较实际的。因为六国之间原本就存在矛盾,随着形式的变化还有新的矛盾产生,而且如何用最小的付出获得最大的收获,是国君权贵们思考问题和处理政务的基本原则。因而,各国统治者大多各为自己的利益打算,即使结为同盟也很难同心协力,守信盟约,因而力量在摩擦中抵消,不能形成合力而得到充分利用。所以公孙衍倡导的合纵,总是能够被张仪分化瓦解,各个击破,不过也就是利用了六国之间的矛盾与利益冲突而已。齐、秦两大强国,合纵、连横更是被当作压倒对方和谋取进一步兼并的工具。每当对方威势太过逼人时,其中一方就利用其他各国与对方之间的矛盾,发起合纵与连横向对方进攻,等对方失败或屈服,它就肆无忌惮地兼并土地,弱国此时已经成为强国的仆从。

二、纵横之术的剖析

一个纵横家,从迈出第一步起,就不仅是外交活动,而是与政治、军事紧紧绞合的综合性活动。他们在得势之后,往往还要参与国家的重要决策,同时也无法回避内部的政治斗争。这些复杂的活动往往荆棘丛生、危机四伏,每走一步都要绞尽脑汁,认真应对,倘若有半点不慎,便很可能惨遭横祸,万劫不复。因此纵横家必须要奇谋异策层出不穷,纵横之术出神入化,才能在复杂的斗争中立于不败之地。作为参与外交、政治、军事等诸多方面的活动家,纵横家是一个实践性很强的群体。并且在长期的社会实践活动中,他们也有自己的经验总结,形成别具一格的韬略智谋及权变之术。而公孙衍、张仪能够成为煊赫一时的纵横家,必是将纵横之术运用得出神入化的个中翘楚。

(一)前提:"时"与"势"的把握

"时",即时机、机遇,也就是客观事物在发展变化中所创造成的时间条

---

① 《战国策·魏策一》。

件。"势",即为事物发展中不易改变的趋势或必然性。事实上,"时"与"势"往往是联系在一起的,现实的机遇是由事物发展的必然趋势酿成的,而机遇本身又影响或预示着新的发展趋势。一个成功的纵横家,往往能够把握"势",抓住"时",运用"权",根据事物发展变化的形势,采取相应的对策。因此,得情钓机是游说之术与智慧权谋的第一步,亦是献谋与成谋的前提。①

1. 掌握形势

战国这个复杂多变的时代,事物的变化发展速度更胜以往,因而纵横家要解决的问题大多复杂棘手,解决问题的方案需要有准确的预见性和更大的超前性。只有在充分了解、掌握现实情况的基础上,正确把握事情的发展趋势,才能制定行之有效的谋略。而对于一个纵横家而言,诸国的军事、经济、地理、外交等形式格局实际上就是一个施展才华的大环境。如果不了解这个环境,不能把握这个环境,就无以施展满腹的韬略智谋。因而,成功的纵横家普遍重视搜索诸方面的信息,作为自己游说的基础。张仪在入秦之前,曾到楚国游说。他认为楚国雄踞南方,疆域辽阔,物产丰富,戎车千乘,铁骑过万,积粟可支十年,且楚至春秋称王后,素有吞并中原之国的野心。张仪根据这些表象认为,楚国必成大器。他欣然入楚,稽留数年,殊不知楚王刚愎自用,迷信武力,忽略政治斗争,对纵横之士毫无礼让之心,沉湎于享乐,不思进取。张仪游说楚王没有得志,只成为楚相昭阳的门下客,不久后,受辱而归。游说失利的张仪认识到,全面掌握形势、格局、政治内幕,是游说成功的基础,是受到重用、博得荣华富贵的前提。此后,张仪在游说时,尤其注重掌握形势。《战国策·魏策一》记载了张仪成功说服魏哀王连横的说辞。他首先指出魏国的地势易攻难守:"魏地方不至千里,卒不过三十万人。地四平,诸侯四通,条达辐辏,无名山大川之阻。"从韩国的都城到魏国不过一百里,从楚苑丘到魏国只有二百多里,"马驰人趋,不得倦而至梁。"张仪接着又分析了魏国与四邻的关系,魏南面与楚国相邻,北面与赵国毗邻,西面与韩国接壤,东面与齐国为邻。假如魏国与南方的楚国结盟而不与齐国友好,齐国就会攻打魏国的东方;假如魏与齐结盟而不与赵友好,赵国就会攻打魏国的北部;假如魏不与韩结盟,韩国就会攻打魏国的西部;假如魏不与楚结盟,楚国就会攻打魏国的南部。"此所谓四分五裂之道也。"听了张仪这

① 张彦修:《纵横家书——〈战国策〉与中国文化》,河南大学出版社1998年版,第152页。

番说辞后，魏哀王难免胆战心惊，忐忑不安，气势被吓掉了一大半，如此就为接下来劝说魏与秦连横打下了很好的基础。张仪能够说服魏王就范，与他对魏国的政治、经济、军事、地理、外交的精确掌握是分不开的。

2. 把握时机

纵横家要想个人富贵，事业成功，不仅要对天下形势有鞭辟入里的分析和把握，还要敏锐地洞见、把握转瞬即逝的时机。张仪之所以能够在秦国得到步步高升，与他善待时机是密不可分的。

公元前328年，“秦使公子华（公子桑）与张仪围攻魏国蒲阳（今山西隰县），降之。”[①]张仪抓住这一机会，反其道行之，游说秦惠文王将蒲阳归还魏，又请秦王使公子繇作为“质子”送到魏国。魏王受宠若惊，张仪此时以“和平使者”的身份登场，“点拨”魏王道：“秦王之遇魏甚厚，魏不可以无礼。”[②]于是魏王将上郡十五县连同少梁在内献给秦王，秦惠文王嘉奖张仪，将其封为“相邦”（相国）。

总之，掌握形势、把握时机是纵横家们游说入仕、施展才华的前提与基础。“时势者，百事之长也。”“圣人不能为时，时至而弗失。”[③]对纵横家来说。审时度势，得情钓机，是他们政治取得成功的保证。如果对时势没有明察秋毫的洞察力，即使他们的辩词再精妙纷呈，也会徒劳无功。

（二）策略：韬略计谋为万事之本

战争，是战国诸雄决定胜败存亡的关键手段，但纵横家却认为计谋所占的分量更胜于战争。在他们看来，时机一定的情况下，权变与对策就变得异常重要，若没有出奇制胜的谋略，再好的时机也会悄然而逝。与张仪、公孙衍同时的另一位纵横家陈轸就认为：“计者，事之本也；听者，存亡之机。”[④]在他看来，计谋是一切事情的根本，是决定国家存亡兴衰的关键，出谋划策不正确或是听了错误的计谋，想要保住国家社稷是不可能的。陈轸的看法并非就事论事的一己之言，而是对当时战国纵横家以智谋韬略为万事之本的看法的概括。战国时期的纵横家可以说是无人不计、无事不谋，对外交、军

① 《史记·张仪列传》。
② 《史记·张仪列传》。
③ 《战国策·秦策三》。
④ 《战国策·秦策二》。

事活动中的权术计策的崇信与运用甚至已经达到了出神入化的境界。

1. 原因

纵横家奉智谋权术为万事之本,导致这一现象的产生的原因有哪些呢?在笔者看来,主要有这样两个方面:

首先,国君与权贵们对权谋策士的需求。

现实斗争是复杂、激烈与残酷的,不仅涉及社稷兴衰,而且攸关生死存亡。权衡利益得失,谋划趋利避祸,如何用最少的付出取得最大的收获,成为国君与权贵们首要考虑的问题。因而,拥有满腹经纶、高谋妙策的士人,成为战国诸君争相追逐的焦点。所以不拘一格、不择手段地选贤任能,成为诸国统治者们激烈竞争的第一环。各国对人才的招揽,一般有以下两种形式:其一是礼贤下士,平等相待;其二以官、爵、奖、养等形式招揽人才。前者主要对智谋之士的社会地位加以肯定,在心理上给予一种满足感、自尊感,诱发他们将其聪明才智最大限度地施展出来。后者则是重于实实在在的物质利益,用对士人最有诱惑力的东西吸引他们竭尽心力。

其次,权谋之士对物质利益的依赖,以及自我价值实现的渴望。

纵横家们在游说成功之前,往往贫穷落魄、无以为食。由于这些士人本身经历了贫穷的困苦,自然会害怕贫穷转而对物质利益狂热地追求。而取得物质财富最便捷的途径,则是以自己的知识、谋略及权术取得高官厚禄。同时满腹经纶的智谋之士,往往也渴望实现个人价值,功成名就。因而诸侯国君与权贵设置的物质诱惑产生了巨大的吸引力,使得清贫之士发奋阅读,四处游说,献计献策,表现出一种对成功极端的渴望与冲动,走向以智谋权术换取富贵的道路。

2. 制定策略的基本原则

纵横家在运用长短纵横之术的过程中,往往给人以高深难测之感。透过这种现象,可看到纵横家在制定谋略时所遵循的一些基本原则。这些基本原则是从长期实践中总结、抽象出来的,反过来又成为指导纵横家成功制胜的法宝。

①察言观色,投其所好

战国纵横家所从事的游说权谋活动,面对的往往是素质较高、头脑灵活的国君与权贵,而他们往往性格心态各异,说服他们不仅要以最佳的策略为基础,而且要熟知其智能、性格及心态,反复揣摩,投其所好,选择最为适合的对策。因此，韩非子在他的《说难》篇中精辟地指出："凡说之难：在知所说之心，可以吾说当之。"就是说游说的难处，在于察言观色，了解君主的心理变化，然后以己说来附会、曲合以说服人主。战国纵横家深知：趋利避害，小付出、大收获是国君与权贵思考问题与处理政务的基本原则。因此，一位杰出的策辩之士，在游说时，往往能够透视国君的心理活动，投其所好，因势利导，以达到游说成功的目的。

公孙衍在谋得魏国相国之位的过程中，就充分利用了这一原则。《战国策·魏策一》记载：魏惠王将要任用张仪做相国，而这件事对公孙衍（犀首）很不利，因此他派人对韩国的公孙伯婴说："张仪以合秦、魏矣，其言曰：'魏攻南阳，秦攻三川，韩氏必亡'。"并且魏惠王重用张仪，就是为了要夺取土地，如此韩国的南阳就会被侵占。于是公孙衍劝说道："子盍少委焉，以为衍功，则秦、魏之交可废矣。如此，则魏必图秦而弃仪，收韩而相衍。"公孙伯婴认为这话说得很对，就给公孙衍土地让他去建立功劳。果然公孙衍成功当上魏相。在这件事情上，公孙衍成功地抓住了魏王以及公孙伯婴的心态。魏王最终目的就是要获得土地，而不论盟友是谁，公孙伯婴害怕秦、魏连横，韩国就会失去大片土地，所以极为赞同公孙衍用小损失保住大片土地的做法。同时，魏王获得土地，欣然与韩国结盟，公孙衍成为为魏国谋得土地的功臣，自然加官晋爵。

②进退有度，随机应变

由于战国纵横家是典型的现实主义者，在考察和处理问题时，不仅以利益为轴心，还长于随机应变，度势进退，很少干那种明知不可为而为之的事情。随机应变，度势进退的要点在于迅速抓住问题的实质与解决问题的机遇，并在这个基础上，相机行事，能进则进，不能进则退。根据具体情况或者突发性变化，设定切实可行、行之有效的策略计谋。

张仪诳楚不久，宠信他的秦惠王就去世了，与其有宿怨的秦武王即位。尽管张仪老谋深算，智谋超群，但他也无法改变已成定势的局面，只得思谋退路。他告诉秦武王说，有计策要献上。秦武王询问张仪是什么计策，张仪回答说：

为社稷计者，东方有大变，然后王可以多割地。今齐王甚憎仪，仪之所在必举兵而伐之。故仪愿乞不肖而之梁，齐必举兵而伐之。齐、梁之兵连于城下,不能相去。王以其间伐韩,入三关,出兵函谷而无伐以临周,祭器必出,挟天子,按图籍,此王业也。[①]

秦武王听信张仪之言,送其入魏,张仪最终老死于魏国。张仪隐退于魏,是在客观局势不利的情况下的退却,这种退却不是毫无意义的消极退却,而是因形势之变而采取的正确对策。根据他当时的处境,进一步则为万丈悬崖,退一步则为海阔天空。当进不进是畏缩不前,优柔寡断;当退不退是有勇无谋,鲁莽蛮干。

③创造局面,力争主动

在内外各种斗争中,创造有利局面,掌握斗争的主动权,是战国纵横家普遍遵循的又一原则。掌握斗争的主动权就能够控制他人,成功得胜;被他人控制,斗争自然处于被动的地位,其结局只能是失败。因此创造有利局面,力争斗争中的主动权是运用纵横之术的又一重要原则。

秦与韩、魏建立连横后,还没来得及攻楚,就出现了齐助楚攻秦曲沃的事件。张仪苦心经营的有利局面发生逆转,秦国也陷入了被动之中。张仪为了扭转这种被动的局面,亲自入楚,以"商於地六百里"为诱饵,诳骗楚怀王与齐断交。几乎与此同时,张仪派人与齐连横。经过张仪诳楚连齐,秦国也取得了斗争的主动权。

早期的斗争中,魏是合纵与连横两方面势力争夺的焦点。张仪认为秦魏斗争中取得主动权的最好方法是亲自出任魏国的相国,成为负责内政与外交事务的关键角色。为此,张仪鼓励齐、楚攻魏,取魏襄陵八邑,使当时魏相惠施"欲以魏合于齐、楚以按兵"[②]的合纵计划破产,引起魏惠王对惠施的不满。张仪乘此时机,离秦入魏,向魏王屡进惠施谗言,诱使惠王罢免惠施相位,任命自己。在争夺魏相的斗争中,张仪始终掌握着斗争的主动权,而成为魏相,又使张仪在秦魏斗争中掌握了主动进攻地位,为秦魏韩连横创造了有利的局面。

张仪出任魏相后对关东诸国产生了巨大的威胁,齐、楚开始拉拢魏合纵,驱逐张仪。此时,公孙衍抓住时机,遵循创造局面力争主动的原则,建议

---

① 《战国策·齐策二》。
② 《战国策·魏策一》。

韩国权臣公孙伯婴助己夺取相位，并献韩地以取悦魏王。继而又导演了张仪谋士假称初即位的魏襄王禅让王位与张仪的事件，致使襄王大怒，逐张仪而用公孙衍为相。

从惠施、张仪、公孙衍这一连串争夺相位的斗争中可以看出，有利的局面与主动权是胜败的关键，欲克敌制胜必先取得主动权。而斗争中的主动与被动不是恒定不变的，而是因时机、因事件、因势局不断转化的。

3. 五种典型谋略

纵横家所制定的谋略往往千变万化，各不相同。但追根溯源，都是由五种典型谋略演化而来。

①鹬蚌相争　渔翁得利

在许多情况下，正面交锋取胜有困难，因此必须改变模式，运用间接迂回借力的方法取得胜利。而最佳的谋略非鹬蚌相争、坐收渔人之利莫属，自己不需要费一兵一卒反而得到很大的好处。

张仪刚被秦惠文王任用时，恰逢楚国攻打魏国，他在分析形势后，认为这次战争秦国有利可图。于是，张仪游说秦王不如加入魏国的阵营，如魏战胜，肯定更加听命秦国，必献上西河之地（即河西，今陕西大荔、宣川等地）；不胜，魏也不能守住西河之地，秦王可攻取。秦王采纳张仪的建议，加入魏国一边。结果魏国大胜，疲惫不堪的魏国害怕秦国进攻，只好献上西河之地。

借用他国之力，为己谋得好处，往往并不是随心所欲就能达成愿望的，其中是需要多方面的智慧加以周旋的。在挑起他国斗争时，最好的方法就是利用已有的矛盾，挑起宿怨，使宿敌重新行动，展开新一轮的斗争。公孙衍唆使义渠君攻秦就是这种策略的典型运用。《战国策·秦策二》记载：义渠君到魏国访问，公孙衍对义渠君说："中国无事，秦得烧掇焚杅君之国；有事，秦将轻使重币事君之国。"不久之后，楚、燕、韩、赵、魏五国共同伐秦。秦为了避免两线作战，巩固西方集中全力对付东方，听取陈轸之谋"赂之以抚其志"，以"文绣千匹，好女百人，遗义渠君"[①]。义渠君认为这正是公孙衍所言的情况，乘机起兵伐秦，大败秦于李帛之下。公孙衍看到义渠位于秦的西方，与秦有宿怨。他正是利用了这一点，将义渠引上了伐秦之路。而战争开

① 《史记·张仪列传》。

始后,果如公孙衍所料,义渠君伐秦,在客观上削弱、牵制了秦国的力量,有助于五国伐秦。公孙衍并没有多费口舌,关键是利用了义渠君与秦的矛盾而已。

制造鹬蚌相争的局面收渔人之利,是战国纵横家常用的典型谋略,由于该谋略的关键是借他人之力,挑动他人相斗,所以在操作中一定要善于把握机会,巧妙挑拨,并且要将自己的真实目的隐藏起来,绝不能泄露。

②软硬兼施　打拉结合

如果说鹬蚌相争、渔翁得利之策是间接的借力挑斗,而软硬兼施、打拉结合,则是双方面对面的交锋。打是为了逼对方就范,不断败人取地;拉是为了结成联盟,继续扩大自己。纵横家巧用软硬,妙使打拉,因而能够在外交斗争中,纵横驰骋,游刃有余。

张仪是软硬兼施、打拉结合最娴熟的使用者。他所操纵的连横都伴随这一计策。张仪入秦后,将连横的目标锁定在魏国,因而一改单一的攻伐为打拉结合。派公子桑攻魏取蒲阳,不久又归还,还让公子繇入质于魏。在这种有利局势的基础上,张仪游说魏王,晓以利害,使其不仅与秦连横,还献出了上郡十五个县给秦。张仪审时度势,对魏惠王采取先打后拉、为拉而打的策略,将夺取的魏国的土地当作秦国的礼物归还,使双方冰释前嫌,诱使对方献地以谢秦,使魏国在得到象征性的满足后,反而蒙受了实质性的损失。秦国却多方受益,不仅开疆扩土,还能够集中兵力攻打赵国。

秦为了攻楚,谋划连横韩国,张仪仍故技重施。秦两次攻韩,取石章,大败韩师于岸门,斩首逾万。这两次攻打使韩国饱尝与秦相战的苦头。张仪看到拉的条件已经成熟,便亲自到韩国拉拢合纵。他首先指出秦、韩两国国力对比,韩居劣势,若韩不事秦,必国破家亡。其次又以助秦攻楚可得地来诱惑韩君。果然韩王采纳张仪的建议,不久后韩助秦攻楚汉中之地。秦韩连横,成为秦弱楚的重要一环。

软硬兼施、打拉结合之策的前提是以强大的军事力量为依托,只有军事强盛才能该打就打、该拉就拉,秦国强大的军事实力,为张仪运用此策奠定了很好的基础。在实施的过程中,硬的一方必然保持合适的限度,即使对方产生恐惧心理,也不至于大伤元气,使对方铤而走险,失去利用价值。同时还要慎重选取打拉对象。张仪能够成功运用这一策略,是因为他依托强秦,慎重选择对打的对象,并较好地掌握拉的时机。

③贿赂利诱　巧言哄骗

以贿赂来满足当权者在物质方面的需要，辅以巧言哄骗来利诱对方放弃成见，改变策略。这一计谋因其独特的功效，备受战国纵横家的青睐。该谋略的实质是：在某种程度上，满足国君和权贵的眼前利益，以便纵横家为本国或自己谋得长远利益。

张仪在拆散齐楚联盟过程中，充分运用这一策略。当时的形势是：楚在齐的帮助下攻取秦属曲沃，接着想要进攻商於之地。秦惠王想要战胜楚取商於之地，还想要夺取楚的汉中地区。此时，秦的首要任务就是拆散齐楚联盟。于是，张仪受命来到楚国，见到楚怀王后，首先送给楚怀王一顶“高帽”，他说：“弊邑之王所说甚者，无大大王；唯仪之所甚愿为臣者，亦无大大王。”① 骄傲跋扈的秦王，名震诸侯的张仪，对楚王如此敬重，难免使楚王有受宠若惊之感。张仪接下来表达了秦国憎恶齐国，攻齐之前，秦先通报友邦楚国。这番话表明怀王在秦王心中占有何等重要的位置。于是张仪凭借几句虚言巧语，就取得了楚王的好感与欢心，解除了他的思想防备，使其飘飘然俨然有霸主之尊。张仪抓住时机，提出希望齐楚断交的请求，并辅以物质诱惑，事成之后献上商於之地六百里。楚王欣然接受张仪的提议。结果楚与齐断交，齐国大怒，秦国反而遣使与齐结盟。楚怀王派人索要商於六百里之地，张仪先是称病不出，齐楚真正断交后，他声称自己只答应给楚国六里土地。楚王大怒，发兵攻打秦国，而秦早在张仪称病期间，做好了战斗的准备，将楚打得大败。楚国得地不成反而丧失了很多的土地，国力也大为削弱。张仪利用楚怀王虚荣好利的心理，通过巧言哄骗，讨得楚国的欢心；又以贿赂利诱的方式，使楚改变策略，彻底就范。

④栽赃陷害　嫁祸于人

战国时期冷酷而激烈的现实斗争常常把人逼入困境，不少纵横家为了使自己脱困，或为了达到某种目的，可以不择手段地栽赃陷害、嫁祸于人，他们往往通过撒谎造谣，杜撰出一些根本不存在的东西，陷害他人于无形，最终达到自己的目的。这也成为战国纵横家实践活动中不光彩的一面。

公孙衍入秦后，受到秦昭王的赏识，秦昭王欲重用他许以将位，并与其讨论攻韩之事。而公孙衍出任将军将会影响到秦大将樗里疾的地位，于是

① 《战国策·秦策二》。

樗里疾到处散播秦欲攻韩的消息。一时之间,秦国上下无人不知秦昭王要以公孙衍为将军攻韩,秦昭王闻此十分恼火,樗里疾说可能是公孙衍为了炫耀自己而有意识散布的。秦昭王觉得樗里疾说得合情合理,准备逮公孙衍前来拷问,但公孙衍早已吓得逃离秦国。

栽赃陷害、嫁祸于人虽然是战国纵横家智谋之库中不太光彩的一面,但它同样充满了智慧的较量,斗智斗勇成为其中胜败的主要条件。在这类计谋运用中,成功的关键在于祸要嫁得自然巧妙,赃要栽得合乎情理。樗里疾以泄密惑众,以谎言栽赃,不过是利用了这样一种人之常情:长期受冷落、被压抑的人,一旦受到重用和赏识,总不禁会得意忘形,炫耀于众人面前。正是因为合乎这种常理,秦昭王才坚信秘密是公孙衍泄露的,致使樗里疾成功驱逐公孙衍。

⑤欺诈反间　防不胜防

欺诈反间是战国诸国进行外交斗争的主要谋略之一。纵横家为了一国利益,而假装效力其敌对国,制造为该国出谋划策、鞠躬尽瘁的假象,献上貌似有利而后患无穷的计谋,或使该国统治集团内部发生纠纷,或与他国产生矛盾,不断消耗对方的国力,形成对本国有利的格局。

张仪入秦为相国后,致力于连横活动,第一个连横的对象就是魏国。为了有效地实施计划,张仪让秦惠王制造借口把自己罢相驱逐出境,为自己打入魏国创造了很好的条件。魏惠王既恨张仪的屡次暗算,又想让他来辅佐魏国走向强盛,于是他怀着矛盾复杂的心理,迎接张仪入魏。张仪进入魏国为官后,逼走惠施,说动魏、韩与秦国连横,然后又挑动齐、楚、魏三国相斗,最后以利诱魏追随秦攻韩。张仪的活动使关东诸国连年攻伐混战,无力西顾秦国,而秦国趁此大好时机攻伐邻国,兼并土地。张仪的所作所为完全是一种欺诈的间谍行为。在他制造事端,引诱魏和其他国家做出错误决定时,表面往往是站在该国的立场上,实质上是为了引发诸侯混战,为秦创造有利的客观局势。

欺诈反间能在纵横家手中运用得出神入化,是因为他们抓住了几个环节:首先,准确地了解当事人的地位、心态及处境,以便对症下药;其次,利用客观局势,编造令人信服的谎言,引诱对方中计;第三,所献上的谎言谋略,貌似对对方有利,对敌有损,其实是诱使对方当机立断、毫不犹豫地上当受骗。

总而言之,由于战国时期斗争的激烈性与复杂性,谋略被认为具有相当重要的地位。若运用得当,智谋韬略和权术奇策,会在军事上产生无形的战斗力,在外交上产生灵活多变的契机,在治国安邦上产生稳定的控制力,但这些局面的达成都是以谋略运用适当为基础的。纵横家高度推崇智谋权术,把纵横之术当作万能的钥匙,凡事依赖它,必然会导致对基础生产活动的忽视,产生一定的负面效应。因此,纵横家对长短纵横之术的过分依赖也是有弊端的。

三、口若悬河　雄辩滔滔——张仪游说模式特点探析

战国纵横家审时度势,运用韬略智谋设计出适宜的制胜谋略,但这些谋略的实施是以说服其游说或辅佐对象为前提的,而这些对象大多是头脑灵活、素质较高的国君权贵,说服他们,不仅要以最好的谋略为基础,还要能言善辩,口若悬河而又天衣无缝。因此,纵横家们大多都拥有雄辩的口才和高超的游说技巧。张仪更是深谙此道,凭一副能颠倒是非的伶牙俐齿,成为战国时期叱咤风云的纵横家。

张仪曾师从鬼谷子,学习纵横捭阖之术。学成之后到处游说以求被任用,无奈四处碰壁,钱财用尽后,不得已成为楚相昭阳的门下客。谁知不久之后,被人以“贫而无行”为名,诬陷他盗走楚相的和氏璧。张仪被抓起来鞭打数百,奄奄一息,以致遍体鳞伤。张仪的妻子看到他的困顿模样,垂泪而泣道:“嘻(悲叹之声)! 子毋读书游说,安得此辱乎?”张仪问其妻:“视吾舌尚在不?”其妻笑曰:“舌尚在。”张仪道:“足矣。”[①]可见纵横家能言善辩,直接关系着成功的概率,难怪张仪在受辱回家后的第一件事,就让其妻视其舌是否还在,原来这三寸不烂之舌才是他博取荣华富贵、施展才华的重要工具。

张仪大多采取“短说”,即“言其害不言其利”的方式,重在以威恐之。这种说服模式是以秦国强大军事实力为依托的。战国前期,秦国经过商鞅变法,国力日益强盛,不再甘心居于西部一隅之地,逐渐将扩张的矛头指向东方;战国中期,乐毅破齐,齐国一蹶不振,长平之战,赵国严重削弱,公元前312年,秦又将楚打得大败,秦国逐渐取得了对东方六国的优势。张仪主要

---

① 《史记·张仪列传》。

活动在这样一个时期，他的游说往往是伴着强秦的军事活动而进行的。张仪的说辞往往态度强硬，咄咄逼人，是因为有强大的国力支持和军事为基础。透过分析张仪的说辞，可以看出他的说服模式一般包括以下四个特点：

（一）分析形势　强化危机

张仪在游说之始，往往首先指出对方的劣势，告诉对方“你不行”，给对方一种居高临下的威势与压力；其次，夸耀秦国的优势，对游说国进行公开或含蓄的威胁，造成对方心理上的恐惧。对于实力与秦国相差很悬殊的国家，张仪在比较双方国力后，通常采用直接的威胁、恫吓。

秦国曾对魏国发动过三次军事行动，公元前 317 年秦扬言要第四次攻魏，并首先打败了韩国申差的军队，斩首八万，以致“诸侯震恐”[①]。在这样的形势下，张仪前往游说魏国。他首先指出：“魏地方不至千里，卒不过三十万。地四平，诸侯四通，条达辐辏（诸侯四面八方都可以进攻）。无名山大川之阻。南与楚境，西与韩境，北与赵境，东与齐境，卒戍四方。魏之地势，故战场也。魏南与楚而不与齐，则齐攻其东；东与齐而不与赵，则赵攻其北；不合于韩，则韩攻其西；不亲与楚，则楚攻其南。此所谓四分五裂之道也。”指出魏国的劣势后，接着威胁道：“大王不听臣，秦甲出而东，虽欲事秦不可得也。”

张仪游说韩襄王，也采取相同的模式。他首先指出：

> 韩地险恶，山居，五谷所生，非麦而豆；一岁不收，民不厌糟糠；地方不满九百里，无二岁之所食。料大王之卒，悉之不过三十万，而厮徒负养在其中矣，为除守缴亭鄣塞，见卒不过二十万而已矣。[②]

接着张仪话锋一转，指出秦国的情况则是：“秦带甲百余万，车千乘，骑万匹……王不可胜计也。秦马之良，戎兵之众，不可称教也。”最后张仪得出结论“夫秦与山东之卒也，犹孟贲之与怯夫，以重（重兵）相压，犹乌获之与婴儿也。夫战孟贲、乌获之士，以攻不服之弱国，无以异于堕千钧之重，集于鸟卵

① 《史记·张仪列传》。

② 《战国策·韩策一》。

之上，必无幸矣。[①]

对于与秦国实力相当的国家，张仪将被游说国与秦国的各方面条件进行比较，使对方不觉间深信秦国的强大，从而产生对秦国的恐惧心理。张仪游说楚与秦连横时，就使用了这种方法。他指出：

地理环境：秦：地半天下，被山带河，四塞以为固。
　　　　　楚：难守易攻。
兵力强弱：秦：虎贲之士百余万，车千乘，骑万。粟如丘山。
　　　　　楚：与吴人五战三胜而亡之，陈卒尽矣。
民心向背：秦：士卒安难乐死。
　　　　　楚：居民苦矣。
对外交往：秦：韩入臣，魏闻风而动。
　　　　　楚：合纵极易被切断，盟国救祸不及。[②]

通过以上几方面的比较，楚王早在不知不觉中接受了张仪的观点，相信自己条件远不如秦。这种分析比较法也是战国纵横家最常用的有效方法之一。

（二）陈述利害　危言耸听

张仪在游说时，往往根据各国的情况，指出“事秦”与“抗秦”两种截然不同的结果，将合纵国的关系贬损得脆弱不堪，以摧毁对方赖以抗秦的心理支柱。游说魏哀王时，张仪指出：

大王不事秦，秦下兵攻河外，拔卷、衍、燕（南燕）、酸枣。劫卫取晋阳，则赵不南；赵不南则魏不北，魏不北则从（纵）道绝。从道绝，则大王之国欲求无危，不可得也。

接着又指出：“事秦则楚、韩必不敢动；无楚、韩之患，则大王高枕而卧，国必

① 《战国策·韩策一》。
② 《战国策·楚策一》。

无忧矣。"①

游说韩襄王时,张仪根据韩近于强秦的特点,指出:

> 大王不事秦,秦下甲据宜阳,断绝韩之上地;东取成皋、宜阳,则鸿名之宫,桑林之苑,非王之有已。夫塞成皋,绝上地,则王国分矣。②

张仪接着指出,若韩王事秦,与秦一道攻楚,不但保住了国家,更获得了土地。

游说齐湣王时,张仪以齐之邻国均以事秦来威吓齐王,他说:

> 大王不事秦,秦驱韩、魏攻齐之南地,悉赵涉河关,指搏关,临淄、即墨非王之有也。国一日被攻,虽欲事秦,不可得也。③

既然合纵抗秦之路行不通,也就只剩下事秦一条路可走了。

(三)挑拨离间 落井下石

张仪每游说一个国家,通常都会制造假舆论,欺骗对方说,他国均已割地事秦,与秦国结为一体了。他制造各国事秦的假舆论,目的是为了挑拨合纵国之间的关系,让被游说国认为自己孤立无援,以致不敢单独抗秦,同时也使其产生很大的压力,逼其迅速做出事秦的决定。

张仪游说魏王时,曾道:"秦挟韩以攻魏,韩劫于秦,不敢不听。秦、韩为一国,魏之亡可立而须也。"④他深知韩国是魏国与秦国的缓冲地带,所以张仪故意夸大秦韩之间的关系,魏王迫于秦、韩的压力,也不得不事秦。张仪游说齐湣王,也采用了相同的方法。他说:"今秦、楚嫁子取妇,为昆弟之国;韩献宜阳,魏效河外,赵入朝黾池,割河间以事秦。"如果齐王不事秦的话,将会遭到楚以及三晋的攻打,那么齐国离灭亡就不远了。张仪故意夸大秦与齐国周边国家的"友好"关系,让齐以为周边国家都已事秦,给齐王施加压

---

① 《战国策·魏策一》。
② 《战国策·韩策一》。
③ 《战国策·齐策一》。
④ 《战国策·魏策一》。

力，逼其做出决定。

张仪在离间被游说国与其盟国的关系时，还会引经据典，证以史实，勾起两国旧恨，让其以为此君不可信，此国不足恃。他在游说燕昭王时，就采用了此种策略。他说：

> 大王之所亲，莫如赵。昔赵王以其姐为代王妻，欲并代，约與代王遇于句注之塞。乃令工人作为金斗，长其尾，令其可以击人。与代王饮，而阴告厨人曰："即酒酣乐，进热啜，即因反斗击之。"于是酒酣乐，进取热啜。厨人进，斟羹，因反斗而击之，代王脑涂地。其姐闻之，磨笄以自刺也，故至今而有磨笄之山，天下莫不闻。[①]

有了这一层铺垫后，张仪接着说道："夫赵王之狼戾无亲，大王之所明见知也。"[②]张仪正是利用燕、赵在历史上的矛盾，对"燕赵从亲"的关系进行挑拨离间，接着他又威胁赵王说："且以赵王为可亲邪？赵兴兵而攻燕，再围燕都，而劫大王。大王割十城乃郤(却)以谢。今赵王已入朝渑池，效河间以事秦。"以此打消燕王在对秦态度上的其他选择。

(四)指出出路　逼其就范

张仪游说模式的第四个环节是"指出出路"。他在游说中打出为对方筹谋计划的幌子，增加对方的信任，同时给对方一个解决问题的方案，以各种好处利诱对方进入其所设计好的局中，并威胁恫吓对方，使其别无选择。两者或先或后，一张一弛，相辅相成。

张仪游说魏王时，曾说道："为大王计，莫如事秦，事秦则楚、韩必不敢动；无楚、韩之患，则大王高枕而卧，国必无忧矣。"接着又对魏王加以利诱威胁："夫亏楚而益魏，攻楚而事秦，内嫁祸安国，此善事也。大王不听臣，秦甲东而出，虽欲事秦，而不可得也。"[③]张仪游说韩襄王时，故伎重施："故为大王计，莫如事秦。今西面而事秦以攻楚，为鄙邑，秦王必喜。夫败楚而私其地，

---

① 《战国策·燕策一》。
② 《战国策·燕策一》。
③ 《战国策·魏策一》。

转祸而说秦,计无便于此者也。”“逆秦而顺楚,虽欲无亡不可得也。”[①]张仪游说楚怀王时,先将其邻国韩、魏说成是受制于秦国,使楚王相信,若不事秦就会孤立无援,“计无过于此者。”接着张仪提出建议:“大王诚听臣,臣请秦太子入质于楚,楚太子入质于秦,请以秦女为大王箕帚之妻,效万家之都,以为汤沐之邑,长为昆弟之国,终身无相攻击。臣以为计无便于此者。”[②]

张仪游说各国的中心目的就是让其事秦,中心策略通常是让被游说国相信,若不和强秦结盟,周边国家就会伺机蚕食其土地,并以事秦后能够得到土地加以利诱,以抗秦则会国破家亡加以威胁,逼迫国君接受其主张。

总而言之,张仪的游说模式可以分为以上四个环节。他紧紧抓住对方惧怕秦国的心理,咄咄逼人,从气势上压倒对方,从心理上震慑对方。前三环节环环相扣,步步紧逼,将对方抗秦的出路全部堵死,压得对方喘不过气来。最后一环,则以“为大王计”“为大王谋”为名,给对方指出唯一的出路,逼其就范。最后国君无不自责“寡人年幼”“虽大男子,裁如婴儿”“言不足以求正,谋不足以决事”,纷纷感激张仪的“点拨”,按照张仪所指的“出路”,背弃盟约,向秦国割地称臣。

四、万世不朽的纵横家精神

“时势造英雄”,伟大的时代造就伟大的人物,伟大的人物又锻造了闪光的时代精神。战国就是这样一个伟大的时代,它不仅造就了多不胜举的战国士人,而且孕育出了万世不朽的纵横家精神,并且这些伟大的精神激励鼓舞着一代又一代的后人。

(一)奋勇拼搏 乐观进取

孟子说:“故天将降大任于是人也,必先苦其心志,劳其筋骨,饿其体肤。空乏其身,行拂乱其所为,所以动心忍性,曾益其所不能。”[③]这正是纵横家们奋斗不息,最终功成名就的写照。张仪游说魏国不被任用,游说于楚,险些被鞭打致死,受辱而归,此时他已钱财尽失、穷困潦倒;苏秦多次上书秦王,

① 《战国策·韩策一》。

② 《战国策·楚策一》。

③ 《孟子·告子下》。

秦王仍无任用之意,只好卖掉车马仆从,徒步回乡。父母见其狼狈之状,公开辱骂他;正在织布的妻子,不肯下机相见;求嫂为其做饭,嫂推说无柴,不肯为其做饭。生活上的窘困、事业上的惨败刺激了他们;荣归故里,光宗耀祖的前程不断激励他们,这些因素都极大地强化了他们的功名心。在这种强烈的功名心的驱使下,使以张仪和苏秦为代表的纵横家以顽强的斗志和坚定的信心,孜孜不倦地追求目标。

除了想要求取富贵荣华,纵横家也渴望将满腹经纶转化为成功实践。《左传·襄公二十四年》记载:鲁国叔孙豹出使晋国,向范宣子阐述了人生的"三不朽",即"立德""立功""立言"。"三不朽"的主旨是将个人有限的生命融入无尽的历史。正如张彦修先生在《纵横家书——〈战国策〉与中国文化》所说的那样:"当一个人确立了崇高的道德,建立宏伟的功业,留下美好的文字,其人便经久不废名,与永无止境的历史同在。""三不朽"不仅是一种积极进取、建立功业、流芳百世的入世精神,更是中国古代文化的精髓所在。而战国纵横家正是这种精神的代表,他们四处游说,积极入世,遭到挫折也并不气馁;他们并不仅仅是为了求取财富地位,也希望建立功业,实现自己的人生价值。所以在遇到困难时,他们不怨天尤人,不意志消沉,仍然对自己所要走的道路坚定不移,因此张仪重整旗鼓,西入秦国游说;苏秦锥刺股,遍览藏书,刻苦钻研。若无建功立业的思想推动,他们极有可能销声匿迹,老死于碌碌无为之中。

(二)重视人民　以民为本

早在西周时期,民本思想就已兴起,到了春秋战国时,更是有了长足的发展。《尚书》曾讲:"民可进,不可下。""民惟邦本,本固邦宁。"《左传》多次提到"民为神主",孟子更是强调"民为贵,社稷次之,君为轻",反复论证重民、爱民的观点。尽管这种民本思想是从统治阶级的利益出发,但它对人民、对社会发展,都是大有裨益的。因而活动于战国时期的纵横家,不能不受到民本思想的熏陶。

纵横家能持有这种民本思想,是因为他们看到了国家力量的消长与人民的拥护,与民心向背有直接的关系。张仪在游说秦惠王时,曾提道:"夫听死与听生也不同。"当人们决定为秦国而战时,就会"一可以胜十,十可以胜百,百可以胜千,千可以胜万,万可以胜天下矣。”[①]齐国的权臣邹忌从生活中悟出个人容易被人蒙蔽的道理后,前去规劝齐威王广开言路,博采民意。集思广益后,就能得到民心。齐威王采纳了邹忌的建议,齐国政治清明,人民拥护。正是由于邹忌看到了民心向背与政治得失事关国家兴亡,而君王个人容易闭目塞听,所以主张广开言路,以人民的力量来弥补君王的不足。重民、以民为本,也使齐国“战胜于朝廷”[②]。

如果说“苟无民,何以有君”是民本思想的基本观点,那么富民、安民则是民本思想的核心。[③] 公元前316年,蜀国发生内乱,秦国的战略需要重新调整。张仪主张伐韩,司马错主张伐蜀,两人各持己见,争论于秦惠王前。张仪认为应当伐韩,因为可以:“据九鼎,按图籍,挟天子以令天下,天下莫不敢听,此王业也。”他认为蜀国是一个处在西方的边远之地,劳民伤财前去攻打,也不足以建立霸业。司马错从富民、安民的角度出发反驳张仪道:“臣闻之,欲富国者,务广其地;欲强兵者,务富其民;欲王者,务博其德。三资而备,而王(王业)随之矣。”他认为秦攻蜀国,夺取其土地,可以扩充国土;得到其财用,可以富国安民,虽然用兵却不伤害一般的百姓,所以秦国即是灭亡了蜀国,天下人都不会以秦国为暴;即使秦国抢走蜀国的一切珍宝,诸侯也不会以秦国为贪。如果贸然攻打韩国,不见得能获得什么利益,反而劳民伤财,落得一个不义的坏名。[④] 秦惠王最终采纳了司马错的建议,讨伐蜀国。惠王同意挥兵伐蜀,其中最主要的原因莫过于蜀国为天府之国,得蜀可以富国、广地、富民、强兵,这也是秦国坚定不移奉行的治国之策。

(三)英勇无畏　敢于牺牲

战国纵横家积极游说入世,参与社会实践,在个人努力与社会磨砺之下,锤炼出了英勇无畏的献身精神,并在其活动中得到充分的发挥。

纵横家对其自身价值估计颇高,敢在国君面前直言:“万乘之君,得罪一士,社稷其危。”[⑤]并且战国纵横家社会价值之高、活动能量之大,不仅仅是因

---

① 《战国策·秦策一》。

② 《战国策·齐策一》。

③ 张彦修:《纵横家书——〈战国策〉与中国文化》,河南大学出版社1998年版,第267页。

④ 《战国策·秦策一》。

⑤ 《战国策·楚策一》。

为他们拥有丰富的知识、较高的素质、较好的参与进取精神，还因为他们具有英勇无畏、敢于献身的精神，为了自己认为有意义的事业，孜孜不倦，勇往直前，将生死置之度外。这种无畏的献身精神是他们增强自身价值的重要因素。

张仪在欺骗楚国后，明知怀王要杀他，仍然愿意前往楚国去交换土地。他对惠王说："假令诛臣而为秦得黔中之地，臣之上愿。"[①]苏秦为了报答燕昭王的知遇之恩，愿以身为燕入齐反间。他明知这是"死间"，危险性极高，可能有去无回，但仍然愿意只身前往。他为燕助齐灭宋，消耗齐国的国力；出任齐国的相国，离间齐、赵之交，并随时将重要的情报透露给燕王。乐毅破齐后，苏秦事迹败露，他以"反间"之罪，被齐国车裂而死。《淮南子·说林篇》中说："苏秦以百诞成一诚。""一诚"就是指苏秦为燕王破齐的专心忠诚；"百诞"是指苏秦入齐，取信任而阴谋破齐。由于他们认为献身于有价值的事业是有意义的，在实践活动中英勇无畏、敢于献身的精神特别强烈，加之有意识地追求、培养，这种精神成为他们综合素质中的有机组成部分，并在某种特定的环境下闪烁光芒。

五、余论

公孙衍、张仪是战国历史上的著名人物。公孙衍首倡合纵，发起"五国相王"，组织五国伐秦，结成抗秦联盟，在一定程度上遏制了秦国势力的发展，一时改变了战国列国的格局。由于列国各有自己独立的政治利益及特殊情况，它们与秦国的矛盾深浅不一，加上秦国的分化瓦解，其合纵联盟不久就宣告解体。尽管如此，公孙衍所倡导的合纵方针不断被后人采纳，为人们创造并提供了社会活动和外事交往的丰富经验，他坚毅、自信的品格及机敏权变的智慧对后人都有不少的启迪。

张仪是秦国历史上突出的政治人物之一，在秦国势力刚刚崛起的历史关头，他在列国游说，倡导连横，分化瓦解合纵同盟，使秦国势力得到了极大的发展。他抛却了传统的礼仪观念，在外交上不拘手法，纵横捭阖，为秦国争取了极大的实际利益，为秦的发展及其统一事业的完成，创造了极为有利的外交环境。张仪外交上的灵活方式及临危自脱的策略手段，对人们各种

---

① 《史记·张仪列传》。

社会交往活动具有开阔眼界的启示作用。

以公孙衍和张仪为代表的纵横家是战国时期引人注目的才智群体,他们以其独到的政治眼光、高妙的智谋策略、雄辩的口才、超凡的胆识,或纵或横,演绎了一幕幕有声有色、波澜壮阔的合纵连横大戏。但其纵横之术也确实存在欺诈不实、巧言哄骗的一面,并且某些纵横家为了达成目的不惜栽赃陷害、嫁祸于人,甚至假意效力别国,暗中削弱该国的国力。这些计谋也是战国纵横家谋略库中不光彩的一页,加之纵横家们为追逐物质利益,往往没有固定的政治立场,普遍为了求取功名而游说求仕、投机政治。纵横家们过分崇尚权术计谋,也导致其对基础工作的忽视。但其坚毅勇敢的品格、灵活多变的处事手段、以国力为本的外交策略,及其游说列国的技巧和方式也为人们提供了社会活动和外事交往的丰富经验,并对当今社会的对外交往具有极其重要的参考价值与启迪意义。

第六章　赵国崛起:秦、齐、赵并立的形势

一、赵国易俗始崛起

(一)胡服骑射　赵王图强

赵国先世为晋国的卿大夫,赵襄子作卿大夫时与魏、韩共灭知氏,分其地,遂成三家分晋之势。赵烈侯六年(前 403 年)被周威烈王册封为诸侯。赵烈侯时受魏文侯改革的影响,也曾经任用公仲连进行过改革,对此史书记载不多,仅说公仲连向赵侯推荐了牛畜、荀欣、徐越这三人,这三人分别向赵侯阐述了"仁义""王道""选练举贤,任官使能""节财俭用,察度功德"等观点,赵侯分别任用三人为"师"(国君的师傅)、"中尉"(掌选任官吏)、"内史"(职掌财政和爵禄废置)之职。从文献反映的情况看来,赵烈侯改革措施和力度都较为有限,成效与魏国以及后来的其他大国的改革相比相去甚远。在外交政策上,战国前期赵主要奉行与同为三晋国家的魏、韩两国交好的政策。赵国曾在公元前 404 年,与魏、韩一同伐齐,攻入齐长城,公元前 400 年和前 391 年又与两国共同伐楚。赵敬侯三年(前 384 年)齐攻魏的廪丘(今山东鄄城东北),赵救魏,大败齐军。另一方面,从赵敬侯时开始,赵国就有吞并卫国的打算,公元前 383 年,赵修筑刚平城,以用来侵卫。卫国求助于魏国,赵军败于兔台。赵成侯三年(前 372 年),赵国再次伐卫,取卫国七十三个乡邑。赵成侯时期赵国介入中原政治,参与军事角逐多了起来。如在公元前 370 和公元前 368 年攻齐,公元前 367 年,与韩国支持西周威公的少子公子根在洛阳东边的巩(今河南巩县西南)独立,使周室分裂为西周和东周两个小封国(关于周室的分裂,第十二章会专门讲到)。赵成侯时,魏国和齐国是当时实力最强的两个国家,赵国一方面和这两个国家时不时发生摩擦,另一方面也成为两国争夺主导权所拉拢的对象。像桂陵之战就是起因于赵

国侵卫，魏国为了保护自己的势力范围，出兵攻邯郸，后来齐国派孙膑、田忌等人率军救赵，解赵之围。但是在公元前353年，邯郸仍被魏国攻破。魏国此时为了避免受到多国夹击，主动归还邯郸，以示有意跟赵国修好。公元前334年齐、魏两国在徐州相王以后，秦国凭借强大的实力，加快了向东方的扩张。张仪、公孙衍等纵横家受到各国重用，各国之间合纵连横、互相攻伐也愈加频繁。赵国实力一般，常受秦、齐、楚等大国的挤压，国家生存环境十分艰难。赵肃侯二十二年（前332年）“赵疵与秦战，败，秦杀疵河西，取我蔺（今山西离石西）、离石（今山西离石）”。[①] 赵武灵王元年（前325年），公孙衍策动齐国田肦伐赵，俘虏赵将韩举，取平邑（今河北南乐西）。公元前317年，赵国参加五国伐秦，为秦所败，赵军被斩首八万。同年，齐国趁火打劫，夺取赵地观泽（今河南清丰东南）。翌年，秦攻赵的西都（今山西平遥西南）、中阳（今山西中阳西）。公元前313年，秦又攻赵国的蔺，俘虏赵将赵庄，是役赵军死伤众多。可见赵国当时已经陷入了生存危机。赵国身处中原之地，各国你争我夺的战争自然是无法避开的。如果仅靠外交上的纵横捭阖，根据形势选择结盟来避免利益受损虽可一时免于灾祸，但面对变化无常的政治形势，极有可能从八面玲珑跌入腹背受敌的境地。如果不想依附于人、俯仰他人鼻息，就必须走自强之路。赵武灵王在一番深思熟虑之后于公元前307年决定开始实行一项史无前例的新政——“胡服骑射”（改穿少数民族的服饰，士兵学习骑射）。

当年的春天他召见大臣肥义讨论天下大事，前后谈了五天。随后赵武灵王又去北边巡视中山国地界，“至于房子（今河北高邑南），遂之代（今河北蔚县东），北至无穷（今河北张北南），西至河，登黄华（今山西汾阳西，黄河东岸的山地）之上”。他与肥义纵论天下，去北部边境巡视，其实是在酝酿和思考他的改革路径。从北边回邯郸后，他召见大臣楼缓征询意见。武灵王说：“我先王因世之变，以长南藩之地，属阻漳、滏之险，立长城，又取蔺、郭狼（即皋狼，在今山西离石西北），败林人（即林胡）于荏，而功未遂。今中山在我腹心，北有燕，东有胡，西有林胡（古族名。分布于今陕西东北部和内蒙古地区，从事游牧狩猎）、楼烦（古族名。分为两支，与赵国接壤的一支分布于今山西西北部和内蒙古地区；另一支与燕国相接，在今河北西北部和内蒙古地

① 《史记·赵世家》。

区)、秦、韩之边,而无强兵之救,是亡社稷,奈何?夫有高世之名,必有遗俗之累。吾欲胡服。”[①]在话中赵王点出了赵国面临的政治危机,即被强敌环伺,又没有援兵可助,有亡国之虞。他就此首次提出了思考已久的改革措施,就是要打破传统,另辟蹊径,改着胡服。楼缓同意了赵王的意见。然而这一措施却遭到了群臣的反对。赵王也只能将新政暂时搁下。

但是赵武灵王并没有就此气馁,他利用各种机会说服群臣支持他的政策。一天中午,他跟肥义一起坐着聊天,肥义再次委婉地提出了“胡服骑射”这个话题。肥义问赵王:“王虑世者之变,权甲兵之用,念简、襄之迹,计胡、狄之利乎?”赵王答曰:“嗣立不忘先德,君之道也;错质务明主之长,臣之论也。是以贤君静而有道民便事之教,动有明古先世之功。为人臣者,穷有弟长辞让之节,通有补民益主之业。此两者,君臣之分也。今吾欲继襄主(赵襄子,晋国六卿之一,同魏、韩两家共灭知氏而分其地,为赵国立国奠定基础)之业,启胡、翟之乡,而卒世不见也。敌弱者,用力少而功多,可以无尽百姓之劳,而享往古之勋。夫有高世之功者,必负遗俗之累;有独知之虑者,必被庶人之恐。今吾将胡服骑射以教百姓,而世必议寡人矣。”赵王表明了自己的理想,就是要“继襄主之业,启胡、翟之乡”,为此他提出“胡服骑射”时已经考虑到会遭世人非议了。肥义听后说:“臣闻之,疑事无功,疑行无名。今王即定负遗俗之虑,殆毋顾天下之议矣。夫论至德者,不和于俗;成大功者,不谋于众。昔舜舞有苗(上古族名,也称‘三苗’,居于今洞庭湖、鄱阳湖一带),而禹袒入裸国,非以养欲而乐志也,欲以论德而要功也。愚者暗于成事,智者见于未萌,王其遂行之。”从肥义的话中能听出,肥义支持赵王的做法,并鼓励他尽快实现自己的想法。赵王接着说:“寡人非疑胡服也,吾恐天下笑之。狂夫之乐,知者哀焉;愚者之笑,贤者戚焉。世有顺我者,则胡服之功未可知也。虽驱世以笑我,胡地中山吾必有之。”[②]由此看来赵王的决心已定,为了让国家强盛,甘愿受世人讥笑也要一试。随后他就率先垂范,穿上胡服,以此去影响臣民。

赵武灵王心里很清楚,夷狄一向被华夏之人视为野蛮和落后,现在让赵国的臣民改穿胡服,其阻力将是前所未有的。因此他想通过上行下效的途

---

① 《史记·赵世家》。

② 《战国策·赵策二》。

径,说服贵族率先穿上胡服,给普通百姓做一示范。于是他想到了在朝中颇有威望的王叔公子成。武灵王让王孙绁转告公子成说:“寡人胡服,且将以朝,亦欲叔之服之也。家听于亲,国听于君,古今之公行也;子不反亲,臣不逆主,先王之通谊也。今寡人作教易服,而叔不服,吾恐天下议之也。夫制国有常,而利民为本;从政有经,而令行为上。故明德在于论贱,行政在于信贵。今胡服之意,非以养欲而乐志也。事有所出,功有所止。事成功立然后德且见也。今寡人恐叔逆从政之经,以辅公叔之议。且寡人闻之,事利国者行无邪,因贵戚者名不累。故寡人愿募公叔之义,以成胡服之功。使绁谒之叔,请服焉。”武灵王以臣必须服从于君这样的君臣大义劝说公子成,然后又告诉公子成让大家穿胡服不是“养欲而乐志”,而是为了社稷考虑。所以请求他改穿胡服。公子成听后,很恭敬地向王孙绁拜了两拜,说道:“臣固闻王之胡服也,不佞寝疾,不能趋走,是以不先进。王今命之,臣固敢竭其愚忠。臣闻之,中国者,聪明叡知之所居也,万物财用之所聚也,贤圣之所教也,仁义之所施也,诗书礼乐之所用也,异敏技艺之所试也,远方之所观赴也,蛮夷之所义行也。今王释此,而袭远方之服,变古之教,易古之道,逆人之心,畔学者,离中国,臣愿大王图之。”公子成坚持传统的“华夷之辨”,认为“中国”(指中原华夏族居住的地方)是先进文化之所在,应该是远方之人前来观摩、蛮夷奉为楷模的地方。因此他坚决不同意这种“逆人之心,畔学者,离中国”之举。王孙绁见没有说动公子成便走了。

王孙绁回去将情况如实禀报赵王。赵王说:“吾固闻叔之病也。”便亲自前去公子成家探望,实际武灵王是要前去说服公子成。赵王首先向公子成介绍了各地的风俗:“夫服者,所以便用也;礼者,所以便事也。是以圣人观其乡而顺宜,因其事而制礼,所以利其民而厚其国也。被发文身,错臂左衽,瓯越之民也。黑齿雕题,鳀冠秫缝,大吴之国也。”接着又对他说:“礼服不同,其便一也。是以乡异而用变,事异而礼易。是故圣人苟可以利其民,不一其用;果可以便其事,不同其礼。儒者一师而礼异,中国同俗而教离,又况山谷之便乎?故去就之变,知者不能一;远近之服,贤圣不能同。穷乡多异,曲学多辩,不知而不疑,异于己而不非者,公于求善也。今卿之所言者,俗也。吾之所言者,所以制俗也。”武灵王认为这些风俗的差异是因地制宜的结果,是不能强求统一的,只要有利于百姓即可。他接下来对公子成分析了赵国面临的形势:“今吾国东有河、薄洛之水,与齐、中山同之,而无舟楫之用。自常山以至代、上党，东有燕、东胡之境，西有楼烦、秦、韩之边，而无骑射之备。故寡人且聚舟楫之用，求水居之民，以守河、薄洛之水；变服骑射，以备其参胡、楼烦、秦、韩之边。且昔者简主不塞晋阳，以及上党，而襄王兼戎取代，以攘诸胡，此愚知之所明也。先时中山负齐之强兵，侵掠吾地，系累吾民，引水围鄗（今河北高邑东），非社稷之神灵，即鄗几不守。先王忿之，其怨未能报也。今骑射之服，近可以备上党之形，远可以报中山之怨。而叔也顺中国之俗以逆简、襄之意，恶变服之名，而忘国事之耻，非寡人所望于子！”赵王告诉公子成现在赵国面临周遭的敌人，缺乏相应的武器和防备力量，而改行胡服骑射则可以纾解国家的困境。在这种情势之下，仍然坚持“中国之俗”不加变革只能是因小利而废大义。公子成听完这番话，叩首拜了两拜之后，说：“臣愚不达于王之议，敢道世俗之间。今欲继简、襄之意，以顺先王之志，臣敢不听令。”[①]然后再两拜。赵武灵王于是赐他胡服一套。

赵武灵王虽然成功地说服了自己的王叔公子成支持他的政策，然而下面的大臣仍然议论纷纷，反对的呼声十分强烈。毕竟全民改着夷狄的服饰是亘古未有之事。大臣赵文进谏曰：“农夫劳而君子养马，政之经也。愚者陈意而知者论焉，教之道也。臣无隐忠，君无蔽言，国之禄也。臣虽愚，愿竭其忠。”赵王说：“虑无恶扰，忠无过罪，子其言乎。”赵文直截了当地切入主题：“当世辅俗，古之道也。衣服有常，礼之制也。修法无愆，民之职也。三者，先圣之所以教。今君释此，而袭远方之服，变古之教，易古之道，故臣愿王之图之。”赵文认为服饰是古制的一部分，不能轻易地改变。赵王说：“子言世俗之间。常民溺于习俗，学者沉于所闻。此两者，所以成官而顺政也，非所以观远而论始也。且夫三代不同服而王，五伯不同教而政。知者作教，而愚者制焉。贤者议俗，不肖者拘焉。夫制于服之民，不足与论心；拘于俗之众，不足与致意。故势与俗化，而礼与变俱，圣人之道也。承教而动，循法无私，民之职也。知学之人，能与闻迁；达于礼之变，能于与时化。故为己者不待人，制今者不法古，子其释之。”赵王告诉他礼制也是在不断演进的，真正的“知学之人”能够通达礼的变化，并暗讽他不值得与之“论心”“论俗”。赵王劝他要与时俱进，不要再抱残守缺，食古不化了。

赵王刚刚说完，另一位大臣赵造又进言说：“隐忠不竭，奸之属也。以私

① 《战国策·赵策二》。

诬国,贱(当作'贼')之类也。犯奸者身死,贱(当作'贼')国者族宗。反此两者,先圣之明刑,臣下之大罪也。臣虽愚,愿尽其忠,无遁其死。"这位赵造的口吻跟刚才的赵文一样,都是一副以死劝谏的架势。面对赵造的一片拳拳之心,赵王也没办法,只好说:"竭意不讳,忠也。上无蔽言,明也。忠不辟危,明不距人。子其言乎。"赵造说:"臣闻之,圣人不易民而教,知者不变俗而动。因民而教者,不劳而成功;据俗而动者,虑径而易见也。今王易初不循俗,胡服不顾世,非所以教民而成礼也。且服奇者志淫,俗辟者乱民。是以莅国者不袭奇辟之服,中国不近蛮夷之行,非所以教民而成礼者也。且循法无过,修礼无邪,臣愿王之图之。"赵造认为强行推广胡服会扰乱思想和民心,这不是一个国君应该做的。赵王马上反驳道:"古今不同俗,何古之法?帝王不相袭,何礼之循?宓戏(即伏羲)、神农教而不诛,黄帝、尧、舜诛而不怒。及至三王,观时而制法,因事而制礼,法度制令,各顺其宜;衣服器械,各便其用。故礼世不必一其道,便国不必法古。圣人之兴也,不相袭而王。夏、殷之衰也,不易礼而灭。然则反古未可非,而循礼未足多也。且服奇而志淫,是邹、鲁无奇行也;俗辟而民易,是吴、越无俊民也。是以圣人利身之谓服,便事之谓教,进退之谓节,衣服之制,所以齐常民,非所以论贤者也。故圣与俗流,贤与变俱。谚曰:'以书为御者,不尽于马之情。以古制今者,不达于事之变。'故循法之功,不足以高世;法古之学,不足以制今。子其勿反也。"[①]赵王祖述伏羲、神农、黄帝、尧、舜之兴,认为他们都是因时制法,不拘泥于古制,夏商之衰落是由于他们不懂得变通古礼。所以"法古学,不足以制今"。

在艰难推行胡服的同时,赵武灵王也在训练他的骑兵部队。赵武灵王攻取原阳(今内蒙古呼和浩特东)后,将其改为"骑邑",用以训练骑兵。将军牛赞提出异议,他说:"国有固籍,兵有常经,变籍则乱,失经则弱。今王破原阳,以为骑邑,是变籍而弃经也。且习其兵者轻其敌,便其用者易其难。今民便其用而变之,是损君而弱国也。故利不百者不变俗,功不什者不易器。今王破卒散兵,以奉骑骑射,臣恐其攻获之利,不如所失之费也。"他认为赵国的士兵已经习惯使用传统的武器和战法,若加以改变恐怕士兵不能适应,到时候所得还抵不上所失。赵王说:"古今异利,远近易用。阴阳不同道,四

① 《战国策·赵策二》。

时不一宜。故贤人观时，而不观于时；制兵，而不制于兵。子制官府之籍，不知器械之利；知兵甲之用，不知阴阳之宜。故兵不当于用，何兵之不可易？教不变于事，何俗之不可变？昔者先君襄主与代交地，城境封之，名曰无穷之门，所以昭后而期远也。今重甲循兵，不可以逾险，仁义道德，不可以来朝。吾闻信不弃功，知不遗时，今子以官府之籍，乱寡人之事，非子所知。”既然赵王都如此坚决，牛赞作为军人只能服从赵王的命令。中原军队传统上以步兵和战车为主，派兵布阵讲究阵法，武器以戈、戟、盾等为主，这种战争技术是为在中原的地形和列国之间的战争而设计的。赵国北部的少数民族地区，地域开阔平坦，多水草，适于灵活机动的骑兵作战，因此中原军队以古板的战法去应战必然吃亏。不久之后的胜利证明了赵王的决定是正确的。牛赞率骑兵着胡服“出于遗遗之门，逾九限之固，绝五俓（或作‘径’）之险，至榆中（今陕西榆林北），辟地千里”。[①]《史记·赵世家》将此事记载于赵武灵王二十年（前306年），也就是胡服骑射施行的第二年，可见运用骑兵取得了立竿见影的效果。

战国时代中前期各国的变法改革主要是针对土地制度、官员铨选制度和军事制度进行调整，赵武灵王的“胡服骑射”政策与前者有很大不同，比如秦国商鞅变法曾专门要改变民间的戎狄之俗，而“胡服骑射”却反其道而行，效法向来被认为是落后的夷狄风俗进行改革。路径虽然迥异，但目的却是相同的，都是为了强国。为了在短时间内摆脱赵国在对外战争中屡屡失利和被动的外交形势，赵国需要一个速效的方法使军事实力迅速强大起来，这就是“胡服骑射”产生的背景。然而，欲求速效必下猛药，“胡服骑射”政策给社会大众的传统认知和民族心理带来前所未有的冲击，所以遇到的阻力之大也可想而知，以致需要赵王亲自垂范，多番论辩，甚至不惜威胁动用刑罚来进行督促。《战国策·赵策二》还曾记载，大臣赵燕没有穿胡服，赵王派人责备他说：“事主之行，竭意尽力，微谏而不哗，应对而不怨，不逆上以自伐，不立私以为名。子道顺而不拂，臣行让而不争。子用私道者家必乱，臣用私义者国必危。反亲以为行，慈父不子；逆主以自成，惠主不臣也。”而且还用威胁的口吻对他说：“寡人胡服，子独弗服，逆主罪莫大焉。以从政为累，以逆主为高，行私莫大焉。故寡人恐亲犯刑戮之罪，以明有司之法。”赵燕一看

① 《战国策·赵策二》。

赵王要处罚他,赶紧承认错误,表示“臣敬循衣服,以待今日”。尽管如此,胡服政策也没有在短时间内全面执行。《水经·河水注》引《纪年》云:“邯郸……命将军、大夫、适子、代吏皆貂服。”这道命令发布于魏襄王十七年(前302年),此时距政策开始实施已有五年时间之久。赵武灵王二十五年(前301年),赵王立周绍为太子傅。赵王赐给他胡服衣冠,让其穿着胡服做太子的师傅。在谈话中周绍提到“乃国未通于王胡服”,足见政策推行的艰难。让太子傅穿着胡服教导太子,赵王也有在潜移默化中影响太子的用意在其中。看起来要想让赵国上下接受这个“胡化”的政策将会是一个长期的过程。

(二)赵国北攻　伐灭中山

尽管让臣民们改穿胡服的措施在赵国的推行不太顺利,不过由上文可知,赵王组织编练的骑兵却很快发挥了作用,在与北方少数民族的战争中取得了良好的战绩。赵武灵王在向大臣们分析赵国形势的时候提到了一个国家——中山,说中山国“在我腹心”。在赵国军事实力显著增强之后,第一个攻击目标便是中山国。

中山国在战国时代是一个“千乘之国”“地方五百里”的小国,[①]地处赵国北境,其东、西、南三面皆被赵国包围,东北部与燕国接壤,北部与楼烦等北方少数民族相邻。对于中山国的情况,《史记》《左传》《战国策》等先秦文献记录十分稀少,所以对中山国的一些基本情况还不是很清楚。中山国在春秋时代又被称作鲜虞,《史记·赵世家》之《索隐》说:“中山,古鲜虞国,姬姓也。”鲜虞是春秋时代北方少数民族白狄的一支,《左传》昭公十二年,杜预之《集解》曰:“鲜虞,白狄别种,在中山新市县(今河北正定东北二十公里之新城铺镇)”。鲜虞为姬姓,《国语·郑语》韦昭注中也记载:“鲜虞,姬姓在狄者也。”鲜虞见诸史籍的最早记载是《国语·郑语》所记周幽王八年(前774年),史伯向郑桓公提起鲜虞,云:“当成周者,南有荆蛮、申、吕、应、邓、陈、蔡、随、唐,北有卫、燕、狄、鲜虞、潞、洛、泉、徐蒲……”此后一直到鲁昭公十二年(前530年),鲜虞才再次出现在史书中。是年,晋国荀吴以伐齐的名义借道鲜虞,入昔阳(今山西昔阳西南),灭肥(白狄族之一支)。在此后的一

① 《战国策·秦策三》。

段时期内，因为鲜虞地近晋国的缘故，所以与晋国之间的争斗比较多。公元前 529 年，晋将军荀吴从“著雍（晋地，地望不详）以上军侵鲜虞，及中人（今河北唐县西北十三里），驱冲竞，大获而归”。[①] 公元前 527 年，晋荀吴又率军伐鲜虞，围鼓（今河北晋州），鼓子（同“鸢”，音沿）鞮出降。[②] 公元前 520 年，因鞮叛晋，复归鲜虞，因此晋国派荀吴再次攻鼓，大破之。据学者考证，早期的鲜虞国是由鲜虞、肥氏（国都肥累城，在今河北藁城[③]）、鼓氏（国都鼓，在今河北晋州）和仇由（在今山西盂县）等几个白狄部落联合组成的部落联盟国家，其中以鲜虞部为主体。[④] 史书中正式出现中山之名是在《左传》的定公四年（前 506 年）。公元前 507 年，鲜虞败晋军于平中（地望不详），俘晋国大夫观虎。次年，《左传》记载“中山不服”，此为中山国名的首次出现。此后，中山国曾介入晋国六卿范氏、中行氏与知氏（也作智氏）、赵、魏、韩两方的内战中，内战的结果是范氏和中行氏落败，公元前 491 年，荀寅在鲜虞的帮助下逃至柏人（今河北隆尧县西南之尧城镇）。为了报复中山国支持范氏和中行氏，公元前 489 年，晋国赵鞅率师伐鲜虞。晋国范氏、中行氏被灭之后，知氏曾伐灭中山国的厹繇（即仇由）[⑤]。在这之后，中山国由于外有强敌，内政不修，曾出现过国内危机，对此，《说苑 · 辨物》记载翟封荼向赵简子（即赵鞅，晋国大夫，他在位时奠定了赵国的基础）介绍中山国国内情况时说：“其国数散，其君幼弱，其诸卿货，其大夫比党以求禄爵，其百官肆断而无告，其政令不竟而数化，其士巧贪而有怨。”赵襄子在位时期（前 457—前 425 年），曾经遣新稚穆子伐狄，胜左人、中人。左人、中人为中山国之城邑，因此所谓伐狄即伐中山国。此后几十年间，有关中山国的活动史书失载。直到公元前 414 年，《史记 · 赵世家》才又记载“中山武公初立”，这也是史书中第一次出现中山国国君的名号。这一时期，魏文侯在国内实行变法，国力增强后向外进行

① 《左传 · 昭公十三年》。

② 《左传 · 昭公十五年》。

③ 一说昔阳（今山西昔阳）。今据陈槃说。参见陈槃《春秋大事表列国爵姓及存灭表撰异》（下册），上海古籍出版社 2010 年版，第 1149—1150 页。

④ 段连勤：《北狄族与中山国》，河北人民出版社 1985 年版，第 88 页。

⑤ 《吕氏春秋 · 权勋》。

攻略,征伐的对象就包括中山国。公元前 408 年,魏文侯以乐羊为将,攻中山。[①] 由于魏与中山地不相接,故借道赵国伐中山。[②] 经过三年战争,公元前 406 年,中山国被魏攻灭。魏国将太子击封于中山,封伐中山有功的乐羊于灵寿(今河北平山县三汲乡);又派李克为中山相,治理中山故地。[③] 后来中山国复国,对于复国的时间,史书没有交代。根据蒙文通先生的研究,中山复国发生于公元前 378 年,是年《史记·魏世家》记载"翟(狄,指中山)败魏于浍(今山西翼城)"。

中山复国后的首任国君是桓公,桓公将国都从武公时的顾(即鼓,在今河北晋州西[④])迁往灵寿。考古工作者从 1974 年开始,陆续在河北平山县三汲乡境内进行大规模考古发掘,现已证实中山国国都灵寿城位于此地。发表的考古报告介绍,灵寿城距今河北灵寿县城约 10 公里。古城周围地理形势较为险要,它以太行山脉为屏障,其南、西、北十余公里处均为太行山脉的群山,向东为冀中大平原。古城建在北高南低的滹沱河北岸台地上,北倚东陵山、牛山,南邻滹沱河。城外东西两侧为高坡,东西城垣外有自然河沟作为护城河。灵寿古城城垣依自然地形修建,因此平面呈不规则形,东西最宽处约 4000 米,南北最长处约 4500 米。城内地势北高南低,高差达 40 米。在城址外东面的高坡上筑有小城一座,在小城西部中央位置有一座夯筑土台,此城为主要用来军事防卫的主城。整个城址分为东城和西城,东西之间有一条南北向夯筑城垣相隔。东城的东北部为宫殿建筑区;西部中区为官营手工业作坊区,该区域内有制陶作坊、铸铜和铁器作坊。西城的北部为王陵区,此外在西城西城垣外也有王陵区。城内王陵区主要有中山桓公、成公的陵寝以及中山国王族墓,而城外王陵区现在已发掘的有中山王和哀后的陵寝。从随墓出土的陵寝规划图《兆域图》来看,中山王的整个陵区并没有全部建成。城内王陵区南部有一条东西向陵墙与南部的居住区分开。西城中

---

① 见于《史记》之《赵世家》《魏世家》《乐毅列传》《六国年表》与《战国策·秦策二》《吕氏春秋·乐成》等篇。另据《韩非子·外储说左上》和《说苑·复恩》等篇记载,魏国也曾派吴起攻打过中山。但最终攻灭中山的主将应是乐羊。

② 见《战国策·赵策一》《韩非子·说林上》。

③ 见《吕氏春秋·适威》《韩非子·难二》等篇。

④ 陈槃:《春秋大事表列国爵姓及存灭表撰异》(下册),上海古籍出版社 2010 年版,第 1143 页。

区东部为城内商业活动中心区域。在灵寿城城址和墓葬群中还出土了大量精美的文物,如瓦当、青铜礼器(如一套十四枚的编钟、错银镶金铜牺尊、山字形器等)、青铜兵器、铜车马构件、生活用器(如银首人俑铜灯)、陶器、玉器等。[①] 其中值得一提的是,在中山王的墓中出土了三件有铭文青铜器,即中山王方壶、中山王鼎、中山壶,这三件青铜器对于研究中山国史具有非常重要的价值,它们的发现使人们了解到了史书失载的中山国世系[②]以及一些重要史实。此外还发现了大量以前被认为是赵国货币,实为中山国货币的"成白"刀币[③]及其制造用的石范。从这些发掘出土的城址和文物的情况来看,中山虽偏居北地,但其经济比较繁荣,工艺水平也十分精湛,据此可推知当时作为千乘小国中山国,实力还是比较强盛的。

强盛期的中山国还曾参加过公元前323年魏相公孙衍发起的"五国相王"(即燕、赵、魏、韩、中山相互称王)活动,并招致齐国的不满。公元前314年,燕王哙让位于相国子之,引发内乱,齐国遂趁机出兵干涉,中山也出兵相助。《中山王鼎》记载中山相邦司马赒[④]"亲率三军之众,以征不义之邦,奋桴振铎,辟启封疆,方数百里,列城数十,克敌大邦。"中山王方壶就是用伐燕所获"吉金"铸造而成,方壶的铭文中也特别褒扬了司马赒伐燕的功勋。除了曾助齐伐燕之外,中山国在历史上曾经侵略过赵境,赵武灵王在劝说公子成穿胡服的时候说:"先时中山负齐之强兵,侵掠吾地,系累吾民,引水围鄗(今河北高邑东,公元前323年,赵武灵王曾命在鄗筑城以御中山),非社稷之神灵,即鄗几不守。先王忿之,其怨未能报也。"根据文意推测,此事当发生于赵武灵王之父赵肃侯时期。前文曾提到,中山国三面被赵国包围,换言之,赵国的领土被中山国阻隔而分成两部分,从国都邯郸到北部的代郡(辖境包括今山西东北部及邻近的河北、内蒙古一部分地区),如不途径中山国的话,

---

① 河北省文物考古研究所:《战国中山国灵寿城——1975—1993年考古报告》,文物出版社2005年版。

② 据《中山王方壶》以及传世文献的记载,战国中期之后中山国世系为:文公—武公—桓公—成王—尚。

③ 裘锡圭先生认为,由于中山国刀币系仿制赵国刀币,成白是指赵国城邑"城(成)"和"柏人"的缩写。见裘锡圭《谈谈"成白"刀》。

④ 即《韩非子·内储说下》等文献中记载的司马喜,《战国策·中山策》谓司马喜曾"三相中山",即在成王、和在位时担任相邦。参见李学勤、李零《平山三器与中山国史的若干问题》,《考古学报》1979年第2期。

就必须翻越崎岖难行的太行山。因此赵武灵王在颁行胡服骑射令,增强军力后,必然要进攻处于"腹心"之地的中山国,他自己曾亲口说:"今骑射之服,近可以备上党之形,远可以报中山之怨。"同样,中山国也时刻警惕着赵国的威胁,中山王铸鼎告诫后人:"邻邦难亲,仇人在旁"。其中邻邦当指赵国而言。

赵武灵王发布"胡服骑射"命令的前后,就开始做进攻中山的准备了。赵王派出大臣李疵出使中山,让他观察中山国的内政情况,以确定出兵时机。李疵出使归来后向赵武灵王说:"可伐也。君弗攻,恐后天下。"赵王问为何这么说,李疵对曰:"中山之君,所倾盖与车而朝穷闾隘巷之士者,七十家。"赵王觉得能亲访"穷闾隘巷之士"的国君,应该是位贤君,怎么能够去讨伐呢?李疵答曰:"不然。举士,则民务名不存本;朝贤,则耕者惰而战士懦。若此不亡者,未之有也。"[①]中山王能亲自访问民间贤达,可以看出中山王并非昏聩无能、碌碌无为之君。李疵的话中也反映了中山国较为崇尚学问的风气,对军事则相对轻视。在李疵看来只有强兵富国才是战国时代应有的务实之举,其他尊贤、讲求礼乐等都是徒务虚名。不过当时的中山国国内的确存在着一些问题,魏国人白圭(曾为魏惠王相国,以善于治水和筑堤防著称。提出"人弃我取,人取我与"的经商之道,被尊为"天下治生者之祖")到中山国,中山国国君想留下白圭,"白圭固辞,乘舆而去",后来有人问他其中缘由,他说:"之二国者皆将亡(离开中山国他又去了齐国)。所学有五尽。何谓五尽?曰:莫之必则信尽矣,莫之誉则名尽矣,莫之爱则亲尽矣,行者无粮、居者无食则财尽矣,不能用人又不能自用则功尽矣。国有此五者,无幸必亡。中山、齐皆当此。"[②]他从一个商人的视角观察中山国的状况,看到的中山国社会氛围不是一个向上攀升的状态,或有亡国之象。

赵国很快就开始了对中山国的进攻。公元前 307 年,就在准备颁行"胡服骑射"政策之前,赵武灵王曾亲自率军攻中山,攻到了中山国南境房子(今河北高邑西)。次年,赵武灵王再次攻中山,至宁葭(今河北石家庄西北)。又向西略胡地,至榆中(其地望或谓在今陕西东北角,或谓在今内蒙古河套东北岸,或谓在今甘肃榆中一带),林胡王献马以示归顺之意。遂派赵固主

---

① 《战国策·中山策》。

② 《吕氏春秋·先识》。

管林胡部，收编其军队。公元前 305 年，赵国再次发兵攻中山。这次出兵分为左、中、右三路军。以赵袑领右军，许钧为左军，公子章率中军，赵武灵王亲自任三军统帅，总领全局。牛翦率战车以及新设的骑兵部队，赵希领林胡和代地之师，他们经井陉（关隘名，在今河北井陉县境内之井陉山上）与赵武灵王统帅的大军会师于曲阳（今河北曲阳西北），北上攻取丹丘（今河北曲阳西北）、华阳（地望不详，应非后文提到的魏国华阳）、鸿上塞（今河北涞源南），赵武灵王的三路大军向南攻取鄗（今河北柏乡北）、石邑（今河北石家庄西南）、封龙（今河北石家庄西南）、东垣（今河北石家庄东北）。中山王为求和，献出赵武灵王率军攻取的鄗等四座城邑。赵武灵王同意休战，这次进攻便结束了。公元前 303 年，赵国再攻中山。三年后，公元前 300 年，赵国又发兵伐中山，“攘地北至燕、代，西至云中（今内蒙古呼和浩特西南）、九原（今内蒙古包头西北）”[①]。从这一年开始，赵国与中山的战争就再也没间断过。公元前 299 年，赵国破中山国国都灵寿，其国君[②]逃至齐国。最后再也没能回到中山，死在了异乡齐国。赵惠文王三年，即公元前 296 年，经过五年的战争，赵国最终灭亡了中山国，将其君主中山王尚[③]西迁到远离故土的肤施（今陕西榆林东南）。至此赵国北边基本平定，从赵国邯郸到代地的道路亦被打通，赵国国土连成一片。

（三）结秦连宋　沙丘之乱

在战国中期不断变化的合纵连横中，齐、秦作为实力最为强大的两个国家，处于对抗的核心位置。赵国由于国力的原因，只能在两强的格局中随机应变，尽管如此还是免不了遭到侵袭，如公元前 317 年参加五国伐秦，为秦所败，赵军被斩首八万。翌年，又为齐败于观泽（今河南清丰东南）。公元前 313 年，秦攻蔺（今山西离石西），赵国再次大败。赵国在施行“胡服骑射”、攻打中山进展顺利后，曾有过从北部林胡、楼烦之地征讨秦国的打算。为此，在公元前 299 年，当时已经主动退位，自号为“主父”的赵武灵王身穿胡服率士大夫从云中（本林胡地，赵武灵王破林胡、楼烦后设郡，郡治在云中

① 《史记·赵世家》。

② 据李学勤、李零《平山三器与中山国史的若干问题》，《考古学报》1979 年第 2 期。

③ 《太平寰宇记》卷六一引《史记》：“赵武灵王以惠文王三年灭中山，迁其君尚肤施。”

城,城在今内蒙古托克托东北)、九原(今内蒙古包头西)之间向南袭击秦国。后来主父又曾装扮成使者潜入秦国,侦察秦国情况。主父在秦国跟随使团见到了秦昭王,而秦昭王见到他后却对他的身份浑然不知。在主父走后,秦王觉得他举止异于常人,“其状甚伟,非人臣之度”,就派人去追他,但此时主父早已逃出秦国关隘了。经过对他手下的盘问,才知道他就是大名鼎鼎的赵国主父,“秦人大惊”。《史记》中明确提到主父这次犯险入秦,是想“自略地形,因观秦王之为人”①。但是没过多久,赵国便改变了其外交策略,转而采取“结秦连宋”的策略。赵国之所以改变了外交策略,与其当时的情况有关。赵国在这时正在讨伐中山,他的目的很明确,就是要灭掉中山国。赵国担心其他国家干预灭中山的战争,因此决定在齐、秦两个强国之间选边站。当时对于选择齐、韩、魏还是秦、楚的问题,还有过一番争论,最终主父选择了联合秦、宋两国。选择与宋国结盟是因为宋国虽然不是大国,但其地理位置重要,处于齐、楚、魏、卫等国中间,交通发达。宋国的陶邑(也称定陶,在今山东定陶西北)是当时最为重要的商业城市,处于济、汝、淮、泗四条河流之间,也是当时的一个交通枢纽。陶邑手工业和商业都十分发达,人口众多。② 因此齐国一直有侵宋的野心,选择宋国结盟也可以牵制齐国。于是在公元前 298 年,派楼缓相秦,仇郝相宋。于是就形成了秦、赵、宋和齐、魏、韩两个相互抗衡的集团。

从上面讲述的史实不难看出,虽然赵武灵王已经退位做了太上皇,但是赵国的很多重大政策仍然由他来操控和决定。赵武灵王退位后,他的少子何即位为赵惠文王。赵武灵王在位时原本已经立长子章为太子,后来迎娶了惠后吴娃。武灵王嬖爱吴娃,甚至达到了“为不出者数岁”的程度。吴娃为武灵王生子何。出于对吴娃的宠爱,武灵王废太子章而立少子何,后来的宫廷悲剧都由此而生。

赵国伐灭中山国时,论功行赏,大摆庆功宴,公子章被封为安阳君。尽管如此,公子章对他的弟弟被立为国君心中仍然十分不服气。公子章平素就行为放纵,其父主父为了管教他,派田不礼辅佐他。可不幸的是,主父派过去辅佐公子章的田不礼为人骄奢残忍,这两个品行骄横的人碰到一起,为

---

① 《史记·赵世家》。

② 杨宽:《战国史》,上海人民出版社 2003 年版,第 122 页。

日后的祸乱埋下了伏笔。赵国的大臣中就有人了解他们的为人，预感到这两个人将会有不臣之心。李兑提醒当时任相国的肥义说："公子章强壮而志骄，党众而欲大，殆有私乎？田不礼之为人也，忍杀而骄。二人相得，必有谋阴贼起，一出身徼幸。夫小人有欲，轻虑浅谋，徒见其利而不顾其害，同类相推，俱入祸门。以吾观之，必不久矣。子任重而势大，乱之所始，祸之所集也，子必先患。仁者爱万物而智者备祸于未形，不仁不智，何以为国？"所以李兑劝肥义称病不出，以避祸患，把政事交给公子成（就是前文武灵王亲自上门劝说改穿胡服的公子成）。但肥义出于一颗忠君之心婉言谢绝了李兑的好意，曰："不可。昔者主父以王属义也，曰：'毋变而度，毋异而虑，坚守一心，以殁而世。'义再拜受命而籍之。今畏不礼之难而忘吾籍，变孰大焉。进受严命，退而不全，负孰甚焉。变负之臣，不容于刑。谚曰'死者复生，生者不愧'。吾言已在前矣，吾欲全吾言，安得全吾身！且夫贞臣也难至而节见，忠臣也累至而行明。子则有赐而忠我矣，虽然，吾有语在前者也，终不敢失。"李兑见肥义如此忠君之事，也不好再多说，临走前请他好好保重，并说"吾见子已今年耳"（"也就在今年还能看到您"，意思是恐怕肥义不久会因祸而死），便哭着离开了。此后李兑又多次拜见公子成，让他留心防备田不礼的动向。实际上，肥义经李兑的提醒，对公子章和田不礼二人已有所防备。他曾对信期说："公子与田不礼甚可忧也。其于义也声善而实恶，此为人也不子不臣。"[①]并叮嘱信期，如果今后有人请赵惠文王会面，一定要让其先同他见面，他要用身体挡住来人，没有问题才让赵王进入。

赵惠文王四年（前 295 年），赵王朝见群臣，安阳君公子章也来朝见。主父让惠文王上朝听政，自己则坐在一旁观察群臣宗室的礼仪。在朝见仪式上，他见公子章一副颓丧的样子，北面向他弟弟称臣，心中甚是怜悯。于是又想出了一个主意，想把赵国一分为二，让公子章做代地（赵武灵王所置之郡，郡治在代县，即今河北蔚县东北，下辖三十六县，相当于今山西、内蒙古、河北三省相接的长城内外地区）的国君。稍有常识的人都能看出这完全是个馊主意，俗话说一山不容二虎，如此一来必然国无宁日。幸好这个想法还没实施就中途停止了。不过，这件事情很有可能刺激了公子章犯上作乱的野心。

① 《史记·赵世家》。

同年,主父和赵惠文王出游沙丘(今河北平乡东北),休息时两人分宫而居。公子章和田不礼见他们离开邯郸,守卫力量相对薄弱,就选中这个时机发动叛乱。他们先谎称主父要召见赵王。由于肥义之前曾说过,有要见赵王的,必须通知让他先见,因此肥义就先进去了。肥义进去之后,被埋伏的乱臣杀死。幸有忠臣肥义为赵惠文王探路,他才得知公子章已经谋反。高信与赵惠文王一同与乱军作战。不久知道消息的公子成和李兑从邯郸赶到,发"四邑之兵"来抵御叛乱,最终叛军被镇压下去。公子章被打败后,逃往父亲主父那里,毕竟父子情深,主父收留了他。公子成和李兑率军也追到了主父居住的宫殿,并把它包围起来。公子章死后(史书中没有交代死因),公子成和李兑商量道:"以章故围主父,即解兵,吾属夷矣。"两人担心因得罪主父而遭到清算,因此干脆继续包围主父的宫殿。两人下令宫中的人全部出来,否则"后出者夷",因此宫中之人全部跑出来了。只有主父一人,被他们故意困在宫中,想出而不得。由于围困时间太长,宫中食物耗尽,没有办法之下,主父甚至去掏雏雀为食。在被围困了三个多月后,宫中粮绝,主父被饿死于沙丘。等公子成、李兑两人确定主父已死,才向诸侯发丧。一代战国贤君,最后以这样的结局凄惨收场,令人扼腕痛惜。司马迁在讲到这段历史时,没有等到在《赵世家》一章的最后以"太史公曰"(类似于作者的按语)的形式加以评述,而是直接在事情讲述完后直接说道:"父子俱死,为天下笑,岂不痛乎!"太史公的痛惜之情可见一斑。平叛后,公子成接替肥义为相,号安平君,李兑为司寇。时国君年少,二人得以垄断国政。

二、秦攻晋楚谋东扩

(一)秦攻宜阳　欲观九鼎

秦国自秦惠文君于公元前 325 年称王之后,在张仪、公孙衍主导的合纵连横这一时期是列国中斩获最多的国家。秦国以其秦孝公以来积蓄的实力,先后破公孙衍发起的五国伐秦(前 318 年)以及稍后公孙衍为韩相欲再次合纵对抗秦国的企图,从而逼迫韩、魏两国归附秦国与齐、楚抗衡。在接连不断的战争中,秦国取得了魏国河东的曲沃(今山西闻喜东北)、平周(今山西介休西),楚国的汉中(楚国的郡名,包括今陕西东南角,南到湖北西北角,沟通秦国与巴、蜀地区)、召陵(今河南漯河东北)等战略要地,使秦国以后向南攻楚，向东攻魏、韩等拥有了地理上的便利条件。此外，秦国还向西南和西北部的少数民族地区发展。公元前316年，秦惠王派司马错等率军伐蜀、巴，灭之。公元前320年，秦伐义渠取郁郅(今甘肃庆阳东)。公元前316年，秦再攻义渠，得二十五座城。可见秦国在这一时期收获颇丰。

公元前311年，秦惠王在称王十四年后驾崩，子武王立。翌年，由于秦武王和大臣们与张仪的关系不融洽，因此张仪被迫离开了秦国。秦武王二年(前309年)，秦国设置丞相一职，甘茂、樗里疾被任命为左右丞相。秦武公即位后，魏、韩两国仍然保持着对秦国的依附关系。公元前308年，魏哀王与秦武公会于应(今河南鲁山东)。是年，韩襄王与秦武王会于临晋(今陕西大荔东南)。太平日子过了没多久，秦武王的头脑里冒出了一个新想法：要谋取周王室。他跟左丞相甘茂说："寡人欲容车通三川，以窥周室，而寡人死不朽矣。"秦武王图谋周室的想法并非一时兴起，秦国国内早就有攻灭周室取而代之的声音出现。早在秦惠王在位时，张仪就提出过攻取韩国的宜阳(今河南宜阳西)和新城(今河南伊川西南)，"以临二周之郊，据九鼎，按图籍，挟天子以令天下"[①]的主张。虽然此时周王室已经等同于一个小国，但想要攻灭周王室这种事情，其他诸侯恐怕还没有动过这个念头，因此要伐周，可谓是一件震动当时社会的事情了。但是要进攻周室(周王室在战国中期分裂为西周和东周两个小朝廷，周天子在周赧王之前都居住在属于东周的洛阳。关于周代的政治演进过程可详见后文第十二章)，就必须经过韩国，所以甘茂对曰："请之魏，约以伐韩，而令向寿(秦国宣太后的外族，与秦昭王从小一起长大)辅行。"

甘茂便与向寿一同出访魏国，到魏国之后，甘茂跟他说："子归，言之于王曰'魏听臣矣，然愿王勿伐'。事成，尽以为子功。"向寿不明白甘茂的用意，不过他还是按照甘茂的吩咐回来告诉秦武王魏国同意了一起出兵的建议，但他不希望秦王伐韩。秦武王在息壤(秦邑，或谓在今陕西咸阳市东郊[②])迎接甘茂。甘茂到息壤后，秦王问他不伐韩国的缘故，甘茂答曰："宜阳，大县也，上党、南阳积之久矣。名曰县，其实郡也。今王倍数险，行千里攻之，难。"路途的艰险其实不是主要原因，因为甘茂担心事不成，会遭到别

① 《战国策·秦策一》。

② 顾颉刚：《息壤考》，《文史哲》1957年第10期。

人的无端攻击，所以他以一个类似“三人成虎”的典故对秦王说：“昔曾参（即曾子，字子舆，孔子弟子，少孔子四十六岁。《仲尼弟子列传》说他‘能言孝道’。《孝经》一书集中体现了他的孝道观）之处费，鲁人有与曾参同姓名者杀人，人告其母曰‘曾参杀人’，其母织自若也。顷之，一人又告之曰‘曾参杀人’，其母尚织自若也。顷又一人告之曰‘曾参杀人’，其母投杼下机，逾墙而走。夫以曾参之贤与其母信之也，三人疑之，其母惧焉。今臣之贤不若曾参，王之信臣又不如曾参之母信曾参也，疑臣者非特三人，臣恐大王之投杼也。始张仪西并巴蜀之地，北开西河之外，南取上庸（今湖北竹溪东南），天下不以多张子而以贤先王。魏文侯令乐羊将而攻中山，三年而拔之。乐羊返而论功，文侯示之谤书一箧。乐羊再拜稽首曰：‘此非臣之功也，主君之力也。’今臣，羁旅之臣也。樗里子、公孙奭二人者挟韩而议之，王必听之，是王欺魏王而臣受公仲侈之怨也。”秦王认为自己不会听信谗言，说：“寡人不听也，请与子盟。”[①]于是秦国使甘茂、向寿率军向东攻打宜阳（今河南宜阳西）。

秦国发兵攻韩后，作为靠近韩国的楚国，一直念念不忘公元前313—前312年曾被秦国夺取汉中、召陵之事（公元前313年，齐、楚联合攻秦，张仪假意以给楚国商於之地六百里骗楚国与齐国绝交。楚与齐断交后，秦国反悔。次年，楚攻秦，大败），欲乘机出兵助韩迎击秦国，但后来由于种种原因没有真正发兵。[②] 秦国攻打宜阳的战事进行得很艰苦，“五月而不拔”。就如甘茂事前所预料的那样，朝中反对他的樗里子、公孙奭果然向秦武王多番进言，要求撤军。秦武王架不住别人的轮番劝说，耳根软了下来，想召回甘茂，就此罢兵。甘茂这时提醒武王当时做出的承诺：“息壤在彼？”武王答复说：“有之。”于是增派大军助前线的甘茂。此时甘茂在前线也感受到了压力。但是几个月的攻城，士兵们都已疲乏，没有了进攻的劲头，以致“三鼓之而卒不上”。秦国右将手下有一名军尉对他说：“公不论兵，必大困。”甘茂说：“我羁旅（甘茂是下蔡人，下蔡为楚邑，所以自称‘羁旅’，意为旅居秦国之人）而得相秦者，我以宜阳饵王。今攻宜阳而不拔，公孙衍、樗里疾挫我于内，而公中以韩穷我于外，是无伐之日已！请明日鼓之而不可下，因以宜阳之郭为

---

① 《史记·樗疾子甘茂列传》。

② 可参阅《战国策·秦策二》《楚策三》《东周策》。

墓。”[①]甘茂抱定了必死的决心，他甚至拿出个人钱财来增加战功的赏额。第二天擂鼓进军，一举攻下宜阳城，斩首六万。此时已是出兵的第二年（前307年）。韩襄王派公仲侈来秦国赔罪，与之媾和。秦国取道宜阳并非完全为图谋周室，从地形上来看，秦军出函谷关后到达洛阳（今河南洛阳东北）并不只有经过宜阳这一条路。秦国攻取宜阳有将来以此为根据地进攻东方各国的用意。这可能也是秦国上层早已有之的打算，因为在公元前335年秦国就曾经攻取过宜阳，不过由于当时从关中到宜阳之间的地区由魏国控制，秦国无法固守，只好放弃了。

秦武王占领宜阳后，又北上渡过黄河，占领黄河北岸的武遂（今山西桓曲东南），以此来控制韩国南北交通要道，使韩国屈服。[②] 占领宜阳只是秦武王计划的第一步，即打通通往成周的道路，接下来秦武王就要实行第二步计划——前去洛阳观九鼎。秦国先派出右丞相樗里疾率一百辆车去洛阳，周君派一百人来迎接他，以示恭敬。对秦国的举动实际上周王室已经看出端倪，有所防备。消息传到楚国，游腾跟楚王说：“使樗里疾以车百乘入周，周君惧焉，以蔡（周代诸侯国，姬姓）、厹由（白狄的一支，在今山西盂县）戒之[③]，故使长兵在前，强弩在后，名曰卫疾，而实囚之也。”[④]再说秦武王此人，身体孔武有力，除了有政治野心之外，还有一项体育爱好，这就是举鼎。[⑤] 为此秦武王还从其他地方招来“同好”如任鄙、乌获、孟说这些当时著名的大力士到秦国做官，名曰做官，其实主要还是做秦武公的“举重”陪练。秦武王去洛阳就带了孟说一同前去。到了洛阳之后，秦武王看到了周王室的重器龙纹赤鼎，便忍不住要试试，不料由于鼎过重，秦武王在举鼎时发生意外，双目出血，绝膑而死。一同前去的孟说被夷族。于是灭周的计划就暂时搁置了。

秦武王灭周的计划和行动反映出诸侯中出现的心态变化，他们中已开始有人不满足于称王这么一个虚名，转而要求取代周室的位置成为真正奄

---

① 《战国策·秦策二》。

② 杨宽:《战国史》，上海人民出版社2003年版，第363页。

③ 鲁僖公三年（前567年），齐桓公与蔡姬乘舟，蔡姬荡齐侯，齐侯怒，把蔡姬撵回蔡国，但并未出之。后蔡人将蔡姬再嫁，齐侯因此于次年伐蔡。厹由（仇由）一事是指晋国卿大夫知伯欲伐仇由，但苦于道不通。于是生出一计。知伯铸一鼎大钟送给仇由之君，仇由君大悦，派人清理道路以迎之。仇由君不听大臣劝告，执意迎接。晋国士兵尾随着大钟进入仇由，灭之。

④ 《战国策·西周策》。

⑤ 举鼎是春秋战国时代的一项体育活动，相当于今天的举重。

有四海的天下共主。另一方面也说明当时周王室地位已经十分衰落,在一部分强国诸侯的眼中,周室也只是一个有象征意义的小国而已。周王室的覆灭也只是一个时间问题。

秦武王生前膝下无子,武王后、惠王后(武王的母亲)等人拥立公子壮即位,号曰"季公",而惠王之妃芈八子、芈八子的异母长弟魏冉则拥立被赵、燕两国护送回来的公子稷。公子稷是芈八子的儿子,秦武王同父异母的弟弟,也就是后来所称的秦昭公。这两派势力在秦昭公二年(前305年)发生流血政争,结果公子壮一派失败,公子壮本人、公子雍、惠王后以及其他一些公子、大臣被杀,武王后被驱逐到魏国。这段王位继承权之争方告结束。魏冉(后来曾多次任秦相,被封为穰侯。后面还会不断地提到此人)因拥立之功被封为将军,防卫咸阳,主政秦国。

(二)秦扣楚王 其计未逞

秦昭王即位后,主动采取了与楚国交好的策略。公元前305年,秦国"厚赂于楚"[①],并与楚国联姻。同年楚王派使节到秦国请其任命向寿为丞相,秦国同意了楚国的要求。次年,秦国为了向楚国示好,也为了进一步拉拢楚国,秦昭王与楚怀王相会于黄棘(今河南南阳南),并送给楚国上庸(今湖北竹溪东南)。秦与楚结盟后即开始攻击韩国的纶氏(据《水经·伊水注》引《纪年》,在今河南登封西南)。公元前303年,秦又攻取韩国的武遂(秦国于公元前307年第一次攻武遂后,于次年将其归还韩国),魏国的蒲坂(今山西永济西)、封陵(今山西永济西南)、晋阳。如此一来,魏、韩两国只能求助于齐国。这一年在齐国孟尝君的组织下,"齐、韩、魏为楚负其从亲而合于秦,三国共伐楚。楚使太子入质于秦而请救。秦乃遣客卿通将兵救楚,三国引兵去。"[②]这样就形成了秦、楚与齐、韩、魏对峙的局面。然而事情在第二年因为一件意外事件发生了转折。一位秦国大夫因为恩怨与楚太子私斗,"楚太子杀之而亡归"。如此一来,秦、楚两国的联盟关系就断绝了。而处于夹缝中的魏、韩两国看到了与秦国改善关系的机会,主动去朝见秦王。魏王和韩太子婴到临晋(今陕西大荔东)朝见秦王,秦归还前一年所攻取的魏城蒲

---

① 《史记·楚世家》。

② 《史记·楚世家》。

坂。公元前301年,孟尝君再次组织齐、魏、韩三国伐楚,败楚于垂沙(今河南唐河西南),杀楚将唐昧(或作唐蔑)。秦国也趁机出兵,攻楚的新城(今河南伊川西南),派庶长奂伐楚,斩首两万。翌年,"秦复攻楚,大破楚,楚军死者二万,杀我将军景缺。"[①]遭遇齐、秦等四国围攻,损兵失地,楚国遭遇到了自丹阳之战(前312年)以来的最大危机,楚怀王担心社稷不保,于是派太子入质于齐国以求太平。谁知齐国这边刚刚安抚好,楚怀王三十年(前299年),秦国又来攻楚,取楚城池八座。之后,秦昭王致书楚怀王要求在武关(关隘名,在今陕西丹凤东南)会面修好并且结盟。他在信中说:"始寡人与王约为弟兄,盟于黄棘(今河南南阳南),太子为质,至驩(通'欢')也。太子陵杀寡人之重臣,不谢而亡去,寡人诚不胜怒,使兵侵君王之边。今闻君王乃令太子质于齐以求平。寡人与楚接境壤界,故为婚姻,所从相亲久矣。而今秦楚不驩,则无以令诸侯。寡人愿与君王会武关,面相约,结盟而去,寡人之愿也。敢以闻下执事。"[②]楚王接到信后很担心。想去吧,又恐被秦国欺骗;如果不去,又怕激怒秦王,于是找来群臣商议。昭雎认为秦国不可信,他说:"王毋行,而发兵自守耳。秦虎狼,不可信,有并诸侯之心。"任左徒的屈原也认为"秦虎狼之国,不可信,不如毋行"。[③] 但怀王的儿子子兰却劝父亲前往秦国,他说"奈何绝秦之驩心(欢心)!"怀王最终采纳了子兰的意见,前往武关会秦昭王。秦王事先在武关设下了埋伏,并约定以"秦王"为号。等楚怀王一进武关,就将城门关闭。楚王察觉大事不妙,但为时已晚。秦军将楚王劫持到咸阳,秦王在章台(秦国宫室名,在今陕西渭南)会见楚王。在会面中,秦王视楚王为一个附属国臣子。楚怀王大怒,后悔当初不听昭雎之言。会面后,秦王将楚王扣留下来,要他割让巫郡(辖有今湖北清江中上游和四川东部)和黔中郡(辖有今湖南西部及贵州东北部)。楚王只想结盟,而秦国想要先拿到土地。楚王非常生气,说:"秦诈我而又强要我以地!"楚怀王自然没有答应秦国的无理要求。秦国为了让楚王就范就索性把他扣了下来。

事情传到楚国,楚国群臣紧急聚到一起商议对策,大家一致认为当前的

---

① 《史记·楚世家》。
② 《史记·楚世家》。
③ 《史记·屈原贾生列传》。

情况十分危急,“吾王在秦不得还,要以割地,而太子为质于齐,齐、秦合谋,则楚无国矣”。因此准备拥立一位在楚国国内的王子。当初劝谏怀王莫去秦国的昭雎认为现在怀王和太子都困在外面,如果违背王命而立庶子的话,是不合适的。于是派使臣出使齐国诈称楚王驾崩,迎回太子。齐湣王就此事跟相国孟尝君说:“不若留太子以求楚之淮北。”孟尝君认为不可,他说:“郢中立王,是吾抱空质而行不义于天下也。”苏秦此时在齐国,他出了一个主意,既不用背负不义的罪名,又能获得好处,他说[①]:“不然。郢中立王,因与其新王市曰:‘予我下东国,吾为王杀太子,不然,将与三国共立之。’然则东国必可得矣。”[②]这样齐王就依苏秦之计行事。等楚太子向齐王辞行的时候,齐王跟他说:“予我东地五百里,乃归子。子不予我,不得归。”太子表示要回去问问师傅慎子。[③] 慎子同意献地给齐国,他的理由是:“献之地,所以为身也。爱地不送死父,不义。臣故曰,献之便。”[④]太子横为求回国只好答应了齐王的要求。太子回国后继立为王,是为楚顷襄王。楚国派人通知秦国立新君的消息说:“赖社稷神灵,国有王矣。”[⑤]实际上就是告诉秦国,他们继续扣留楚怀王已没有意义,秦国的奸计不可能得逞了。

楚顷襄王即位后,齐国马上就派出五十辆车,前来讨要先前允诺的五百里土地。楚王这时没了主意,问慎子该怎么处理,慎子说让他第二天找来群臣,让他们献计献策。第二天,上柱国子良入见,楚王跟他说,为了“得求反,王(当作‘主’)坟墓、复群臣、归社稷”,他只能答应齐王的苛刻条件,现在齐国来收地,该如何是好。子良认为应该首先信守诺言,兑现承诺,他说:“王不可不与也。王身出玉声,许强万乘之齐而不与,则不信,后不可以约结诸侯。请与而复攻之。与之信,攻之武。臣故曰与之。”子良走后,昭常入见。楚王也把情况跟他交代了一下,征求他的意见,昭常认为不可予齐,说:“不可与也。万乘者,以地大为万乘。今去东地五百里,是去战国之半也,有万

---

① 《史记·楚世家》未说是何人所说,此据《战国策·齐策三》。

② 《史记·楚世家》。

③ 此慎子非战国思想家慎子。思想家慎子,名慎到,赵人,齐国稷下学者,继承了老子的观点,主张无为而治,注重“势”(即君主的权势和法律)。有《慎子》一书,今存五篇。参见钱穆《慎到考》,载《先秦诸子系年》,商务印书馆 2001 年版,第 492—495 页。

④ 《战国策·楚策二》。

⑤ 《史记·楚世家》。

乘之号而无千乘之用也,不可。臣故曰勿与。”昭常表示愿意为国守土。昭常出,景鲤来见。楚王同样告诉他目前的情况,景鲤也不赞成给齐国土地,他说道:“不可与也。虽然,楚不能独守。王身出玉声,许万乘之强齐也而不与,负不义于天下。楚亦不能独守。臣请西索救于秦。”景鲤走后,慎子来见楚王。楚王把子良、昭常和景鲤三位大臣的意见都告诉了慎子,问慎子该用哪位大臣的建议。慎子说:“王皆用之。”楚王听完很生气,认为慎子是在戏弄自己,他说:“何谓也?”慎子回答:“臣请效其说,而王且见其诚然也。王发上柱国子良车五十乘,而北献地五百里于齐。发子良之明日,遣昭常为大司马,令往守东地。遣昭常之明日,遣景鲤车五十乘,西索救于秦。”[①]慎子此计可谓一箭双雕,既不用拿出土地,又让齐国拿楚国无可奈何。楚王于是采纳了慎子的建议,派遣子良前去齐国接洽齐国献地事宜,又任命昭常为大司马,使其守东地,另外派景鲤到秦国请求援军。

子良到齐国后,齐国派人率军去接收东地。齐国来人到了东地,守东地的昭常对齐国使臣说:“我典主东地,且与死生。悉五尺至六十,三十余万弊甲钝兵,愿承下尘。”齐国没接收到东地,齐王知道后跟子良说:“大夫来献地,今常守之何如?”子良答曰:“臣身受命弊邑之王,是常矫(昭常矫诏)也。王攻之。”子良明显是在欺骗齐王,他是在为下一步计划做准备。齐王于是发动大军,攻打东地,讨伐昭常。齐军还没出齐国,秦国的五十万军队就已经在齐国西部边境集结,秦国指责齐国说:“夫隘楚太子弗出,不仁;又欲夺之东地五百里,不义。”[②]并威胁齐国如若退兵则作罢,否则两国将会兵戎相见。齐王听后害怕了,遂请子良回楚国复命,又派出使臣出使秦国修好。楚国不费一兵一卒就保住了五百里土地。

楚国之所以能不费成本就保住土地不失,其中的关键是利用了齐、秦两个强国之间的矛盾。当时齐、秦是两个实力最为强劲的国家,其利益冲突也最为激烈,前面几次的合纵连横多数都是以二者为核心。齐国谋取楚国土地,秦国势必担心对方实力增强,于己不利,因此楚国请求干预,秦国一定会出兵干涉。同时,秦国当时也有与齐国修好的意愿。就在事情发生的前一年也就是公元前300年,秦昭王了解到孟尝君在列国中的威望很高,派泾阳

---

① 《战国策·楚策二》。

② 《战国策·楚策二》。

君（公子市，一作公子池，秦昭王同母弟，初封于泾阳，在今陕西泾阳西北）为质于齐，以求见孟尝君。可见秦国也只是以武力吓阻齐国，并不想与齐国交兵。

楚国的事情到这里并没有结束。楚顷襄王元年（前 298 年），秦昭王因为挟持楚怀王索地不成而大怒，发兵出武关攻楚，大败楚军，斩首五万，夺取了析（今河南西陕）等十五城而归。而作为人质的楚怀王，下场也非常凄惨。楚顷襄王二年（前 297 年），楚怀王找到一个机会逃出了关押的地方，想回到楚国。秦国发觉后，封锁了南下通往楚国的道路。楚怀王只能从小路北上绕道赵国回楚。当时赵惠文王刚即位一年，他怕收留楚怀王会招惹麻烦，所以拒绝了楚王入境的请求。楚王又想从魏国过境，这时秦国的追兵赶了过来，楚怀王只好跟秦使回到秦国。经过这一番折腾，回去后楚怀王就生病了。第二年，楚怀王在秦国病逝，秦国将其遗体送回，归葬楚国。楚人得知这一消息后都很可怜他，其哀痛之情“如悲亲戚”。也因为这件事，秦、楚两国断交。

（三）秦攻伊阙　魏韩割地

韩、魏两国在齐、秦两国的争夺中为了获取更多利益，确保自己的安全，在合纵连横时经常处于左右摇摆的状态，时而结秦，时而连齐。比如公元前 318 年，两国参加公孙衍组织的“五国伐秦”；公元前 312 年，两国与秦战胜楚、齐；公元前 301 年，两国与齐合纵攻楚，败楚于垂沙。韩、魏两国之所以在政治上呈现这种朝三暮四的状态，是与他们所处的地理位置和实力相对较弱分不开的，也可以说是身不由己。公元前 298 年，孟尝君由秦逃回齐国，由于孟尝君与秦国的恩怨（见下节），所以就在回到齐国的那一年攻秦。当然单凭齐国一国的实力并没有取胜的把握，所以孟尝君联系了韩、魏两国一同攻秦。经过三年战争，到公元前 296 年，三国攻入了函谷关。秦国归还了两国部分侵占的土地，与魏、韩媾和。

但是，秦国作为一个强国，不可能对一向被自己所左右的魏、韩两国的进攻隐忍不发。公元前 295 年，秦国“予楚粟五万石”[①]，以试图修复与楚国因为楚怀王之死而断绝的关系。同时也是为即将开始对魏、韩两国的进攻

① 《史记·秦本纪》。

布局,避免楚国趁机报复。经过两年的沉寂,公元前 294 年,秦昭王派向寿(前文提到他曾为秦相)和白起[秦国郿人(今陕西眉县东),善于用兵,当时为秦国左更[①]。后来曾指挥了著名的长平之战,击溃赵国四十余万大军]攻韩,向寿攻下武始,白起攻韩国新城(今河南洛阳南)。魏国也参与进来,助韩攻秦,不过魏、韩两军战事不利。次年,秦国又来攻伊阙(今河南洛阳南。据杨宽先生考证,新城是韩国新修筑的用来防卫伊阙的城堡,位于伊阙之南[②]),这次由秦相魏冉举荐,白起代向寿攻伊阙。魏国遣大将公孙喜率军助韩,东周也派来了援军,联军总兵力有二十余万之众。[③] 而白起率领的秦军还不及对方兵力的一半。魏、韩一方人数虽多,但两军谁都不愿出力,韩国想等着魏国为其出头,而自己则按兵观望;魏国同样是"恃韩之锐,欲推以为锋",两国都想等着对方冲锋在前。秦将白起针对魏、韩两军这一特点,先故布疑阵迷惑韩军,使其不敢轻进。然后集合精锐全力攻魏军,魏军一败,韩军则自行溃逃。[④] 秦军杀魏将公孙喜,斩首二十四万,拔五城。秦军其后又乘胜"涉河取韩安邑以东,到乾河"。[⑤] 伊阙之战后,秦国开始连续入侵魏、韩两国。秦国此轮攻魏、韩分为三路,一路由白起率领,攻魏国的河东地区;第二路南下攻宛;另一路攻魏国河内地区(主要是魏、韩交接的地区),由司马错率领,其中重心在于河东和河内两路。公元前 292 年,白起(此时已升任大良造)攻魏,取垣,不久即归还;同年秦又攻取魏国之城邑魏(今山西芮城北)。[⑥] 公元前 291 年,秦军拔韩国之宛(今河南南阳,原属楚国,垂沙之役后取得),又使左司更司马错攻取魏国河内的轵(今河南济源东南)和邓(今河南孟县西)。公元前 290 年,韩国割让给秦国一直想要获得的武遂地二百里(齐、魏、韩三国攻秦后,秦国将武遂还给韩国以求和)。公元前 289 年,得到韩国的割地后,秦国见魏国没有跟随韩国的割地求和行动,再发两路军攻

---

① 秦国二十等爵位之一,位于第十二等。

② 杨宽:《战国史料编年辑证》,上海人民出版社 2001 年版,第 706—707 页。

③ 《史记》之《魏世家》《韩世家》《秦本纪》《穰侯列传》《白起王翦列传》等都记载秦军斩首二十四万,可见魏、韩联军兵力不应低于此数。

④ 《战国策·中山策》。此文本苏辙《古史》引《战国策》佚文,姚弘移录入书,鲍照本《战国策》将此文归于《秦策》下。

⑤ 《史记·白起王翦列传》。

⑥ 睡虎地秦墓竹简整理小组编:《睡虎地秦墓竹简》之《编年记》,文物出版社 1990 年版,释文第 4 页。

魏。秦国以魏冉为将攻河东，使魏国割让了河东地四百里，[①]又秦派司马错攻河内，取河内地区城邑大小六十一座。[②] 秦国获取了魏、韩两国在黄河以东的大片土地，使秦国的领土范围扩展到了中原地区，如此一来秦国今后再向东进攻将会十分的便利。秦国得到魏国河内地区的城邑则使魏国的都城大梁处于秦国的直接威胁之下。在秦国的连续不断的进攻下，魏、韩已没有招架之力，只能选择投靠强大的国家，寻求结盟。公元前288年，魏昭王通过赵国奉阳君李兑入赵朝见赵惠文王，将葛孽（今河北肥乡西南）、阴成（今河南卢氏东北）献给赵惠文王作为"养邑"[③]，又把河阳、姑密（皆在河南孟县西）两座城送给李兑的儿子，以此讨好李兑。赵国此时为一新兴的强国，在灭中山后，攻宋是其下一个目标，因此当年便联合魏国伐宋。与此同时，齐湣王也正欲吞并齐国身下的富庶小国宋国，而秦国的穰侯魏冉也想以宋国的定陶作为自己的封地[④]，由此赵、齐、秦等国围绕着宋这个小国将展开新的争夺。

三、齐国合纵胜楚秦

齐国自孟尝君田文（田文是曾任齐相的靖郭君田婴之子，由于封地在薛，亦称薛公或薛文，其事迹详见第十三章）于公元前310年做相国之后，齐国作为"纵长"，取得了一系列不俗的战绩。孟尝君的基本合纵策略是拉拢魏、韩两国，对抗西方的秦国，因为当时秦国是最有实力与齐国对抗的国家，其东向战略首先打击的就是魏、韩两国。在孟尝君任相国后的第五年，即公元前306年，就开始了合纵的活动。这一年，齐宣王想做纵长，担心楚国和秦国联合起来对抗齐国，就派人捎信给楚王曰：

> 寡人患楚之不察于尊名也。今秦惠王死，武王立，张仪走魏，樗里

---

① 《史记·穰侯列传》记载，"穰侯封四岁，为秦将攻魏。魏献河东方四百里"，且此记载于司马错攻河内并提。据《六国年表》等记载，司马错获河内六十一城发生于公元前289年。而"穰侯封四岁"应在公元前288年。《史记》撰写多采秦国正史《秦记》，因此秦国纪年少有错误，而《穰侯列传》则对事件发生年代的记载多有错乱。故今以前者为准。

② 《史记·魏世家》《六国年表》。

③ 《战国策·魏策三》。

④ 杨宽：《战国史料编年辑证》，上海人民出版社2001年版，第747页。

疾、公孙衍用,而楚事秦。夫樗里疾善乎韩,而公孙衍善乎魏;楚必事秦,韩、魏恐,必因二人求合于秦,则燕、赵亦宜事秦。四国争事秦,则楚为郡县矣。王何不与寡人并力收韩、魏、燕、赵,与为从而尊周室,以案兵息民,令于天下?莫敢不乐听,则王名成矣。王率诸侯并伐,破秦必矣。王取武关、蜀、汉之地,私吴、越之富而擅江海之利,韩、魏割上党,西薄函谷,则楚之强百万也。且王欺于张仪,亡地汉中,兵锉蓝田,天下莫不代王怀怒。今乃欲先事秦!愿大王孰计之。①

楚王看到信后,便同意了齐王的请求,与其结盟对抗秦国。这封信中最能打动楚王的恐怕不是齐宣王描绘的“王取武关、蜀、汉之地,私吴、越之富而擅江海之利,韩、魏割上党,西薄函谷,则楚之强百万”美好图景,而是发生在公元前312年前后“王欺于张仪,亡地汉中,兵锉蓝田”的输给秦国的这场惨败。就在齐、楚结盟的次年,楚国竟然与齐国的对手秦国联姻,楚国由此背齐而联秦。齐国见楚王背信弃义,遂以楚国背约的名义联合魏、韩合纵伐楚,后因秦救楚而作罢。公元前302年,发生了在秦作人质的楚太子与秦大夫私斗而杀人逃归的事件,秦、楚关系恶化,联盟瓦解。至此楚国同时得罪了齐、秦两方,使自己处于孤立的境地。公元前301年,齐、魏、韩三国再次合纵伐楚,大败楚国于垂沙。后来秦国也连续两年出兵攻楚,大败楚军。在被逼无路的情形下,楚国送太子横到齐国为人质,以示和好。这是张仪、公孙衍合纵连横之后齐国的第一次大胜利。

秦国看到齐国的实力依然强劲,也想通过结交齐国,争取魏、韩等与国,于是秦国在公元前300年,派泾阳君质于齐求见齐相孟尝君。翌年,孟尝君到秦国为相。秦国想通过孟尝君来拉拢齐国,使齐国不干涉自己对魏、韩的进攻。此时赵国正在全力讨伐处于“腹心”的中山,为了不使秦国干预自己的行动,遂采取了“结秦连宋”的政策。在孟尝君相秦的次年,赵国派楼缓相秦。再加上公元前299年齐国归楚太子横归国,使秦国以楚怀王为质索地的计划泡汤,秦国对齐国由此心存不满,因此秦国免去了孟尝君的相国之职,以楼缓为相。秦昭王听信谗言,把孟尝君关起来准备杀掉他。由于得到门客中“鸡鸣狗盗”之徒的协助,孟尝君方才逃离秦国回到齐国。回到齐国后,

① 《史记·楚世家》。

孟尝君出于对秦国的怨恨,便开始积极组织齐、魏、韩三国攻秦。战争进行了三年,齐、魏、韩三国才攻入秦的函谷关进入秦境,其间处于观望态度的赵国和宋国也加入了齐国阵营。这时,秦王考虑以割地使联军退兵。秦昭王跟秦相楼缓说:"三国之兵深矣,寡人欲割河东而讲。"楼缓对曰:"割河东,大费也;免于国患,大利也。此父兄之任也。王何不召公子池而问焉?"割地的问题是大事,楼缓不敢多言,恐被人攻击,所以让秦王找贵族来商量。秦王找来公子池问他意见,公子池说:"讲亦悔,不讲亦悔。"秦王问其缘由,答曰:"王割河东而讲,三国虽去,王必曰:'惜矣!三国且去,吾特以三城从之。'此讲之悔也。"秦王说:"钧吾悔也,宁亡三城而悔,无危咸阳而悔也。寡人决讲矣。"[①]为了避免三国攻入国都,秦国最后归还了魏国的河外、封陵(今山西芮城南风陵渡)、韩国的河外和交通要津武遂。公元前296年,齐国讨伐北方的燕国。这时秦国新败于齐国,当然不能看到齐国势力的扩大,便派魏冉到赵国,请赵国出面助燕击齐。齐国也听到消息,于是孟尝君也派魏处赴赵,跟赵国大臣李向说:"君助燕击齐,齐必急。急必以地和于燕,而身与赵战矣。然则是君自为燕东兵,为燕取地也。故为君计者,不如按兵勿出。齐必缓,缓必复与燕战。战而胜,兵罢弊,赵可取唐(燕国城邑,在今河北唐县东北)、曲逆(燕国城邑,在今河北顺平东南);战而不胜,命悬于赵。然则吾中立而割穷齐与疲燕也,两国之权,归于君矣。"[②]面对齐国内含威胁的口吻,赵国权衡之下就没有发兵助燕。燕国大败,丧十万之军,两名将领被俘。

公元前294年,由于发生了"田甲劫王"事件,引起了齐湣王对孟尝君的猜忌,孟尝君离开齐国赴魏。是年,齐王起用秦国的五大夫吕礼为相,《战国策·东周策》说"相吕礼者,欲取秦",可见齐王的目的是要加强与秦国的关系,与秦国结成联盟,这就改变了以前与秦国对抗的策略。齐、秦对抗关系的暂时中止是为了各自的侵略扩张解除后顾之忧,使两国能专心去达成自己的扩张目标。而夹在这两个强国之间的魏、韩、宋则是他们的攻击对象。在这之前,公元前295年,原本在秦国任相的楼缓是赵国为结交秦国而推荐的,这时赵国派仇郝到秦国要求楼缓不再担任秦相,而由秦国大臣魏冉接

① 《战国策·秦策四》。

② 《战国策·齐策二》。

任。这一动作表明赵国开始改变结秦连宋的外交策略。赵国当初结盟秦国,是为了能确保在它攻打中山期间不受强国的干预,可以说这是一个权宜之计。在攻灭中山国后,赵国已不必担心两线作战的问题。通过赵武灵王的胡服骑射改革,后来居上的赵国,不甘心做强国的附庸国,因此选择了自己独立的道路。

第七章　谋略交织:齐秦并帝与五国攻秦

在战国这样一个群雄角逐的时代里,秦、齐两国凭借他们对天时、地利、人和资源的合理利用,成功地赓续春秋时期的霸业成就,[①]再度成为战国中后期最为耀眼的两个雄踞东西的大国。而发生在公元前288年10月的齐秦东西并帝事件,则成为两国国势起伏突变的重要分水岭。此后,齐衰而秦盛,齐国几近亡国而秦国则一路凯歌、扶摇直上。另外,两国的并帝之举还预示了自春秋以来近五百年纷争格局的即将终结,统一的曙光再度出现。齐秦并帝事件虽短暂,却对各国尤其是秦齐两国自身发展产生了极为深远的影响,它是战国历史上一件极为重要的事件。而秦齐两国的发展与强大以及种种变化,又与他们所处的特殊历史时期及两国独特的国情息息相关。

一、战国时期之社会环境

战国是中国古代历史上社会转型最深刻、变化最剧烈的时代之一。在此之前的春秋时代,随着周王室地位的日益衰微,争霸、兼并战争持续上演,促使整个社会的动荡程度不断加剧,改革进程也随之不断加快。但春秋时期还相对比较讲究古代的礼仪,尊重周天子,注重祭祀,强调宗姓氏族,列国间朝聘会盟,常常赋诵《诗》《书》等传世典范语录,有死丧事故要讣告别国,也延续着史官记录各国大小事件的制度。然而,到了战国时期,曾经被贵族所重视的礼乐制度都已不再被讲究,出现了“邦无定交、士无定主”[②]的局面,政治、经济、文化的发展面临着前所未有的挑战。各国愈演愈烈的兼并战争也在此时拉开了帷幕。

---

① 参见赵东玉《秦为春秋大国说》,《史学集刊》2007年第3期。

② 《日知录》卷十三《周末风俗》。

（一）政治方面

李悝在魏国、商鞅在秦国、吴起在楚国相继推行变法，随后变法运动便风起云涌地掀起，席卷东周列国。秦、齐、魏、楚、赵、燕、韩诸国因变法而日益强大，并借此拉开了战国七雄纵横捭阖、兼并争斗的大幕。战国七雄的崛起，结束了春秋时期"万国"并立共存的局面，更加激烈的兼并战争成为当时新的时代主题。各国的政权组织也相应地发生变革。原来贵族使用家臣来统治的体制被逐渐废弃，开始出现并推行俸禄制度[①]和年终考核官员的上计制度[②]逐步形成了国君可以任意选拔和雇用人才，以将相为首脑管理国家的中央集权君主专制体制（杨宽先生认为，春秋、战国间，各国经过政治改革，出现了中央集权的官僚政治，在国君之下，有一整套官僚机构作为统治工具。这个官僚机构，是以相和将为其首脑的，这个官僚组织的重要特点，就是官分文武）。为在乱世中保持甚至扩大优势，在对外兼并战争中获取更大的利益，各国纷纷大力发展本国经济，极力地扩充军事实力。为此，各国君主广泛地搜集治国良策、广纳天下贤士，进谏者可以对国事畅所欲言，国内由此形成了一个相对宽松的政治环境。应该说战国时期激烈的社会变革，为"百家争鸣"局面的出现创造了有利的政治环境，同时奠定了人才基础。

（二）经济方面

战国时期社会经济空前繁荣。首先表现为人口增长速度的迅猛。据统计，战国时代中原七国人口总数约2000万左右，[③]是西周以前人口的数倍，而楚、魏两国的人口均超过了百万。古时"城虽大，无过三百丈者，人虽众，

① 战国时期各国普遍采用以粮食为官吏俸禄的制度，不再用封邑作为官禄，这样有利于官僚的任用和罢免，君对于各级官吏可以随时任免，随时选拔。卫国用"盆"计算；楚国用"担"来计算；齐、魏等国用"钟"来计算；秦、燕等国用石、斗来计算。参见杨宽先生《战国史》第214—215页。

② "计"，指统计的簿册。战国时期各国每年中央的重要官吏和地方的首长，都必须把一年各种预算数字写在木"券"上，送到国君那里去，国君把"券"剖分为两，由国君执右券，臣下执左券，这样国君便可操作右券来责成臣下。到了年终，臣下必须到国君那里去报核。上计时由国君亲自考核，或由丞相协助考核。如果考核的结果，成绩不佳，便可当场收玺免职。高级官吏对于下级官吏的考核，也采取同样的办法。上计的范围比较广泛，包括仓库存粮数字，垦田和赋税数目，户口统计，以及治安情况。参见杨宽先生《战国史》第217—218页。

③ 杨宽：《战国史》（增订本），上海人民出版社1998年版，第118页。

无过三千家者”，而到了战国时期“千丈之城，万家之邑相望也。”[①]人口的增长，一方面为兼并战争提供了充足的兵源，另一方面也为经济的发展准备了充裕的可利用的劳动力资源。同时，随着铁制工具在农业生产及日常生活中的广泛应用及炼钢技术的不断进步，“农民耕作‘百亩之田’可以养活五到九人(《孟子·万章上》)，使得‘五口’到‘八口’的小农，成为农业生产的主力。”[②]田亩的租税成为君主政权的主要财源，小农经济[③]成为君主政权的立国基础。与此相适应，战国的手工业也日趋发达，专业制造分工越来越细密。产品的多样化使商业空前繁荣，重商趋利现象在当时成为一种时尚，长短途贩运货物互通有无者屡见不鲜，商人的身影穿行于各国之间。大商人层出不穷，有陶朱公之称的范蠡、孔子的弟子子贡、魏文侯时期的白圭均是该时期成功商人中的声名较著者。根据司马迁的记载，我们知道：

> (范蠡)以为陶天下之中，诸侯四通，货物所交易也。乃治产积居，与时逐而不责于人。故善治生者，能择人而任时。十九年之中三致千金，再分散与贫交疏昆弟。此所谓富好行其德者也。后年衰老而听子孙，子孙修业而息之，遂至巨万。
>
> (子贡)结驷连骑，束帛之币以聘享诸侯，所至，国君无不分庭与之抗礼。
>
> (白圭)乐观时变，故人弃我取，人取我与……故曰“吾治生产，犹伊尹、吕尚之谋，孙吴用兵，商鞅行法是也。是故其智不足与权变，勇不足以决断，仁不能以取予，强不能有所守，虽欲学吾术，终不告之矣。”[④]

战国时期商业突飞猛进的发展，由此可见一斑。在商人的积极活动下，中华大地上先后出现了以赵都邯郸(今河北邯郸)、齐都临淄(今山东淄博西临淄北)、魏都大梁(今河南开封)为典范的著名商业城市。商人、商都推动了商

---

① 《战国策·赵策三》。

② 杨宽：《战国史》(增订本)，上海人民出版社1998年版，第5页。

③ 战国时期井田制瓦解，原来的“国人”和“庶人”所耕“份地”先后私有化，都成为耕种百亩的自耕小农。再加上各国先后推行按户籍身份的授田制，于是自耕小农在战国时代就普遍地存在，小农经济也因此得到了推广。参见杨宽《战国史》第176—178页。

④ 《史记·货殖列传》。

业的繁荣,商业的繁荣刺激了经济的全面进步。战国经济的进步,为各国综合国力的提升提供了充足的物质准备。

(三)军事方面

随着社会生产力的发展和冶铁技术的不断进步,“矛、戟、剑等武器逐渐改用铁制,例如楚的“宛钜铁矛,惨如蜂虿”[①],宛地(今河南南阳)向来以产铁著名。[②] 秦昭王也说:“吾闻楚之铁剑利。”[③]根据目前现存史料和考古资料看,楚国当时的铁制兵器数量多,且铸造技术最为成熟。甲胄、矢弩[④]、连弩[⑤]、云梯[⑥]等新型作战工具在战国时期随时代的需要大量地出现,并广泛地投入到各国的战争中。与此同时,由于战国时期各国普遍实行了郡县征兵制度[⑦]和常备兵制度[⑧],军队的数量也因此大幅增加。

> 春秋初期各大国军队人数是较少的。虽然晋军从一军、二军增加到五军、六军,但是几次大战如城濮之战还只用七百乘兵力,鞍之战还只用八百乘兵力,每乘以三十人计,也只有二万多人。齐国当齐桓公时,也仅有八百乘兵力,共三万人(《国语·齐语》)……春秋后期,由于县制的推行,兵力就突增了。晋国在鲁昭公时全国有四十九个县,每个县有一百乘兵力,共有四千九百乘兵力,鲁昭公十三年晋治兵于邾南,就有甲车四千乘。每乘以三十人计,四千九百乘就有近十五万兵员,再

---

① 《荀子·议兵》。

② 杨宽:《战国史》(增订本),上海人民出版社 1998 年版,第 304 页。

③ 《史记·范睢蔡泽列传》。

④ 《孙子兵法·作战》。

⑤ 《墨子·备高临》。

⑥ 《墨子·公输》。

⑦ 战国时期以郡县制度为基础所实行的征兵制度。杨宽先生认为,战国时代各国在边地设郡,主要是为了国防,所以一郡的长官叫守,郡守有奉命征发一郡壮丁作战的权力。当时各国边地都已分设郡县,中区也已普遍设县,征兵制度已推行到全国,郡县成为征兵的地区单位。秦国规定凡 17 岁的男子须向官府登记,称为“傅”。傅籍后,从 23 岁起,守卫京师一年称“正卒”;守卫边防一年,称“戍卒”。根据《睡虎地秦墓竹简》,实际上有的男子 15 岁就傅籍,随时准备应召入伍。

⑧ 常备兵是经过考选并且受过专门训练的部队,像当时齐国的“技击”、魏国的“武卒”、秦国的“锐士”都属于此范畴。他们是专业化的战士,享有国家的俸禄和特殊待遇,战斗力强,是战国时期各国战争中的绝对主力。

加上另外的“徒兵”等,当更不止数。楚国当楚灵王时,单是陈、蔡、东西、不羹四个大县,“赋皆千乘”,已有四千乘兵力,再加上申、息等县和其他地方的军队,兵力当有万乘,兵员有数十万……到战国时代,各大国的兵额就有三十万至一百万之多:

(一)秦国　有带甲(或作奋击)百万,车千乘,骑万匹(《赵国策·秦策一》策士所造苏秦语、《韩策一》《赵策一》张仪语、《秦策三》范雎语)。

(二)魏国　有带甲三十万或三十六万,防守边疆和辎重部队十万(《战国策·齐策五》策士所造苏秦语、《魏策一》张仪语、《魏策三》须贾语)。它最强大的时期,据说有“武士二十万,苍头二十万,奋击二十万,厮徒(奴隶)十万,车六百乘,骑五千匹”(《战国策·魏策一》策士所造苏秦语)。①

随着兵源的扩大,“大规模的步骑兵的野战和包围战已代替了整齐车阵的冲击战”②。战争的规模和持续的时间也由此发生了重大的转变,“战国时代七国‘能具数十万之兵,旷日持久数岁’(《战国策·赵策二》赵奢语)。魏惠王‘围邯郸三年而弗能取’(《吕氏春秋·不屈》);赵武灵王‘以二十万之众攻中山,五年乃归’;齐相孟尝君联合韩、魏‘以二十万之众攻荆(楚),五年乃罢’(《战国策·赵策三》赵奢语),继而又攻秦函谷关,结果是‘西困秦三年,民憔悴’(《战国策·燕策一》苏代语)。”③

事实上,战国时期各国在战争参与人数、武器装备、战争启动方式和规模等方面的提高和改进,为后来称霸活动的展开、兼并对抗的进行,提供了有力的保障和支持。

(四)文化方面

春秋以来政治格局中的深刻变革使得士阶层成为“一个上下辐辏的汇聚点”,士一方面由“庶人工商遂”④的庶人工商地位上升而产生,另一方面由

---

① 杨宽:《战国史》(增订本),上海人民出版社 1998 年版,第 309—310 页。

② 杨宽:《战国史》(增订本),上海人民出版社 1998 年版,第 314 页。

③ 杨宽:《战国史》(增订本),上海人民出版社 1998 年版,第 311—312 页。

④ 《左传·哀公二年》。

上层贵族"于今为庶"①和"降在皂隶"②地位下降而繁衍，而士本身又按照"士之子，恒为士"③的原则不断扩充。"于是，一个人数庞大、来源芜杂的新的士阶层就出现了"④。新兴的士阶层失去了原有的贵族身份，随着地位的下降，知识成为他们赖以谋生的重要手段之一。此后私学大兴，这就打破了原来学在官府的阶级限制，使更多的下层民众有机会接触到当时先进的思想和理念。学术的下移和各国君主为图强招贤所创造的宽松的政治氛围，促使各种学说如雨后春笋般产生发展，并以星火燎原之势传播开来，最终形成了以儒家、墨家、法家、道家学说为代表"百家争鸣"的空前盛况。这些怀有专门知识的"士"——即知识分子，自由地谈论和宣扬他们的治国理念，对社会中天与人、人与人关系的认识，运用他们独特的思维方式解决各种社会顽疾。他们或招收学生传授其学说；或周游各国，凭借三寸之舌传播各自的思想主张；或深居简出整理典籍，潜心于著述。与此相适应，各国的国君广招天下贤士，出巨资"养士"。如齐宣王广招各地学者，多达数千人，他们可以自由讲学，谈论国政得失，甚至可以直接向国君献计献策，形成了以聚居都城稷门外（齐都临淄城稷门附近）而闻名于东周列国的"稷下学派"⑤。另外，诸如齐国孟尝君（名田文，被封于薛地，今山东滕州东南）、赵国平原君（名赵胜，被封于东武，今山东武城）、楚国春申君（名黄歇，有淮北地 12 县）、魏国信陵君（名魏无忌，被封于信陵，今河南宁陵）等王孙贵族也都养士成风，不惜重金招揽人才。他们为了在统治阶层的权力争夺中获得更多的利益，在变幻莫测的政治风云中立命求存，豢养了大批能人贤士为他们出力献计。士人也充分利用自由接近各国君主的机会，向君王提出了一系列的治国主张和救世方案，展现了自己的才能，宣传了各自的思想主张，形成了广泛的社会影响。

---

① 《左传·昭公三十二年》。

② 《左传·昭公三年》。

③ 《国语·齐语》。

④ 赵东玉：《唯士与女：先秦性别文化片论》，辽宁师范大学出版社 2007 年版，第 126—127 页。

⑤ 稷下学宫是齐国在战国时期于都城临淄稷门附近，设立的中国古代最早的学术活动和政治咨询中心。有学者认为它创建于齐桓公（前 374—前 357 年在位）时，也有学者认为创建于齐威王（前 356—前 320 年在位）时；复盛于齐宣王（前 319—前 301 年在位）时。稷下学宫汇集了道、法、儒、名、兵、农、阴阳等百家之学，成为当时各学派荟萃的中心，历时约一百四、五十年。并逐渐形成一个具有一定倾向的学派，后人称为"稷下学"。

动荡的社会环境,宽松的学术氛围,致使优秀的谋臣策士辈出,为各国的发展积蓄了充足的人力资源,也为各国君主选择治国之术提供了广阔的空间。正是士阶层的涌现,纵横家的活跃,使整个战国史异彩纷呈。

上述背景,是战国时期各国共同具备拥有的,每个国家都在其中获益,形成了经济上普遍繁荣、政治上竞相进步、文化上共同发展的社会局面。当然,由于各国的国情不同,所处的位置有异,所以到了战国中后期,齐、秦两国综合实力的快速提升使它们很快成为战国七雄中的佼佼者而备受世人的关注。

二、秦、齐腾飞之内外因素

秦、齐两国帝业的建立不是一蹴而就的短期行为,而是各自长期积累不断提高的结果。强大的原因是多方面的,有天时地利的客观条件,但更重要的是它们不断进取的主观努力。两国都充分地利用天险的优势;继承先人的果实;重视人才的作用;认识到谋略的宝贵。它们正是充分利用、发挥了以上几点优势才在激烈的战国兼并战争中取得了骄人的战绩。

(一)优越的地理优势

秦族的祖先多聚集在六盘山南麓、渥水(主要在今陕西省中部地区)上中游一带,在渭河流域上中游附近生息繁衍,拥有良好的地理环境和气候条件。考古工作者考察发现,我国古代的西北地区有相当茂密的森林植被,全年降雨较多,气候温暖湿润,土壤肥沃适于耕种,当地的自然环境十分有利于农作物的生长。史籍中称:丰(今陕西省西安市西南)、镐(今陕西省西安市长安区西北)地区当时号称"土膏"(即土地非常肥沃之意),有"杭、稻、梨、粟、桑、麻、竹箭之饶"①。由于原有以周族为主的农业人口长期从事经营和注意培养地力的缘故,"关中(古地区名。大范围指函谷关以西,包括秦岭以南的汉中、巴蜀在内,是泛指战国末秦的故地;中范围指自函谷关以西,秦岭以北地区,时或包括陇西、陕北;小范围专指今陕西关中盆地,本句即指此范围)自汧(今千河的古称,源出中国甘肃省,流经陕西省入渭河)、雍(县名。

① 何汉:《试论古代秦国早期的重要建树》,《华中师范大学学报(社会科学版)》1990年第1期。

本春秋雍邑，秦德公都于此。后置县，治所在今陕西凤翔南）以东至河（黄河，指风陵渡附近以北至韩城东南一段南北流向的黄河）、华（华山，在陕西华阴县南），膏壤沃野千里。自虞夏之贡以为上田，而公刘适邠（今陕西彬县），大王、王季在岐（今陕西岐山县），文王作丰（今陕西省西安市西南），武王治镐（今陕西省西安市长安区西北），民犹有先王之遗风，好嫁穑，殖五谷，地重，重为邪”[①]，与此同时，秦地的地理环境和气候条件，十分适宜经营畜牧业和种植业，“西有羌中之利，北有戎翟之畜，畜牧为天下饶”[②]。从远古起，此地的历代统治首领多是善于驯养牲畜的能手。史籍记载：从秦族远祖的大费“为舜主畜，畜多息”起，直到“非子居犬丘，好马及畜，善养息之”[③]，驯养牲畜的能力都是相当有名的。除此之外，古籍中记载的一些产铁的名山，如“其下多铁”的岐山、“其阳多铁”的龙首山等等，就在当时的秦地附近。这就为此后秦国发明锻铸技术与使用金属工具奠定了基础，这也在很大程度上推动了生产力和军事的快速发展。[④]

可以说，我国古代西北地区的肥沃土地、丰美水草、丰富的自然资源、适宜的气候条件为秦国的发展提供了充足的资源储备。而秦地易守难攻且孤悬于东方诸侯之外的地理优势，为秦国提供了天然的军事屏障。“秦所具有的地利之便，古代学者分析得非常透彻。如荀子就曾用‘其固塞险，形势便……天材之利多’来描述其所拥有的天然地利，认为其‘形胜也’；韩非子也曾明确指出‘秦国……地形利害，天下莫若也’；贾谊就曾用‘据崤函之险’和‘被山带河以为固，四塞之国’来形容其有利军事地利；《淮南子·要略训》也总结说：‘（秦）被险而带河，四塞以为固，地利形便’”[⑤]。拥有这样的天险就意味着只要秦国不主动参与中原地区的会盟、争霸活动，只要不受到西戎的侵伐，东方列国是无法轻易入侵其领土的。这就是说，秦国在乱世中可以相当自由地选择是否加入争霸战争。在实力较弱的时期它可以凭借自身优越的地理条件和丰富的自然资源远离战场，将全部的注意力转移到发展本国

---

① 《史记·货殖列传》。

② 《史记·货殖列传》。

③ 《史记·秦本纪》。

④ 参见何汉《试论古代秦国早期的重要建树》，《华中师范大学学报（社会科学版）》1990 年第 1 期。

⑤ 赵东玉：《秦为春秋大国说》，《史学集刊》2007 年第 3 期。

经济上来而无被入侵亡国之患。实力较强时也可以主动进攻他国,从中谋取利益。

对于秦国的地理优势,秦相范雎曾有较为精准的描述,他认为秦地“四塞以为固,北有甘泉(山名,在今陕西省淳化县西北)、谷口(即寒门,在今陕西省礼泉县东北),南带泾、渭(泾河、渭水的支流,在今陕西省中部),右陇(指陇坂,即今天六盘山的南段,绵延于陕、甘边境)、蜀(今四川省中部的崇山峻岭地区),左关(函谷关,在今河南省灵宝县东北)、阪(指崤山一带的险要地形,有东西二坂,在今陕西省潼关县至河南省新安县一带),奋击百万,战车千乘,利则出攻,不利则入守,此王者之地也。”①外国学者对此同样有精彩的论述:

> 秦远处于华夏大家庭之西,孤立于其他各国之外。它的东面是黄河的大弯道,黄河先自北向南,然后突然东流。河之南通往秦的几条通道为多重山脉所阻,只有很少几个战略要隘可以通行。在这些屏障后面,秦能在攻打其他国家之前聚集力量。②
>
> 中国的秦国相当于古希腊的马其顿……无论从地理上还是从社会地位上来说,秦国和马其顿各自所处的与其他社会的关系都是相似的。两国都紧邻他们的竞争对手,但在地理上又为一条环形山脉障碍所隔开。③

秦国正是充分利用了这一天然优势,在与晋国的几次争霸活动失败后,果断地将策略调整为专心经营西戎,全力发展本国经济。后来的事实也表明,秦国正是没有在春秋的争霸战中消耗过多的人力和财力,才在发展中增强了本国的综合实力,最终在动荡的战国时代脱颖而出,突破重重障碍,成为真正的王者并最终完成了统一的大业。秦国的地理优势也最终转化为了它弱能守强可攻的军事保障,有力地推动了秦国的发展进程。因而,优越的自然

---

① 《史记·范雎蔡泽列传》。

② [英]崔瑞德、鲁惟一著,杨品泉等译:《剑桥中国秦汉史》,中国社会科学出版社 1992 年版,第 61 页。

③ [英]阿诺德·约·汤因比著,徐波等译:《人类和大地母亲》第 31 章《中国的战国时代》,上海人民出版社 2001 年版,第 192 页。

条件是秦国发展中至关重要的一点，是其快速发展的重要因素之一。

齐国在春秋时期已是东方的一个大国，都城临淄（今山东省淄博市临淄区齐都镇）。据《史记·货殖列传》记载，西周时期“太公望封于营丘，[①]地潟卤（盐碱地），人民寡，于是太公劝其女功，极技巧，通鱼盐，则人物归之，繦至而辐辏。”齐国地处海滨，沿海滩涂面积甚广，属于暖温带季风气候，降水集中，雨热同季。齐地拥有丰富的鱼盐和矿藏资源，适合于发展农业、海洋业和商业经济。从太公开始，齐国就“通商工之业，便鱼盐之利”[②]。原来齐地地广人稀，于是姜太公吕尚因地制宜，充分利用自然资源让女性从事纺织工作，同时加大齐国鱼盐资源的开发力度，充分利用本国的资源优势，发展商业贸易，使齐国的经济得到了快速发展，形成了“齐冠带衣履天下，海岱之间敛袂而往朝焉”[③]的盛世格局，为齐国的发展注入了新的活力。有学者认为“齐国牢固的工商业基础，造成齐国政治、学术的自由宽松。工商业传统对齐国政治风格和思想观念产生了深刻的影响。”[④]

根据考古发现，在齐国的都城临淄附近，有丰富的铁矿石资源。当时紧靠临淄西南，在现今胶济铁路上的金岭镇，就是山东省中最大的一个铁矿遗址。勘测表明，临淄故城遗址有属于春秋时期的大型冶铁遗址六处。丰富的铁资源、发达的冶铁技术不仅仅促进了农业的发展，也促成了手工业的兴盛。

同时，齐国同秦国一样具有天然的军事优势。齐国始终处于中国版图的最东边且地处海滨，与中原的宋、郑等小国不断有被侵伐的险境不同（根据詹子庆先生在《先秦史》中的统计，春秋期间宋、郑两国兵灾最为严重，其中郑七十二次，宋四十六次，有两次宋、郑两国险些灭国），同秦国一样齐国可以自愿地选择参战与否，这就在一定程度上为齐国的发展赢得了主动权。而和与楚、晋两强国相邻的秦国相比，齐国的近邻不论是春秋时期的燕、鲁还是战国时期的燕、宋等国都是实力较为弱小的国家，对齐国的发展基本未

---

① 今山东淄博市东北。以营丘山得名。武王封吕望于齐，建都于此地。后改名临淄。一说在今昌乐东南，春秋时名缘陵，汉置营陵县。

② 《史记·齐太公世家》。

③ 《史记·货殖列传》。

④ 蔡德贵：《论先秦齐国与稷下古典自由主义》，《南京大学学报（哲学·人文科学·社会科学）》2005 年第 4 期。

能构成实质上的威胁。因而,齐地在战略上同样具有进可攻退可守的优势。

综上所述,秦、齐两国都有丰富的自然资源、适宜的气候条件发展本国的经济。同时两国的独特地理位置又为它们提供了天然的军事屏障,更有利于它们灵活地运用战略战术,选取最适合自己的发展方式。无可否认,优越的地理优势不是秦齐强大的首要因素,但却是两国后来能够称雄于诸国的重要条件之一。

(二)积累的雄厚实力

秦齐两国在战国时期的强大,源于它们从春秋时期开始的不断积累。齐国是春秋时期第一个称霸的国家,秦国虽进攻中原几次受阻,没有霸主之名,却有强国之实,是春秋时期不可忽视的无冕之王。春秋时期的霸业,为两国在战国时期开创帝业做了扎实的铺垫。

在春秋时期,秦国虽几次向中原发动进攻都受到了强邻晋的有力拦截,从而被迫退守函谷关(今河南灵宝东北)。但在边境几十年的苦心经营,使秦国的综合国力迅速提升,实力虽未在中原有机会展示,却早已不逊于各东方强国。春秋时期秦国的强大主要表现在以下几个方面:

第一,全力抗击西戎,护送平王东迁。周王朝在经历了厉王专权、"国人"暴动的社会动荡期后,虽在宣王时期出现了短暂的"中兴"局面,但仍不能从本质上解决社会中固有的各种矛盾和顽疾。到周幽王执政时期各种矛盾都凸显出来,并日益加剧。就在周幽王即位的第二年(前780年),西周国都和附近的三河流域都发生了地震,致使"三川(泾、洛、渭)竭,岐山崩"[①],"百川沸腾,山冢崒崩,高岸为谷,深谷为陵"[②]。地震同时也带来了严重的饥荒,"无草不死,无木不萎"[③],社会一片凋敝萧条的景象。而就在灾难发生后不久,周幽王不顾群臣的反对,废掉原来的申后和太子宜臼,立宠妃褒姒为王后,立褒姒之子伯服为太子。为博得美人一笑,周幽王多次烽火戏诸侯,不理国事,视王权如儿戏。他也因此失信于诸侯,造成了众叛亲离的局面,落得个孤家寡人的下场。而周幽王对此却毫无察觉,重用为人奸诈乖巧、善

---

① 《史记·周本纪》。

② 《诗经·小雅·十月之交》。

③ 《诗经·小雅·谷风》。

于谄媚、贪图财利的虢石父做卿，主持政事，导致民怨沸腾，最终民众与周王室离心离德。周幽王十一年(前771年)为保证褒姒母子的地位，周幽王下令出兵讨伐申侯(原太子宜臼的母家)，索取宜臼的性命，此举致使申侯大怒，联合缯与犬戎攻周，杀幽王于骊山(今陕西省西安市临潼区城南)脚下。

而面对犬戎的进攻，秦襄公曾带兵奋力拼杀，解西周之难，破西戎之围。同时派大量军队于平王元年(前770年)护送周平王东迁洛邑(今河南洛阳王城公园一带)，平王也因此封秦襄公为诸侯，赐给他岐山(今陕西岐山县)以西的土地。平王曾因此表态："戎无道，侵夺我岐、丰之地，秦能攻逐戎，即有其地。"[①]并与襄公立下了誓言。

抗击西戎的入侵，成功护送平王东迁，秦国向世人充分展现了几代人励精图治，对内改革与发展的成果，提高了自己在诸侯国中的威望。秦国也因此正式成为诸侯国，"与诸侯通使聘享之礼，乃用骝驹、黄牛、羝羊各三，祠上帝西畤"[②]。秦国由此为契机，开始在春秋时期的历史舞台上崭露头角，掀开了对外发展的新篇章。

第二，秦君不计前嫌，助晋称霸中原。秦国到了秦穆公时期，任用百里奚(春秋时秦国大夫。原为虞大夫，虞亡时被晋俘去，作为陪嫁之臣送入秦国。后来走到楚，为楚人所执，又被秦穆公以五张牡黑羊皮赎回，用为大夫，称为五羖大夫。他与蹇叔、由余等共同帮助穆公建立霸业)、蹇叔治理国政，国势日强。在他执政期间，秦国出兵彻底制服西戎，护送晋文公重耳回国复位，并协助他开创了晋国的霸业。

晋献公后期宠信骊姬，立骊姬之子奚齐为太子。献公曾私下对骊姬表露欲废太子申生，而立其子奚齐之意。骊姬听罢，立即强装悲伤地对献公哭诉到："太子之立，诸侯皆已知之，而数将兵，百姓附之，奈何以贱妾之故废适立庶？君必行之，妾自杀也。"骊姬表面上对太子称赞不绝，却在暗地里令人不断地在献公面前"谮恶(诬陷)太子"。晋献公二十一年(前656年)秋，骊姬对太子申生说："君梦见齐姜，太子速祭曲沃(今山西闻喜东北)，归厘于君。"申生于是奉命到曲沃拜祭生母齐姜，并将祭肉带回献与父亲晋献公。骊姬闻讯趁献公外出打猎之机，派手下心腹暗中在祭肉中投入剧毒。几日

① 《史记·秦本纪》。
② 《史记·秦本纪》。

后，献公巡猎而归，正准备食用申生带回的祭肉，骊姬立刻上前制止，建议说："胙所从来远，宜试之。"与此同时她随手将肉扔在地上，狗食而死，奴仆食而亡。见此情景骊姬痛诉："太子何忍也！其父而欲弑代之，况他人乎？且君老矣，旦暮之人，曾不能待而欲弑之！太子所以然者，不过以妾及奚齐之故。妾愿子母辟之他国，若早自杀，毋徒使母子为太子所鱼肉也。始君欲废之，妾犹恨之；至于今，妾自失于此。"太子申生得知详情后，没有向献公申辩便自杀而亡。骊姬却仍不肯善罢甘休，不断派人在献公面前诬陷重耳、夷吾两位公子是太子的同党。献公此时已完全被骊姬所迷惑，丧失了应有的理智与判断力。重耳、夷吾见大势已去，便连夜出逃，"重耳走蒲，夷吾走屈，保其城，自备守。"①这就是晋国历史上有名的"骊姬之乱"。晋献公死后，诸子争立，内乱迭起。先是骊姬的儿子奚齐继位，被其臣子里克所杀。后来大臣荀息拥立卓子，里克又铲除了卓子和荀息，晋国内部动荡混乱。而此时夷吾抓住时机在秦齐两国的联合协助下，回国继位，是为晋惠公。惠公即位后，却背弃了当年对秦的承诺，不但不按约将晋国河西八城割让给秦国，还杀死了两国的使者大臣里克。三年后（前 647 年）晋国发生旱灾，向秦国求援，秦穆公不计前嫌用车船水路并运食物，向晋国源源不断地输送粮食，从雍（秦都，今陕西省凤翔县城东、雍水以北）到绛（晋都，今山西侯马西北）络绎不绝，秦国及时为晋国灾中送粮，解除其燃眉之急。然而次年（前 646 年），当秦国发生饥荒向晋国求助时，晋国不但未出手援助，袖手旁观坐视秦难，还在秦国最危急的时刻发兵攻秦。秦穆公闻讯大怒，亲自率军迎战，最终在"岐山食善马者三百人"②的协助下，大败晋军，俘获了晋惠公。随后秦军乘胜灭掉梁、芮两国（两国在当时是晋国的附庸国，他们被秦所灭对晋国构成了威胁，芮在今陕西省朝邑县），军威大振，势不可挡。秦的强大，使晋国在秦国做人质的公子圉忐忑不安，担心自己的王位不保，于是在晋惠公十三年（前 638 年）偷偷从秦国逃回晋国。秦穆公也因此对晋公子圉十分不满。次年（前 637 年）晋惠公去世，公子圉登基做了国君，是为晋怀公。秦穆公二十四年春（前 636 年），秦国因怨恨子圉逃走，从楚国迎来晋公子重耳，乘机派兵送他回国，夺取政权，这就是历史上有名的晋文公重耳。晋文公自

① 《史记·晋世家》。

② 《史记·秦本纪》。

“骊姬之乱”后，在外流浪十九年，即位时已是六十二岁的老人。而他备尝艰辛的流亡经历，助他成就了一番伟业。晋国在晋文公时期通过改革，国力大增，成为春秋五霸之一，并保持了长期的繁荣发展局面，实现了晋国历史上的重大突破。而这一切成就的取得却与秦穆公密不可分，秦国虽本身未在春秋称霸，却辅助晋国在中原称雄，由此秦国的国力也可见一斑。

秦国两次护送晋公子回国即位，在晋国的危难之时不计前嫌，全力援助，并最终帮助晋文公实现了春秋霸业。秦国在春秋时期的大国之风和雄厚实力已充分展示在了世人面前，为自己后来霸业的建立做了充足的准备。

第三，及时伸出援手，救楚危亡之秋。春秋中后期，吴王阖闾采纳了伍子胥[①]的策略，不断向楚国发动进攻。自楚昭王即位，“无岁不有吴师”[②]，吴军把楚国闹得疲惫不堪。鲁定公四年（前506年），吴军由蔡国引路，联合蔡唐军队共同伐楚。吴师擅长水战，沿淮水乘舟行进，随后停舟于淮汭，趁机登陆出击。吴军自豫章（今江西南昌）出发，与楚军夹汉水相望，自小别山到大别山，吴楚两军三次交锋，均以楚军的失利而告终，最后双方在柏举[③]会战，吴师大败楚军主力，五战五胜，攻下楚郢都（今湖北江陵西北纪南城）。楚昭王逃亡云梦泽（今湖北省江汉平原上的古湖泊群的总称），因受“盗”攻击，几乎丧命。后来“奔郧（今湖北省郧县）”又被迫“亡奔随（今湖北应山）”[④]，楚国几乎到了亡国的生死关头。情急之下，楚大夫申包胥火速赶往秦国求助。申包胥面见秦哀公恳求地说：“吴为封豕、长蛇，以荐食上国，虐始于楚。寡君失守社稷，越在草莽，使下臣告急，曰：‘夷德无厌，若邻于君，疆埸之患也。逮吴之未定，君其取分焉。若楚之遂亡，君之土也。若以君灵抚之，世以事君。’”秦哀公听后推辞说：“寡人闻命矣。子姑就馆，将图而告。”申包胥见哀公无意出兵相助，感叹道：“寡君越在草莽，未获所伏。下臣

---

① 春秋时吴国大夫。名员，字子胥。楚国大夫伍奢次子。楚平王七年（公元前522年）伍奢被杀，伍子胥因此与楚国结仇，他经历宋、郑等国后最终入吴。在伍子胥的帮助下，阖闾刺杀吴王僚，夺取王位。在他的建议下吴国攻破楚国，伍子胥以功被封于申，又称申胥。吴王夫差时，他劝吴王拒绝越国求和并停止伐齐，渐被疏远，晚年不得志。

② 《左传·定公四年》。

③ 今湖北麻城市境，具体所在说法不一：一说为麻城东北的柏子山与举水的合称；一说在举水入长江口以南的举洲；一说即麻城东南举水所出龟峰山。

④ 《史记·秦本纪》。

何敢即安。”于是，“立，依于庭墙而哭，日夜不绝声，勺饮不入口七日”[①]，秦王最终被申包胥所感动，发兵“五百乘救楚，败吴师”[②]，使楚昭王重新回到了都城郢地。

楚国在秦国的帮助下才摆脱了亡国的厄运，正是因为有了秦国的援助，楚国才能在日后的发展中得以重振雄风，以至于在战国的乱世中赢得自己的一席之地。

总体说来，秦在春秋时期已具有相当的实力，经过几代君主的精心经营，政治昌明，经济繁荣，外交政策得当，已基本迈入了强国的行列。诚如学者所论：“秦国在春秋时期的确应当算是一个举足轻重的大国，其在各种拥戴国王、救难平乱、驱除戎翟等活动中，都曾积极进取，并在关键时刻起到关键作用。”[③]春秋时期的雄厚积累，为战国时期的霸业奠定了坚实的基础。

相对于秦国，齐国在春秋时期的成就更为显著，格外地引人注目。作为春秋首霸，齐国的强盛要从管仲改革说起。鲁庄公九年（前 685 年）齐桓公即位，任用管仲[④]为相。管仲从“富国强兵”的目的出发，在整饬旧制的基础上，针对齐国的国情，以政治、经济、军事、外交等方面为切入点，在齐国展开了一场全面而深入的改革，收到了喜人的成果。

首先，在政治、军事方面，齐国基本上维持“国”“野”分治的制度，再按“叁其国而伍其鄙”[⑤]的原则，对全国的土地和军队进一步加以划分。具体地说，在“国”中设置二十一乡，其中工乡三，商乡三，士乡十五。把服兵役的士乡十五又分成三个部分（五乡为一军，共三军，国君与国、高二卿各帅一军），叫“叁其国”。在“野（鄙）”设置五属，叫“伍其鄙”。各级设官治理，严格实行士、农、工、商分区定居制，不许杂处、迁徙：士居“闲燕”（清闲的环境），工居官府，商居市井，农居田野。企图使各业各有所务，以利于老传少习，安心

---

① 《左传·定公四年》。

② 《史记·秦本纪》。

③ 赵东玉：《秦为春秋大国说》，《史学集刊》2007 年第 3 期。

④ 名夷吾，早年和鲍叔牙交往甚密，两人曾在南阳一起经商，但到分盈利时，管仲常常因为家贫且有老母，自己多得，鲍叔牙却并不以为然，且对管仲有很高的评价，认为他是有才德之士。后来鲍叔牙服事齐公子小白，管仲则跟随齐公子纠。等到小白登位，就是齐桓公。公子纠争夺王位失利而死，管仲也因此受牵连而入狱。在鲍叔牙的极力推荐下，齐桓公释放管仲并委以重任，让他在齐国境内进行改革，齐国因此国力大增，齐桓公不久成为春秋首霸。

⑤ 《国语·齐语》。

生产。在“国”内采用轨(五家为轨,设轨长)、里(十轨为里,设有司)、连(四里为连,设连长)、乡(十连为乡,设乡良人)的编制。实行“作内政而寄军令”的政、军合一制度,“春以蒐振旅,秋以狝治兵”,加强对国家常备军源的控制和定期操练,以期达到“卒伍整于里,军旅整于郊”①的效果,使其成为一支“莫之能御”的战斗武装。为了增加兵源,齐国还下令提高部分鄙野庶人的社会地位,选拔其中“秀民”充当“士”(战士)。

其次,在经济方面,实行“陆、阜、陵、墐、井田、畴均”(高平曰陆,大陆曰阜,大阜曰陵。墐,沟上之道也。九夫为井,井间有沟。谷地曰田,麻地曰畴。均,平也。即将土地分成若干块,平均分配给农民。这是对原有土地公有制的一种突破)的土地政策和“相地而衰征”②(即按土质贫瘠程度征税)的税收政策;设“轻重九府(周代掌管钱币的九个官府,即大府、玉府、内府、外府、泉府、天府、职内、职金、职币)”③,由官府铸造钱币,来调剂物价;规定“泽立三虞”(《周礼》有泽虞之官。虞,度也,掌度知川泽之大小及所生育者)、“山立五衡”(《周礼》有山虞、林衡之官。衡,平也,掌平其政也),即由官吏统一管理山林河泽;并采取了“通齐国之鱼盐于东莱,使关市几而不征”④的鼓励贸易促进生产的政策。

第三,在刑罚上,为弥补齐国军械不足的缺陷,制定了用军械赎罪的刑法。“制重罪赎以犀甲一戟,轻罪赎以(革贵)盾一戟,小罪谪以金分,宥闲罪。索讼者,三禁而不可上下,坐成以束矢。美金以铸剑戟,试诸狗马;恶金以铸锄、夷、斤、斸,试诸壤土。”(即犯重罪的犯人可用一副犀甲和一柄戟赎罪。犯轻罪的可用一副皮盾和一柄戟赎罪。犯了小罪,可用铜铁赎罪。打官司的人要交纳一束箭做入朝听审的讼费)齐国因此很快“甲兵大足”⑤。

最后,在外交上齐国采取亲邻政策。齐国对各诸侯国“轻其币而重其礼”⑥以礼相待,重新界定齐国的疆域,归还齐国侵占的邻国土地。征收诸侯的贡物一律要从轻,使四邻相安,与各国和谐相处。同时齐王派游士八十

---

① 《国语·齐语》。
② 《国语·齐语》。
③ 《史记·货殖列传》。
④ 《国语·齐语》。
⑤ 《国语·齐语》。
⑥ 《国语·齐语》。

人,携带车马、衣服及资财周游四方,招揽天下之贤士。派人在各国经商,借以观察各国君臣的喜好,对于玩物丧志不专心治国的统治者,齐国将出兵率先征伐。通过以上的外交政策齐国达到了团结并控制各诸侯国的目的。

通过管仲的全面改革,齐国的政治经济得到了迅速发展,很快收到了“通货积财,富国强兵”[①]的效果,国势日益强盛。齐桓公的争霸之路也由此展开,简要地说它的霸业以“尊王攘夷”为主线,可概括为以下三个阶段:

第一阶段从齐桓公元年(前685年)到齐桓公七年(前679年),齐国联合宋、陈、蔡等国制服了鲁、郑两国。公元前681年,齐国联合宋、陈、蔡三国会盟于北杏(今山东东阿),接着又于齐桓公七年(前679年)同宋、陈、卫、郑等国会盟于鄄(今山东鄄城)。齐桓公的霸业也自此拉开了帷幕。

第二个阶段从齐桓公八年(前678年)到齐桓公三十年(前656年),以伐戎狄、克楚攻为主,即“攘夷”时期。齐国在此时期吞并了邻近的许多小国(如谭、遂、莱、阳、介、牟、任、夷等国),大大扩充了齐国的版图,使齐国成为春秋时期的东方大国。齐桓公二十三年(前663年),桓公救燕,经孤竹(今河北卢龙一带)而伐山戎(今河北省北部),最终打败了山戎,灭掉了孤竹。公元前662年至公元前661年,北方的狄人越过太行山,逼近黄河以北,攻邢(今河北邢台县)、侵卫(今河南淇县),齐国联合燕国打败山戎,又联合宋、曹等国制止了狄人的扰害。“存邢救卫”,为邢和卫两国筑建了新的城邑,使“邢迁如归,卫国忘亡”[②],保证了这两个地区的安定和经济的发展,有效地解除了戎狄对周王室和中原各国的威胁,大大地提高了齐国在各诸侯国中的威信。而此时南方的楚国日益强大,相继灭掉了“汉阳诸姬”和邓(今湖北襄阳)、申(今河南南阳)、息(今河南息县)等国,又接连发兵攻郑。为了制服南方的楚国,齐桓公于公元前656年率领齐、鲁、宋、陈、卫、曹、郑、许等八国军队,首先讨伐依附楚国的蔡国,蔡军见齐军来势汹涌立刻望风溃逃。此后齐乘胜进军楚境,讨伐楚国。楚成王看齐军势如破竹,一面亲率大军迎战,一面派大夫屈完与齐讲和。齐军久攻不下见楚方无隙可乘,便在召陵(今河南郾城东)与楚订立盟约。此举有效地遏制了楚向中原深入的脚步,齐国也因此取得了中原霸主的地位。

---

① 《史记·管晏列传》。

② 《左传·闵公二年》。

第三个阶段从齐桓公三十一年（前 655 年）到齐桓公四十三年（前 643 年），在这一时期齐国多次为周王平戎难，征集诸侯派军队助周王戍守成周，即“尊王”时期。公元前 651 年，齐桓公在葵丘（今河南兰考）大会诸侯，周天子“使宰孔致胙（祭肉）于桓公”[①]，给予了齐国专征伐的权利，这实际上是承认了齐桓公的中原霸主地位。“葵丘之盟”使得齐桓公的霸业达到了顶峰。齐桓公的霸业为齐国日后帝业的建立，提供了宝贵的实践经验。

不管是春秋时期齐的称霸，还是秦的强大，都足以证明战国时期两者的崛起不是偶然的，而是在长期持续发展中形成的。正因为有如此不懈的积累过程，才使得两国拥有了雄厚的物质基础，形成了灵活有效的外交政策，掌握了成熟的执政经验，得以在纷扰的战国乱世中，长久地保持着自身的优势并不断扩大。应该说春秋时期秦齐两国的强国优势，为它们在战国时期的“崛起”做了准备和铺垫，已经唱响了他们日后“帝业”的先声和序曲。

（三）君王的知人善任

从古至今，贤臣策士是成就王朝兴盛的关键，但凡盛世均有能臣辈出的特点。对于人才之于国家兴盛的重要性，历代学者多有议论。

> 古之圣王，所以取明名广誉，厚功大业，显于天下，不忘于后世，非得人者，未之尝闻。暴王之所以失国家，危社稷，覆宗庙，灭于天下，非失人者，未之尝闻。今有士之君，皆处欲安，动欲威，战欲胜，守欲固，大者欲王天下，小者欲霸诸侯。而不务得人，是以小者兵挫而地削，大者身死而国亡。故曰：人，不可不务也，此天下之极也。[②]

秦国虽地处西陲，仍然从历史中深刻地认识到了人才对于国家发展的重要作用，积极地招揽贤能为己所用。战国时期秦孝公任用商鞅变法，秦惠王重用张仪开展连横策略，秦昭王先后以穰侯魏冉、范雎为相，重用白起并授予兵权……正是秦国几代君主对人才的合理使用，使秦国以强大的综合国力威震四方。

---

① 《国语 · 齐语》。

② 《管子 · 五辅》。

据马非百《秦集史》统计,秦自武王以后,到始皇时代的一个世纪多的时间里,共有右丞相十三人,他们是樗里疾、甘茂、魏冉、向寿、杜仓、薛文、楼缓、寿烛、范雎、蔡泽、吕不韦、隗状、冯去疾;左丞相九人,他们是甘茂、屈盖、向寿、金受、芈戎、徐诜、昌平君、王绾、李斯。此外,不知其时代亦不能确定其为左或右者,有池子华一人。总计二十三人。在这些职位显赫的众多丞相中,除樗里疾为秦惠王异母弟,杜仓、隗状、冯去疾、金受、徐诜、王绾未详外,其他都是外国人,占丞相总数的百分之六十八以上。甘茂、魏冉、屈盖、向寿、芈戎、昌平君、李斯是楚国人;薛文是齐人;楼缓是赵人;范雎、池子华、吕不韦是魏人;蔡泽是燕人;寿烛既曰客卿,亦是外国人甚明。

秦国的外交使节,从孝公至始皇间,共任用三十人,其中秦本国十一人,外国的十二人,未详者七人。在这三十名外交使节中,谋略较高、功效卓著、影响较大的有公孙鞅、甘茂、樗里疾、魏冉、李斯、蔡泽、姚贾等。这几人,除樗里疾是秦国人外,其余都是外国人。①

可以说整个战国时期秦国招揽才人力度之大、重视程度之深在各诸侯国中首屈一指,将大量的能人策士收罗麾下,成为当时对人才最大的吸引国。

商鞅,原是卫国破落贵族的后裔,姓公孙,名鞅,也叫卫鞅,后来被秦封到商地,又名商鞅。商鞅从小喜好刑名之学,先在魏求仕,曾仕魏相公叔痤,任魏国中庶子(执事人员,地位略高于舍人)。公叔痤深知商鞅贤能,他借病重魏惠王前来探望病情,商讨国事之机,向魏王举荐商鞅,“座之中庶子公孙鞅,年虽少,有奇才,愿王举国而听之。”见惠王默不作声并不表态,公叔痤屏退左右随侍人员对魏王低语道:“王即不听用鞅,必杀之,无令出境。”魏王点头连连称是,但却并未将公叔痤的话放在心上,更不看好他举荐的无名小卒——公孙鞅。商鞅在得知整件事情的详情后,自知在魏国将无用武之地,于是在公叔痤死后便毅然离开了魏国。当时恰好秦孝公下令在全国访求有才之士,欲“修缪公之业,东复侵地,乃遂西入秦”②,商鞅抓住时机,在孝公宠

① 冯庆全、阎忠:《春秋战国时期的人才流动》,《史学集刊》1991 年第 1 期。

② 《史记·商君列传》。

臣景监的引荐下入秦拜见秦孝公。在秦国商鞅受到了秦孝公的重用,先任左庶长[①],后于孝公十年(公元前352年)升任大良造(大上造,秦国的第十六等爵。地位相当于相)。商鞅于秦孝公三年(前359年)至孝公十二年(前350年)间两次在秦国主持变法,使秦国国力大增。变法的主要内容有:

第一,废除井田制,“开阡陌封疆”[②]。即把原来“百步为亩”的小田界“阡陌”和每一顷田的大田界“封疆”,统统破除,开拓为二百四十步一亩,重新设置田界,不许私自移动。把土地授给农民,承认土地私有制,该举措大大地提高了人民从事生产的积极性。

第二,设立什伍连坐法。编户籍,百姓十家为“什”,五家为“伍”,互相督察检举。奖励对“奸”告密,对不告密者处以腰斩的极刑,告密者可与斩敌同赏。如果一家藏奸,伍、什要同罪连坐,与降敌同罚。

第三,奖励军功,废除世卿世禄制。[③]“宗室非有军功论,不得为属籍”(即贵族中凡是没有军功的人不得入贵族籍),立有军功的,按功劳大小升爵受赏。根据军功制定尊卑爵位的等级,按爵位高低相应地取得“田宅、臣妾、衣服”[④]的政治经济特权。秦国由此培养了一批新兴的军功贵族,提高了军队的整体作战能力。

第四,重农抑商,奖励耕织。商鞅认为农业是“本业”,是国家富强的基础,相应地将商业视为“末业”。为发展农业,商鞅规定“僇力本业,耕织致粟帛多者复其身。事末利及怠而贫者,举以为收孥”[⑤],即凡是努力经营农业生产,多缴纳租税的,免去其本身的徭役;凡是弃农经商或怠惰以致贫穷而交不起租税的农民,没收为官府的奴婢。商鞅还采取了加重关市的商品税、不许商人贩卖粮食、商人的奴仆必须服徭役等措施,迫使商人弃商归农。为增

---

① 秦的爵位,卫鞅变法时曾分为二十级。由低到高依次为:第一级公士;第二级上造;第三级簪袅;第四级不更,是相当于士的;第五级大夫;第六级官大夫;第七级公大夫;第八级公乘;第九级五大夫,是相当于大夫的;第十级左庶长;第十一级右庶长;第十二级左更;第十三级中更;第十四级右更;第十五级少上造;第十六级大上造;第十七级驷车庶长;第十八级大庶长,是属于庶长一等,相当于卿的;第十九级关内侯;第二十级彻侯,是相当于诸侯的。彻侯也称列侯,列侯之下还有伦侯。

② 《史记·商君列传》。

③ 指上至天子、封君,下至公卿、大夫、士,他们的爵位、封邑、官职都是父子相承的。这种世袭的次数理论上是无限的,直到改朝换代或占据这个爵位或官职的家族在政治斗争中失败为止。

④ 《史记·商君列传》。

⑤ 《史记·商君列传》。

加农业劳动力和纳税服徭役的人口,商鞅鼓励一家一户的生产方式,规定秦国“民有二男以上不分异者,倍其赋”[①],明令成年男子必须与父母分居,另立门户,以促进农业经济的发展。

第五,明确秦国的法令。新法颁布后,商鞅将法令内容公布在宫前的冀阙上,申明“刑无等级”,这就意味着不管是卿相、将军或大夫只要犯了国法或国禁,就与“庶人”同罪。该法令的实施使秦国社会秩序更加井然有序,形成了“道不拾遗,山无盗贼,家给人足”[②]的和谐局面。

第六,推行县制。商鞅“集小县邑聚为县”[③],在全国划分三十一个县,[④]每县设置了令和丞等官职来掌管全县政事,使县成为直属于国君的地方组织,大大加强了中央集权的程度。

第七,统一度量衡。商鞅颁布了标准的度量衡器,“平斗桶权衡丈尺(桶:相当于斛,量器名;权:秤锤;衡:秤杆)”[⑤]。

商鞅变法,“公平无私,罚不讳强大,赏不私亲近,法及太子,黥劓其傅。期年之后,道不拾遗,民不妄取,兵革大强,诸侯畏惧”[⑥]。由此可见,商鞅在秦国的变法是成功且深入人心的,“秦妇人婴儿皆言商君之法”[⑦],变法使秦国实现了富国强兵的愿望,大大提高了秦国的整体实力。

但变法在推行过程中也曾遇到了层层的阻力,主要表现为旧贵族的强烈反对。以太子师傅公子虔、公孙贾为首旧贵族的蓄意滋事,都使变法险些中途夭折,幸亏有秦孝公的鼎力支持才使得变法得以顺利推行。应该说秦孝公对商鞅的赏识和信任,是变法可以成功的关键性因素。假如孝公与魏惠王一样视商鞅为庸人,或在变法途中听信小人的谗言不委重任于商鞅,纵使商鞅有天大的本事也无计可施,又何谈成就秦国的霸业呢?因而,秦孝公的知人善任对秦国的发展起了重要的推动作用。孝公之后的几位秦国国君同样慧眼识英雄,为秦的帝业注入了一剂剂有效的催化元素。

---

① 《史记·商君列传》。
② 《史记·商君列传》。
③ 《史记·商君列传》。
④ 另一说为四十一县。《史记·秦本纪》:“并诸小乡聚,集为大县,县一令,四十一县”。
⑤ 《史记·商君列传》。
⑥ 《战国策·秦策一》。
⑦ 《战国策·秦策一》。

秦惠王于公元前328年任用张仪为相。这位战国时期著名的纵横家,凭借其三寸不烂之舌迫使魏献上郡;游说各国服从秦国,使秦国多次免于陷入被五国合纵攻伐的窘境;巧妙利用各国间的利益冲突,拆散了齐楚联盟,两次戏弄楚怀王于股掌之中,为秦夺取汉中大片土地,为秦国的强大立下了汗马功劳。

秦昭王任用范雎为相,白起为大良造,在政治、军事上均有不凡的建树。范雎原为魏人,早年曾到各国游说,后在魏国中大夫须贾手下做事。曾随须贾奉魏昭王之命出使齐国。范雎凭借雄辩的口才,赢得了齐襄王的赞誉和奖赏。须贾嫉妒范雎的才能,暗中向当时魏国的宰相魏齐诬陷范雎将魏国的国情透露给齐国,通敌叛国。范雎因此被魏齐手下打断了肋骨,打落了牙齿,受尽了皮肉之苦。后来范雎假死,才得以侥幸逃离魏国。他化名张禄,在郑安平的帮助下,经秦臣王稽引荐,入秦面见秦昭王。在反复试探秦昭王用己的诚意后,范雎首先向昭王提出了除"三贵"的主张,在他的建议下秦王废太后,逐穰侯、高陵、华阳、泾阳君于关外。此举有力地加强了中央集权,保证了国君的绝对权力。随后他根据秦国的现状,建议秦昭王攻伐魏国,为秦除去了心腹之患,并为秦国设计了"远交近攻"的军事外交方针,使秦国在与各国的斗争中更加游刃有余。

白起"率数万之师,以与楚战,一战举鄢、郢,再战烧夷陵,南并蜀、汉,又越韩、魏,攻强赵,北阬马服,诛屠四十余万之众,流血成川,沸声若雷,使秦业帝。自是之后,赵、楚慑服,不敢攻秦者,白起之势也。身所服者,七十余城"。[①] 他为秦昭王率领秦军在对外战争中攻下了许多重要城池和军事要地,极大地扩充了秦国的版图和疆域,使秦国在战国时期声名远扬,国势日增。白起杰出的军事才能,有效地帮助秦国最终实现了统一的霸业。秦昭王独具慧眼,不拘一格地选拔和重用范雎、白起等人,加速了秦国发展的脚步,为秦国的强大注入了一针针有效的强心剂。

通过以上几个例子,我们不难发现从秦孝公到秦昭王,秦国几代君主均注重选贤任能,唯才是举,他们都看到了人才的重要价值。正是对这些文臣武将的合理使用,使秦国综合国力得以提升,在战国中后期的关键时刻成为万众瞩目的超级强国。

---

① 《战国策·秦策三》。

齐国有着悠久的重视人才的传统，在战国图强争霸的大环境下同样不甘示弱。齐威王和齐宣王都有爱才如宝、惜贤如命的美名。齐威王即位后，重视贤才，任用邹忌为相，田忌为将，孙膑为军师，使齐国大治，国势日强，大败魏军于桂陵（今河南长垣西北），扫除了争霸途中的一大障碍。随后在临淄西边稷门外的稷下地方，设立学宫，即历史上有名的“稷下学宫”，招徕各派学者前来著书立说，议论政治。到齐宣王时期，名人贤士归齐者络绎不绝。齐国也因此成为东方强国，到齐湣王时代，齐国与秦国东西并雄，进入了它在战国时代的鼎盛时期。而齐国的人才观在战国时期也发生了微妙的转变，经历了“由重道德到重才能的变化过程”①。

齐国国君对人才的重视，在齐威王与魏惠王于郊外围猎的一段对话中表现得淋漓尽致。魏惠王会猎之余向齐威王询问齐国是否有价值连城的珍宝，齐威王听后连连摇头。魏惠王惊讶地说：“若寡人国小也，尚有径寸之珠照车前后各十二乘者十枚，奈何以万乘之国而无宝乎？”齐威王听罢，笑了笑说：“寡人之所以为宝与王异。吾臣有檀子者，使守南城，则楚人不敢为寇东取，泗上十二诸侯皆来朝。吾臣有盼子者，使守高唐，则赵人不敢东渔于河。吾使有黔夫者，使守徐州，则燕人祭北门，赵人祭西门，徙而从者七千余家。吾臣有种首者，使备盗贼，则道不拾遗。将以照千里，岂特十二乘哉！”②魏惠王听后很是惭愧。齐威王择贤用能之行由此可见一斑。

齐威王时期，邹忌在齐国进行改革，与商鞅变法几乎同时展开。他的改革以提倡进谏为主要内容，在他的劝谏下威王昭告天下：“群臣吏民能面刺寡人之过者，受上赏。上书谏寡人者，受中赏。能谤议于市朝，闻寡人之耳者，受下赏。”③同时，对官吏实行赏罚分明的惩治政策。如前文第一章提到的，即墨大夫将即墨（今山东平度县东）治理得井井有条，百姓丰衣足食，“官无留事，东方以宁”④。相反，阿大夫整日专心于逢迎上级，不理政事，致使大片土地荒芜，百姓生活贫苦。威王在派人调查了解情况后，赏即墨大夫万家食邑，而将阿大夫连同他的同僚一起烹死。通过邹忌的改革，齐国政治更加清明廉洁，四方之士如流水般涌向齐地。

---

① 张杰、徐加富：《论春秋战国时期齐国的人才观》，《管子学刊》2008 年第 2 期。

② 《史记 · 田敬仲完世家》。

③ 《战国策 · 齐策一》。

④ 《史记 · 田敬仲完世家》。

纳谏之风在齐宣王时期得到了继承和发扬，宣王虚心接受批评建议的君子之风，给世人留下了深刻的印象。在齐宣王执政期间，齐国隐士颜斶用早年秦国攻打齐国时下令“有能敢去柳下季垄五十步而樵采者，死不赦”，“有得齐王头者，封万户侯，赐金千镒”[①]的例子，驳斥了齐宣王“王贵士轻”的观点。他用尧、舜、禹、汤、周文王等先人的成功事例，告诉齐王身居高位如不能修身养性，一味追求虚名，安于挥霍奢靡的生活，则凶祸必至的道理。借以暗示齐宣王加强自身修养，培养德行及重视人才的重要作用和价值。颜斶告诫齐王想要建立万世的功业，拥有崇高的美德，应不以向他人请教为耻，不以向臣下学习为愧，必须多汲取他人的正确建议，不断修正自身存在的不足。宣王听后不但没有责怪颜斶不敬，反而虚心接受了他的建议，在位期间不断地加大对人才的选拔和重用力度。

此后齐人王斗再次面谏齐宣王，面对王斗尖酸刻薄的嘲讽，宣王表现出了君王难得的忍让、谦虚品质。某日王斗欲拜见齐宣王，宣王派侍臣到殿外迎接，王斗借机对侍臣说：“斗趋见王为好势，王趋见斗为好士。于王何如?”侍臣闻听此言知道王斗有言外之意，于是不敢怠慢立刻面见齐王将王斗的话原原本本地转告给了他，齐王听后立刻动身到王宫门口迎接王斗。进宫门时宣王谦虚地对王斗说：“寡人奉先君之宗庙，守社稷。闻先生直言正谏不讳。”王斗傲慢地答道：“王闻之过。斗生于乱世，事乱君，焉敢直言正谏?”齐王听后神情凝重，面有不悦，默不作声。过了一会王斗又主动说：“昔先君桓公所好者，九合诸侯，一匡天下，天子受籍，立为大伯。今王有四焉。”齐宣王听后认为王斗将自己与齐桓公相媲美很是高兴，于是回应道：“寡人愚陋，守齐国，唯恐失抎之，焉能有四焉?”王斗话锋一转答道：“否。先君好马，王亦好马；先君好狗，王亦好狗；先君好酒，王亦好酒；先君好色，王亦好色。先君好士，是王不好士。”齐王听罢愤怒地说：“当今之世无士，寡人何好?”王斗答说：“世无骐驎、騄耳，王驷已备矣。世无东郭俊、卢氏之狗，王之走狗已具矣。世无毛嫱、西施，王宫已充矣。王亦不好士也，何患无士?”齐宣王思索片刻回应说：“寡人忧国爱民，固愿得士以治之。”王斗说：“王之忧国爱民，不若王爱尺縠也。”齐王说：“何谓也?”王斗答曰：“王使人为冠，不使左右便辟而使工者，何也？为能之也。今王治齐，非左右便辟无使也，臣故曰：不如爱

① 《战国策·齐策四》。

尺縠也。”①齐宣王听后觉得王斗说得有十分有道理,于是当着他的面诚恳地表态说:“寡人有罪国家。”事后,齐宣王虚心听取了王斗的讽谏,随即选拔了五位有才能的士人并委以重任,齐国不久便走向大治。

面对王斗的犀利讽刺,齐宣王虽然也表现出了不满,但很快便认识到了自身存在问题的严重性。非但没有治王斗的罪,反而谦虚诚恳地接受了他的尖酸批评。齐宣王从善如流、重视人才的性格特征也跃然纸上,生动地展现在世人眼前。正是由于多位齐王的虚心纳谏,齐国后来才出现了人才辈出、国富民强的盛世局面。

而齐王知人善任的行为在军师孙膑身上表现得最为显著。孙膑通过田忌的引荐,在齐国得到了齐威王的重用。威王尊称孙膑为老师,经常向他请教兵法。孙膑在齐国做军师期间,为齐军定下了围魏救赵之计,取得了桂陵(今河南长垣西北)之战的胜利。而后在马陵(今山东范县西南)之战中逼迫魏主将庞涓“自刎”,彻底打垮了魏军的主力,俘虏了魏国太子申。桂陵、马陵之战后,魏国失去了霸主的地位,齐国雄踞东方。正是齐国君主的爱才之行,使齐国国势日盛一日。

秦、齐两国在战国中后期的多位国君,都爱才如国宝,平时注重发现、搜罗并积极地任用人才。因而两国人才辈出,明君能臣各显其能,各尽其职,以自己的才能兴旺了国家的事业,使两国呈现出蒸蒸日上的发展势头。对人才的发现和合理使用,是齐秦两国国力迅速提升的又一关键性因素。

(四)谋臣的巧妙布局

齐秦两国的谋臣策士不胜枚举,纵横家的机智和谋略帮助两国一次次化险为夷,在被动的局势中转危为安,在有利的形势下乘胜追击,将胜利的成果扩大。从这个意义上说,齐秦两国的战国史可以说是纵横家的谋略史。

秦国君王礼贤下士,招徕了大批才智过人的忠臣谋士,他们纵横捭阖,靠智谋协调各国间的关系,为秦国的发展赢得了最佳时机。可以说计谋的运用,在秦国几乎达到了顶峰。

1.谋臣巧思　秦收魏利

楚威王十五年(前330年)楚国攻打魏国,张仪劝秦惠王加入魏国阵营,

---

① 《战国策·齐策四》。

以加强魏的实力。张仪进谏道:“(秦王)不如与魏以劲之。魏战胜,复听于秦,必入西河之外。不胜,魏不能守,王必取之。”[①]秦惠王在仔细权衡利弊得失后采纳了张仪的计谋,向魏派入大量援兵。魏胜楚后,由于国力大减,为避免秦的攻伐,正像张仪事先所预计的那样献河西之外土地于秦。

次年(前329年),楚、魏两军在陉山交战,魏国为使秦、楚绝交,答应将上洛之地割让给秦国。结果魏取胜后,有意拖延割地之事,想背弃前约。此时秦国谋臣营浅建议秦惠王说:“王何不谓楚王曰:‘魏许寡人以地,今战胜,魏王倍寡人也。王何不与寡人遇?魏畏秦、楚之合,必与秦地矣。是魏胜楚而亡地于秦也。是王以魏地德寡人,秦之楚者多资矣。魏弱。若不出地,则王攻其南,寡人绝其西,魏必危。’”事后,秦国派使者面见楚怀王,怀王弄清使者的来意后,“扬言与秦遇”[②],魏王闻讯,立即奉河洛(今中原地区的土地)之地以侍秦。

秦国谋士两次利用魏楚两国之间的争端,不费吹灰之力从魏国获取了巨大的利益。

2. 张仪冯章　计欺楚王

楚怀王十六年(前313年)秦国纵横家张仪面见怀王,以商於(商原称商密,即春秋时代楚的商县,在今河南淅川西南,於又称於中,在今河南西峡东,两地相邻,合称为“商於之地”。原本为楚地,后被秦占领)之地六百里欺楚王,成功拆散了齐、楚两国的联盟。早年齐国曾援助楚国攻打秦国,夺取了秦的曲沃(今山西闻喜西北)之地。后来秦惠王想要攻打齐国以报前仇,又担心齐楚两国再次联盟对秦不利,惠王为此事向张仪请教。张仪听后,请命带重礼到楚国游说怀王。张仪见到楚怀王后说:“弊邑之王所说甚者,无大大王,唯仪之所甚愿为臣者,亦无大大王。弊邑之王所甚憎者,无先齐王,唯仪之(所)甚憎者,亦无大齐王。今齐王之罪其于弊邑之王甚厚。弊邑欲伐之,而大国与之欢,是以弊邑之王不得事令,而仪不得为臣也。大王苟能闭关绝齐,臣请使秦王献商於之地方六百里。若此,齐必弱,齐弱则必为王役矣。则是北弱齐,西德于秦,而私商於之地以为利也。则此一计而三利俱

---

① 《战国策·秦策一》。

② 《战国策·秦策四》。

至。”[1]怀王听后十分高兴，并将楚国相玺转交给了张仪，委任其为楚相，整日与之饮酒，逢人便讲他不费一兵一卒重得商於之地的功绩。群臣闻讯，纷纷向怀王道喜，唯有陈轸一脸忧色地前来慰问楚怀王，怀王问其故，陈轸答道：“秦之所为重王者，以王之有齐也。今地未可得而齐交先绝，是楚孤也。夫秦又何重孤国哉？必轻楚矣。且先出地而后绝齐，则秦计不为。先绝齐而后责地，则必见欺于张仪。见欺于张仪，则王必怨之。怨之，是西起秦患，北绝齐交。西起秦患，北绝齐交，则两国之兵必至。臣故吊。”然而，此时的怀王早已被获地的喜悦冲昏了头脑，不顾陈轸的反对毅然与齐国断交，并派楚将到秦国向张仪索取商於六百里土地。张仪回到秦国，假装酒后坠车摔伤不起，称病三月不出，拒不见楚使，不予楚地。楚怀王担心秦国怀疑楚国缺少诚意，不愿与齐国断交，于是楚王派勇士到齐国大骂齐王，“齐王大怒，折楚符而合于秦”。张仪在证实楚、齐彻底断交后，才接见楚国的索土使臣说：“子何不守地？从某至某，广袤六里。”说着将地界指给楚使看。楚国使臣见此情景，十分惊讶地说：“臣之所见命者六百里，不闻六里。”张仪赶紧郑重其事地巧辩说：“仪固以小人，安得六百里？”[2]楚怀王闻讯大怒，再次视陈轸的忠谏于不顾，发兵攻秦。最终秦、齐、韩三国组成的盟军在丹阳（今河南西峡丹水以北地区）、蓝田（亦并称蓝，今陕西蓝田县西30里）大败楚军。

两年之后（前311年），秦国由于战略需要以汉中（今陕西勉县至湖北竹山县的部分土地）一半的土地作为礼物献给楚国，希望借此促成两国的联盟。楚王闻讯对秦使臣说：“愿得张仪，不愿得地。”张仪闻讯主动请求前往楚国，且向秦王表态说：“臣善其左右靳尚，靳尚又能得事于楚王幸姬郑袖，袖所言无不从者。且仪以前使负楚以商於之约，今秦楚大战，有恶，臣非面自谢楚不解。且大王在，楚不宜敢取仪。诚杀仪以便国，臣之原也。”[3]由于楚怀王对张仪早已恨之入骨，张仪一到楚境未见楚王便已成为阶下之囚。但在怀王宠臣靳尚和宠妃郑袖的劝说下，怀王妇人之仁放走了张仪，后来虽悔，却追之不及。张仪为秦国第二次戏弄了楚怀王。

不久之后，秦臣戏楚王的闹剧再次上演。秦武王四年（前307年），武王

---

① 《战国策·秦策四》。

② 《史记·楚世家》。

③ 《史记·楚世家》。

派甘茂攻打宜阳(今河南省宜阳西),秦臣冯章对秦王说:“不拔宜阳,韩、楚乘吾弊,国必危矣。不如许楚汉中以欢之。楚欢而不进,韩必孤,无奈秦何矣。”秦武王听后大喜。立刻派冯章到楚国协调归还汉中之事,不久秦兵攻下宜阳。可是当楚怀王向冯章索要汉中之地时,冯章又建议秦武王说:“王遂亡臣,固(因)谓楚王曰:‘寡人固无地而许楚王。’”①秦武王采纳了冯章的建议,为秦保住了汉中之地又免去了战争的隐患。楚怀王则再次受欺,尽管被气得暴跳如雷,也无计可施只好无奈地选择接受,犹如哑巴吃了黄连,有苦也说不出。

秦国的谋臣紧紧地抓住了楚怀王贪婪的心理,几次戏弄他于股掌之中,使秦国两次转危为安,变不利为有利,取得了突破性的进展。

3. 范雎外交　拆分纵盟

范雎入秦后,得到了秦昭王的赏识,针对秦国国情设计了“远交近攻”的外交方针。该政策的提出对秦国产生了重要影响,是秦国日后实现统一的一个关键性因素。

秦昭襄王三十五年(前 272 年),魏人范雎拜见秦昭王,一针见血地指出了秦国在外交上的失误。他说:

> 大王越韩、魏而攻强齐,非计也。少出师则不足以伤齐,多之则害于秦。臣意王之计,欲少出师而悉韩、魏之兵,则不义矣。今见与国之不可亲,越人之国而攻,可乎?疏于计矣。昔者齐人伐楚,战胜,破军杀将,再辟千里,肤寸之地无得者,岂齐不欲地哉?形弗能有也。诸侯见齐之罢露,君臣之不亲,举兵而伐之,主辱军破,为天下笑。所以然者,以其伐楚而肥韩、魏也。此所谓藉贼兵而赍盗食者也。王不如远交而近攻,得寸则王之寸,得尺亦王之尺也。今舍此而远攻,不亦缪乎?且昔者中山之地方五百里,赵独擅之,功成名立则附,则天下莫能害。今韩、魏中国之处,而天下之枢也。王若欲霸,必亲中国,而以为天下枢,以威楚、赵。赵强则楚附,楚强则赵附。楚、赵附,则齐必惧,惧必卑辞重弊(币)以事秦,齐附而韩、魏可虚也。②

---

① 《战国策·秦策二》。

② 《战国策·秦策三》。

在范雎晓之以理动之以情的劝谏下,秦昭王最终采纳了其“远交近攻”的外交战略,坚决地贯彻了秦齐攻魏、韩的军事方针,赢得了对外攻伐的主动权,秦国也因此在后来的兼并战争中连连取胜。

“远交近攻”方针提出后不久,秦相范雎再次为秦国量身设计,拆散了六国合纵抗秦的同盟,使秦国免受战争之苦。公元前256年韩、魏、楚等六国策士相聚于赵国,讨论各国合纵攻秦之事。秦昭王听后忧心忡忡,秦相应侯范雎见状,为解秦王之忧,派秦臣唐雎先后两次携带重金、美女及乐队在赵国武安(今河北武安市)大摆宴席,随意散发黄金,收买天下策士。此后不久,参加合纵之约的天下谋士便自相争斗起来,弃合纵之约而不顾,纷纷谋求私利,合纵活动不欢而散。范雎因此巧妙地拆散了六国合纵的联盟,收到了预期的效果。

从秦惠王到秦昭王时期,谋臣巧妙布局的成功案例比比皆是,他们未用一兵一卒却收到了千军万马所不及的效果。秦杰出的纵横家,为秦国的霸业谱写了一曲曲华美的乐章,留下了许许多多耐人寻味的经典范例。

同秦国的纵横家相比,齐国的策士也毫不逊色。他们凭借敏锐的洞察力、精确的判断力、机智的应变力,帮助齐国在屡次险象环生时,创造了多次军事奇迹,为齐国的发展做出了重要贡献。

4. 弃韩攻燕　扩大战果

齐国与燕国原是同盟国,有患难相助的义务。后来张仪用秦、魏之师攻打韩国,宣王考虑到盟友的关系,想出兵解韩国之难。这时齐国的大臣田忌面见齐宣王提议道:“王之谋过矣,不如听之。子哙与子之国,百姓不戴,诸侯弗与。秦伐韩,楚、赵必救之。是天(下)以燕赐我也。”①齐宣王对此提议大加称赞,于是假意援救韩国,使韩使者安心回国。韩国自以为和齐国是盟邦,又得到齐国出兵相助的承诺,认为胜券在握,便毫无顾忌地发起了对秦国的战争。战争开始后,楚、赵两国立刻发兵救韩,这时齐国也趁着各国战乱的时机发兵攻燕,仅三十天就占领了燕国。齐国虽因此与燕国结下了敌对的种子,却在当时扩大了本国的实力,不但未在秦攻韩的战争中无谓消耗实力,反而乘人之危取下了燕国。如果不是在占领燕地后的统治过于残暴,

① 《战国策·齐策二》。

燕国将极有可能成为齐的附属国。因而,就当时的社会环境看,此计在当时不失为上计。

5. 争取中立　创造时机

齐国在战国纷繁的兼并战中,谋略的一大特色表现为积极劝说非战国保持中立,从而削弱了对手的实力,为本国赢得战争争取了最为宝贵的时间,降低了失败的概率。在齐、楚和齐、燕战争中,该战术得到了有效的运用。

公元前313年楚国准备发兵攻打齐国,齐王担心鲁国会出兵援助楚国,对齐国不利。齐国大臣张丐请命到鲁,力劝鲁国保持中立。鲁国国君见到张丐问道:“齐王惧乎?”张丐回答说:“非臣所知也。臣来吊足下。”鲁君很是惊奇地向他追问原因,张丐坦然应道:“君之谋过矣。君不与胜者而与不胜者,何故也?”鲁君听罢追问道:“子以齐、楚为孰胜哉?”张丐回答说:“鬼且不知也。”“然则子何以吊寡人?”鲁君反问道。张丐笑了笑对鲁君耳语道:“齐,楚之权敌也,不用有鲁与无鲁。足下岂如令(全)众而合二国之后哉?楚大胜齐,其良士选卒必殪。其余兵足以待天下;齐为胜,其良士选卒亦殪。而君以鲁众合战胜后,此其为德也亦大矣。其见恩德亦其大也。”[①]张丐的进谏言中了鲁君的心理,取得了预期的效果。鲁国不久后便宣布中立,从楚国退兵。

几年后齐国在与燕国的权地(今河北正定北)之战中故技重施,成功使赵国保持中立,为齐国赢得了作战的最佳环境。齐、燕两国开战之际,秦国曾派魏冉前往赵国,劝赵王出兵援燕伐齐。为解除赵、燕合围的窘境,齐相国孟尝君派齐臣魏处连夜赴赵,拜访当时赵国的执政大臣李向,魏处力劝李向道:“君助燕击齐,齐必急。急必以地和于燕,而身与赵战矣。然则是君自为燕东兵,为燕取地也。故为君计者,不如按兵勿出,齐必缓,缓必复与燕战。战而胜,兵罢弊,赵可取唐、曲逆。战而不胜,命悬于赵。然则吾中立而割穷齐与疲燕也。两国之权归于君矣。”[②]在李向的劝说下,赵国很快就宣布中立。

通过以上两个事例,我们可以清楚地看到齐国谋臣十分善于利用国与

---

① 《战国策·齐策一》。

② 《战国策·齐策二》。

国之间的矛盾和利益冲突,尽可能地将对手与第三国的矛盾扩大化而促成第三国中立的事实,为齐国的作战赢得了最佳战机。

6. 力保三晋 共同进退

战国后期齐国打算发兵攻打魏国,齐人淳于髡进谏齐宣王说:“韩子卢者,天下之疾犬也。东郭逡者,海内之狡兔也。韩子卢逐东郭逡,环山者三,腾山者五。兔极于前,犬废于后,犬、兔俱罢,各死其处。田父见之,无劳倦之苦,而擅其功。今齐、魏久相持,以顿其兵,弊其众,臣恐强秦大楚承其后,有田父之功。”[①]齐王听罢感到十分恐惧,立刻下令遣回征调的齐兵。

淳于髡的建议,体现了齐国谋臣对齐国与韩、赵、魏三国关系的认识,正所谓“唇齿相依,唇亡而齿寒”。正是此时三国与齐国共进退才没给秦国以可乘之机,在相当长的时期内维持了相对平衡的格局。由此我们不难体会到齐国谋臣用心之良苦,设局之巧妙,齐王从善如流、善于纳谏的可贵品质更是再次得到了有力的印证。

综上所述,秦齐两国正是凭借着地理上的重重天险和优越的自然条件、春秋时期的雄厚积累、几代君主赏贤任能和知人善任,以及两国人才济济的智囊团的精心策划等一系列不可偏废任一的主客观条件,实力蒸蒸日上,最终成就了两国在战国时期的帝业。

三、齐秦称帝与五国伐秦

(一)齐秦称帝

公元前288年十月秦昭王自立为“西帝”,同时派秦相穰侯魏冉前往齐国,向齐湣王送去了“东帝”的称号。此时秦、齐、赵三国国势相当,形成了三国鼎立的格局。而赵国在战略上主张“合纵”(杨宽先生认为所谓“合纵”,即“合纵弱以攻一强”,就是许多弱国联合起来抵抗一个强国以防止强国的兼并),并且是东方各国“合纵”的盟主,抗秦是同盟国的一个主要目标之一。秦国则截然相反,主张“连横”[②],与赵国誓不两立,秦、赵两国也因此积怨较

① 《战国策·齐策三》。

② 杨宽先生认为所谓“连横”,即“事一强以攻众弱”(《韩非子·五蠹》),就是由强国拉拢一些弱国来进攻另外一些弱国,以达到兼并土地的目的。

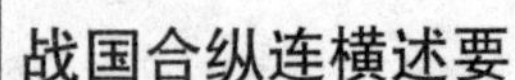

深。在两国“合纵连横”政策激烈斗争的关键时刻，齐国的态度和走向将成为决定时局的一个决定性因素。因而秦国选择称帝，并向齐国主动赠送帝号，邀之同帝，这明显是其“连横”政策的延续和发展。秦国的用意也十分明显，希望借此联齐而伐赵。在齐国接受帝号不久，秦国便按照既定方针联合齐国邀请韩、魏、楚、燕四国相约伐赵。后来齐国态度的转变，使整个战国的局势发生了逆转，秦齐两国的命运也在此后有了天壤之别。

(二)帝号的由来

在秦国称帝前各国都已先后称“王”，“王”号已不足珍贵，因而秦相魏冉选择采用秦齐并称“帝”而连横的策略。“‘帝’原是上帝的称号，这时从上帝神话演变而成的黄帝传说已很流行，齐威王制作的陈侯因齐敦，铭文称‘高祖皇帝’，已把黄帝作为陈氏远祖，‘帝’在古史传说中已成为德行比‘王’高一级的称号，因而魏冉用‘帝’来作为秦、齐两强君主连横结盟的最高称号。”①

(三)齐弃帝号　五国伐秦

齐湣王接受秦相魏冉致送的“东帝”称号并与之订下伐赵的盟约后，苏秦闻讯至齐，拜见齐湣王于章华宫南门(章华是齐国宫门之名)。苏秦用事实告诫湣王，“与秦为帝，而天下独尊秦而轻齐；齐释帝，则天下爱齐而憎秦”②，因而齐国接受秦的帝号，与之相约伐赵，远不如放弃帝号，出兵攻打宋国有利。齐湣王反复思量觉得苏秦所言在理，认为称帝的确对齐国不利，于是于称帝的第二天便取消了帝号。之后为迫使秦国弃帝号，在苏秦的策划下，齐、赵两国联合魏、楚、韩三国于公元前287年的十二月相约伐秦。

1. 苏秦救燕

苏秦推翻秦齐连横而攻灭赵国的计划，发动齐、赵联合各国合纵攻秦的真正目的并不是为了挽救赵国，而是为了帮助燕国完成灭齐的夙愿。在三国鼎立的局势下，一旦秦齐实现“连横”而攻打赵国，秦齐胜，得赵之利，那么两国的实力将会大增，到那时燕国想破齐将难于登天。而打击齐国的最好

---

① 杨宽：《战国史》(增订本)，上海人民出版社1998年版，第386页。

② 《战国策·齐策四》。

办法是保护赵国,扩大秦齐的矛盾,将战争的矛头指向齐国。因而,作为燕国的股肱之臣,苏秦救赵的动机源于为燕国创造复仇的条件,尽最大可能地削弱齐国的实力,形成"弱燕攻强齐"的有利形势。那么燕国究竟与齐国有何深仇大恨,非要置齐国于死地而后快呢?这一切还要从燕王哙禅让事件说起。

2. 燕王禅让

公元前320年燕王哙即位,燕相国子之因做事果敢、干练受到燕王的重用而独断国政。三年后苏代为齐国出使燕国,燕王哙请苏代评价齐宣王,苏代借机以宣王"不信其臣"[①],必不能完成霸业为由,向燕王暗示了重用燕相子之的重要性。[②] 从此,子之更加受到燕王哙的重用和赏识,大权独揽。

燕哙王五年(前316年),燕相臣子之的党羽鹿毛寿建议燕王仿效唐尧将燕国禅让给子之。他面见燕王说:"不如以国让子之。人谓尧贤者,以其让天下于许由,由必不受。有让天下之名,实不失天下。今王以国让相子之,子之必不敢受,是王与尧同行也。"[③]燕王哙听后觉得很有道理,不久便将燕国政权禅让给了子之,子之也因此俨然成了燕国的国君,拥有了君王一样的权力。事后不久,燕王哙再次听信子之党羽的谗言,将俸禄在三百石以上官吏的官印收回全部交给了子之,由子之执行国王的任免大权。而燕王哙因年老而长期不理朝政,燕国无形中形成了"国事皆决于子之"[④]的局面。

子之执政三年,由于各宗族痛恨子之专权,致使燕国发生大乱。燕王哙七年(前314年),燕太子平与将军市被结党聚众,发动政变,"围公宫,攻子之"[⑤],连攻几个月没有成功,子之反攻,取得大胜,杀死太子平和将军市被。后来齐宣王派将军匡章率"五都之兵"和"北地之众"[⑥],大举攻燕。在攻破燕国后,齐宣王"禽子之而醢(作肉酱)其身"[⑦]。在齐国的帮助下,燕复国。平定燕国内乱本是一件好事,正如孟子所言"(齐)伐燕,此文、武之时,不可

---

① 《史记·燕召公世家》。

② 早年苏秦在燕国时,跟子之结为了亲家,而苏秦的弟弟苏代也与子之有较深的交情。燕王哙即位之时,苏代在齐国受到了齐宣王的重用。

③ 《战国策·燕策一》。

④ 《史记·燕召公世家》。

⑤ 《战国策·燕策一》。

⑥ 《史记·燕召公世家》。

⑦ 《史记·燕召公世家》集解。

失也"[①],但由于齐国军队进入燕国后,过于残暴,肆意地烧杀劫掠,引起了燕国民众的强烈不满和反抗,即所谓"燕人畔"[②]。对于子之执政时期的燕国是否可伐,孟子也认为"可",同时他认为伐燕的应该是有德的国家,同燕国一样暴虐的齐国去讨伐燕国,是注定不会有好下场的。事态的发展也诚如孟子所言,最终在燕国民众的顽强反击下,齐国被迫从燕国退兵。之前在韩国做人质的燕公子职在赵武灵王的护送下,回国即位,即燕昭王。[③] 燕昭王即位后,用谦恭的态度和丰厚的礼物来招徕贤士。他重用郭隗,使"乐毅(战国时期著名的军事家)自魏往,邹衍(战国时代阴阳五行家的代表人物)自齐往,剧辛(后来的燕国大将)自赵往",形成了"士争趋燕"的局面。同时燕昭王悼念死者,慰问孤儿,与臣民同甘共苦,经过二十年的全面改革,燕国殷实富足,民富国强,国力有所增强。但他始终没有忘记"齐因燕之国乱而袭破燕"[④]的国恨家仇,燕昭王自知国小力弱无力伐齐,表面上假意屈从于齐国。当年齐国攻打宋国,燕国曾派大将带兵跟从作战,但却无故被齐王所杀,燕昭王为表示对齐国的推崇还特意为此事遣使者向齐王"请罪",自认"择人不谨",暗地里却时刻提醒自己铭记"先王之耻",竭尽所能创造时机为一雪前耻而战。

燕王哙禅让事件之后,齐国在燕国的残暴统治导致两国矛盾激化。自此,燕、齐两国结下了世仇,消灭齐国几乎成为燕国举国上下一致的目标。这就为后来五国伐齐、乐毅率燕军破齐都,埋下了种子。

3. 五国伐秦

在齐湣王取消帝号的当年(前 288 年),苏秦再次主持"合纵",与五国相约伐秦。燕国也派出两万军队自带粮食到齐国,准备随同齐军一起发动对秦的进攻,攻秦的战争一触即发。然而就在千钧一发的关键时刻,齐、赵、魏三国的矛盾凸显出来,几乎葬送了本次"合纵"活动。

---

① 《战国策·燕策一》。

② 《孟子·公孙丑章句下》。

③ 据《战国策·燕策一》《史记·燕召公世家》所载,燕国发生内乱后回国即位的是太子平。而《史记·燕召公世家·索隐》引《竹书纪年》记载,太子平在攻打子之的初期已战死。《史记·六国年表》也有"君哙及太子相子之皆死"的记载。因而回国继位的是燕公子职,也就是后世所称的燕昭王。《史记·赵世家》:"(赵武灵王)十一年,王召公子职于韩,立以为燕王,使乐池送之。"证明了燕昭王是公子职的说法。《孟子·公孙丑章句下》同样有公子职便是燕昭王的证明。

④ 《史记·燕召公世家》。

齐国参加合纵伐秦的主要目的在于乘机攻取宋国,而赵、魏两国对宋地也是虎视眈眈,思慕已久,因而三国在此问题上意见不一,矛盾较深。他们的主要精力都在攻宋而非伐秦上。齐国两次向宋国发起进攻,赵、魏两国都采取了相应的遏止行动。由于盟国内部产生了离心离德的分裂倾向,给合纵联军造成了不小的阻力。

后来由于魏的阻挠,五国联军停在成皋(今河南荥阳境内)、荥阳(今河南荥阳西北和东北)无法前进。齐攻打宋国,请魏"闭关于宋",魏不但不听,反而一再向宋进攻,与齐争夺宋地。在苏秦的劝说及魏相孟尝君、赵将韩徐为主谋合纵攻齐舆论的压力下,齐湣王被迫从宋国退兵。"秦国在五国合纵进攻的形势下,也宣布废除帝号,与五国讲和,把以前所夺得的温(今河南温县西南)、轵(今河南济源南)、高平(今济源西南向城)归还给魏,把王至分、先俞归还给赵(《赵世家》《赵策一》作'三公、什清',《战国纵横家书》二十一作'王公、符逾')。"[①]自此,五国伐秦的进攻以盟军内部矛盾的凸显而草草收场。

---

① 杨宽:《战国史》(增订本),上海人民出版社1998年版,第388页。

第八章　燕国雪耻:五国合纵伐齐

一、齐秦再度联手

齐湣王时而与秦连横以伐赵,时而跟赵合纵结盟攻秦,但不管是“连横”还是“合纵”,齐国的主要目标都是阻止赵、秦等国的扩张势头,在保证本国领土不受侵犯的基础上,不断谋求对外扩张,兼并其他国家的领土。

对于近邻宋国,齐湣王可谓垂青已久,几次攻宋的失败经历,不但没有消减齐湣王的斗志,反而极大地激发了他取宋的欲望。五国伐秦失败后不久,齐湣王起用秦昭王的好友韩聂为相,意在再次促成秦齐联盟,同时将伐宋事宜正式提到齐国的议事日程上来。而齐国伐宋,除了赵、魏两国的反对外,最大的阻力来自西方强大的秦国。为了争取秦的支持,“齐令宋郭之秦,请合而以伐宋”[①],同时向秦国许诺不反对秦攻取魏国旧都安邑。此言正中秦王下怀,秦有意攻取魏城安邑,又担心齐国出兵援助魏国。如今得到齐王支持秦伐魏的承诺,秦昭王于是顺水推舟,“以宋委于齐”[②],随即派人向齐湣王痛述宋王的暴虐无道及对秦王的不敬行为,“宋王无道,为木人以写寡人,射其面。寡人地绝兵远,不能攻也。王苟能破宋有之,寡人如自得之。”[③]事实上,秦王真正的用意是在暗示齐国,只要允许秦攻魏,秦国便不干涉齐攻宋。至此,秦齐两国一拍即合,再次结成了攻守同盟。

尽管双方在利益的驱使下再度联手,但联盟的基础却并不稳固。秦国虽然以允许齐伐宋,作为齐国同意秦攻魏安邑的交换条件,但当齐相韩聂正式主持攻宋的军事活动时,秦昭王还是表现出了不满的情绪。他对下属怒

---

① 《战国策·魏策二》。

② 《战国策·燕策二》。

③ 《战国策·燕策二》。

述道："吾爱宋与爱新城、阳晋同。韩聂与吾友也，而攻吾所爱，何也？"苏代替齐湣王向秦昭王解释说："韩聂之攻宋，所以为王也。齐强，辅之以宋，楚魏必恐，恐必西事秦，是王不烦一兵，不伤一士，无事而割安邑也。此韩聂之所祷于王也。"秦王追问道："吾患齐之难知。一从一衡，其说何也？"苏代回答说："天下国令齐可知乎？齐以攻宋，其知事秦以万乘之国自辅，不西事秦则宋治不安。中国白头游敖之士皆积智欲离齐秦之交，伏式结轶西驰者，未有一人言善齐者也，伏式结轶东驰者，未有一人言善秦者也。何则？皆不欲齐秦之合也。何晋楚之智而齐秦之愚也！晋楚合必议齐秦，齐秦合必图晋楚，请以此决事。"[①]最终在苏代的劝说下，秦昭王才暂时坚定了与齐国合作的信心。

齐湣王三十八年（前 286 年），齐国在秦国的默许下，"三覆宋，宋遂举"[②]，齐国在宋地多次发动进攻后，最终占领了宋国。宋王偃因此逃到了魏国，死在温地（今河南省温县西南 30 里）。齐攻宋期间，宋国曾向楚国求救，楚国虽表面上答应出兵相助，但考虑到宋国弱小而齐国强大的现状，担心"救于小宋而恶于大齐"[③]，眼见宋被齐所灭而始终未做任何回应。与此同时秦国在齐国的保证下，分兵两路攻魏，一路攻魏旧都安邑，一路攻魏河内（今河南武陟西南），不久顺利拨取新垣（今山西垣西东南）、曲阳（今河南济源西）两城。次年（前 285 年），秦国派司马错攻取魏河内，魏献安邑，秦国将城中的魏国居民全部赶走，然后招募大批秦人迁到黄河以东的安邑居住，并授予他们相应的爵位，赦免了迁到安邑的秦国犯人所犯的罪行，借以巩固秦国在安邑的统治地位。

齐国在成功攻取宋国，扩张一千多里土地后，又向南夺取楚国的淮北地区，向西侵犯三晋，"欲以并周室，为天子。泗上诸侯邹、鲁之君皆称臣，诸侯恐惧"[④]。齐国一时间声势极盛，直接威胁到了赵、魏、韩的统治，"诸侯皆欲背秦而服于齐"[⑤]，也使秦国受到了很大的压力，齐的强大，有碍于秦国向中原的发展。因而，秦、韩、赵、魏四国与齐国的矛盾与日俱增，日益尖锐。"秦

① 《史记·田敬仲完世家》。
② 《战国策·燕策二》。
③ 《战国策·宋卫策》。
④ 《史记·田敬仲完世家》。
⑤ 《史记·乐毅列传》。

欲攻齐，恐天下救之，则以齐委于天下曰：‘齐王四与寡人约，四欺寡人，必率天下以攻寡人者三。有齐无秦，无齐有秦，必伐之，必亡之！’”[①]秦国利用各国与齐的冲突，以“（齐）滑王自矜，百姓弗堪”[②]为借口，组成伐齐的五国联军[③]，而与齐国有不共戴天之仇的燕国紧紧抓住时机成为盟军的绝对主力。

二、五国伐齐

公元前285年，秦昭王先后与楚顷襄王、赵惠文王在宛（今河南南阳）、中阳（今山西中阳）相会。随后秦先出声于天下，派蒙骜率领秦兵，越过韩、魏，向齐河东地区进攻。秦军连拨九城，改为秦的九个县。同年（前285年），赵“相国乐毅将赵、秦、韩、魏、燕攻齐，取灵丘（齐西北边邑，今山东高唐县南）”[④]。第二年（前284年），秦与赵、魏、韩、燕四国合作，在济西（齐西境与赵接壤的地区，今山东菏泽、郓城寿张一带）之战中大败齐军。随后，秦昭王与魏昭王在宜阳（今河南省西部宜阳西）相会，和韩釐王在新城（今湖北省大悟县境中部略偏南）相会，与楚王在鄢郢（楚之别都，在今湖北省宜城县南）、穰城（今河南邓县）两次相会，进一步商讨伐齐之计。济西之战后，齐国几乎到了亡国的边缘。

在伐齐的过程中，燕将乐毅起了决定性作用。乐毅是中山国灵寿（今河北省灵寿县西北）人，乐羊的后代。中山国在战国初年被魏国占领，乐羊被封于灵寿。后来中山国（今河北省宁晋、柏乡、临城、徐水、满城、完、唐等县间地）复国独立，在赵武灵王时期又被赵国所灭，乐毅即生活于此时期。他自幼喜爱军事，曾被赵人所举荐，在赵国任职。赵国发生“沙丘之乱”（沙丘在今河北巨鹿县东南。沙丘之乱发生于公元前295年，退位的赵武灵王被饿死于宫中，事见第六章）后，乐毅全家离开赵国投奔魏国，但始终未得到魏王的信任，后来听说燕国筑黄金台诚邀天下贤士，遂到燕国。乐毅在燕国受到

---

① 《战国策·燕策二》。

② 《史记·乐毅列传》。

③ 杨宽先生认为，关于伐齐的五国联军有两种说法：一种观点认为是秦、赵、韩、魏、燕五国。《史记·秦本纪》《史记·赵世家》《史记·魏世家》均持上述观点。第二种观点认为应在第一种观点的基础上加楚国，即韩、秦、赵、魏、燕、楚六国。《史记·燕世家》《史记·田世家》《史记·楚世家》中均有此记载。由于齐国在危机之际曾向楚国求援，楚国派淖齿率兵到齐实施营救计划，然而楚军在齐地却与燕军联合，倒戈攻齐，给齐国以致命一击。因而关于楚国是否伐齐存在一定的争议。

④ 《史记·赵世家》。

了上宾般的礼遇,被燕昭王委以重任,做了亚卿(次于正卿的官位。燕国在战国时期的爵秩等级,可分为卿和大夫两个等级。而卿有上卿和亚卿之分,大夫有长大夫、上大夫、中大夫三个等级)。此后乐毅与赵、秦谋划伐齐,被任命为上将军,"赵王以相国印授乐毅,乐毅并将秦、魏、韩、赵之兵以伐齐"①。在乐毅的率领下五国联军一举击溃齐军,取得了攻齐的决定性胜利。联军攻入齐都临淄(今山东淄博西临淄北),迫使齐湣王"亡走,保于莒(今山东莒县)"②。乐毅为燕王报了当年的灭国之仇,并将齐国的财宝和祭祀用的礼器统统运回燕国。他也因此受到了燕昭王的奖赏,被封于昌国(今山东淄川东),号为昌国君。在乐毅留守齐地的五年中,先后率领燕军攻下齐国七十余座城池,但后期因被燕惠王所疑,乐毅被迫离燕出奔赵国。在赵国乐毅凭借机敏的观察力和卓越的军事指挥才能,很快赢得了赵王的赏识并受到重用,同时他也借机巧妙地化解了自己与燕惠王的隔膜,晚年"往来复通燕,燕、赵以为客卿"③。

乐毅是燕国历史上少有的人才,擅长军事、强于战略的他使燕国威震诸侯,将燕国迅速推向了强盛的顶点。他率领五国联军采取了正确的战略战术,帮助盟军在短期内成功地完成了伐齐重任。

第一,坚定合作的方针。在伐齐战役未正式打响之前,燕昭王向乐毅询问伐齐的相关事宜,乐毅提出了联合三晋共同伐齐的主张,同时具体地分析了组成军事联盟的必要性和可能性。他认为,当时的齐国有霸国遗留的基业,是常胜国家的后代,土地广大,人口众多,士卒训练有素,娴于用兵作战。而燕国国家力量尚且弱小,虽与齐国有血海深仇却不具备擅自行动的能力,要想击败强齐,最好的办法是"与天下图之",即和各国联合攻齐。赵国与燕国是近邻,且与齐国有利益上的冲突,伐齐赵一定参加。只要燕国联合了赵国,魏、韩两国出于利益考虑也一定会加入伐齐的同盟中来。至于秦国,他担心齐国强大,并且已经首先发动对齐的进攻,自然是燕国的盟友。五国联盟军的形成,可以大大增加燕国的军事力量,一旦形成对齐国的战略包围态势,灭齐便指日可待了。但如果仅靠燕国的国力,孤注一掷地进攻齐国,则

① 《通鉴纪事本末》卷一《秦并六国》。

② 《史记·乐毅列传》。

③ 《史记·乐毅列传》。

不免力单势弱，不但不足以置齐于死地还有亡燕的危险。因而，联合秦及三晋共同出兵攻齐有力地弥补了孤军作战的不足，是灭齐的最佳选择。在乐毅的主持下，五国很快达成一致，组成了攻齐联军。乐毅率领联军在济西（齐西境与赵接壤的地区，今山东菏泽、郓城、寿张一带）一举击败齐军主力，充分向世人展示了联军的威力，证明了合作方针的正确性。

第二，贯彻灭齐的战略。在济西之战后，齐兵大败而逃，秦及三晋之兵各自收取边城，停止进攻。唯独乐毅坚决率领燕军，长驱直入，向齐国纵深进兵，他在战略上以灭齐为主要目标并始终毫不动摇地加以贯彻。

就在济西一战失败后，齐滑王害怕亡国，派人游说赵王从齐国退兵。齐国的纵横家顺势向赵王进一步阐述了攻齐的种种弊端：

首先，伐齐利秦。秦国出兵伐齐意在借机灭韩而并吞西周、东周两个小国，而用齐国作诱饵引诱天下人。秦国担心计划不成，出兵威胁魏、赵两国；害怕诸侯惧怕自己，就派出人质去取得信任；怕诸侯看出秦国的阴谋反对他，秦国便向韩国征集军队来威慑各国。秦国表面上施恩德于盟国，实际上是为了攻伐兵力已空的韩国。这就如同当年楚国久被攻伐，中山国（今河北省宁晋、柏乡、临城、徐水、满城、完、唐等县间地）随后灭亡。齐国已被征伐，韩国自然不能幸免。攻破了齐国，各国分享它的好处。灭亡了韩国，利益被秦国一国独占。因而，伐齐实利于秦。

其次，祸将及赵。“韩亡三川，魏灭晋国，恃韩未穷而祸及于赵”①，燕国紧邻齐国北部，距离赵国的沙丘（今河北巨鹿县东南）、巨鹿（今河北省邢台市巨鹿县）不足三百里，韩国的上党（今山西沁河以东一带地区，西北和赵国上党郡相接）距离赵国的邯郸（今河北省邯郸市）一百里，燕、秦两国如果谋夺赵国的土地，仅需要越过三百里的路程就可以实现。秦国的上郡邻近挺关，到榆中（今甘肃省兰州市城关区东岗镇）有一千五百里，秦国用三郡的兵力攻赵国的上党（今山西省和顺、榆县以南地区，南与韩的上党郡相接），那么羊肠（今山西省壶关县东南一百六里）以西、句注（今山西代县北）以南的土地将为秦国所有。如此看来，赵国跟随强秦攻韩，祸患迟早要降临到赵国的头上。

第三，弃齐利赵。秦国征伐齐国是以齐国曾违背秦、齐同盟，与赵国合

① 《战国策·赵策一》。

作发动攻秦战争为名。但如果当年五国共同伐赵,赵国必临亡国之难,而齐国违背秦、齐两国的盟约,事实上是牺牲自己的利益而解除赵国的祸患。齐国与五国合作向西用兵遏制强秦,使得秦王废弃帝号,赵国也因此收复了至分(句注山,今山西代县北)、先俞(雁门山,今山西代县北)两地。总体来说,齐国的行为对赵国有利,而赵国却多次出兵相击,恐怕长此下去各国都不敢与赵国建立邦交,臣服于赵国。因而,如果赵国不与秦国合作,停止攻齐,一方面齐国得以保存社稷一定忠心地臣服于赵国;另一方面赵国也将赢得正义之国的美名,且无士兵伤亡之患;同时赵国带领各国抑制暴秦,也将赢得世人的尊重和爱戴。因而,放弃攻伐齐国对赵国可谓有百利而无一害。

在齐国游士的劝说下,赵国首先从齐地撤兵,而后各国出于自身利益考虑也纷纷撤兵回国。只有乐毅在本次战争中不以一城一池的得失为战争目标,义无反顾地独率燕军势如破竹,直捣齐都临淄。他将攻取的所有齐城皆编为燕国郡县,又将齐国珍宝全部载回燕国。以灭齐为战略目标,一方面是燕、齐两国的深层矛盾使然,另一方面是乐毅高超战略远见的体现。在当时的情况下,割取齐国边城只是一个局部的胜利,而灭掉齐国才有全局性的意义。燕国如果就此停止攻齐,经过几年的休养生息,整顿恢复,齐国必然会重新强大向各国索要其失地,对于燕国来说得而复失的概率极大,正所谓:"野火烧不尽,春风吹又生。"因而,只有灭掉齐国才能彻底解除燕国的后顾之忧,同时也可消除各国的隐患。乐毅的作战方针完全正确,显示了他高超的智慧、极大的勇气和军事胆识。

五国联军破齐"主要经历了济西(齐西境与赵接壤的地区,今山东菏泽、郓城寿张一带)和秦周(在齐都临淄西门雍门以西地方,今山东淄博雍门西)大小两个战役。先以赵相职司统率赵、秦、燕等五国联军在济西大破齐将触子所率主力;继而又以燕相职司独率燕师乘胜向东追击,在秦周战胜齐将达子退守之军。"[①]这就是《战国策·燕策二》所说:燕王"率天下之兵以伐齐,大战一,小战再,顿其国。""大战一"即是济西大战,"小战再"即是秦周之战。

齐国兵败后割地求救于楚,楚国派大将淖齿率军救齐,齐湣王当即任命淖齿为齐相。淖齿到齐国后,见燕军势不可挡,知救齐无望,于是暗中派人与燕将乐毅秘密结成同盟,在淖齿的率领下"杀湣王而与燕共分齐之侵地卤

① 杨宽:《战国史》(增订本),上海人民出版社 1998 年版,第 395 页。

器(掠夺来的器具)"[①]。齐国太子法章隐姓埋名,做了莒地(今山东莒县)太史敫的一名家佣。淖齿离开莒地后,当地的民众和齐国亡臣会合寻找齐太子,"莒人共立法章,是为襄王"[②]。

而恰巧此时燕昭王死,惠王即位。"惠王自为太子时尝不快于乐毅"[③],齐将田单借机在惠王面前搬弄乐毅的是非,暗示燕王,乐毅在齐国攻城五年,攻下齐国大小城池七十余座,而莒邑(今山东莒县)和即墨(今山东平度县东)却迟迟没有降服,这不是燕军不能征服而是乐毅不想收服。乐毅怕与惠王有前嫌得不到燕王的重视,想把伐齐的战争无限期拖延下去,而自己留在齐国,名为燕臣却实为齐王。齐国现在最为害怕的是燕国换将而不是乐毅留齐。田单的反间计很快奏效,燕惠王"乃使骑劫代将,而召乐毅"。乐毅知道燕惠王对自己产生了怀疑,害怕回国被杀,于是投奔赵国,"赵封乐毅于观津(今河北省武邑县东部的审坡镇),号曰望诸君。尊崇乐毅以警动于燕、齐"[④]。燕国临阵换将,致使乐毅的作战方针不能得到有效贯彻,燕军整体实力大打折扣。在田单的率领下,齐国大破燕军。齐将田单在与燕帅骑劫的交战中,设计迷惑燕军,在即墨城下击败骑劫。随后,经过艰苦卓绝的辗转战斗,齐军驱逐燕军至黄河沿岸,收复齐国此前丢失的全部城邑,从莒邑(今山东莒县)迎回襄王,并护送他重返齐国都城临淄。尽管此时燕惠王发觉自己错听了田单的反间计,"后悔使骑劫代乐毅,以故破军亡将失齐"[⑤],让田单有机可乘,复兴齐国,但一切都已无法挽回,历史只留下燕国无限的遗憾与悔恨,齐国大难不死的一丝快慰。

三、齐国衰败原因分析

齐国在齐桓公春秋称霸以后,一直保持了较为强劲的发展势头。虽然中间经过了田氏代齐的政权转换,但是齐国并没有就此消沉,反而凭借其雄厚的综合国力活跃于各国之间,是春秋战国时期公认的东方强国。到齐威王、宣王时期,齐国国强民富,人才济济,军威兵足,国力日甚一日。在齐滑

---

① 《史记·田敬仲完世家》。
② 《史记·田敬仲完世家》。
③ 《史记·乐毅列传》。
④ 《史记·乐毅列传》。
⑤ 《史记·乐毅列传》。

王时期与秦国东西并帝,可以说达到了齐国发展的顶峰,是齐国在战国时期最为强盛的时期。而就在齐国成功攻伐宋国、开疆扩土威震诸侯、雄霸东方之后不久,以秦、燕、赵三国为首的五国联军却在很短的时间内,将这一切成果与荣誉销毁殆尽,彻底地改变了齐国此后的命运。他们不但毁灭了齐国称霸中原、统一中国的梦想,而且用残酷的战争让齐国人几乎成了亡国奴,将他们从美好的天堂直接打入了冰冷的地狱。齐国也从此被迫退出了各国间追逐帝业的激烈角逐。究竟齐国因何由强转弱?齐国衰败的责任又该由何人承担?

关于齐国由盛转衰的原因,历来都是众说纷纭。《吕氏春秋·权勋》的作者认为齐国"贪于小利以失大利",是其险些亡国的主要原因。作者指出:

> 昌国君将五国之兵以攻齐。齐使触子将,以迎天下之兵于济上。齐王欲战,使人赴触子,耻而訾之曰:"不战,必刬若类,掘若垄。"触子苦之,欲齐军之败。于是以天下兵战,战合,击金而却之,卒北。天下兵乘之,触子因以一乘去,莫知其所,不闻其声。达子又帅其余卒,以军于秦周,无以赏,使人请金于齐王。齐王怒曰:"若残竖子之类,恶能给若金?"与燕人战,大败,达子死,齐王走莒。燕人逐北入国,相与争金于美唐甚多。此贪于小利以失大利者也。

当年乐毅率领五国联军去攻打齐国,齐国派触子为将,在济水边迎击各国的军队。由于齐湣王一心想开战,就派人到触子军中,羞辱且斥责地警告触子,限令他与五国联军交战,如若不然齐王将灭掉他的同族,挖掘他的祖坟,让他不得安生。触子听后十分愤怒,于是随即跟各国诸侯的军队在济西开战,但由于触子无心应战,一心希望齐国溃败,于是战争刚刚打响,触子就鸣金收兵要求齐军撤退。齐军不败而退,士气全无,一路溃败,联军则穷追不舍。而齐军主将触子却偷偷乘一辆兵车悄然离开齐军阵营,无人知道其行踪。齐军没有了主帅,一时间阵脚大乱,被后面包抄的五国联军打得落花流水,毫无招架还手之力,联军因此大败齐军于济西。对于此事《战国策·齐策六》中也有"燕举兵,使昌国君将而击之。齐使向子将而应之。齐军破,向子(杨宽先生认为,史书中并无此人的记载,应与《吕氏春秋》中的触子为同一人)以舆一乘亡"的记载。

后来达子又率领残兵驻扎在秦周,企图保守临淄。达子希望多给将士发一些赏金来鼓舞士气,于是向齐王提出给士兵增加奖赏的请求。不料齐湣王大怒,不但未给士卒增加军饷,反而对他们大加羞辱,骂他们是些残兵败将,不配得到国家的奖赏。结果齐军在与联军的交战中,再尝败绩,主帅达子战死,乐毅率燕军乘胜,攻入齐都临淄,齐国险些因此而亡国。可见,齐国在战场上的失败并不完全是技不如人使得,它的失败有其更为内在的原因。

不管齐国是不是真如《吕氏春秋》中所说的因"贪小利而失大利"而几近亡国,通过上述两个故事,我们可以清楚地看到齐国在齐湣王中后期已经危机四伏,各种问题日益显现,矛盾不断加剧。五国伐齐只是加快了齐国走向灭亡的脚步,较早地使齐国的各种冲突充分暴露出来,而齐湣王后期统治的残暴、腐朽、专制才是齐国由波峰走向波谷的真正原因之所在。

第一,湣王独断专行,轻视人才作用。齐湣王恃傲专横,暴虐无道,杜绝忠言。在《史记·乐毅列传》中有"湣王自矜,百姓弗堪""诸侯害齐湣王之骄暴"的记载。而刚愎自用的性格,独断专行的行事作风,使齐湣王失去了维护盛世的人才支持。在他执政期间,齐国许多大臣告老还乡,无人劝政的情况屡次出现。齐国没有了往日稷下学宫的畅所欲言,没有了群臣的直言劝谏,仅留下齐湣王的跋扈与张扬。人才的不被重视和大量流失,致使齐国在重大问题的决策上不断失误。最终,齐国在联军的强大讨伐声势下,经历了一场空前的浩劫。

任何一个国家的强盛都与君主重视人才有着密不可分的关联,得贤士者得天下,各国皆然,齐国自然也不例外。早年齐威王倡尊贤之风,招致和网罗人才,任邹忌、聘孙膑,依靠他们治理内政和军事,积蓄国力,齐国因此迅速走上了富强之路。齐宣王同样惜才如宝,以君子之风坦然地面对齐人王斗的极言直谏,表现出了知过能改、从善如流、勇于纳谏的精神和勇气。而到了齐湣王时期,在他的高压独断统治下,残杀忠良的事件接二连三地发生,为求自保多数人敢怒而不敢言,缄默之风盛行。据《战国策·齐策六》记载:"齐负郭之民有(孤)狐咺者,正议,闵王斮之檀衢,百姓不附。齐孙室子陈举,直言,杀之东闾,宗族离心。司马穰苴为政者也,杀之,大臣不亲。"齐湣王不但没有像他祖父、父亲那样积极地网络搜寻人才,反而轻视贤士的价值,忽视了谋臣策士的重要作用。他弃贤而不用,妄杀忠谏之臣的荒谬举动,最终使他陷于孤家寡人的凄惨境遇。他嗜杀成性,目中无人的残暴、蛮横性格,最终使他成为齐国历史上的败国之君。

第二,随意四处攻伐,齐国四面受敌。齐湣王执政期间,好大喜功,连年发动对外战争,致使民穷财尽,士卒疲乏。齐国也因此四面受敌,国势日益衰弱。

齐湣王继位的第八年便派十万齐军伐燕,当时燕相子之执政,燕国国内动乱不安,人民怨声载道,因而在战争前期齐国顺应燕民之心,帮助燕国靖乱安邦,赢得了燕人的拥护,也算是正义之举。齐军在燕国民众的支持下,一路势如破竹,战绩辉煌,但以处死子之为转折点,齐国的军事行动在性质上发生了明显的变化。齐湣王违背民心,企图攻占燕地的残暴行径,引起了燕国民众及临近各国的强烈不满,纷纷起兵抗齐,失去民心的齐国十万大军,最终被迫退出燕境。齐湣王贪求吞燕之利,不但丧失了之前助燕平乱的功劳,还结怨于燕国,成为后来燕国誓死灭齐的导火索。齐湣王好战喜功的行为在此后不但未加以收敛反而愈演愈烈,而对宋国的攻伐直接使齐国与各国的矛盾高度激化。

齐国与秦国东西并帝后,能主动放弃帝号,与赵、楚、韩、魏四国组成伐秦盟军,可以说是战略上的明智之举。如果合理地把握住这次机会,秦国将极有可能再次被迫退守函谷关,不敢再问津中原,联军甚至有可能以此为契机,彻底歼灭秦国。这种假设成立,后来有灭国之灾的将不是齐国而是秦国。然而历史却不能假设,现实是齐国错失了此次伐秦良机,因一心想攻占宋国,引起了赵、魏两国的强烈不满,导致合纵攻秦活动以联军内部矛盾的激化而草草收场。这一次齐国对宋国的攻伐,给秦国以喘息的机会,也使自己一步步迈向万劫不复的深渊。

事后,齐湣王没有因为伐宋的失败而气馁,错失伐秦良机而沮丧,更没有因为赵、魏、燕三国的干涉而畏惧,好战的秉性使齐湣王对外攻伐的欲望与日俱增。在利益的驱使下,齐湣王在合纵伐秦行动失败后不久,再次接受秦国联盟的邀请,以允许秦伐魏安邑(今山西夏县西北禹王村)为代价,换取了秦国对于齐国伐宋的默认和许可。随后齐国不顾众怒,大举出兵攻伐宋国。宋国当时朝政腐败不堪,宋王偃弑兄而立,自逞其强,四处侵讨,骄奢淫逸,强占民妇,滥杀朝臣,国内因争权而相互残杀的事件屡次发生,社会一片混乱的景象,各种矛盾凸显且高度激化,当时的宋国确有"桀宋"的恶名。但不管宋国有多混乱,国君暴政现象多么严重,那都是宋国的内政,齐国出兵攻占宋国难逃“侵略”之名。同时宋国地处中原,历来是兵家必争之地,又与赵、魏、楚三国的发展息息相关,齐国贸然攻打宋国,就等于在无形中给三国施加了军事压力,为本国的发展考虑,赵、楚、魏三国也绝不会坐以待毙。另一方面,秦国虽然在齐国的支持下得到心仪已久的魏城安邑,但称霸中原的野心促使他绝不会坐视齐国强大而无动于衷,任其发展。很显然齐国攻宋,得到了宋地,却劳民伤财使自己处于四面楚歌的尴尬境地。齐国攻取了宋国,同时也将战火东引,把矛盾的焦点集中到了自己身上。就在齐湣王沉浸在成功伐宋的喜悦之中时,以秦、赵、燕三国为首的伐齐联军,已如约而至,兵临城下。这一次秦国没有重蹈齐国当年的覆辙,充分把握了千载难逢的机遇,将老对手齐国置于死地而后快,燕国也紧紧抓住了此次复仇良机和齐国彻底结算了国恨家仇。

齐湣王贪婪好战的本性,将齐国送上了不归路。正是他不断地对外发动战争,促使齐国的灾难不断加重。对于这一点苏代有精确的评述:

> 今夫齐王,长主也,而自用也。南攻楚五年,蓄积散;西困秦三年,民憔瘁,士罢弊;北与燕战,覆三军,获二将。而又以其余兵南面而举五千乘之劲宋,而包十二诸侯。此其君之欲得也,其民力竭也,安犹取哉?①

应该说齐国的盛衰转换有一定的偶然性,毕竟齐国的溃败发生在它国力最为鼎盛的时期。然而盛世中的种种隐患,如齐湣王蛮横暴虐的恶劣品性;轻视人才、杜绝忠言的专制作风;四处征战、随意攻伐的好战喜功行为,都促使齐国人才大量流失,重大决策接连失误,最终导致齐国由盛转衰,走入历史上最为艰难的时期,这似乎又是历史的必然。五国伐齐,是齐湣王内政外交政策失败的结果,是齐国走向衰败的导火索和加速剂。可以肯定的是,如果齐湣王不及时发现并纠正自身存在的问题,重新调整齐国的内外政策,即使没有五国联军的攻伐,齐国也一定要走向衰败,这只是一个时间早晚的问题。齐湣王个人能力的欠缺、性格的缺陷及毫无休止的征伐野心,都加速了

---

① 《战国策·燕策一》。

齐国衰败的进程。因而,对于齐国的衰败,齐湣王负有不可推卸的责任。

四、齐秦并帝之历史影响

齐秦东西并帝事件是战国历史中一件举足轻重的大事,它彻底地改变了齐、秦两国此后的命运走向,也决定了战国历史的发展方向。

(一)改变各国间的政治格局

在齐秦东西并帝之前,韩、赵、魏、楚、燕、秦、齐七国并立是该历史时期中国大地上政权割据的主要形式,虽然各国的国力强弱存在一定差距,“合纵连横”政策使各国之间的关系不断发生转变,征伐战争时有发生,但没有哪一个国家可以凭借一国之力完成统一。各国在频繁的交战之中,互有胜负,在相当长的时间内形成了一种相互牵制、平衡发展的态势。虽然与齐国并帝是秦国合纵政策的延伸和发展,而且没有取得最后的成功,以齐国、秦国先后放弃帝号、五国相约伐秦而草草了事,但它却打破了七国平衡并立的格局,促进了“统一”这一历史潮流的到来,更为秦国最终统一六国扫除了最大的障碍,创造了有利条件。

(二)形成秦强齐弱的局面

齐秦两国的并帝活动,决定了双方后期的发展走向,是两国发展历史上一个重要节点。并帝后,在各种原因的制约下齐国首先放弃帝号,并随之迅速达到其国力的制高点,而随后由于内外决策的不断失误,国势急转直下,日渐衰微,在燕国几次强势攻伐之下几近亡国。而秦国则在成功扭转了五国伐秦的不利局面之后,把握住燕、赵为首的五国联盟伐齐的良机,将老对手齐国彻底击垮。后来,齐国虽侥幸复国,却因为国力受损严重早早地退出了七雄争霸的舞台,秦国则在兼并战争中表现得日益活跃,霸者之气日益凸显。秦强齐弱格局的形成,打破了原来各国实施合纵连横政策势均力敌的平衡局面,而这正是秦国所希望达到的。削弱齐国,为秦国实现统一霸业扫除了前进道路上的最大障碍,胜利的天平由此向秦国倾斜。

(三)为秦国统一做准备

秦国通过此次称帝活动,窥探到了各国对其称帝的态度,有利于秦国及

时正确地调整内外政策，以适应不断变化的时局，从而将对自己不利的因素一一化解，甚至是转为有利。“远交近攻”政策便是针对称帝后表现出来的各种矛盾而提出的有效解决方案之一。秦国在与齐国并帝失败之后，积极从本国寻找失利的原因，更加重视人才选用，加大选贤力度；不断提高秦军的整体素质和战斗力水平；注意协调各国间的利益冲突，以此作为时机把握和政策制定合理性的重要参考条件。这些措施使秦国保持了旺盛而稳定的发展势头——国内政治得当，经济繁荣，由于采用了合理灵活的对外政策，秦国在兼并战争胜利的同时，在各国利益冲突的激流漩涡中亦能周旋得游刃有余。总之，秦国在称帝失败后，通过正确合理有效地转换战略方针，取得了显著的成效，为日后的统一战争，做好了政治、经济以及军事上的准备。

综上所述，齐秦两国东西并帝这一事件，在战国的历史上有着划时代性意义，它是齐、秦等势与秦强齐弱两大格局转化的分界线，是各国由制衡并立到力量失衡再到统一局面变化的分水岭。齐秦称帝事件之后，战国历史发展走向开始发生变化。此后，齐国的日益衰弱、其他各国态度和政策的变化，都促使实力雄厚又在快速发展的秦国笑到最后，最终蚕食鲸吞六国，完成统一大业。因此，齐秦并帝事件是战国时期纵横事件的重要内容，对战国历史乃至整个中国历史产生了深远影响。

第九章　安平君与火牛阵:田单复国

战国时期,齐国在齐威王进行改革后,经济发展,国力大增,又相继取得了桂陵之战和马陵之战的胜利,大削宿敌魏国的实力。“徐州相王”[①]后,齐与当时的秦、楚共同称强于诸侯,尤其是齐、秦两强东西对峙,势均力衡,操纵着当时列国形势的变化。秦国要“据河山之固,东向以制诸侯”,齐国则要“辟土地,朝秦、楚,莅中国而抚四夷”。为了达到各自的目的,两国分别开始了争取同盟、反对敌国的斗争,合纵连横活动产生。

《韩非子·五蠹》中有:“纵者,合众弱以攻一强也;横者,事一强以攻众弱也。”其实“合众”就是许多弱国联合起来抵制一个强国,以防止强国的兼并。“连横”则是由强国拉拢一些弱国来进攻另外一些弱国,以达到兼并土地的目的。事实上,无论是“横”还是“纵”都是期望依靠外力来达到自己的目的,田单复国就是合纵连横活动中一系列历史事件的一个环节。

一、燕王让国与国破

鉴于齐、秦互峙局面,齐、楚、燕、赵结成同盟合纵抗秦。但是齐国不愿意被纵约所束缚,时时都在寻求机会扩张。

齐宣王二年(前318年),在燕王哙即位以后,齐国人杀掉了苏秦。苏秦在燕国的时候,和燕国相子之结成了儿女亲家,苏秦的弟弟苏代[②]也和子之交往密切。等到苏秦死后,齐宣王又任用了苏代。燕王哙三年(前318年),燕国联合楚国及韩、赵、魏三国去攻打秦国,没有取胜就回国了。当时子之

---

① 魏惠王、齐威王订立了同盟条约,相互尊对方为王,史称“徐州相王”。

② 苏代,战国时纵横家。东周洛阳人。苏秦族弟。初事燕王哙,又事齐愍王。还燕,遇子之之乱,复至齐、至宋,燕昭王召为上卿。或云秦兄弟五人,兄代、厉、辟、鹄,并游说。秦最少,故字季子。案秦弟代,代弟厉,《战国策》《史记·苏秦传》皆同,唯谯周《古史考》、鱼豢《典略》为异。《索隐》云:“盖按苏氏谱云然也。”

做燕国的国相,位尊权重,主决国家大事。苏代便利用替齐国出使燕国的机会,企图让燕王重用子之。燕王便问苏代:“宣王如何?”苏代回答:“必不霸”,意思就是说齐宣王一定不能称霸。燕王询问原因,苏代回答:“不信其臣。”说齐宣王不能称霸是因为他不能信任他的重臣。苏代的这一言论意在让燕王重用子之。大臣鹿毛寿也借机对燕王说:“不如以国让子之。人谓尧贤者,以其让天下于许由①,由必不受。有让天下之名,实不是天下。今王以国让相子之,子之必不敢受,是王与尧同行也。”②鹿毛寿举了尧让位给许由的典故,告诉燕王人们之所以认为尧是贤人,是因为他把君位让给了许由,但是许由坚决不接受。尧既有了让君位的好名声,而实际上又没有失去君位。假如大王把国家让给子之,子之一定不敢接受,这样大王也有了尧一样的名声,而且跟圣人齐名了。燕王于是听信了苏代和鹿毛寿的建议,把整个国家托付给子之,把三百石俸禄以上官吏的任免权交给子之。子之面南而坐,行使君王的职权,燕王哙则认为自己年老体迈,就不再处理朝政了,国家政事全部由子之裁决。但实际上,子之为王成了燕国内乱甚至破国的导火索。

子之掌权三年,燕国内部矛盾日益激化,特别是太子平和子之的矛盾极深,因为子之剥夺了太子称王的机会。太子平和将军市被暗中联合起来,组织力量要推翻子之政权。齐国君臣始终注视着燕国形势的发展,随时准备趁乱伐燕。听说太子平谋攻子之时,齐宣王就派人去对燕国太子说:“寡人闻太子之义,将废私而立公,饬君臣之义,正父子之位。寡人之国小,不足先后。虽然,则唯太子所以令之!”③大意就是寡人我知道太子您的大义,将要废弃非法的人而拥立合法的人,整顿君臣的大义,匡正父子的地位。我齐国弱小,不能做你的后盾。虽然如此,却愿意完全听从太子您的吩咐。此举的目的,在坚定燕太子平谋反的决心。燕太子平于是就集结党羽,聚集军队,由将军市被包围公宫,攻打子之,但久攻不下。百官反攻,太子平和将军市被都被杀死,尸体也被示众。

燕国遭受了几个月的内乱,死去的人就有好几万,百姓恐惧,官员离心,

---

① 传说尧让君位给许由,许由不接受,逃到箕山下,农耕而食。

② 《战国策·燕策一》。

③ 《战国策·燕策一》。

政局动荡不安。齐宣王见进攻燕国的机会已经成熟,便出兵燕国,大获全胜。但是齐国君臣对是否要占领燕国的意见并不统一。齐宣王便向孟子征求意见,孟子认为:

取之而燕民悦,则取之。古之人有行之者,武王是也。取之而燕民不悦,则勿取。古之人有行之者,文王是也。以万乘之国伐万乘之国,箪食壶浆,以迎王师。岂他哉?避水火也。如水益深,如火益热,亦运而已矣。①

孟子的意见就是说占领它而使燕国的老百姓高兴,那就占领它。古人有这样做的,周武王便是。占领它而使燕国的老百姓不高兴,那就不要占领它。古人有这样做的,周文王便是。以齐国这样一个拥有万辆兵车的大国去攻打燕国这样一个同样拥有万辆兵车的大国,燕国的老百姓却用饭筐装着饭,用壶盛着酒浆来欢迎大王您的军队,这难道会有别的什么原因吗?不过是想摆脱他们那种水深火热的日子罢了。如果您让他们处于更加水深火热之中,那么他们也就会转而去求其他的出路了。

于是齐王下令,齐国大军全面出击,燕国的军队并不抵抗,齐国军队很顺利地占领了燕国。

但是齐国长期占领燕国,遭到了燕国人的强烈反抗。对此,齐国施行残暴镇压,燕齐矛盾激化,反齐的呼声日高。与此同时,各诸侯国也不满于齐国对燕的长期占领,"将谋求燕"。面对燕人的激烈反抗和诸侯的日益不满,是否要继续占领燕国成为齐国君臣的棘手问题。齐宣王反复思索不定,就又询问孟子该怎么办。孟子提出:

臣闻七十里为政者,汤是也。未闻以千里畏人者。《书》曰:"汤一征,自葛始。"天下信之,东面而征,西夷怨;南面而征,北狄怨。曰:"奚为后我?"民望之,若大旱之望云霓也。归市者不止,耕者不变。诛其君而吊其民。若时雨降,民大悦。《书》曰:"奚我后,后来其苏!"今燕虐其民,王往而征之,民以为将拯己于水火之中也,箪食壶浆以迎王师。若

① 《孟子·梁惠王下》。

> 杀其父兄，系累其子弟，毁其宗庙，迁其重器，如之何其可也。王天下固畏齐之强也，今又倍地而不行仁政，是动天下之兵也. 王速出令，反其旄倪，止其重器，谋于燕众，置君而后去之，则犹可及止也。①

孟子认为这样做还来得及挽回齐国对燕统治所造成的恶劣影响，但是齐宣王并没有接受孟子的建议，而是继续驻扎燕国。

公元前312年，齐国终因无力再抵燕国军民的攻击，在占领燕国三年之后，被迫从燕国撤军。撤军行为不仅宣告齐国兼并燕国的行动失败，而且齐国对燕国的破国占领以及在燕的残暴统治为自己在东方树立了一个敌国，更为日后燕国复仇埋下了隐患。

二、昭王雪耻与破齐

齐军从燕国撤退后，赵武灵王将本在韩国做人质的燕王哙庶子职从韩送回燕国。职继承了王位，成为燕国第三十九任君主，即燕昭襄王，亦称燕昭王。

燕昭王收拾燕国残局，一心想要报仇雪耻。为了报复齐国，燕昭王进行积极准备，他谦恭下士，用丰厚的聘礼来招揽人才，想要依靠他们来报齐国破燕杀父之仇。为此，他专程去拜访郭隗（郭隗，战国中期燕国人。燕国大臣、贤者）先生，说："齐因孤国之乱，而袭破燕，孤极知燕小力少，不足以报。然得贤士与共国，以雪先王之耻，孤之愿也。敢问以国报仇者奈何？"郭隗先生回答说：

> 帝者与师处，王者与友才处，霸者与臣处，亡国者与役处。诎指而事之，北面而受学，则百己者至。先趋而后息，先问而后嘿，则什己者至。人趋己趋，则若己者至。冯几据杖，眄视指使，则厮役之人至。若恣睢奋击，呴籍叱咄，则徒隶之人至矣。此古服道致士之法也。王诚博选国中之贤者，而朝其门下，天下闻王朝其贤臣，天下之士必趋于燕矣。②

---

① 《孟子·梁惠王下》。

② 《战国策·燕策一》。

燕王向郭隗先生询问强国复仇之道。在郭隗先生看来,成就帝业的国君要以贤者为师和他们相处,成就帝业的国君以贤者为友和他们相处,成就霸业的国君要以贤者为臣和他们相处,行将灭亡的国君以贤者为仆役和他们相处。如果能够委屈己意而敬奉贤人,屈居下位接受教诲,那么才干胜过自己百倍的人就会光临;如果有事抢着去做而休息在别人之后,不懂就主动问,明白了才住口,那么才能超过自己十倍的人就会到来;如果别人怎么做自己也跟着做,那么才能和自己相当的人就会到来;如果靠着几案,拄着拐杖,不正眼看人,指手画脚,那么供人驱使跑腿当差的人就会到来;如果放纵骄横,行为粗暴,吼叫骂人,大声呵斥,那么就只有奴隶和犯人来了。这是古代实行王道和招致人才的方法啊。大王如果真能广泛选拔国内贤人,亲自登门拜访,那么天下的贤人听说大王的这一举动,就一定会赶着到燕国来的。

燕昭王又进一步询问应当先拜访谁才好,郭隗先生说:“臣闻古之君人(人君),有以千金求千里马者,三年不能得。涓人言于君曰:‘请求之。’君遣之。三月得千里马,马已死,买其首五百金,反以报君,君大怒曰:‘所求者生马,安事死马而捐五百金?’涓人对曰:‘死马且买之五百金,况生马乎?天下必以王为能市马,马今至矣。’于是不能期年,千里之马至者三。今王诚欲致士,先从隗始。隗且见事,况贤于隗者乎?岂远千里哉?”[①]郭隗先生的意思想要表明您期望得到人才的决心,就先从我郭隗开始吧。于是燕昭王为郭隗专门建造房屋,并拜他为师。

消息传开,乐毅从魏国赶来,邹衍从齐国赶来,剧辛也从赵国来了,贤士们争相奔赴燕国。其中邹衍是阴阳五行家,早已天下闻名。他在齐国时就受到尊重,周游魏国时,魏惠王亲自到郊外迎接。到赵国时,平原君赵胜侧身走路来迎接他,并用衣袖替他拂去座席上的灰尘。燕昭王迎接邹衍时,比魏赵更为恭敬,他亲自用衣袖裹着扫把,退着身子边走边扫,在前面清洁道路。入座时昭王主动坐在弟子座上,敬请邹衍以师长身份给自己授业。昭王大开国门,不拘一格地广为接纳各类人才。不惟欢迎知名学者,而且把那些有志灭亡齐国的,熟悉齐国险阻要塞和君臣关系的善于用兵打仗的士人,尽数收留下来,并给予优厚的待遇,多方积蓄力量,以利兴燕破齐。

① 《战国策·燕策一》。

聚集于燕都辅助昭王振兴燕国的众多士人之中，最杰出的人物要数乐毅。乐毅乃是名将乐羊之后，才学出众，深通兵法，曾被荐为赵国官吏，为了躲避赵国内乱，便到了魏国。一次乐毅为魏出使燕国，昭王十分恭敬地客礼相待，乐毅颇受感动，决意留在燕国，昭王随即任其为亚卿，委以国政和兵权。为报知遇之恩，乐毅全力协助昭王改革内政、整顿军队，不但严厉法制加强对官吏的审查和考核；而且确定察能而授官的用人原则，摈弃“亲亲”“贵贵”的择人传统，使燕国吏治清明。还有，建议昭王对那些遵守国家法度的顺民，包括身份低下的贫民和一部分奴隶，都以一定制度予以奖励，以安定社会秩序。在军事上，乐毅着重进行战法和纪律训练，提高了燕军的战斗力。

昭王还注意吊死问孤，去慰抚那些有丧葬之忧的人家；对那些有生育之喜的夫妇，昭王也派人去祝贺，给予关怀。这样昭王与庶民百姓同甘苦，共命运，积蓄国力，争取到了全国各个阶层对自己统治的拥护。唐代大诗人陈子昂有诗：“南登碣石馆，遥望黄金台，丘陵尽乔木，昭王安在哉！”就是歌颂燕昭王对人才的渴求与重用。

在力求国内发展的招贤纳士的同时，燕昭王又派苏秦到齐国进行反间。苏秦本为燕昭王的亲信，伪装叛燕入齐，破坏齐、秦称帝，促使齐湣王伐宋，让其兵力南调，减轻边境负担。齐攻宋，楚、魏必定与之争夺宋地，并且宋的保护国秦国不会坐视齐攻宋，齐、秦必定产生冲突。果然齐灭宋后，秦、赵、魏要联合伐齐。而齐湣王灭掉宋国后十分骄傲，便向南侵入楚国，向西攻打赵、魏、韩三国，并想灭东西二周，自立为天子。大臣狐咺义正词严地规劝他，却被斩首在檀衢①的大路上；陈举直言不讳地劝阻，被杀死在东闾②。因此，大臣们都不亲近齐湣王。燕昭王觉得时机已到，就与乐毅商议进攻齐国。乐毅说：“齐，霸国之余业也，地大人众，未易独攻也。王必欲伐之，莫如与赵及楚、魏。”③即齐国称霸以来，至今仍有余力，我们独立攻打不容易。大王一定要讨伐他，不如联合赵国及楚、魏两国，再让赵国用讨伐齐国的好处

① 鲍彪谓“檀衢盖其齐市名”。按《说文》：“四达谓之衢”则可知檀衢可能是街里之名。转引自缪文远《战国制度通考》，巴蜀书社 1998 年版，第 126 页。

② 按《左传·襄公十八年》“州绰门于东闾”。杜预注：“东闾，齐东门也。”可知东闾为齐临淄东门之名。

③ 《史记·乐毅列传》。

引诱秦国。各国正苦于齐王的骄傲横暴，都争相参加燕国的攻齐战争。

公元前284年，燕、秦、韩、赵、魏五国出兵伐齐。燕昭王调动全部兵力，以乐毅为上将军，秦国尉斯离率军与韩、赵、魏军队会合，赵王甚至把相印授给了乐毅。于是，乐毅统一指挥秦、魏、韩、赵诸国大军。齐滑王纠集全国军队进行抵御，双方在济水之西[①]大战，齐国军队大败。乐毅退回秦国、韩国军队，让魏国军队分兵进攻宋国旧地，部署赵国军队收复河间（河间以在漳、河之间而得名，地在今河北献县一带）。乐毅自己率领燕军，由北长驱直入齐国，直逼齐都临淄。齐军抵抗不利，所过之处皆被燕军所破，齐滑王仓皇出逃。燕军进入临淄后，"珠玉财宝军甲珍器尽收入于燕。齐器设于宁台（燕国地名，在蓟县西），大吕陈于元英（大吕，齐国钟名。元英，燕宫殿名），故鼎反乎磨室（磨室，燕宫名，在幽州蓟县西南四里宁台之下）。"燕王亲自到济水上游去慰劳军队，颁行奖赏，犒赏将士；燕王封乐毅为昌国君，将昌国（在今山东省淄川县东南）城封给乐毅，并让他留在齐国攻取其余未克的城市。

乐毅继续追击，途中听说齐国画邑（今山东淄博市东）的人王蠋贤良，就下令军队围绕画邑三十里不得进入。并让人请王蠋，请他当将军，封给他万户的土地。王蠋推辞不去。燕国人威胁他如果不去的话，燕军就在画邑屠城。王蠋叹息道：

> 忠臣不事二君，贞女不更二夫。齐王不听吾谏，故退而耕于野。国既破亡，吾不能存；今又劫之以兵为君将，是助桀为暴也。与其生而无义，固不如烹！[②]

他既感叹当初齐王不采纳他的建议，又不愿苟且地活着，便决定以死殉国。于是他就用绳索挂在树枝上套住脖子，纵身一跃，自尽而死。燕国军队长驱直入，齐国的大小城池望风溃败。乐毅严肃军纪，禁止侵掠，对齐国的高人隐士加以礼遇，并且宽赋役废苛法，齐国百姓十分高兴。乐毅调集左军在胶东渡过胶水；前军沿着泰山脚下向东到达渤海，进攻琅琊（琅琊故城在进山

① 济西是齐西境与赵接壤的地区，当今山东菏泽、郓城、寿张一带。详见缪文远《战国制度通考》，第123页。

② 《史记·田单列传》。

东胶南县琅琊台西北)[①];右军沿着黄河、济水而下,屯扎在东阿(今山东阳谷县东北50里的阿城镇)等地;后军沿北海镇抚千乘(今山东高青县高宛镇北);中军占领临淄,镇守国都。乐毅亲自到城郊祭祀齐桓公、管仲,表彰齐国的贤良人才,赐封修治王蠋的陵墓。

至此,燕国共用六个月的时间,攻略齐国七十余城,都将其划为燕的郡县,齐国仅仅剩下即墨和莒两城未被攻下,燕国此时达到了历史上最辉煌的时期。

三、田单复国与相齐

齐湣王逃到卫国,卫国国君让出宫殿给他居住,向他称臣并供给他日常用度。齐湣王却傲慢不逊,卫国人气愤地攻击他。齐湣王又出奔邹国、鲁国,仍然面有骄色,邹、鲁两地都闭门不纳,他只好出奔莒地。楚国派淖齿(淖齿,一作"卓齿""踔齿""悼齿",生年不详,卒于公元前283年。战国时楚将,燕将乐毅破齐都临淄,齐湣王逃亡。他受楚顷襄王命率军救齐,被湣王任为齐相。后杀湣王,欲与燕分齐地,旋为齐人王孙贾所杀)率军援救齐国,湣王任淖齿为齐相。淖齿想和燕国一起瓜分齐国,于是他抓住了齐湣王,历数他的罪过,曰:

> 夫千乘、博昌(今山东博兴南)之间,方数百里,雨血沾衣,王知之乎?

齐王说:"不知道。"

淖齿又说:

> 嬴(今山东莱芜县西北40里)、博(今山东泰安东南)之间,地坼至泉,王知之乎?

齐湣王说:"我不知道。"

淖齿又问:

① 缪文远:《战国制度通考》,巴蜀书社1998年版,第112页。

人有当阙而哭者，求之则不得，去之则闻其声，王知之乎？

齐湣王仍然表示不知道。

淖齿继续问道：

天雨血沾衣者，天以告也。地坼至泉者，地以告也。人有当阙而哭者，人以告也。天地人皆以告矣，而王不知戒焉，何得无诛乎？①

齐湣王无言以对，只有束手就刑。于是，淖齿在鼓里（莒中的地名，近齐庙）这个地方抽掉了齐湣王的脚筋，最后杀死了他。

湣王被害后，他的儿子法章改姓易名，躲藏到莒地太史敫家做雇工。太史敫的女儿惊奇法章的相貌伟岸，认为他不是普通人，便可怜他，常常私下送给他衣服和食物，久而久之，两人暗中结为夫妻。有个叫王孙贾的人是齐湣王的随臣，慌乱之中找不到君王的下落，他的母亲说：

汝朝出而晚来，则吾倚门而望。汝暮出而不归，则吾倚闾而望。汝今事王，王出走，汝不知其处，汝尚何归？②

王孙贾听了母亲的话便来到集市上振臂高呼：

淖齿乱齐国，杀湣王，欲与我诛者袒右。③

集市上有四百多人随他前去攻打淖齿，把淖齿杀死了。齐国大臣们四下寻找齐湣王的儿子，想立他为王。田法章害怕人民加害自己，过了很久才敢说明自己的身份，大家便拥立他为齐王，坚守莒城以抵抗燕军。并在全国宣布：齐王已经在莒城即位。田法章是为齐襄王。

① 《战国策·齐策六》。
② 《战国策·齐策六》。
③ 《战国策·齐策六》。

当初,燕国的军队攻打齐国的安平城时,临淄市掾(管理市场的官员)田单正在城中。他让本家族人用铁皮包在车轴头上,等到安平城被攻破,人们争相涌出城门,皆因车轴互相碰撞折断,车辆损坏难行而被燕军虏获,只有田单一族因为用铁皮包了车轴而幸免,逃到了即墨。

此时,齐国的大部分地区都被燕军占领了,仅有莒城、即墨未沦陷。乐毅集中右军、前军包围莒城,左军、后军包围即墨。即墨大夫为战燕军而死,即墨的人都说:安平之战,田单一族皆因铁皮包车轴得以保全,可见田单足智多谋,熟悉兵事。因此,共同拥立田单为即墨守将,抵御燕军。乐毅围攻两城,一年都未能攻克,便下令解除围攻,退到城外九里处修筑营垒,下令不要抓捕城中的百姓,有困饿的还要赈济,让他们各操旧业,以安抚那些新占地区的人民。过了三年,城还是没有攻下。

有人在燕昭王面前挑拨说乐毅智谋过人,进攻齐国的时候,一口气攻克七十余座城池。现在只剩下两座城,不是他的兵力不能攻下,之所以三年不攻,就是他想仰仗兵威收买齐国的人心,自己要称王。如今齐国人心已服,他之所以还不动,就是因为他的妻子、儿子还在燕国。况且齐国有很多美女,恐怕他早晚会将他的妻子忘记的。大王您要早些防备。[①] 燕昭王听完后就下令举行酒宴,拉出说这些话的人斥责他们道:“先王倡导礼待贤才,那不是为了多得土地留给子孙。先王他不幸遇到继承人(指燕王哙)无能,不能完成大业,齐国趁着我们国家动乱得以残害先王。我即位以后,决心一改其弊,广泛招揽贤人,以求能报仇。谁能够使我成功,我就愿意和他分享燕国大权。现在乐毅将军大破齐国,摧毁齐国宗庙,为我国报仇雪耻,齐国本就应归他所有。乐毅如果能拥有齐国,与燕国成为平等的国家,结成友好的邻邦,共同抵御别国来犯,这正是燕国的福气、我的心愿!你怎么敢说这样的话呢?”[②]于是将挑拨者处死。又赏赐乐毅的妻子以王后的服饰,赏赐他的儿子以王子的服饰,配备君王级别的车驾乘马及上百辆的属车,派宰相送到乐毅那里,立乐毅为齐王。乐毅十分惊恐,不敢接受,一一拜谢,写下辞书,并且宣誓以死效忠燕王。从此齐国人敬服燕国乐毅的德义,各国也畏惧他的信义,不敢来挑衅。

---

① 《史记·田单列传》。

② 《史记·田单列传》。

不久,燕昭王去世,燕惠王即位。燕惠王早在当太子的时候就和乐毅有过节。田单听说这件事了,就派人到燕国去用反间计,说乐毅要举大事。燕惠王本来就对乐毅有猜疑,听到这些言论,就改派骑劫为大将,召乐毅回国。乐毅知道秦惠王换将的举动居心不良,便投奔了赵国。燕军将士都为乐毅感到惋惜,愤愤不平,从此燕军内部失和。

这时田单下令让即墨城中的人吃饭时,必须在庭中祭祀祖先。这样四处的飞鸟为争夺祭饭都盘旋在城中,燕军感到很是惊讶。田单又让人散布说会有天神派君师下界来帮助齐国人的。于是让一个士兵做神师,每当发号施令,都一定说是奉了神师之命。田单又令人散布说自己最怕燕军把齐国的俘虏割去鼻子,作为前导。燕国人听说后,果然这样做了。城中的士兵们看到投降的人都被割去了鼻子,感到万分痛恨,下决心坚守城池,都害怕被俘虏。田单再次使出反间计说自己怕燕军摧毁我们城外的坟墓,那样齐国人的心就寒了。燕军果然又中计,把齐国城外的坟墓全都挖掘了,焚烧了尸体。齐国人从城上看到祖坟被毁了,都痛哭流涕,争相请求出战。

田单知道这时军士们已经可以以死相拼,于是带头拿起版、锹和士卒们一起筑城,把自己的妻妾编进军队,还把全部食品分给士兵。他下令让披甲的士兵都潜伏在城下,只用老者、体弱多病的人和女子登城守卫,又派人去燕军中约定投降。燕军都欢呼万岁,放松警惕了。田单在百姓中募集到一千镒金银,让城中的富豪送给燕军的大将,请求投降。燕国将军大喜,立刻应允,燕军戒备更加松懈。

田单在城中搜罗到一千多头牛,给牛披上大红的绸衣,绘上五彩的天龙花纹,把尖刀绑在牛角上,把浸透了油脂的芦苇捆在牛尾巴上,然后点燃,趁着夜色的掩护,从预先在城墙上凿好的几十个洞中赶牛冲出,后面紧跟着五千壮士。牛尾巴被火燎烧,疼痛难忍,牛群惊怒地冲向燕军大营。燕军大惊失色,被尖刀碰到的人非死即伤,再加上城中敲锣打鼓齐声呐喊,居民也敲铜器助威,响声惊天动地,燕军感到万分恐惧,纷纷逃亡。齐军趁乱杀死燕国大将骑劫,追杀逃亡的燕军,途中所经过的城邑都背叛了燕国,再度归顺齐国。田单的士兵越来越多,乘胜追击,燕军望风而逃,逃过了黄河。齐国失去的七十多座城邑全部收复。田单前往莒城迎接齐襄王回到国都临淄,齐襄王册封田单为安平君。

后来田单出任齐国国相,有一天路过淄水(《水经注·淄水》云,淄水出泰山莱芜县原山,东北过临淄县,又东过利县东,东北入于海)的时候,看到了一位老人家过河的时候冻得直哆嗦,上岸后已经不能走了。田单于是就把自己的皮袍子脱下来给老人穿上。齐襄王听说了这件事情感到十分厌恶,说:

> 田单之施,将欲以取我国乎?不早图,恐后之。[①]

齐襄王看了看左右没有其他人,只有一个串珠子的仆人,就把他叫过来问他是否听到了自己刚刚的言论,仆人回答说听到了。齐襄王问他有什么想法,仆人回答说:

> 王不如因以为己善。王嘉单之善,下令曰:"寡人忧民之饥也,单收而食之;寡人忧民之寒也,单解裘而衣之;寡人忧劳百姓,而单亦忧之,称寡人之意。"单有是善而王嘉之,善单之善,亦王之善已。[②]

齐襄王听了点头称是,于是奖赏了田单。几天后,掼珠人又来拜见襄王,说:"王至朝日,宜召田单而揖之于庭,口劳之。乃布令求百姓之饥寒者,收谷之。"[③]襄王照着掼珠人的话一一施行后,派人到街头巷里去探听,听到大夫和官员们都相互讨论说原来是大王教诲田单爱护百姓的呀!

有个叫貂勃(貂勃,生卒年待考。竖貂裔孙。齐国人。著名齐国贤者、中大夫)的人很有才能,田单就向齐襄王推荐了他。齐襄王的身边有九个宠臣,很嫉妒襄王对田单的信任,于是就对襄王进谗言:"燕之伐齐之时,楚王使将军将万人而佐齐。今国已定,而社稷已安矣,何不使使者谢于楚王?"齐襄王问道:"左右孰可?"他们一致回答说:"貂勃可。"貂勃出使到楚国,受到了楚王的热情招待,楚王让他在宫中居住几日。这时襄王的宠臣趁机对襄王说:

---

① 《战国策·齐策六》。

② 《战国策·齐策六》。

③ 《战国策·齐策六》。

> 夫一人身,而牵留万乘者,岂不以据势也哉?且安平君之与王也,君臣无礼,而上下无别。且其志欲为不善。内牧百姓,循抚其心,振穷补不足,布德于民;外怀戎翟、天下之贤士,阴结诸侯之雄俊豪英。其志欲有为也。愿王之察之。①

听了奸臣的谗言后,齐襄王产生了除去田单的想法。有一天,齐襄王忽然召见田单。田单知道处境十分不利,就除去官帽,光脚赤裸上身,低着头走到襄王那里去,请求一死。几天后,襄王对田单说:“子无罪于寡人,子为子之臣礼,吾为吾之王礼而已矣。”②

貂勃从楚国回国后,齐襄王赐酒给他,宴饮正酣时,襄王让随从去把相国田单召来。闻言,貂勃即刻离开宴席,跪地叩首,说:

> 王恶得此亡国之言乎?王上者孰与周文王?

齐襄王说:“我比不上他。”貂勃又继续说:

> 然,臣固知王不若也。下者孰与齐桓公?

齐襄王仍然摇头表示不如齐桓公。貂勃想了想,说:

> 然,臣固知王不若也。然则周文王得吕尚以为太公,齐桓公得管夷吾以为仲父,今王得安平君而独曰“单”。且自天地之辟,民人之治,为人臣之功者,谁有厚于安平君者哉?而王曰“单,单”。恶得此亡国之言乎?且王不能守先王之社稷,燕人兴师而袭齐墟,王走而之城阳之山中。安平君以惴惴之即墨,三里之城,五里之郭,敝卒七千,禽其司马,而反千里之齐,安平君之功也。当是时也,阖城阳而王,城阳、天下莫之能止。然而计之于道,归之于义,以为不可,故为栈道木阁,而迎王与后于城阳山中,王乃得反,子临百姓。今国已定,民已安矣,王乃曰“单”。

① 《战国策·齐策六》。
② 《战国策·齐策六》。

且婴儿之计不为此。王不亟杀此九子者以谢安平君，不然，国危矣！[①]

齐襄王恍然大悟，马上下令诛杀了九名奸臣，将其族属放逐蛮荒，并且决定加封安平君掖邑一万户。从公元前284年六国攻齐到公元前279年田单复国，前后5年时间。齐国经过这次打击，国力大衰，一蹶不振。齐襄王虽然采取了一系列安抚民心的措施，齐国终究没有强盛起来。

四、齐国合纵与灭亡

公元前265年，秦国伐赵。当时赵孝成王初即位，太后执政，赵抵不住秦国的进攻，求救于齐国。齐襄王认为赵国如果战败对齐国不利，因而答应出兵救赵，但前提是赵国的长安君到齐国去作人质。长安君是赵国太后最宠爱的小儿子，太后不答应，于是齐王就不出救兵。赵国的大臣再三劝说赵太后，太后十分生气，就对身边的随从说："有复言令长安君为质者，老妇必唾其面。"赵国的左师触龙去求见赵太后，太后气冲冲地等着他进来，触龙却慢吞吞地走进来坐下了，说："老臣病足，曾不能疾走，不得见久矣。窃自恕，而恐太后玉体之有所郄也，故愿望见太后。"赵太后说："老妇恃辇而行。"触龙说："日食饮得无衰乎？"太后说："恃鬻耳。"触龙说："老臣今者殊不欲食，乃自强步，日三四里，少益耆食，和于身也。"太后说："老妇不能。"太后的脸色稍微缓和了些。

触龙说："老臣贱息舒祺，最少，不肖。而臣衰，窃爱怜之。愿令得补黑衣之数，以卫王宫，没死以闻。"太后说："敬诺。年几何矣？"触龙答道："十五岁矣。虽少，愿及未填沟壑而托之。"太后说："丈夫亦爱怜其少子乎？"触龙答道："甚于妇人。"太后笑着说："妇人异甚。"触龙说："老臣窃以为媪之爱燕后贤于长安君。"太后说："君过矣，不若长安君之甚。"触龙说："父母之爱子，则为之计深远。媪之送燕后也，持其踵为之泣，念悲其远也，亦哀之矣。已行，非弗思也，祭祀必祝之，祝曰：'必勿使反。'岂非计久长，有子孙相继为王也哉？"太后说："然。"触龙说："今三世以前，至于赵之为赵，赵主之子孙侯者，其继有在者乎？"太后答道："无有。"触龙又问："微独赵，诸侯有在者乎？"太后答道："老妇不闻也。"触龙说："此其近者祸及身，远者及其子孙。

① 《战国策·齐策六》。

岂人主之子孙则必不善哉?位尊而无功,奉厚而无劳,而挟重器多也。今媪尊长安君之位,而封之以膏腴之地,多予之重器,而不及今令有功于国。一旦山陵崩,长安君何以自托于赵?老臣以媪为长安君计短也,故以为其爱不若燕后。”太后说:“诺。恣君之所使之。”①

至此,太后终于被说服,长安君被送到齐国当人质,齐襄王于是出兵救赵。在齐军的帮助下,齐、赵联合打败了秦军。

公元前264年,齐襄王去世,齐王建即位。由于齐王建年幼,其母君王后听政。君王后采取“事秦谨,与诸侯信”的政策,不修战备,不助五国。公元前230年,也就是齐王建三十五年,秦国开始吞并六国的活动。到公元前222年,韩、魏、楚、燕、赵相继灭亡。同时秦国又采取了“攻人”的策略,用金钱收买齐国大臣,为灭齐做准备,齐国在君王太后去世后,后胜就出任齐国的国相,他多次收受秦国为了挑拨离间而送给他的金银,齐国的宾客到秦国去的时候,秦国都给他们重金,以至于这些宾客回国以后都反过来说秦国的好话,都劝说齐王建去朝拜秦王,不要整治备战,不援助其他五个国家,由于得不到援助其他五国都灭亡了。五国的灭亡虽然让齐王感到了威胁,但他仍然不以为意,并且幻想通过朝拜秦王而得到宽宥。齐王建将要动身前往咸阳朝拜秦王嬴政时,遭到了齐国雍门司马的反对,他说:“所为立王者,为社稷耶?为王立王耶?”王曰:“为社稷。”司马曰:“为社稷主王,王何以去社稷而入秦?”齐王还车而反。即墨大夫与雍门司马(官名,掌军政和军赋)谏而听之,则以为可为谋,即入见齐王曰:

> 齐地方数千里,带甲数百万。夫三晋大夫,皆不便秦,而在阿、鄄(今山东鄄城北)之间者百数,王收而与之百万之众,使收三晋之故地,即临晋之关可以入矣;鄢(今湖北宜城东南十五里楚王城)、郢大夫,不欲为秦,而在城南下者百数,王收而与之百万之师,使收楚故地,即武关(今陕西丹凤东南)可以入矣。如此,则齐威可立,秦国可亡。夫舍南面之称制,乃西面而事秦,为大王不取也。②

---

① 《战国策·赵策四》。

② 《战国策·齐策六》。

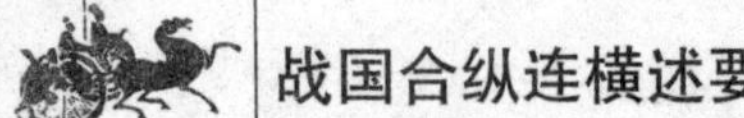

这里的“郢”是指楚国的郢都无疑，但其具体地点至今仍有争议，关于郢地的说法有五种，详见郭维德先生的《楚郢都辨疑》①，今取其中一种：郢即纪南城说，在今湖北江陵北十里。

齐王没有接受他的建议。果然，不久之后，秦大将王贲从燕国向南进攻齐国。秦军来势凶猛，而齐国常年不修战备的直接后果就是军队毫无战斗力，所以秦军轻而易举地攻入临淄。秦王派人诱降齐王建，承诺如果田建投降，秦国就给他五百里封地，齐王于是就投降了。秦王把他迁到共地，安置在松柏之间，最终被饿死。齐国人埋怨田建不积极参与诸侯国的合纵联盟，却听信奸佞以及那些受贿的宾客的意见，以致使齐国遭到灭亡，所以他们编了歌谣说：“松邪柏邪？住建共者客耶？”②就是说：松柏呀松柏！让田建迁到共地饿死的，那是宾客啊！意在讽刺齐王建不听劝告，而听取门客的害国之言。

从齐国称强于诸侯，到齐国灭亡，共经历了一百余年的时间。百年之内，沧桑巨变，齐威王使齐国开始走上富强之路，通过桂陵之战、马陵之战大败魏国，获得首强地位。随着齐不断地发展壮大，竟与秦国同霸天下，二者均有一统天下的实力。到齐宣王、齐滑王统治时期继续遵循齐威王的方针，以兼并土地、号令诸侯、一统天下为基本国策，积极开展合纵连横的军事与外交活动，占燕、伐楚、攻秦、灭宋，号称强齐。但是齐国在对外征伐的同时，也大大地削弱了自己的力量，齐秦的强弱已经渐渐分明。自从公元前284年，五国联合伐齐，一击即败，强齐从此一蹶不振。田单复国后，齐国一直实行保守的孤立自保政策，“谨事秦”成为统治者懦弱无能的借口，在这一政策的影响下，齐国不但没有复兴，反而渐趋衰弱，终于走向灭亡。苏洵在《六国论》中说：“齐人未尝赂秦，终继五国迁灭，何哉？与嬴而不助五国也。五国既丧，齐亦不免矣。”正是对这一结局最好的总结。

---

① 郭维德：《楚郢都辨疑》，《江汉考古》1997年第4期。

② 《战国策·齐策六》。

第十章　东进与南攻:秦国雄心的展现

一、两攻大梁皆无功

公元前284年,乐毅身兼赵、燕两国相国之职统帅五国伐齐大败齐国,并攻破齐都临淄之后,魏国和秦国趁势瓜分了先前齐国灭宋时获得的宋地,秦国取得中原地区的商业中心陶(今山东定陶西北)及其附近地区,而魏国则因占据地利之便占领了大部分的宋国土地,并设置了大宋与方两个郡。经过五国伐齐的战争,原本实力最为强盛、能与秦国并称为帝的齐国就此迅速衰落下去,齐、秦两国并立争雄的格局也随之结束。秦国在东方最大的敌人衰落后,开始加速向中原地区扩张领土的进程。

秦国得到陶之后面临着一个问题,那就是陶这个城邑远离关中,孤悬境外,中间有魏国间隔,因此秦国为了将秦国本土与陶连接起来,在伐齐之后的第一个攻击目标就是魏国。公元前283年,秦国攻魏国的安城(今河南原阳西南),攻下安城后,秦国绕过魏长城攻大梁(今河南开封)西北部的林。[①]林这个地方因森林而得名,又叫北林,在今河南中牟东北,地处魏都大梁城西北。因为此地既有森林,又有便于战马饮水的河流,是适宜用作驻屯大军、进攻大梁的基地。[②] 林不久也被秦军突破了。北林风景优美,地近国都大梁,所以魏国国君的园林梁囿也坐落于此,秦军进入梁囿后,将其焚毁,《战国策·魏策三》形容当时的景象“文台堕,垂都焚,林木伐,麋鹿尽”[③]。秦军此后一路向东,一部分直接奔向大梁城,围攻大梁,另有一部分军队则

---

① 睡虎地秦墓竹简整理小组编:《睡虎地秦墓竹简》之《编年记》,文物出版社1990年版,释文第4页。

② 杨宽:《战国史》,上海人民出版社2003年版,第397页。

③ 《战国策·魏策三》。

向东攻至卫国郊外和秦国占领的陶附近,向北到达阚(《战国纵横家书》第十六章作"监",与阚音近通用。在今山东汶上)。

魏国如今已非复当年齐魏相王时的强盛,面对秦国咄咄逼人的攻势,只能求助于其他国家的帮助。孟尝君受"田甲劫王"事件的影响,离开齐国来到魏国,此时孟尝君正在魏国任相国。由于战事吃紧,魏昭王连夜召见孟尝君,对他说:"秦且攻魏,子为寡人谋,奈何?"孟尝君在齐国时就善于合纵之法,鉴于眼下的形势,他回答道:"有诸侯之救,则国可存也。"由于孟尝君以前曾合纵诸国击败楚国、秦国,在各国中很有威望,因此魏王请他为魏国出使各国求援。因为此行对魏国社稷关系至为重大,所以魏王派了一百辆车跟着孟尝君出使。孟尝君到了当时除秦国之外实力最强、同时也是邻国的赵国。孟尝君开门见山地对赵王说:"文(孟尝君名田文)愿借兵以救魏。"赵王则答曰:"寡人不能。"孟尝君对曰:"夫敢借兵者,以忠王也。"赵王不太明白,请他详细地说明一下。孟尝君说:"夫赵之兵,非能强于魏之兵;魏之兵非能弱于赵也。然而赵之地不岁危,而民不岁死;而魏之地岁危,而民岁死者,何也?以其西为赵蔽也。今赵不救魏,魏歃盟于秦,是与强秦为界也,地亦且岁危,民亦且岁死矣。此文之所以忠于大王也。"孟尝君的一番话表达了魏、赵两国系唇亡齿寒的关系,如果魏国完蛋了,那么赵国将直接面对强秦。赵王听完此言决定起兵十万,战车三百乘。

孟尝君接着北上来到燕国,燕国在乐毅伐齐后声威大振,实力也不容小觑。他面见燕王,对燕王说:"先日公子常约两王之交矣。今秦且攻魏,愿大王之救之。"燕王说:"吾岁不熟二年矣,今又行数千里而以助魏,且奈何?"秦国毕竟是强国,燕国也不愿招惹秦国,但是又碍于情面,因此燕王之言多半是托词。孟尝君对曰:"夫行数千里而救人者,此国之利也。今魏王出国门而望见军,虽欲行数千里而助人,可得乎?"见燕王还是没有松口,孟尝君接着说道:"臣效便计于王,王不用臣之忠计,文请行矣。恐天下之将有大变也。"燕王听到此处,不知原因何在,于是问孟尝君:"大变可得闻乎?"孟尝君对曰:"秦攻魏未能克之也,而台(指前文所说的文台)已燔,游(指魏王的园林梁囿)已夺矣。而燕不救魏,魏王折节割地,以国之半与秦,秦必去矣。秦已去魏,魏王悉韩、魏之兵,又西借秦兵,以因赵之众,以四国攻燕,王且何利?利行数千里而助人乎?利出燕南门而望见军乎?则道里近而输又易矣,王何利?”[1]燕王听到孟尝君说魏国战败,下一个进攻目标就是燕国时不寒而栗,于是出兵八万,车二百乘,跟着孟尝君去援救魏国。孟尝君对燕王所说的一番话未必尽是耸人听闻之言,燕王励精图治,伐齐复仇,也非昏庸之人,不可能仅凭孟尝君的一家之言就决定出兵。当时的形势是秦国已经逐渐显露出愈来愈强烈的攻伐关东诸国的趋势,其攻齐所得之陶,与之并不接壤,但秦仍然将触角延伸了过去,可见其野心不是几个城池那么简单。所以燕王的出兵决定并非一时糊涂之举。此外,据《战国策·赵策一》记载,秦国进攻大梁,燕、赵出兵相救之时,也曾有人对韩国的山阳君建议出手救魏:“秦战而胜三国,秦必过周、韩而有梁。三国而胜秦,三国之力,虽不足以攻秦,足以拔郑(即新郑,在今河南新郑)。计者不如构三国而攻秦。”但最终韩国在权衡利弊之后没有出兵助魏,而是迫于秦国的威势让其借道伐魏,毕竟秦国是眼前面临的最现实的威胁。

燕、赵派出大军助魏,魏王得知后非常高兴,说:“我得到燕、赵的救兵真是又多又及时啊!”看到燕、赵出动如此庞大的援军,秦国自觉不会再占到什么便宜了,便割地与魏国讲和。燕、赵两军也各自班师回国去了。魏昭王因借兵解困有功,封赏了孟尝君。

赵国出兵协助魏国抵御秦对大梁的围攻引起了秦国的记恨。《史记·赵世家》记载,赵惠文王十七年(公元前282年),“秦怨赵不与己击齐,伐赵,拔我两城。”虽然《史记》只提到秦击赵是因为赵国不跟他伐齐,但是其中必然有赵国前一年助魏抗秦的因素。睡虎地秦简《编年记》记载,这一年秦攻兹氏(今山西汾阳南),此即伐赵之两城中的一座。另一座城据杨宽先生分析,为祁(今山西祁县)[2]。次年,秦又攻赵国的离石(今山西离石)和蔺(今山西离石西)。至此秦连下赵国四城。为避免秦国再来侵扰,赵派出公子部到秦国去做人质以换得暂时的和平。另据《战国策·西周策》记载,秦将白起“北攻赵取蔺、石、祁者”后又“过两周,践韩而以攻梁”。这次攻魏,燕、赵两国再次出兵救援,秦军被困于之前曾攻克过的林。秦国的实力尚不足以对抗三国联军,于是又罢兵回师。[3] 公元前280年,白起率军攻赵,赵国此战

① 《战国策·魏策三》。

② 杨宽:《战国史》,上海人民出版社2003年版,第399页。

③ 《战国策·燕策二》。

可以说是大败,秦取得赵国的光狼城(今山西高平西)和代(今河北蔚县东北),并斩首三万。面对秦国的凌厉攻势,赵国选择加强与魏国的关系,就在这一年,赵国将伯阳城(今河南安阳西北)送还给魏国,这座城池是公元前282年身兼赵相国的乐毅率领赵军夺取的。

从上文的叙述中可以看出,秦国两次围攻大梁而不得的主要原因在于燕、赵两国对魏国的救援,这实际上反映了东方诸国对于齐国迅速衰落后秦国独大局面的忧虑和恐惧。这一点从孟尝君去燕、赵两国说服国君的话中就可以得到证实。孟尝君去邻国求援,面对不同的国君,但是其说服工作的基点却是完全相同的,即如果魏国被秦所破,那么成为秦国下一个猎物的将会是魏国的邻居们。孟尝君的话可以说切中肯綮,是他劝说成功的关键所在。此时关东各国对当时的形势看得都非常清楚,齐国国都被乐毅率联军攻破后已无法再与秦国相提并论,秦国的实力可以说是一枝独秀,关东六国任何单独一国都无法与之抗衡。而秦国的野心远远不是几个城池所能满足的,如果放任其攻破大梁,那么大梁绝不是秦军的终点。因此无论愿意与否,魏国是他们所必须出手相救的,否则这些邻国很快就会受到池鱼之殃。秦国在攻打大梁未遂后,其出击的步伐果然没有停止,不过秦国的攻击目标不是燕、赵,而是南方的大国楚国。

二、白起破郢名显扬

楚国是地处南方的大国,幅员广阔,虽然地理位置偏居江汉,但一直有志于称雄中原,春秋时期的楚庄王是春秋五霸之一,曾向周大夫王孙满询问象征王权的鼎的轻重,有取代周天子之意。进入战国时期,楚悼王擢用吴起主持变法,选贤任能,整顿吏治,训练军队,取得了不少成效,“南平百越,北并陈蔡,却三晋;西伐秦。诸侯患楚之强”①。吴起在变法时欲废除楚国的封君世袭制度,因而结怨于楚国贵族,在楚悼王死后,吴起也被贵族所杀。吴起死后,楚国的变法没有像魏、秦等国那样持续下去,因此在楚悼王之后的几十年间,史书所载楚国向中原发展的纪录不多,这一时期可以说楚国的军事、外交活动相对沉寂。楚怀王即位后,意图在政治上有所作为,于是开始积极参与各国间的合纵连横活动,也取得了一些成绩。比如在公元前312年

① 《史记·孙子吴起列传》。

楚国和齐国与秦、韩、魏对峙之时，越国通过河运运送物资支持魏国，并且直接派兵进攻楚国，被楚国击败。楚怀王看到越国成为心腹之患，于是在公元前306年[①]趁越国内乱灭掉了越国。但是楚怀王缺乏政治和外交谋略和眼光，在结交与国的问题上两次犯下重大决策错误，先是受张仪的欺骗，背弃与齐国的合纵之盟，结果不仅得罪了齐国，而且秦国的六百里商於之地也没得到。楚怀王一怒之下于公元前312年派兵伐秦，结果大败，失去汉中六百里土地。公元前306年，齐国为合纵对付秦国主动提出跟楚国结盟，但次年因为秦国新君昭王和楚国有姻亲关系，楚国再次背盟于齐国。没过几年，在秦国做质子的楚太子因为私斗杀人而使两国关系交恶，楚国陷入战略上的孤立境地。公元前301年，孟尝君合纵齐、魏、韩三国攻楚，大败楚国于垂沙（今河南唐河西南）。同年，秦国也派庶长奂伐楚，斩首二万。此时国内的庄蹻起事叛乱，“楚分而为三四”[②]，情况十分危急，楚国只好送太子入齐求和。这两次严重的决策失误让楚国元气大伤。最后楚怀王本人不听劝告，再次轻信秦国结盟之言，赴秦会盟，被秦国扣留，最终没有回到楚国，客死异乡。本来在以齐、秦两强为主导的合纵连横活动中，楚国处于中间的有利位置，是齐、秦两国所竭力争取的对象。如楚怀王策略运用得当则楚国可以较小代价得渔翁之利，但楚怀王背信弃义，缺乏远见又不善察纳忠言，导致楚国失去了向中原发展的机遇，并且自身实力遭受重大损失，在秦国逐渐势成独大的情况下难以与之抗衡。秦国此时一方面越过函谷关向东扩张，另一方面则不断进攻南方的邻国楚国。楚顷襄王即位之后，楚国承受着秦国巨大的军事压力，在无奈之下，只能选择与秦国结盟交好。此时秦国的实力虽然强盛，但还不足以与东方各国合纵的力量相抗衡，也不想将楚国彻底推到对立的位置上，造成夹攻秦国的形势，所以愿意接受楚国的议和。楚顷襄王十四年（前285年），楚王与秦昭王会于宛（今河南南阳），议和结亲。十六年（前283年），楚王再次与秦昭王相会于鄢（今湖北宜城东南），是年秋，又复与秦王会于穰（今河南邓州）。楚顷襄王即位后也并非无所作为，公元前284年，乐毅将五国之兵攻齐时，楚国并未参与攻齐的行列。楚国派淖齿率兵助

---

① 楚灭越的时间，史书没有明文记载，此据杨宽先生的考证。参见杨宽《关于越国灭亡年代的再商讨》，《江汉论坛》1991年第5期。

② 《荀子·议兵》。

齐,齐湣王感谢危难之时楚国出手相助,遂任命淖齿为相国。楚国由此拿回了原属自己的淮北之地,楚顷襄王也想通过这一行动控制齐国,以图在时机成熟的时候有所作为。事实上,楚顷襄王一直没有忘记其父怀王因受秦国之欺而客死异国之仇。公元前281年,楚王曾向一位善射大雁的人询问射雁的经验,此人并没有回答他射雁的问题,而是以禽鸟为喻向楚王分析了各国的形势:

> 昔者三王以弋道德,五霸以弋战国。故秦、魏、燕、赵者,鶀雁也;齐、鲁、韩、卫者,青首也;驺、费、郯、邳者,罗鸗也。外其余则不足射者。见鸟六双,以王何取?王何不以圣人为弓,以勇士为缴,时张而射之?此六双者,可得而囊载也。其乐非特朝昔之乐也,其获非特凫雁之实也。王朝张弓而射魏之大梁之南,加其右臂而径属之于韩,则中国之路绝而上蔡之郡坏矣。还射圉之东,解魏左肘而外击定陶,则魏之东外弃而大宋、方与二郡者举矣。且魏断二臂,颠越矣;膺击郯国,大梁可得而有也。王綪缴兰台,饮马西河,定魏大梁,此一发之乐也。若王之于弋诚好而不厌,则出宝弓,碆新缴,射噣鸟于东海,还盖长城以为防,朝射东莒,夕发浿丘,夜加即墨,顾据午道,则长城之东收而太山之北举矣。西结境于赵而北达于燕,三国布,则从不待约而可成也。北游目于燕之辽东而南登望于越之会稽,此再发之乐也。若夫泗上十二诸侯,左萦而右拂之,可一旦而尽也。①

此人虽只是一射箭打猎之人,但他对当时形势的分析还是十分准确的。他建议楚国先攻魏、齐二国,结交燕、赵,此时魏、齐国势都已衰落,是战国七雄之中实力较弱的国家,而燕国刚击败齐国,赵国势头自武灵王之后也比较强劲,合纵燕、赵而攻魏、齐可以说有其合理性。但射雁人的意思显然不在此,他接着对楚王说道:

> 今秦破韩以为长忧,得列城而不敢守也;伐魏而无功,击赵而顾病,则秦魏之勇力屈矣,楚之故地汉中、析、郦可得而复有也。王出宝弓,碆

---

① 《史记·楚世家》。

> 新缴，涉鄳塞，而待秦之倦也，山东、河内可得而一也。劳民休众，南面称王矣。故曰秦为大鸟，负海内而处，东面而立，左臂据赵之西南，右臂傅楚鄢郢，膺击韩魏，垂头中国，处既形便，势有地利，奋翼鼓（即“翅”），方三千里，则秦未可得独招而夜射也。

射雁人称“秦为大鸟，负海内而处，东面而立，左臂据赵之西南，右臂傅楚鄢郢，膺击韩魏，垂头中国，处既形便，势有地利，奋翼鼓，方三千里”，点明了秦国是当时实力最强的对手，但秦国不久之前两伐魏国而无功，“击赵而顾病”，这时正是秦国“力屈”的时候，暗示楚王现在是讨伐秦国拿回失地的最佳时机，并故意说楚国恐怕无法单独对抗秦国，以此刺激楚王。楚王听出了他的弦外之音，又找来射雁人，射雁人这才对他说：“夫先王为秦所欺而客死于外，怨莫大焉。今以匹夫有怨，尚有报万乘，白公、子胥是也。今楚之地方五千里，带甲百万，犹足以踊跃中野也，而坐受困，臣窃为大王弗取也。”[①]射雁人在话中提示楚王不可忘记怀王客死之仇，楚国作为大国不应受制于秦国，要积极筹划早日复仇。顷襄王听了这番话后，派出使者出使列国，重新约定合纵，以讨伐秦国。秦王听到楚国欲合纵攻己的消息，决定先发制人，出兵伐楚。

公元前280年，秦国在派白起攻赵国光狼城（今山西高平西）和代（今河北蔚县东北）的同时，又遣司马错从陇西（秦国郡名，秦昭王时设，辖地为今甘肃临夏、临潭以西，宕昌、礼县以北之地），经蜀郡进攻楚国的黔中（楚国郡名，辖有今湖南常德以西及贵州东北部），拔之。另据睡虎地秦简记载，秦军还曾进攻楚国的邓[②]（今湖北襄樊），不过从后来白起攻楚再次拔邓看来，秦国没有占据此地。楚国的黔中郡位于秦国蜀郡的东边，秦国在灭掉巴、蜀之后，一直想得到与之相邻的楚国黔中和巫郡，当年楚怀王被秦国扣留而客死异乡就是因为秦国所要黔中和巫郡而不得。此番攻占黔中郡可以说是达成

① 《史记·楚世家》。

② 睡虎地秦墓竹简整理小组：《睡虎地秦墓竹简》，北京：文物出版社，1990年，释文第5页。关于邓的地望，《睡虎地秦墓竹简》的注释认为在今河南邓县（邓州市），杨宽《战国史》及谭其骧主编《中国历史地图集》（第一册）认为在今湖北襄樊。本书从后者。

了秦国既定的战略。楚国战败后，只好割让上庸（今湖北竹溪东南）、汉北[①]之地给秦国求和。

事实上秦国在两次进攻魏国大梁无功而返后，其进攻的目标也发生了变化，暂时停止了对魏国的进攻，转而向南攻击楚国。就在秦国攻楚的前后，曾有人向秦王上书，劝其改变攻击目标。此人在上书中说："昔窃闻大王之谋出事于梁，谋恐不出于计矣，愿大王之熟计之也。梁者，山东之要（腰）也。有虵（同'蛇'）于此，击其尾，其首救；击其首，其尾救；击其中身首尾皆救。今梁王，天下之中身也。秦攻梁者，是示天下要断山东之脊也，是山东首尾皆救中身之时也。山东见亡必恐，恐必大合，山东尚强，臣见秦之必大忧可立而待也。"魏国作为东方各国的门户，直接面对秦国，战略地位十分重要，即所谓"梁者，山东之要也"。如果魏国被秦国击溃，那么秦国将在中原腹地河内地区立足，届时关东各国更无宁日，因此其他国家必然会前来援救魏国。而此时"山东尚强"，秦国以一国之力还不足以对抗山东各国的联军。接着此人在上书里向秦王建议不如向南攻较弱的楚国："臣窃为大王计，不如南出。事于南方，其兵弱，天下必能救，地可广大，国可富，兵可强，主可尊。王不闻汤之伐桀乎？试之弱密须氏以为武教，得密须氏而汤之服桀矣。今秦国与山东为雠，不先以弱为武教，兵必大挫，国必大忧。"[②]楚国地处南方，对关东诸国来说，战略位置相对不如魏国那样重要，秦国深入南方，对他们威胁有限，因此未必会发兵相救，反过来说也增加了秦国攻楚的胜算。另一方面，秦国攻楚也可以作为一种实战训练，锻炼军队作战能力，为以后进攻山东各国做准备。

其实攻楚早已是秦国战略的重要一环，早在秦惠王时决定向南攻灭巴蜀时，就已预备以巴蜀为前进基地以后向东进攻楚国。在灭巴蜀之前，秦国大臣中对下一步秦国的进攻重心有过争论，张仪主张伐韩，他认为："亲魏善楚，下兵三川（韩国郡名，因境内的黄河、洛水、伊水三条河流得名。辖境包括黄河以南、河南灵宝以东、中牟以西及北汝河上游地区），塞轘辕（韩国关隘，在缑氏东南）、缑氏（韩邑，在今河南偃师东南）之口，当屯留（今山西屯

---

① 据《资治通鉴·周纪四》胡三省注："谓汉水以北宛、叶、樊、邓、随、唐之地。"胡注不尽准确。如邓地于第二年，即公元前279年，才由白起攻取，如楚前一年已献出，何必秦国再行攻取？所以只备一说。

② 《战国策·魏策四》。

留)之道,魏绝南阳(今河南济源至获嘉一带),楚临南郑(今河南新郑),秦攻新城(韩邑,在今河南伊川西南;韩国另有一'新城',在今河南密县东南,非此处所指)、宜阳(韩邑,今河南宜阳西),以临二周之郊,诛周主之罪,侵楚、魏之地。周自知不救,九鼎宝器必出。据九鼎,按图籍,挟天子以令天下。"[①]而司马错则认为周为"天下之宗室",劫持天子会招来恶名,且进攻韩、周会将其推向齐、赵、楚、魏一方,这将对秦国非常不利。他主张南灭蜀国,因为"蜀有桀、纣之乱,其国富饶,得其布帛金银,足给军用",更重要的是蜀地"水通于楚,有巴之劲卒,浮大舶船以东向楚,楚地可得。得蜀则得楚,楚亡则天下并矣"。[②] 可见,楚国早已被纳入秦国的统一天下的计划之中了。后来秦国的军事行动也是按照司马错的规划逐步地进行。公元前316年,秦国派司马错、都尉墨率军先后攻灭蜀国、苴国(今四川广元一带)和巴国。公元前312年,秦国又取得了楚国的汉中之地,使秦国本土和巴蜀地区连接起来。至此,楚国在东面受到秦国更多的压力,后来秦国扣留楚怀王索要黔中、巫郡即是证明。可以说,无论楚国是否主动进攻秦国,秦国不断南下攻楚只是时间的问题。在秦国东线和南线两个战略进攻方向上,如果其中一个方向暂时受挫,那么他就会转向另一个方向,这时秦国攻魏不成,自然就会攻楚。

前文提到,秦国在公元前280年攻取楚国黔中郡的同年以及之前几年,曾接连进攻赵国,夺取了几座城池。因此秦国在谋划攻楚之前,为避免赵国乘机攻秦的情况出现,便主动约请赵惠文王会于渑池(今河南渑池西)。由于秦国势力强大,且以前曾有过扣留楚王索地的记录,因此赵王有些害怕,不想赴约。国中大臣廉颇和蔺相如对赵王说:"王不行,示赵弱且怯也。"于是赵王在蔺相如的陪同下赴约。廉颇心知秦国此番约请如有所图,赵王的处境可能会比较凶险,因而他对赵王说:"王行,度道里会遇之礼毕,还,不过三十日。三十日不还,则请立太子为王,以绝秦望。"赵王是位识大局、顾大体的君主,他同意了廉颇对万一不测发生变故后所做的安排。在渑池之会上,秦王在饮酒正酣时向赵王提出了一个请求:"寡人窃闻赵王好音,请奏瑟。"赵王碍于情面,便当场弹奏一曲。在一旁记事的秦国御史便上前记录

① 《战国策·秦策一》。
② 《华阳国志·蜀志》。

曰:“某年月日,秦王与赵王会饮,令赵王鼓瑟。”蔺相如见秦国史官如此记法分明是在羞辱赵王,于是上前说:“赵王窃闻秦王善为秦声,请奏盆瓴,以相娱乐。”秦王听之大怒,没有答应蔺的要求。于是蔺相如拿着瓴上前,跪下请求秦王,秦王依旧不肯击瓴。蔺相如说:“五步之内,相如请得以颈血溅大王矣!”秦王左右的侍从想杀相如,相如睁大眼睛怒视他们,秦王侍从被他的气势所震慑,便退却了。秦王看到气氛如此紧张,就很不情愿地击了一下瓴。蔺相如就招来赵国御史,让其记录:“某年月日,秦王为赵王击瓴。”秦国的群臣又提议让赵国献十五座城池为秦王祝寿。蔺相如马上回击道:“请以秦之咸阳为赵王寿。”这样,直到酒宴结束,秦都没有在赵国那里占到什么便宜。赵国为预防秦国使诈部署了重兵防备秦国,秦国见没有什么机会就没敢有所举动。[①] 渑池之会秦国虽然没占到赵国更多便宜,但它稳住赵国的基本日的已经达到了,于是秦国开始出动大军进攻楚国。

公元前279年,秦国派大良造白起南下攻楚。秦国在取得楚国的汉中地区之后,不仅连通了关中和巴蜀地区,而且也获得了进军楚国统治中心鄢郢地区便利的交通孔道。秦国以往要想进攻楚国腹心地带,大致有三条道路可走。一是东出函谷关,借道韩国,然后转而南下进入原楚方城,经宛(已属秦国)攻楚;二是从咸阳出发,向东南经蓝田(今陕西蓝田西),经商於之地出武关进入楚境;三是从咸阳经秦国的汉中,沿汉水南下,但这条路线需要翻越险峻的秦岭山脉。这三条路线相较而言,前两者道路较为平坦,而这二者之中尤以第二条路线距离更短,因此白起走的可能就是这条路线。白起率军南下后,接连攻克了邓(今湖北襄樊)、鄢(今湖北宜城东南),其中攻打鄢的战斗进行得比较惨烈。据《史记·楚世家》集解的注释,鄢是楚国的别都,位于都城郢的北部。1976—1977年,考古工作者曾对湖北宜城县东南7.5公里处的古城址做过勘探发掘。该城址东北部较高,其余地区较为平坦,现存面积为2.2平方公里。城址保存有土筑城垣,残存城墙高2—4米不等,城墙每边都有两处缺口,当地群众称之为大、小城门。现仍保存有紫禁城、烽火台、散金坡、跑马堤、金银塜等遗存。[②] 据《水经·沔水注》的记载,白起采取引水灌城的办法攻城。鄢城北部有汉水流经,他从距城西北百余里处引

---

① 《史记·廉颇蔺相如列传》。

② 楚皇城考古发掘队:《湖北宜城楚皇城勘察简报》,《考古》1980年第2期。

水，为将河水引至城中，白起指挥修建了长渠通至城西，这条水渠被后人称作“白起渠”，至今这条水渠的遗迹仍存。河水自城西灌入城中后，“百姓随水流，死于城东者数十万”，以致“城东皆臭”。白起修建水渠需要一定的时间，在水渠修成之前，鄢城应该已被秦军围困一段时间，城中的百姓很难出城，鄢又是楚国别都，城内人口必然不少，因此楚国死伤甚众是完全可能的。引水灌城虽然对白起而言代价很小，避免了秦军更多的伤亡，但对楚国无辜的百姓来说却是无妄之灾，实在过于残忍。白起在攻下鄢后，分兵一部分继续沿汉水南下，向东南方攻取楚国的西陵（今湖北新洲西）。接着白起率军继续南下，进攻楚国都城郢[①]，于次年攻下郢，秦国遂以郢为中心设立南郡。攻下郢后，又兵分三路，一路向西进攻夷陵（今湖北宜昌东南），在夷陵烧毁了楚国先王的陵寝；第二路向东进攻，一路上攻取了竟陵（今湖北潜江东北）、安陆（今湖北云梦）；第三路则向南进攻，攻到了洞庭、五渚[②]、江南一带。国都既破，面对秦国势如破竹的攻势，楚国已无招架之力，“楚王兵散，遂不复战”[③]，楚王逃至靠近韩、魏两国的陈（今河南淮阳），以躲避秦国兵锋。楚军大败后，楚国与秦国媾和，楚、秦两国国君会于陈地东南的襄陵（今河南睢县西，楚怀王六年夺之于魏）。楚国经此番大败，失去了国都郢及其附近的大片国土和重要都邑，实力大为削弱。反观秦国，以郢为中心建立了南郡，不仅得到了云梦泽周围富饶的土地，也将南方的国土从巴蜀地区大大向东推进。白起因立此大功回到秦国后被封为武安君。

秦国在派白起攻楚的前后几年间，还与楚国就黔中郡进行着反复争夺。公元前280年秦国曾经派司马错发兵陇西夺取了黔中郡。据史料推测，楚国在公元前280到278年间曾经一度收复被秦国占领的黔中郡。[④] 秦国自然不肯善罢甘休，公元前277年，派蜀郡太守张若“伐楚，取巫郡，及江南为黔

---

① 据考古工作者勘探调查，纪南城现存面积约16平方公里，有城门七座。城内分布着宫殿区和手工业作坊区。城外有居民区、祭祀区和贵族墓葬区。现为全国重点文物保护单位。参见湖北省博物馆《楚都纪南城的勘查与发掘》，《考古学报》1982年第3、4期。

② 《水经·湘水注》认为长江的支流湘、资、沅、微、澧五条河流“同注洞庭而北会大江，名之五渚”；裴骃《集解》云：“五渚在洞庭，沅、澧、资、湘四水自南而入，荆江自北而过，洞庭潴其间，谓之五渚。”

③ 《史记·楚世家》。

④ 杨宽：《战国史》，上海人民出版社2003年版，第405页。

中郡”[①]。张若大概没有想到的是，他领兵攻占黔中郡阻挡了一群楚国将士的归国之路，造成了一个西南边疆政权的建立。楚国在第一次收复黔中郡（之后还有一次）之后，派出庄蹻率军经黔中郡乘船沿沅水南下，意欲向西南开拓国土。庄蹻先是攻克沅水上游的且兰（西南夷的一支，分布于今贵州贵阳一带），然后系舟上岸，继续向西攻灭夜郎，[②]然后再向东南攻到滇池。滇池附近属于西南夷的一支滇的居住地，此地“平地肥饶数千里”，庄蹻“以兵威定属楚”。庄蹻连下且兰、夜郎和滇，战果甚丰。庄蹻大军攻到这里已经远离楚国国土数千里，于是他准备返回楚国禀报楚王。谁料此时正是张若率军攻黔中之时，庄蹻返回楚国的道路被截断了，得知这一消息，在没有办法之下，庄蹻就领着楚军将士在滇地驻扎下来。庄蹻在当地称王，为了融入当地便于统治，这些楚军的将士入乡随俗，“变服，从其俗”[③]。

秦国再次攻下黔中后，楚顷襄王也不甘示弱，次年，楚国“收东地兵，得十余万，复西取秦所拔我江旁十五邑以为郡，拒秦”[④]。由此可见，楚国虽然丢失了鄢郢附近的众多城邑，实力大为削弱，但尚未虚弱到不堪一击的程度。杨宽先生分析，楚国的许多城邑都是在楚军四散逃走，没有抵抗的情况下丢失的[⑤]，因此楚军的军力损失可能没有土地损失那么惨重。楚国迁都陈后收拾河山，仍然保有了相当的实力，否则不可能有力量夺回黔中十五邑。再者，楚顷襄王在仓皇出逃陈，遭到惨败后也在思考自己的失误之处。楚顷襄王同他的父王怀王一样，缺乏识人之才，不能知人善任，往往将一些奸佞、庸碌之人留在身边作为亲信。白起跟范雎谈起楚国所以失败的原因时就提到“是时楚王恃其国大，不恤其政，而群臣相妒以功，谄谀用事。良臣斥疏，百姓心离”[⑥]。白起所说并不是虚言，比如，楚顷襄王在即位后任用他的弟弟

---

① 《史记·楚世家》。

② 《后汉书·西南夷传》《华阳国志·南中志》。夜郎，《华阳国志·南中志》称为夜郎国，《史记·西南夷列传》称其是西南夷中最大的一支，包括许多分散的、半独立的部落或部族，不一定是统一、完整的国家。大致疆域东起贵州湄潭、遵义、贵阳、罗甸一线；北到仁怀、叙永、高县一线；东至昭通、巧家、会泽、东川、曲靖一线；南抵兴义地区，大致以南盘江、红水河为界。参见刘琳《华阳国志校注》，巴蜀书社 1984 年版，第 389—390 页。

③ 《史记·西南夷列传》。

④ 《史记·楚世家》。

⑤ 杨宽：《战国史》，上海人民出版社 2003 年版，第 405 页。

⑥ 《战国策·中山策》。此文本苏辙《古史》引《战国策》佚文。

子兰为令尹（相当于相国），当年正是这个子兰在楚怀王是否去秦国赴会的问题上极力建议楚王去秦国而导致楚王被秦国扣留。后来子兰听说三闾大夫屈原对自己不满，便指使上官大夫向顷襄王进谗言，顷襄王不察，怒而将屈原流放。楚国大臣庄辛在白起伐楚之前就奸臣当朝的问题提醒过楚王，他说："君王左州侯，右夏侯，辇从鄢陵君与寿陵君，专淫逸侈靡，不顾国政，郢都必危矣。"庄辛提醒楚王应该远离这些人，但楚王不以为然，反而认为他老眼昏花，将要成为楚国的祸害了。庄辛见楚王如此执迷不悟，说："臣诚见其必然者也，非敢以为国袄祥也。君王卒幸四子者不衰，楚国必亡矣。臣请辟于赵，淹留以观之。"过了五年[1]，秦军来攻楚国郢、鄢等地，庄辛的话应验了。楚王此时流离困顿在城阳。于是派人驾车从赵国把庄辛召回。庄辛回到楚国，楚王悔不听庄辛之言以至于此，楚王问庄辛："寡人不能用先生之言，今事至于此，为之奈何？"庄辛对曰：

臣闻鄙语曰："见兔而顾犬，未为晚也；亡羊而补牢，未为迟也。"臣闻昔汤、武以百里昌，桀、纣以天下亡。今楚国虽小，绝长续短，犹以数千里，岂特百里哉？

王独不见夫蜻蛉乎？六足四翼，飞翔乎天地之间，俛啄蚉虻而食之，仰承甘露而饮之，自以为无患，与人无争也。不知夫五尺童子，方将调鈆胶丝，加己乎四仞之上，而下为蝼蚁食也。蜻蛉其小者也，黄雀因是以。俯噣白粒，仰栖茂树，鼓翅奋翼，自以为无患，与人无争也。不知夫公子王孙，左挟弹，右摄丸，将加己乎十仞之上，以其类为招。昼游乎茂树，夕调乎酸醎，倏忽之间，坠于公子之手。

夫雀其小者也，黄鹄因是以。游于江海，淹乎大沼，俯噣鳝，仰啮衡，奋其六翮，而凌清风，飘摇乎高翔，自以为无患，与人无争也。不知夫射者，方将修其卢，治其缯缴，将加己乎百仞之上。彼礛磻，引微缴，折清风而抎矣。故昼游乎江河，夕调乎鼎鼐。

夫黄鹄其小者也，蔡圣侯（当作蔡灵侯）[2]之事因是以。南游乎高

① 《战国策》原文作"五月"，金正炜认为当作"五年"，今据改之。参见杨宽《战国史料编年辑证》，上海人民出版社2001年版，第877页。

② 《史记·管蔡世家》记载"楚灵王以灵侯弑其父，诱蔡灵侯于申，伏甲饮之，醉而杀之，刑其士卒七十人"，与《战国策》有出入。

陂，北陵乎巫山，饮茹溪流，食湘波之鱼，左抱幼妾，右拥嬖女，与之驰骋乎高蔡之中，而不以国家为事。不知夫子发方受命乎宣王，系己以朱丝而见之也。

蔡圣侯之事其小者也，君王之事因是以。左州侯，右夏侯，辇从鄢陵君与寿陵君，饭封禄之粟，而戴方府之金，与之驰骋乎云梦之中，而不以天下国家为事。不知夫穰侯方受命乎秦王，填黾塞之内，而投己乎黾塞之外。①

庄辛以蜻蛉（蜻蜓）、黄雀、黄鹄、蔡灵侯为例子，意在警告楚王虽然楚国仍有土地数千里，被秦国夺去的不过几百里，但如再不远离小人，楚国更大的祸患还在后头。楚王听了以后“颜色变作，身体战栗”，执圭而授庄辛为阳陵君，赐予淮北之地。从这件事情来看，顷襄王还是接受了大臣的劝告，重新振作起来。楚国丢失国都后，整理国政，国内气象有所改变，这也是后来能从强秦手中夺回黔中十五邑的重要原因。正因如此，秦国暂时停止了对楚国的进攻，重新转向东方的邻居。

三、秦伐三晋挫锋芒

（一）华阳之役　秦胜魏赵

秦国向东进攻的首要国家仍然是魏国。秦国向东扩展领土，首先碰到的两个国家就是魏国和韩国。秦国自秦孝公实行变法强大以来，先是得到了黄河西岸的魏国河西之地，接着又跨过黄河，进攻魏国的河东地区以及与之相邻的韩国，在伊阙之役击败韩、魏联军，迫使韩国献出武遂周围二百里土地，魏国献出河东四百里土地，并夺取了魏国在河内的城邑六十一座。在韩、魏两国中，韩国的实力较弱，看到韩、魏两国联手都抵挡不住秦国的攻势，韩国便屈从于秦国。公元前283年之后秦国两次进攻大梁都是取道韩国进入河内地区。既然韩国先前对秦国表示出了顺从的意思，秦国就暂时停止对韩国的侵伐。这样魏国就成了秦国最先想要吞掉的国家。秦国两次围攻大梁都因为燕、赵两国的出手相助无功而返。作为军事实力最为强大的

---

① 《战国策·楚策四》。

秦国当然不肯善罢甘休，在攻楚获得大胜后又开始进攻魏国。

秦昭王三十一年（前276年），秦派在伐楚中立下大功的将军白起攻魏，取两城。翌年，秦国再派穰侯魏冉（前289年魏冉曾伐河东，迫使魏献河地东四百里）伐魏，又拔魏二城，攻至大梁，秦军围之。此时，韩釐王见魏国形势危急，便派暴鸢率军前去救援。韩军不是秦军的对手，为秦所败，韩军将士被秦军斩首四万，[①]暴鸢逃至大梁西南的启封（今河南开封西南）。[②] 魏国见援兵也被击溃，只好献温（今河南温县西南）向秦求和。大梁之围暂时解除了。但秦国并没有因为魏国的求和而停止对其的进攻，公元前274年，秦国派胡阳一路沿韩、魏边境连下魏国的卷（今河南原阳西）、蔡（今河南上蔡西南）、中阳（今河南郑州东）和长社（今河南长葛东北）四城。在被秦国连续夺去多座城池后，魏国决定拉拢赵国以对抗秦国。其实就在秦国入侵魏国的时候，赵国也曾派兵进攻魏国。赵惠文王二十三年（前276年），派楼昌攻魏国的几（今河北大名东南），未得；是年十二月，又派廉颇再度攻几，取之；次年，廉颇将兵攻下了魏国的防陵和安阳（皆在今河南安阳西南）。尽管如此，魏国已经没有太多选择，当时秦国之外，实力最强的就是赵国。对赵国，秦国一直想北上越过吕梁山进攻赵国，如果魏国的河内地区也陷入秦国，那么赵国将在邯郸的南面直接面对秦国，因此与魏国结盟也可以增强抵抗秦国的力量。

韩国在暴鸢之败后又重新投向了秦国一边，因此魏、赵两国决定联手伐韩，以起到敲山震虎的作用。公元前273年，魏、赵联军进攻靠近韩、魏边境的城邑华阳（今河南新郑北）。韩国自己难以招架两国的进攻，于是就向秦国紧急求援，但秦国不肯施以援手。韩相国去求陈筮（或作“田苓”“陈荃”等）连夜跑一趟秦国再去争取一下。陈筮见到秦相穰侯魏冉，穰侯问他这么急着来是不是战事很紧急了，陈筮却说并不危急。穰侯很清楚韩国现在的状况，于是很生气地说道：“是可以为公之主使乎？夫冠盖相望，告敝邑甚急，公来言未急，何也？”陈筮答曰：“彼韩急则将变而佗从，以未急，故复来耳。”穰侯听到再不发兵韩国就会转投敌人，便说：“公无见王，请今发兵救

---

① 《史记·秦本纪》。

② 《史记·韩世家》作“开封”，盖因避汉景帝刘启之讳。

韩。”于是秦国出兵救韩。[1] 八天之后，白起率军拔华阳，魏将芒卯逃走，斩首十三万，并继续追击，在黄河边与赵将贾偃战，沉杀赵军两万人。芒卯溃逃后，秦军进军围攻大梁，魏国的形势再次岌岌可危。魏国派出大夫须贾去游说秦国权相穰侯退兵。须贾对穰侯说：

> 臣闻魏之长吏谓魏王曰："昔梁惠王伐赵，战胜三梁，拔邯郸；赵氏不割，而邯郸复归。齐人攻卫，拔故国，杀子良；卫人不割，而故地复反。卫、赵之所以国全兵劲而地不并于诸侯者，以其能忍难而重出地也。宋、中山数伐割地，而国随以亡。臣以为卫、赵可法，而宋、中山可为戒也。秦，贪戾之国也，而毋亲。蚕食魏氏，又尽晋国，战胜暴子（即暴鸢），割八县，地未毕入，兵复出矣。夫秦何厌之有哉！今又走芒卯，入北宅，此非敢攻梁也，且劫王以求多割地。王必勿听也。今王背楚、赵而讲秦，楚、赵怒而去王，与王争事秦，秦必受之。秦挟楚、赵之兵以复攻梁，则国求无亡不可得也。愿王之必无讲也。王若欲讲，少割而有质；不然，必见欺。"此臣之所闻于魏也，愿君之以是虑事也。《周书》曰"惟命不于常"，此言幸之不可数也。夫战胜暴子，割八县，此非兵力之精也，又非计之工也，天幸为多矣。今又走芒卯，入北宅，以攻大梁，是以天幸自为常也。智者不然。臣闻魏氏悉其百县胜甲以上戍大梁，臣以为不下三十万。以三十万之众守梁七仞之城，臣以为汤、武复生，不易攻也。夫轻背楚、赵之兵，陵七仞之城，战三十万之众，而志必举之，臣以为自天地始分以至于今，未尝有者也。攻而不拔，秦兵必罢，陶邑必亡，则前功必弃矣。今魏氏方疑，可以少割收也。愿君逮楚、赵之兵未至于梁，亟以少割收魏。魏方疑而得以少割为利，必欲之，则君得所欲矣。楚、赵怒于魏之先己也，必争事秦，从以此散，而君后择焉。且君之得地岂必以兵哉！割晋国，秦兵不攻，而魏必效绛安邑。又为陶开两道，几尽故宋，卫必效单父。秦兵可全，而君制之，何索而不得，何为而不成！愿君熟虑之而无行危。[2]

---

① 《史记·韩世家》。

② 《史记·穰侯列传》。

须贾对穰侯说魏国再能召集三十万兵力同心勠力抵御秦国恐怕是他威吓秦国的夸大之辞，如果魏国真有这个实力也不必之前多次割地求和了。反倒是须贾提到楚、赵之兵前来救魏为秦国所顾忌，于是穰侯决定撤兵。秦军撤军后，段干子(《战国策·魏策三》作"段干崇")向魏安釐王建议献南阳(在今河南济源至获嘉一带)予秦以求和。苏代(《战国策·魏策三》作"孙臣")对魏王说："欲玺者段干子也，欲地者秦也。今王使欲地者制玺，使欲玺者制地，魏氏地不尽则不知已。"苏代的大意就是说段干子怀有私心，想用魏国的土地换取秦国的好处。他又接着说如果靠用土地来侍奉秦国，就好比"抱薪救火，薪不尽，火不灭"。魏王说话虽如此，但事情已经开始操作，无法变更了。苏代对曰："王独不见夫博之所以贵枭(一种赌博工具，刻有枭头)者，便则食，不便则止矣。今王曰'事始已行，不可更'，是何王之用智不如用枭也？"①但最终魏王还是决定献出南阳向秦求和。

魏安釐王为表示求和的诚意，还曾打算亲自到秦国去朝见秦王。大臣周欣反对魏王赴秦，他说："宋人有学者，三年反而名其母。其母曰：'子学三年，反而名我者，何也？'其子曰：'吾所贤者，无过尧、舜，尧、舜名。吾所大者，无大天地，天地名。今母贤不过尧、舜，母大不过天地，是以名利母也。'其母曰：'子之于学者，将尽行之乎？愿子之有以易名母也。子之于学也，将有所不行乎？愿子之且以名母为后也。'今王之事秦，尚有可以易入朝者乎？愿王之有以易之，而以入朝为后。"魏王看出来周欣是怕他去秦国被扣留不能回国，他说："许绾为我祝曰：'入而不出，请殉寡人以头。'"周欣对曰："如臣之贱也，今人有谓臣曰，入不测之渊而必出，不出，请以一鼠首为女殉者，臣必不为也。今秦不可知之国也，犹不测之渊也；而许绾之首，犹鼠首也。内王于不可知之秦，而殉王以鼠首，臣窃为王不取也。且无梁孰与无河内急？"魏王说当然身家性命是最重要的。周欣反问道："以三者，身，上也；河内，其下也。秦未索其下，而王效其上，可乎？"不过魏王还是没听进去周欣的意见。大臣支期劝魏王即使要朝秦也要看楚王的动向，"楚王入秦，王以三乘先之；楚王不入，楚、魏为一，尚足以捍秦。"魏王这才打消了去秦国的念头，不过他说自己已经答应了秦国的应侯了，不去恐怕不行。支期请魏王勿

① 《史记·魏世家》。《战国策·魏策三》记载魏王采纳了意见，没有献出南阳，而《史记·秦本纪》《六国年表》的记载则相反，本书采信后者。

忧,他让魏国的长信侯去交涉这件事。

支期告诉长信侯魏王要召见他,长信侯问:“王何以臣为?”支期说他也不清楚,而且魏王很急着见他。长信侯是促成此事的中间人,他此时猜到了一二,说:“吾内王于秦者,宁以为秦邪?吾以为魏也。”支期反驳道:“君无为魏计,君其自为计。且安死乎?安生乎?安穷乎?安贵乎?君其先自为计,后为魏计。”长信侯不太想去,推脱说:“楼公将入矣,臣今从。”支期催促道:“王急召君,君不行,血溅君襟矣!”两人遂入宫见魏王。支期先进入宫中对魏王说:“伪病者乎而见之,臣已恐之矣。”长信侯入宫觐见,魏王对他说:“病甚奈何!吾始已诺于应侯矣,意虽道死,行乎?”长信侯见状,对曰:“王毋行矣!臣能得之于应侯,愿王无忧。”①这样魏王朝见秦王之行才算作罢。

(二)赵奢将兵　破秦阏与

公元前276—前273年秦对魏国的征伐迫使韩、魏两国暂时屈服于秦国。通过这些大小战役能够看出,秦国的实力已非常明显处于其他各国之上。齐国自从被乐毅将五国军攻伐后,实力已远不如前,在东方各国中,只有赵国的实力可算最强。赵惠文王时,曾几度攻打齐国。赵惠文王十六年(前283年),廉颇伐取齐的阳晋(今山东郓城);十九年(前280年),赵奢攻取齐麦丘(今山东商河西北),次年,廉颇再次领兵攻齐。看到这一点,在华阳之役后,秦给赵国增兵四万,欲联合赵攻齐。齐襄王听闻后马上请苏代为齐国写信一封偷偷地送给穰侯。信中说:

> 臣闻往来者言曰:“秦将益赵甲四万以伐齐。”臣窃必之敝邑之王曰:“秦王明而熟于计,穰侯智而习于事,必不益赵甲四万以伐齐。”是何也?夫三晋之相与也,秦之深雠也。百相背也,百相欺也,不为不信,不为无行。今破齐以肥赵。赵,秦之深雠,不利于秦。此一也。秦之谋者,必曰:“破齐,獘晋、楚,而后制晋、楚之胜。”夫齐,罢国也,以天下攻齐,如以千钧之弩决溃痈也,必死,安能獘晋、楚?此二也。秦少出兵,则晋、楚不信也;多出兵,则晋、楚为制于秦。齐恐,不走秦,必走晋、楚。此三也。秦割齐以啖晋、楚,晋、楚案之以兵,秦反受敌。此四也。是

① 《战国策·魏策三》。

晋、楚以秦谋齐,以齐谋秦也,何晋、楚之智而秦、齐之愚?此五也。故得安邑以善事之,亦必无患矣。秦有安邑,韩氏必无上党矣。取天下之肠胃,与出兵而惧其不反也,孰利?臣故曰秦王明而熟于计,穰侯智而习于事,必不益赵甲四万以代齐矣。①

在信中提到的五点不可伐齐的原因中,第四点是最为关键的。秦国刚刚大败魏、韩、赵、楚四国,掠走了大片土地,秦国也担心他们联合起来报复自己,因此穰侯便不再进军,领兵返回。秦国联赵伐齐,恐怕也掺杂着穰侯的私心。秦相穰侯魏冉被封予陶(今山东定陶西南)之后,想要向东扩展夺取齐国的土地以扩展自己的封地。因为在此后(前 271 年)秦国有一位客卿灶(《战国策》作"客卿造")曾劝穰侯伐取齐国的刚、寿以广其陶邑,他对穰侯是这样说的:"秦封君以陶,藉君天下数年矣。攻齐之事成,陶为万乘,长小国,率以朝天子,天下必听,五伯之事也。攻齐不成,陶为邻恤而莫之据也。故攻齐之于陶也,存亡之机也。"②于是客卿灶领兵攻齐,取刚(今山东宁阳东北)、寿(今山东东平南)二城予穰侯。可见穰侯在秦、赵联合伐齐这件事情上有可能起了推波助澜的作用。

华阳之役后的四年时间内秦、赵两国并无战事发生,可以说是各干各的,互不干涉。但一件事情的发生使两国再起战端。前文曾提到过,秦昭王二十五(前 282 年)、二十六年曾经夺取了赵国兹氏、祁、蔺、离石等四座城池,当时赵国为求和,派公子部作人质。这件事情过了十几年后,秦昭王三十八年(前 269 年),秦国提过以蔺、离石、祁三座城换取赵国焦(地望不详)、黎(今山西黎城东北③)、牛狐(地望不详)三座城,赵国也同意了。但没过多久赵国不想履行与秦国的协议了,不肯出让焦、黎、牛狐三城。秦王闻之大怒,派公子缯来索要土地。赵王就派郑朱答复他说:"夫蔺、离石、祁之地,旷远于赵,而近于大国。有先王之明与先臣之力,故能有之。今寡人不逮,其社稷之不能恤,安能收恤蔺、离石、祁乎?寡人有不令之臣,实为此事也,非寡人之所敢知。"④如此一来更加激怒了秦国。秦王令胡伤(原文作"胡易",

---

① 《史记·穰侯列传》。
② 《战国策·秦策三》。
③ 《中国历史地图集》第一册标于今河南浚县东北。
④ 《战国策·赵策三》。

误）率军进攻赵国，伐阏与（今山西和顺）。赵王于是找来廉颇问能不能前去救援，廉颇说："道远险狭，难救。"又找来乐乘，乐乘也作如是说。赵王又招来赵奢，赵奢说："其道远险狭，譬之犹两鼠斗于穴中，将勇者胜。"[①]于是赵王便以赵奢为将，率军解阏与之围。

赵奢此人并不是行伍出身，原来在赵国是个负责征收田税的小官吏。一次执行公务中的冲突让他得到了赵国平原君赵胜的赏识。赵奢前去收租税，平原君家不肯缴纳。赵奢秉公而断，处死了平原君家管事的九个人。平原君闻之大怒，要杀赵奢。赵奢对他说："君于赵为贵公子，今纵君家而不奉公则法削，法削则国弱，国弱则诸侯加兵，诸侯加兵是无赵也，君安得有此富乎？以君之贵，奉公如法则上下平，上下平则国强，国强则赵固，而君为贵戚，岂轻于天下邪？"平原君是个爱才、惜才之人，听到他这一番话，不但不杀赵奢，反而将其推荐给赵王。赵王任用赵奢管理全国赋税，赵奢管理得井井有条，使赵国"国赋大平，民富而府库实"。[②] 可见赵奢的确有治国之能。赵奢虽治国有方，但从未带兵打过仗，这一场与秦国的交锋是对他的严峻考验。

赵奢率军从邯郸出发，行进到距邯郸三十里的时候，他传令下去说："有以军事谏者死"。秦军驻扎在武安（今河北武安西南，位于阏与西南方）西边，每天击鼓练兵的声音都把武安屋顶的瓦震动了。军中有一个侦察兵建议赵奢赶快去救武安，赵奢说到做到，将其斩首。赵军坚守壁垒，停留了二十八天没有前进，而且还在不断加筑营垒。秦军派间谍前来打探消息，赵奢也以美味佳肴款待一番后将其礼送出营。这名秦军间谍回去将所见所闻禀报给秦将，秦将听后大喜，说："夫去国三十里而军不行，乃增垒，阏与非赵地也。"赵奢将秦军间谍送走后，即令赵军将士卸下身上的甲胄，轻装向阏与急行军。这样，用了两天一夜赵军就赶至阏与附近。赵奢下令善射者在阏与五十里外扎营。赵军筑好营垒后，秦军得知了这一消息，立刻赶过来。赵军军士许历请求提出军事谏言，赵奢这时不再坚持禁令，同意了他的请求。许历说："秦人不意赵师至此，其来气盛，将军必厚集其阵以待之。不然，必败。"赵奢郑重其事地对他说："请受令。"许历以为自己违反了先前的禁令，

① 《史记·廉颇蔺相如列传》。
② 《史记·廉颇蔺相如列传》。

说:“请就铁质之诛。”[①]赵奢说等回去再说。许历请求再提一条建议,他建议先占领北面山头的有利地势。赵奢采纳了他的意见,马上派出一万人前去占领。秦军后到,与赵军争夺北山,但没有攻上去。赵军此时占据高处的有利地势,赵奢命令士兵出击,遂大破秦军。秦军四散逃走,阏与之围解除,赵军回师。阏与之役是一场规模很大的战争。就在这一年战争结束后不久,齐相田单曾对赵奢打仗用兵表示不服,他提道:“吾非不说将军之兵法也,所以不服者,独将军之用众。……单闻之,帝王之兵,所用者不过三万,而天下服矣。今将军必负十万、二十万之众乃用之,此单之所不服也。”[②]田单说赵奢用兵动辄以十万、二十万计,由此推之,阏与之役,面对强秦,参战人数必不会少。因为此役的大胜,赵奢被赵王赐予马服君的封号,地位与廉颇、蔺相如相等(二者都为上卿)。而那个敢于冒死提出谏言的许历也被擢拔为国尉(高级武将的官职)。[③] 在阏与之战后,秦国不甘心失败,又来攻几(今河北大名东南)。这次廉颇前去救援,再次大败秦军。

阏与之役的失败是自孟尝君连横齐、魏、韩三国攻入函谷关(前298年)以来秦国遭受最大的一次挫折。不过这次失利并没有对秦国的实力有太大的削弱,其主要的作用只限于使秦国不敢轻易地进攻赵国。而对于其他国家,秦国还是会一如既往地进行侵伐,因为到这时东方国家的实力相对于秦国呈现显著下降的趋势,而秦国的主要目的就是要尽可能地扩张领土。从本章所涉及的秦国与魏、韩、赵、楚、齐之间战争的态势来看,除了个别战役,秦国处于明显的战略优势。秦国自惠王以来,以其强大的实力作为后盾,任用纵横家以巧妙、灵活的外交和军事手段,在各国不断交战中通过攻略城邑使自身的实力不断增强。东方各国则由于不断失去战略要地而越来越受制于秦国。苏代曾经劝阻燕昭王不要应秦王之请去秦国,他对秦国咄咄逼人的气势是这样描述的:

> 秦之行暴于天下,正告楚曰:“蜀地之甲,轻舟浮于汶(汶江,即今岷江),乘夏水(夏天水涨之时)而下江,五日而至郢。汉中之甲,乘舟出于

① 《史记·廉颇蔺相如列传》。
② 《战国策·赵策三》。
③ 《史记·廉颇蔺相如列传》。

巴,乘夏水而下汉,四日而至五渚。寡人积甲宛,东下随(今湖北随州),知者不及谋,勇者不及怒,寡人若射隼矣。王乃待天下之攻函谷,不亦远乎?”楚王为是之故,十七年事秦。

秦正告韩曰:“我起乎少曲,一日而断太行。我起乎宜阳而触平阳(今山西临汾西南),二日而莫不尽繇。我离两周而触郑(韩都新郑),五日而国举。”韩氏以为然,故事秦。

秦正告魏曰:“我举安邑,塞女戟,韩氏、太原卷。我下枳,道南阳、封、冀,包两周,乘夏水,浮轻舟,强弩在前,铦戈在后,决荥口(当作‘荥口’,荥口在今河南武陟东南黄河故道南岸,位于大梁西北,决之可引黄河水灌大梁),魏无大梁;决白马之口(今河南滑县东北黄河故道岸边),魏无济阳(今河南兰考东北);决宿胥之口(今河南滑县西南黄河故道岸边),魏无虚(今河南延津东北)、顿丘(河南清丰西)。陆攻则击河内,水攻则灭大梁。”魏氏以为然,故事秦。①

苏代的言谈中使用了“正告楚”“正告韩”“正告魏”这样的词汇,可见秦国在面对这些国家时完全是一种居高临下、颐指气使的态度。对于实力强大的秦国,各国不想惹祸上身,只好表示顺服。即便如此,各国还是不可避免地受到秦国的入侵。这种态势预示着战国时期秦国独霸局面即将形成。然而这时秦国还不能在中原地区完全随心所欲,因为还有赵国这样一个不易对付的对手。

① 《战国策·燕策二》。

第十一章　秦国战略的转换:范睢与“远交近攻”

一、初显才华遭诬陷

范睢[①],字叔,战国时期魏国人。初,他自恃才气抱负,本来想在魏王那里求官。可是因为他的家境贫寒,没有钱疏通,于是就投到魏国的中大夫[②]须贾的门下做舍人。

齐国田单复国后,国势渐渐恢复,范睢跟从须贾到齐国去修好。在这次外交中范睢表现了极高的才能,深为齐襄王田法章所敬重,田法章私下里去派人赠给他金子和酒,他拒绝了金子,只收取了所送的酒。

须贾知道这件事以后,不但不表扬范睢拒绝诱惑,还怀疑他私通齐国,回国后就向魏国国相魏齐告发范睢。魏齐震怒,在大会宾客的席间将范睢打断肋骨、打脱牙齿,打得体无完肤。范睢在无奈的情况之下,只好装死。魏齐命家人用席子将范睢卷起来,扔进厕所里,还让醉酒的宾客们都向他身上撒尿,以此来惩戒后人,不得妄言。范睢苏醒后,买通守卒,让守卒把自己当死人扔了出去。范睢逃回家,将伤口包裹之后,就连夜去投奔自己的结义兄弟郑安平,并且临走之前叮嘱妻子要她在家里发丧,就像范睢真的死了一样的做法,以避免魏齐他们的怀疑。范睢的妻子按照吩咐办了丧事。第二天,魏齐酒醒之后果然疑心范睢会死而复醒,就派人去察看范睢的尸体,却只剩下包裹他尸体的苇席,以为范睢的尸体肯定是被那些野猪野狗给叼走了。随后魏齐立即派人去范睢的家中窥察,听说他的家人都戴着孝,悲痛不

---

① 中华书局 1982 年标点本《史记》作“范睢”,实应作“范睢”。参见杨宽《战国史》(上海人民出版社 2003 年版)第 410 页注。

② 古代官名。周王室及诸侯各国卿以下有上大夫、中大夫、下大夫。

已,魏齐这才相信范雎已经死了,于是不再怀疑。

半年后,范雎逐渐康复,他通过友人郑安平的帮助,和出使魏国的秦国使者王稽(秦国将领)秘密联系,王稽见到范雎并与之交谈后,觉得范雎很有才能,于是在返回秦国的时候,就秘密地将范雎带在车上。进了函谷关以后,突见一群车骑迎面而来,范雎询问王稽,王稽告诉他那是秦国丞相穰侯魏冉代表秦王巡察城池,范雎急忙对王稽说:“吾闻穰侯专秦权,恶内诸侯客,此恐辱我,我宁匿车中。”[①]原来范雎早就听说穰侯在秦国专权,并且他妒贤嫉能,不愿意秦国接纳诸侯国来的宾客。范雎怕被穰侯见到后,自己会被他侮辱,就先藏在王稽的车厢里躲一躲。魏冉的车仗转眼间到了跟前,他和王稽打过招呼之后就瞄着车里,说:“诸君得无与诸侯客子俱来乎?无益,徒乱人国耳。”[②]就是委婉地在问王稽是否将宾客带回秦国来。王稽说自己没有载诸侯国的宾客,魏冉这才离去。刚刚走过去不远,范雎从车厢里出来,要求离车先行。他对王稽说:“吾闻穰侯智士也,其见事迟,乡者疑车中有人,忘索之。”[③]范雎看到魏冉刚刚察看王稽车子的时候,就已经产生怀疑了,一时没有来得及搜索,等一下必定会后悔,后悔了就会回来,于是请求先躲躲。大约又走了十余里,只见后面有二十余快马飞速赶来,声称是奉了国相的命令,恐怕大夫车上带有游客,因此派我们回来察看察看。众兵卒将车中仔细地搜查了一遍,见没有其他人,这才回去复命。

由此可见,范雎此时不仅初露过人的才华,而且通过亲身经历深知政治斗争的黑暗性,开始学会如何保护自己的人身安全,为日后的崛起保存了实力。

二、历尽磨难始相秦

(一)面君分析纵横事

到了咸阳,王稽将范雎推荐给秦昭王。秦昭王不了解范雎,开始并没有任用他的意思。他在秦国住了一年多,始终没有机会向秦王进说。

---

① 《史记·范雎蔡泽列传》。
② 《史记·范雎蔡泽列传》。
③ 《史记·范雎蔡泽列传》。

这时恰逢穰侯带兵越过韩、魏去攻打齐国的刚、寿（刚故城在今山东宁阳东北35里，寿在今东平南50里），范雎就乘机上书给秦昭王，说：

> 臣闻明主立政，有功者不得不赏，有能者不得不官，劳大者其禄厚，功多者其爵尊，能治众者其官大。故无能者不敢当职焉，有能者亦不得蔽隐。使以臣之言为可，愿行而益利其道；以臣之言为不可，久留臣无为也。语曰：“庸主赏所爱而罚所恶；明主则不然，赏必加于有功，而刑必断于有罪。”今臣之胸不足以当椹质，而腰不足以待斧钺，岂敢以疑事尝试于王哉！虽以臣为贱人而轻辱，独不重任臣者之无反复于王邪？
>
> 且臣闻周有砥厄，宋有结绿，梁有县藜，楚有和朴（砥厄、结绿、县藜和朴均为宝玉名），此四宝者，土之所生，良工之所失也，而为天下名器。然则圣王之所弃者，独不足以厚国家乎？
>
> 臣闻善厚家者取之于国，善厚国者取之于诸侯。天下有明主则诸侯不得擅厚者，何也？为其割荣也。良医知病人之死生，而圣主明于成败之事，利则行之，害则舍之，疑则少尝之，虽舜禹复生，弗能改已。语之至者，臣不敢载之于书，其浅者又不足听也。意者臣愚而不概于王心邪？亡其言臣者贱而不可用乎？自非然者，臣愿得少赐游观之间，望见颜色。一语无效，请伏斧质。①

这里大意是说大王您是明君，我只是一介小民，人贱言微，但是我有一腔报国的热诚，希望大王您给我个机会，让我面见您来陈述我的观点。报告呈上以后，秦昭王很高兴，于是向王稽道谢，派人用车召见范雎。范雎到达后，望着秦昭王的车仗相拥而来，假装不知道，向前走也不避让。宦官来驱逐他，说秦王来了，范雎回答说：“秦安得王？秦独有太后、穰侯耳。”②范雎告诉秦王说他只知道秦国有太后和穰侯，怎么还有个秦王呢？还是不躲避秦王。宦官就将范雎的话告诉了秦昭王，秦昭王也不生气，将他迎到宫里，以上宾的礼仪来招待他，又屏退了左右宦者，宫中再也没有其他人，就长跪而问范雎先生有什么要指教的，范雎再三推脱。秦昭王长跪在座席上问范雎为什

① 《史记·范雎蔡泽列传》。

② 《史记·范雎蔡泽列传》。

么不肯指教他。范雎说:

非敢然也。臣闻昔者吕尚之遇文王也,身为渔父而钓于渭滨耳。若是者,交疏也。已说而立为太师,载与俱归者,其言深也。故文王遂收功于吕尚而卒王天下。乡使文王疏吕尚而不与深言,是周无天子之德,而文武无与成其王业也。今臣羁旅之臣也,交疏于王,而所愿陈者皆匡君之事,处人骨肉之间,愿效愚忠而未知王之心也。此所以王三问而不敢对者也。臣非有畏而不敢言也。臣知今日言之于前而明日伏诛于后,然臣不敢避也。大王信行臣之言,死不足以为臣患,亡不足以为臣忧,漆身为厉、被发为狂不足以为臣耻。且以五帝之圣焉而死,三王之仁焉而死,五伯之贤焉而死,乌获(战国时大力士。秦国人,与任鄙、孟说齐名,孟轲说他力能举百钧)任鄙(战国时期秦武王的力士。官至汉中郡守,昭王十九年死)之力焉而死,成荆(亦称“成𫠁”“成庆”,春秋时期齐国勇士)、孟贲(战国时期齐国勇士)、王庆忌(即庆忌,春秋时吴国人,君主王僚的儿子。出身将门,自幼习武,力量过人,勇猛无畏)、夏育(系春秋时期卫国大力士)之勇焉而死。死者,人之所必不免也。处必然之势,可以少有补于秦,此臣之所大愿也,臣又何患哉!伍子胥橐载而出昭关(今安徽省含山县城以北7.5公里处),夜行昼伏,至于陵水,无以糊其口,膝行蒲伏,稽首肉袒,鼓腹吹篪,乞食于吴市,卒兴吴国,阖闾为伯。使臣得尽谋如伍子胥,加之以幽囚,终身不复见,是臣之说行也,臣又何忧?箕子(箕子,胥名余,今山西榆社人,因封国于箕,箕位于今山西太谷县北,爵为子,故称箕子)、接舆(接舆,春秋时代楚国著名的隐士。姓陆,名通,字接舆。平时“躬耕以食”,因对当时社会不满,剪去头发,佯狂不仕,所以也被人们称为称楚狂接舆。)漆身为厉,被发为狂,无益于主。假使臣得同行于箕子,可以有补于所贤之主,是臣之大荣也,臣有何耻?臣之所恐者,独恐臣死之后,天下见臣之尽忠而身死,因以是杜口裹足,莫肯向秦耳。足下上畏太后之严,下惑于奸臣之态,居深宫之中,不离阿保之手,终身迷惑,无与昭奸。大者宗庙灭覆,小者身以孤危,此臣之所恐耳。若夫穷辱之事,死亡之患,臣不敢畏也。

臣死而秦治,是臣死贤于生。[1]

范雎以历史上的姜尚和文王的典故来表明自己对秦王的忠心,能得到秦王的任用,哪怕是落得像伍子胥、箕子、接舆等人一样的下场也是值得的。范雎自己所担心的是怕他死了以后,人们会由于恐惧而闭口不言。秦王对上畏惧太后的威严,对下又迷惑于大臣的虚伪,住在深宫之中,不离宫中侍奉之人之手,终身迷惑糊涂,不能了解坏人坏事。这样,大而言之,则会使得国家遭受灭亡之祸,小而言之,则使得自己处于孤立危境。这就是范雎所害怕的。如果小人雎死了,秦国却治理得很好,这比我活着要好得很多。秦王听了范雎的话跪身说:

先生是何言也!夫秦国辟远,寡人愚不肖,先生乃幸辱至于此,是天以寡人慁先生而存先王之宗庙也。寡人得受命于先生,是天所以幸先王,而不弃其孤也。先生奈何而言若是!事无小大,上及太后,下至大臣,愿先生悉以教寡人,无疑寡人也。[2]

范雎向秦昭王拜了两拜,秦王也再次回拜。范雎说:

大王之国,四塞[3]以为固,北有甘泉(甘泉山,今泾阳县西北百二十里)、谷口(今陕西礼泉东北),南带泾、渭(渭水,出今甘肃渭源县鸟鼠山,东至潼关入黄河),右陇、蜀,左关、阪(即崤函),奋击百万,战车千乘,利则出攻,不利则入守,此王者之地也。民怯于私斗而勇于公战,此王者之民也。王并此二者而有之。夫以秦卒之勇,车骑之众,以治诸侯,譬若驰韩卢(战国时韩国的名犬,色黑,故名卢)而搏蹇兔也,霸王之业可致也。而群臣莫当其位。至今闭关十五年,不敢窥兵于山东者,是穰侯为秦谋不忠,而大王之计有所失也。[4]

① 《史记·范雎蔡泽列传》。
② 《史记·范雎蔡泽列传》。
③ 《史记·项羽本纪》《集解》引徐广曰:“东函谷,南武关,西散关,北萧关。”
④ 《史记·范雎蔡泽列传》。

这里范雎从地理位置、国力、兵力等方面分析秦国策略的失误，说明穰侯并不是为国家忠心谋划，而是为一己之私。

秦昭王要范雎分析秦国政策的失误之处。范雎接着说："夫穰侯越韩、魏而攻齐纲、寿，非计也。少出师则不足以伤齐，多出师则害于秦。臣意王之计，欲少出师而悉韩、魏之兵也，则不义矣。今见与国之不亲也，越人之国而攻，可乎？其于计疏矣。且昔齐湣王南攻楚，破军杀将，再辟地千里，而齐尺寸之地无得焉者。岂不欲得地哉？形势不能有也。诸侯见齐之罢弊，君臣之不和也，兴兵而伐齐，大破之。士辱兵顿，皆咎其王，曰：'谁为此计者乎？'王曰：'文子为之。'大臣作乱，文子出走。故齐所以大破者，以其伐楚而肥韩、魏也。此所谓借贼兵赍盗粮者也。王不如远交而近攻，得寸则王之寸也，得尺亦王之尺也。今释此而远攻，不亦缪乎！且昔者中山之国地方五百里，赵独吞之，功成名立而利附焉，天下莫之能害也。今夫韩、魏中国之处而天下之枢也，王其欲霸，必亲中国以为天下枢，以威楚、赵。楚强则附赵，赵强则附楚，楚、赵皆附，齐必惧矣。齐惧，必卑辞重币以事秦。齐附而韩、魏因可虏也。"①

秦王又请教解决这一问题的具体办法。昭王曰："吾欲亲魏久矣，而魏多变之国也，寡人不能亲。请问亲魏奈何？"对曰："王卑词重币以事之；不可，则割地而赂之；不可，因举兵而伐之。"王曰："寡人敬闻命矣。"②于是拜范雎为客卿，谋划军事。按照范雎的计策，秦国出兵攻打魏国的邢丘（今河南温县东南赵保乡平皋故城），邢丘被攻陷，魏国果然来请求归附。

这时范雎复说昭王曰："秦、韩之地形相错如绣。秦之有韩也，譬如木之有蠹也，人之有心腹之病也。天下无变则已，天下有变，其为秦患者孰大于韩乎？王不如收韩。"昭王曰："吾固欲收韩，韩不听，为之奈何？"对曰："韩安得无听乎？王下兵而攻荥阳（今河南荥阳西南十二里），则巩、成皋（成皋城筑于今河南荥阳县汜水城西约500米处的高壁上）之道不通；北断太行之道，则上党③之师不下。王一兴兵而攻荥阳，则其国断而为三。夫韩见必亡，

---

① 《史记·范雎蔡泽列传》。

② 《史记·范雎蔡泽列传》。

③ 上党本为韩国的别都，三家分晋，各得上党的一部，韩上党郡在进山西沁河以东一带地区，北面和赵上党郡相接。

安得不听乎？若韩听,而霸事因可虑矣。”王曰:“善。”且欲发使于韩。[1] 范雎从地理位置上说秦国和韩国的地形,像绣花一样犬牙交错;秦国旁边有个韩国存在,就像树木有蛀虫,人体有疾病一样。天下如有变故,对秦国构成危害的莫过于韩国。大王不如收服韩国。秦昭王问如何让韩国归附。范雎说:“起兵攻打荥阳,那么成皋的路就不通了;北部截断太行山的隘道,那么上党的兵也就不能南下了;一举攻下荥阳,那么韩国将分成孤立的三块。韩国看到自己将要灭亡,怎么能够不服从呢？韩国服从了,秦国的霸业就可以成功了。”

以上范雎从地理位置上分析了伐齐的弊端,说明秦国越过韩国和魏国去讨伐齐国是不明智的,并进而提出了著名的远交近攻策略。这里所说的远交近攻就是先进攻邻近的魏国和韩国等国家,拉拢远方的齐国,使齐国“卑辞重币以事秦”,主动和秦建立友好关系。范雎开始用他的兼并战略指导国家的军事行为。嬴稷采纳了他的建议,阻止了伐齐。并且自此,秦国坚定地和好齐国,与齐国四十余年没有发生过战争,争取了他们在秦国兼并战争中的中立,而专心对付韩、魏等国,远交近攻的策略从此成为秦国的重要军事外交政策。

(二)整肃内政贬“四贵”

范雎受到秦昭王嬴稷的信任,逐渐掌握实权。他见外事已了,解决国内问题的时机已经成熟,便对秦昭王说:

> 臣居山东时,闻齐之有田文,不闻其有王也;闻秦之有太后、穰侯、华阳(宣太后的二弟)、高陵(王子悝,封为高陵君,封地在陕西高陵,后来又换封地为邓,即今河南郾城)、泾阳(王子芾,封为泾阳君,封地在今陕西泾阳,后来又换了一块封地是宛,即今河南南阳),不闻其有王也。夫擅国之谓王,能利害之谓王,制杀生之威之谓王。今太后擅行不顾,穰侯出使不报,华阳、泾阳等击断无讳,高陵进退不请。四贵备而国不危者,未之有也。为此四贵者下,乃所谓无王也。然则权安得不倾,令安得从王出乎？臣闻善治国者,乃内固其威而外重其权。穰侯使者操

---

① 《史记·范雎蔡泽列传》。

王之重，决制于诸侯，剖符于天下，政適伐国，莫敢不听。战胜攻取则利归于陶，国毙御于诸侯；战败则结怨于百姓，而祸归于社稷。诗曰："木实繁者披其枝，披其枝者伤其心；大其都者危其国，尊其臣者卑其主。"崔杼、淖齿管齐，射王股，擢王筋，县之于庙梁，宿昔而死。李兑管赵，囚主父于沙丘，百日而饿死。今臣闻秦太后、穰侯用事，高陵、华阳、泾阳佐之，卒无秦王，此亦淖齿、李兑之类也。且夫三代所以亡国者，君专授政，纵酒驰骋弋猎，不听政事。其所授者妒贤嫉能，御下蔽上，以成其私，不为主计；而主不觉悟，故失其国。今自有秩以上至诸大吏，下及王左右，无非相国之人者。见王独立于朝，臣窃为王恐：万世之后，有秦国者非王子孙也。①

以上范雎用事实为秦王分析王权被分的现实，并且预计未来的后果，即未来秦国的子孙将被别人取代，对于这番绝非危言耸听的言论，秦王大为震惊，他听后打了一个冷战，再拜致谢。随后下令禁止皇太后再过问政事，将她置于深宫。拜范雎为相，收缴魏冉的相印，解除嬴悝、嬴显等人的职务，驱逐他们的朋党，遣送他们回到各自的封地。

公元前266年，秦王封范雎为相，封于应地（今河南宝丰），号为应侯。

虽然穰侯魏冉不再担任秦国的相，但他对秦国，尤其是秦昭王的即位所做出的贡献是不可忽视的。这魏冉是秦昭王母亲宣太后同母异父的弟弟，惠王、武王时他就为臣。武王的生母是惠文后，武王死，宣太后和惠文后的儿子争王位，由于武王的母亲是惠文后，惠文后的儿子处于争王位的有利地位。但是魏冉立了宣太后的儿子为王，这就是秦昭王。昭王以魏冉为将军，宿卫咸阳。是年，与昭王争王位的公子壮联合诸公子、大臣作乱，魏冉将他们统统杀掉。惠文后不得好死，武王后人出居于魏。昭王年少，所以才有了魏冉当政。他曾多次率兵攻三晋，支持白起的对外战争。在昭王时期，魏冉为相当政达40年左右。尽管如此，当穰侯的势力发展到了威胁秦王政权的时候，秦王依旧要铲除他，这是历史的必然。

"四贵"的贬除对于打击外戚势力、加强中央集权及秦国的政治建设有重大的意义。范雎在制订了对外"远交近攻"的政策后，又以贬"四贵"的办

① 《史记·范雎蔡泽列传》。

法来巩固秦王的权力,使秦在统一过程中有一个稳定的内部统治核心,为远交近攻战略的实施提供了强有力的政治保障,也为秦最终统一六国创造了有利条件。

(三)羞辱须贾报宿仇

在制定好了大政方针、完成了内政的建设之后,范雎协助嬴稷对列国开始了大规模的兼并。这时候,魏昭王已经去世,他的儿子安釐王即位。他听说秦王采纳了新任丞相张禄的计谋,将要出兵伐魏,急忙召集群臣商议对策。信陵君无忌主张出兵迎敌,相国魏齐主张去见秦王讲和,认为这是万全之策。魏安釐王刚刚即位,没有经历过什么战事,于是就采纳了魏齐的计策,派中大夫须贾出使秦国,希望能够通过外交的手段化干戈为玉帛。而须贾正是当年在魏国欺辱诬陷范雎的人之一。

须贾奉命到了咸阳,住在驿馆之内。范雎听说须贾到咸阳的消息,就要报复他。于是他换掉平时光鲜华美的衣服,装作寒酸落魄的样子去驿馆见须贾。须贾一见到他,大为惊奇,问范雎现在以何为生?范雎说自己给人家当佣人糊口。须贾不觉心中动了哀怜之情,留下范雎共同进餐。当时正是冬天,范雎的衣服单薄。须贾并感叹范雎贫寒不堪,于是让人取了一件丝袍子给范雎穿,范雎穿了袍子再三道谢。此时,须贾还不知道范雎就是名满天下的秦相张禄。

饭后,范雎就充当须贾的车夫,一同到相府去拜见秦相。至相府舍门,谓须贾曰:“待我,我为君先入通于相君。”须贾待门下,持车良久。问门下曰:“范叔不出,何也?”门下曰:“无范叔。”须贾曰:“乡者与我载而入者。”门下曰:“乃吾相张君也。”须贾大惊,自知见卖,乃肉袒膝行,因门下人谢罪。于是范雎盛帷帐,侍者甚众,见之。须贾顿首言死罪,曰:“贾不意君能自致于青云之上!贾不敢复读天下之书,不敢复与天下之事!贾有汤镬之罪,请自屏于胡貉之地,唯君死生之!”范雎曰:“汝罪有几?”曰:“擢贾之发以续贾之罪,尚未足。”范雎曰:“汝罪有三耳。昔者楚昭王时,而申包胥为楚却吴军,楚王封之以荆五千户,包胥辞不受,为丘墓之寄于荆也。今雎之先人丘墓亦在魏,公前以雎为有外心于齐,而恶雎于魏齐,公之罪一也。当魏齐辱我于厕中,公不止,罪二也。更醉而溺我,公其何忍乎?罪三矣。然公之所以得无死者,以绨袍恋恋,有故人之意,故释公。”[①]于是让须贾离开。自己去晋见秦王,将自己过往的遭遇告诉了秦王。秦王要杀了须贾替范雎报仇,范雎阻止了。秦王便将须贾交给范雎,任由发落。

须贾来向范雎辞别。范雎声称要为故人安排饭食,他留下了须贾。午后开始大摆筵席,各国使者和宾客纷纷到来。须贾大半天没有吃饭,早已经饥肠辘辘。但是范雎并不招呼他入座,竟然和其他宾客一起饮酒进餐,仿佛把他忘了一般。过了一会儿,范雎才想起须贾。众位宾客一齐起身让座,范雎阻止了,接下来他将须贾的罪行向来宾一一叙述,然后他命人在堂下设一个小座,唤来须贾,让两名犯人将须贾夹在中间坐下了,席上没有酒食,只放了些炒熟的料豆,范雎让两名囚徒手捧料豆来喂须贾,就像喂马一样。须贾不敢违抗,将料豆都吃完并且再次叩头向范雎谢罪。范雎怒视他道:“为我告魏王:急持魏齐头来!不然者,我且屠大梁(今河南开封府浚仪城)。”[②]须贾连声答应,叩头离开。

须贾回国后,将范雎吩咐的事情告诉了魏王。魏王对于杀魏齐的事情犹豫不已,魏齐听说了这件事,就弃了相印,逃到赵国,投在平原君赵胜的门下。魏王将范雎家人风光地送到秦国,并将魏齐逃走一事告诉秦王。秦王嬴稷闻听之后,决心替范雎报仇到底。于是,秦王邀请赵胜到秦国访问。等赵胜抵达秦国后,立即囚禁赵胜,派人告诉赵国人用魏齐的头交换平原君。魏齐听说后,只好逃出赵胜住所,投奔宰相虞卿。虞卿辞官同魏齐逃到魏国,打算请王弟魏无忌帮助,再逃向楚国。魏无忌考虑到国家利益,不敢马上见面。魏齐一气之下,自杀身亡。赵王派人拿着他的头颅,送到秦国,秦国才将赵胜放归。范雎得到了魏齐的头,就让人做成了便溺之器,每日使用。由此可见范雎的报复心之强。

但是另一方面,他也是一个有恩必报的人。据记载,范雎的友人郑安平保护了他的性命,王稽帮助他逃往秦国。于是,在谋划报复须贾和魏齐的同时,他向嬴稷请求自贬爵位,来换取对郑、王二人的加封,其欲报恩的决心由此可见一斑。

---

① 《史记·范雎蔡泽列传》。

② 《史记·范雎蔡泽列传》。

三、远交近攻初显威

当初范雎向秦昭王提出兼并战略的要点首先是“远交而近攻”,只有这样才能巩固所攻取的土地,所谓“得寸则王之寸,得尺则王之尺”。他建议先去韩,认为韩与秦地形交错,是秦的“心腹之患”。其次是“毋独攻其地而攻其人”,因为这样才能在攻取土地的同时歼灭敌国的兵力。此时的秦国要灭亡其他国家而完成统一,“攻地”和“攻人”的确是上选之策。自从乐毅破齐后,秦国已经成为六国中实力最强大的国家,秦昭王和秦相魏冉早已制订了灭魏的计划,夺去了不少魏国土地,多次用兵围攻大梁,都没有成功。因为魏国有坚守的兵力,并且赵国、燕国等国家前来营救,这些国家的兵力也不是很弱。范雎从“十攻魏而不得伤”的事情中总结教训,进一步提出了“勿独攻其地而攻其人”的新战略,要攻城而兼顾攻人,可见范雎已经充分认识到了战争中“人”的重要性。

秦昭王按照范雎的计策行事,先攻打韩国和魏国,派使者到齐国和楚国先交好。

公元前268年秦昭王派五大夫(爵位名。秦二十等爵的第九级。高于二十等爵中第五、六、七级的大夫、官大夫、公大夫,号为“大夫之尊”。《商君书・境内篇》谓五大夫有赐邑三百家)绾伐魏,攻下了怀地(今河南武陟西南)。赵、齐、楚三国因而合纵出兵攻秦,赵国将军赵奢、齐国将军鲍佞做将领。但他们到了怀城却不进去救援,秦军撤退也不去追击。秦国因而停止了对魏的进攻。由于秦国没有达到使魏国屈服的目的,遂又于公元前266年攻魏,取邢丘(今河南温县东),迫使魏服从于秦。

魏国归顺秦国后,秦就可以专心按照范雎的计划攻打韩国了。在前文中,范雎提到攻韩,要先攻其交通枢纽地区,因此秦于公元前265年伐取韩的少曲(今河南济源东南)和高平(今河南孟县西)。这两座城邑相邻,是韩国上党郡通向都城新郑的必经之处,占领它们就等于将韩国分隔成两部分,使两部分不能彼此呼应。翌年,秦国又派白起围攻韩国的陉城(今山西曲沃北20里)。这次范雎为秦昭王献出一计让他即能得城又能“攻人”。范雎对秦昭王说进攻有“攻人”者,也有“攻城”者。过去穰侯魏冉先后十次攻魏而不得,不是秦弱而魏强,是因为他所攻是地,而地是君主“所甚爱也”,君主呢,又是“人臣之所乐为死也”。穰侯跟愿意为君主牺牲的人争夺君主所最爱的

土地,当然十次也攻不下来。进而范雎向秦王提出:“臣愿王之毋独攻其地,而攻其人也。王攻韩围陉,以张仪(误,应为韩相张平)为言。张仪之力多,且削地而以自赎于王,几割地而韩不尽;张仪之力少,则王逐张仪,而更于不如张仪者市。则王之所求于韩者,言可得也。”[①]依照范雎的建议既能得到土地又可以削弱韩相张平的力量。可见范雎“近攻”的战略可分为两个层面,一是夺取对手的土地,其二是削弱对手国内的反秦力量,消磨掉对手的抵抗意志,从而对秦国更加顺服。此役白起攻下了陉城、汾城等五座城池,斩首五万。

公元前 262 年,白起又攻下了韩国的野王(今河南沁阳),至此韩国的上党郡和韩本土完全隔绝了。这时秦相范雎一面发重兵攻太行陉,一面又发兵临荥阳,威胁韩的本土。因此韩的使臣阳城君到秦国,请求献出上党郡求和。但是上党郡的郡守坚决抵抗,韩桓惠王改派冯亭去接替他。冯亭到任后,也不愿降秦,并且认为降秦不如降赵;秦国如果知道赵国接收了上党郡,必然会迁怒于赵,一定会派兵到赵国去;秦攻赵,赵国一定会亲近韩国;韩国和赵国共同患难,就可以抵御秦国了。于是,他派使者到赵国见赵王,请求献上韩国上党郡的十七县。赵国贪图韩国的土地,接收了冯亭。封冯亭三万户,号曰华陵君,仍然做郡守。十七个县的县令各自封三千户,都世袭称侯。这时赵奢已死,蔺相如有病,赵王派廉颇去驻守长平(今山西高平西北),冯亭也留守长平。秦派左庶长王龁进攻长平,开始了战国以来从未有过的大战。

自公元前 262 年廉颇驻守长平,即修筑防御工事,准备长期固守。公元前 260 年 4 月秦将白起、王龁攻打赵国的长平,双方集合近百万大军,在沿着长平城左右 50 多里的山地建筑壁垒,东西对峙。由于廉颇的筑垒固守,与秦军相持 3 年,不分胜负,秦军也无可奈何。这时,秦相范雎派人到赵国当反间,说其实秦国人最怕赵奢的儿子赵括做大将,赵王信以为真,即派赵括代廉颇为将。赵括只会纸上谈兵,而无实际的指挥才能。他上任后,全部改变原来的规定,更换原来的官员,引起了军中的不满。赵括下令大举进攻秦军,秦军佯装失败逃走。赵括不知是计策,一直追到秦军的阵地前,秦军坚守,赵军不能前进。白起另派一支二万五千人的骑兵切断后路,又派了一支

---

① 《战国策·秦策三》。

五千人的骑兵分割赵军。赵军被分割包围,粮道被切断,只好在处境十分困难的情况下等待救兵和粮食。九月,赵军被围困在长平,断粮四十余日,以至于互相残杀,以人肉充饥。赵括不能制止,于是将军队和将士分成四队,一起突围。但是白起早有准备,突围失败。过了月余,赵括再次组织突围,结果中箭身亡,冯亭也自刎而死。赵军于是全线崩溃,不再抵抗,四十万大军全部投降秦军。白起将降秦的赵兵全部活埋,只放出了二百四十个年幼的战俘。这就是历史上有名的长平之战。

十月,白起将军队兵分两路继续攻赵,司马梗北上平定太原郡,并全部占有韩国的上党郡,王龁先攻皮牢(今山西翼城东北),继而东进,攻取武安(今河北武安西南),准备进攻赵都城邯郸,一举灭赵。韩国和魏国派苏代用丰厚的金银去贿赂应侯范雎,让范雎劝秦王罢兵。苏代告诉秦相范雎:如果赵国灭亡了,秦王就统治天下了,武安君就会位列三公。武安君为秦国攻下和占领了七十多个城邑,即使是周公、召公和吕望的功绩也超不过这些了。如果赵国灭亡,秦王统治天下,武安君就会位列三公,您必定会位在其下。范雎听后避席前趋,向苏代问计,苏代让秦和韩、赵讲和。秦国得到割让的土地,那就是范雎的功劳,并且又解除了武安君的兵权。范雎听后大喜。第二天就去见嬴稷,建议与韩赵两国讲和。嬴稷采纳了范雎的意见,同意割韩国的垣雍、赵国的六座城之后再讲和。

四、任人不善终让贤

长平之战后赵国打算用城池换取秦军退兵的计划因为遭到大臣的反对而中止。秦国见赵国不肯就范,于公元前 259 年又发兵攻赵,进围邯郸。但此番攻赵由于赵国上下一心,顽强抵抗而进行得很不顺利。秦国前后两任主帅王陵、王龁攻邯郸皆未能下,于是范雎向秦王推荐故交郑安平为将军。到公元前 257 年,魏楚联军前来助赵。秦军在赵军和魏楚联军的合力攻击之下大败,郑安平率秦军两万人降赵。郑安平还被赵王封为武安君。范雎的挚友郑安平投降赵国后,秦王十分恼火。郑安平是范雎所保举的,按照秦法:"任人而所任不善者,各以其罪罪之。"因此郑安平降赵,范雎罪当灭三族。由于范雎巧言论辩,秦王没有杀范雎,仍厚待他。

魏信陵君窃符救赵,秦军在战场失利,嬴稷虽然没有追究范雎的责任,但二人之间已有间隙。事后范雎就劝说嬴稷灭周称帝,企图以此来取悦嬴稷，虽然这里范雎劝秦王称帝有一定的取悦自保成分，但是不可否认灭周称帝是秦国兼并天下的一个步骤。秦灭东周后，迁九鼎到咸阳，魏国没有来祝贺，秦国就准备以此为借口攻打魏国。河东守臣王稽知道后，就将此事偷偷地告诉了魏国。事情被秦王知道后，王稽以通敌罪被秦王嬴稷处死，范雎作为王稽的荐举人，越来越惶恐不安。

后来，有一天昭王上朝时不断叹息，应侯走上前去说："臣闻主忧臣辱，主辱臣死。今大王中朝而忧，臣敢请其罪。"昭王说："吾闻楚之铁剑利而倡优拙。夫铁剑利则士勇，倡优拙则思虑远。夫以远思虑而御勇士，吾恐楚之图秦也。夫物不素具，不可以应卒，今武安君既死，而郑安平等畔，内无良将而外多敌国，吾是以忧。"①应侯听了却感到恐惧，也想不出什么办法来。燕国人蔡泽得知这一情况，便从燕国来到秦国。蔡泽是燕国人。曾周游列国从师学习并向许多大小诸侯谋求官职，但没有得到信用。有一次他请唐雎（战国时代魏国著名策士）相面，说："吾闻先生相李兑，曰'百日之内持国秉政'，有之乎？"唐雎回答说："有之。"蔡泽说："若臣者何如？"唐雎仔细地看了一番，便笑着说："先生曷鼻，巨肩，魋颜，蹙齃，膝挛。吾闻圣人不相，殆先生乎？"蔡泽知道唐雎是跟自己开玩笑，就说："富贵吾所自有，吾所不知者寿也，愿闻之。"唐雎说："先生之寿，从今以往者四十三岁。"蔡泽笑着表示感谢便走开了，随后对他的车夫说："吾持粱刺齿肥，跃马疾驱，怀黄金之印，结紫绶于要，揖让人主之前，食肉富贵，四十三年足矣。"②便离开燕国到了赵国，但被赵国赶了出来。随即前去韩国、魏国，路上遇着强盗抢走了他的锅鼎之类的炊具。他听说应侯举荐的郑安平和王稽都在秦国犯下大罪，蔡泽就来到了秦国。他准备去拜见秦昭王，先派人在应侯面散播一番言论来激他，说："燕客蔡泽，天下雄俊弘辩智士也。彼一见秦王，秦王必困君而夺君之位。"应侯听这些话，说："五帝三代之事，百家之说，吾既知之；众口之辩吾皆摧之；是恶能困我而夺我位乎？"于是就派人去召蔡泽来。蔡泽进来了，只向应侯作了个揖。应侯本来就不痛快，等见了蔡泽，看他又如此傲慢，应侯就斥责他扬言要取代自己的事，蔡泽毫无惧色地承认了。应侯要听听他的说法。蔡泽说："吁，君何见之晚也！夫四时之序，成功者去。夫人生百体坚

① 《史记·范雎蔡泽列传》。

② 《史记·范雎蔡泽列传》。

强，手足便利，耳目聪明而心圣智，岂非士之愿与？”应侯曰：“然。”蔡泽说：“质仁秉义，行道施德，得志于天下，天下怀乐敬爱而尊慕之，皆愿以为君王，岂不辩智之期与？”应侯说：“然。”蔡泽又说：“富贵显荣，成理万物，使各得其所。性命寿长，终其天年而不夭伤。天下继其统，守其业，传之无穷。名实纯粹，泽流千里，世世称之而无绝，与天地终始。岂道德之符而圣人所谓吉祥善事者与？”应侯曰：“然。”①见范雎赞同自己的说法，蔡泽又继续阐述他的君子成功而弗矜，贵富而不骄怠；以义死难，视死如归，生而辱不如死而荣，杀身成名的道理，得到范雎的赞同后，蔡泽乘胜追击说：

> 主圣臣贤，天下之盛福也。君明臣直，国之福也。父慈子孝，夫信妻贞，家之福也。故比干忠而不能存殷，子胥智而不能完吴，申生孝而晋国乱。是皆有忠臣孝子，而国家灭乱者，何也？无明君贤父以听之，故天下以其君父为僇辱而怜其臣子。今商君、吴起、大夫种之为人臣是也，其君非也。故世称三子致功不见德，岂慕不遇世死乎？夫待死而后可以立忠成名，是微子不足仁，孔子不足圣，管仲不足大也。夫人之立功，岂不期于成全邪？身与名俱全者，上也。名可法而身死者，其次也。名在僇辱而身全者，下也。②

这是说一人之才智是有限的，任何人都不能荣耀一生，做到性命与荣耀都保全是不容易的。范雎听后大大赞同，蔡泽稍稍休息一下继续说道：

> 夫商君、吴起、大夫种，其为人臣尽忠致功则可愿矣。闳夭事文王，周公辅成王也，岂不亦忠圣乎？以君臣论之，商君、吴起、大夫种其可愿孰与闳夭、周公哉？③

范雎说不如。蔡泽见状又问：

---

① 《史记·范雎蔡泽列传》。
② 《史记·范雎蔡泽列传》。
③ 《史记·范雎蔡泽列传》。

然则君之主慈仁任忠,惇厚旧故,其贤智与有道之士为胶漆,义不倍功臣,孰与秦孝公、楚悼王、越王乎?①

范雎说不知谁更好。蔡泽说:

今主亲忠臣,不过秦孝公、楚悼王、越王。君之设智,能为主安危修政,治乱强兵,批患折难,广地殖谷,富国足家,强主,尊社稷,显宗庙,天下莫敢欺犯其主,主之威盖震海内,功彰万里之外,声名光辉传于千世,君孰与商君、吴起、大夫种?②

范雎说不如。蔡泽又说:

今主之亲忠臣不忘旧故不若孝公、悼王、勾践,而君之功绩爱信亲幸又不若商君、吴起、大夫种,然而君之禄位贵盛,私家之富过于三子,而身不退者,恐患之甚于三子,窃为君危之。语曰"日中则移,月满则亏"。物盛则衰,天地之常数也。进退盈缩,与时变化,圣人之常道也。故国有道则仕,国无道则隐。圣人曰"飞龙在天,利见大人"。"不义而富且贵,于我如浮云"。今君之怨已仇而德已报,意欲至矣,而无变计,窃为君不取也。且夫翠、鹄、犀、象,其处势非不远死也,而所以死者,惑于饵也。苏秦、智伯之智,非不足以辟辱远死也,而所以死者,惑于贪利不止也。是以圣人制礼节欲,取于民有度,使之以时,用之有止。故志不溢,行不骄,常与道俱而不失,故天下承而不绝。昔者齐桓公九合诸侯,一匡天下;至于葵丘之会,有骄矜之志,畔者九国。吴王夫差兵无敌于天下,勇强以轻诸侯,陵齐晋,故遂以杀身亡国。夏育、太史噭叱呼骇三军,然而身死于庸夫。此皆乘至盛而不返道理,不居卑退处俭约之患也。夫商君为秦孝公明法令,禁奸本,尊爵必赏,有罪必罚,平权衡,正度量,调轻重,决裂阡陌,以静生民之业而一其俗,劝民耕农利土,一室无二事,力田稸积,习战陈之事,是以兵动而地广,兵休而国富,故秦无

① 《史记·范雎蔡泽列传》。
② 《史记·范雎蔡泽列传》。

> 敌于天下,立威诸侯,成秦国之业。功已成矣,而遂以车裂。楚地方数千里,持戟百万,白起率数万之师以与楚战,一战举鄢郢以烧夷陵,再战南并蜀汉。又越韩、魏而攻强赵,北坑马服,诛屠四十余万之众,尽之于长平之下,流血成川,沸声若雷,遂入围邯郸,使秦有帝业。楚、赵,天下之强国而秦之仇敌也,自是之后,楚、赵皆慑伏不敢攻秦者,白起之势也。身所服者七十余城,功已成矣,而遂赐剑死于杜邮。吴起为楚悼王立法,卑减大臣之威重,罢无能,废无用,损不急之官,塞私门之请,一楚国之俗,禁游客之民,精耕战之士,南收杨越,北并陈、蔡,破横散从,使驰说之士无所开其口,禁朋党以厉百姓,定楚国之政,兵震天下,威服诸侯。功已成矣,而卒枝解。大夫种为越王深谋远计,免会稽之危,以亡为存,因辱为荣,垦草入邑,辟地殖谷,率四方之士,专上下之力,辅勾践之贤,报夫差之仇,卒擒劲吴,令越成霸。功已彰而信矣,勾践终负而杀之。此四子者功成不去,祸至于此!此所谓信而不能诎,往而不能返者也。范蠡[①]知之,超然辟世,长为陶朱公。君独不观夫博者乎?或欲大投,或欲分功,此皆君之所明知也。[②]

以上言论旨在告诉范雎“月满则亏”,即使有明主,有功之人想要获得圆满的结局或者说善终是不容易的。先贤尚且如此,无论跟随多么贤明的君王其下场都是可以预知的。人要学会未雨绸缪,不要沉迷于眼前的权势和财富。范雎听后茅塞顿开,说应侯曰:“吾闻‘欲而不知止,失其所以欲;有而不知足,失其所以有’。先生幸教,雎敬受命。”[③]于是便请蔡泽入座,待为上客。

几天之后,应侯上朝,对秦昭王进言说:

> 客新有从山东来者曰蔡泽,其人辩士,明于三王之事,五伯之业,世俗之变,足以寄秦国之政。臣之见人甚众,莫及,臣不如也。臣敢以闻。[④]

---

① 前536—前448年,字少伯,春秋末期的政治家、军事家和经济学家,楚国宛(今河南南阳)人。

② 《史记·范雎蔡泽列传》。

③ 《史记·范雎蔡泽列传》。

④ 《史记·范雎蔡泽列传》。

秦昭王便召见了蔡泽,与之交谈后,比较满意,于是授给他客卿职位。范雎趁机推托有病,请求送回相印,虽然秦昭王一再挽留,无奈范雎去意已决,坚决推辞。于是范雎被免掉了相国的职位,任命蔡泽担任秦国相国,范雎就此退出了秦国的政治舞台。

范雎是战国后期功绩显著的政治战略家,是战国时期士的典范。他有恩必报,有仇必究,具备了士的高洁品质。凭借自己的才智服务于国家,运筹帷幄,制定了史上闻名的"远交近攻"兼并战略,充分利用一切有利条件,为秦国开疆掠土,使秦国实力在其为相时期不断壮大,从而让秦有能力、有资本承担起兼并六国的使命。另外,他提出贬"四贵",铲除外戚危害,帮助嬴稷将军政大权揽于君主一人之手,为秦最终成为我国历史上第一个封建中央君主集权国家奠定了基础。可见范雎是秦国走向辉煌的关键人物,他对秦国历史所做出的贡献是不可磨灭的。

第十二章　合纵抗秦:救赵与周室之亡

一、魏楚合纵救邯郸

秦国采纳范雎“远交近攻”的战略,以武力攻击魏国迫使其依附秦国,然后开始进攻韩国。韩国为求自保,将原本要献给秦国求和的上党之地改送给赵国,以换取其保卫上党郡。秦昭王得知此消息后大怒,立即派王龁率军进攻长平(今山西高平西北)。赵将军廉颇坚壁以待,双方在长平相持三年,秦一直未能取胜。后因赵孝成王听信谗言,命赵括代替了廉颇,赵括刚愎自用,上任之初便与秦交战,结果中了白起的诱敌深入之计,被秦打败,赵括被杀,白起更是将四十多万赵军坑杀于长平。

长平之战结束后,秦将司马梗、王龁兵分两路继续进攻赵国,意欲趁势一举攻破邯郸,拿下赵国。但是,虽然取得长平之战的胜利,秦国损失也不小,急需休整。加之应侯范雎出于私心不想让白起再因灭赵之功而凌驾于己之上,也劝秦王不如让赵、韩两国割地求和(此事详见上一章)。公元前259年,秦昭王答应赵国求和要求,赵孝成王于是入朝秦国。由赵臣赵郝与秦国商定割六座城池以媾和。赵王回国后,向大臣们宣布了与秦媾和的内容,大臣虞卿表示坚决反对。虞卿对赵王说:“秦之攻王也,倦而归乎?王以其力尚能进,爱王而弗攻乎?”赵王对曰:“秦之攻我也,不遗余力矣,必以倦而归也。”虞卿道:“秦以其力攻其所不能取,倦而归,王又以其力之所不能取以送之,是助秦自攻也。来年秦复攻王,王无救矣。”虞卿的话很有道理,秦国在长平同赵国打了三年的战争,也已经“国饥民虚”,所以秦国答应退兵并不全是因为赵国的主动求和。赵王把虞卿的意见告诉了负责商定媾和的赵郝。赵郝是主和派,他当然反对虞卿的意见,反问道:“虞卿诚能尽秦力之所至乎?诚知秦力之所不能进,此弹丸之地弗予,令秦来年复攻王,王得无割其内而媾乎?”赵王接着问他,如果听从他的意见将城池割给秦国能不能保证秦国明年不再来攻。赵郝对曰:“此非臣之所敢任也。他日三晋之交于秦,相善也。今秦善韩、魏而攻王,王之所以事秦必不如韩、魏也。今臣为足下解负亲之攻,开关通币,齐交韩、魏,至来年而王独取攻于秦,此王之所以事秦必在韩、魏之后也。此非臣之所敢任也。”赵郝不仅不能保证秦国明年不再来攻,反而说如果秦国再来,那一定是因为赵王没有尽心侍奉秦国,将自己作为大臣失职之责完全撇清。

赵王听到赵郝说不能保证秦国第二年不再来攻,担心到头来竹篮打水一场空,对割地的事情也有些动摇。他回头又把赵郝的话说给虞卿听,虞卿对曰:“郝言‘不媾,来年秦复攻王,王得无割其内而媾乎’。今媾,郝又以不能必秦之不复攻也。今虽割六城,何益!来年复攻,又割其力之所不能取而媾,此自尽之术也,不如无媾。秦虽善攻,不能取六县;赵虽不能守,终不失六城。秦倦而归,兵必罢。我以六城收天下以攻罢秦,是我失之于天下而取偿于秦也。吾国尚利,孰与坐而割地,自弱以强秦哉?今郝曰‘秦善韩、魏而攻赵者,必(以为韩魏不救赵也而王之军必孤有以,据清人王念孙意见,删去此十六字)王之事秦不如韩、魏也’,是使王岁以六城事秦也,即坐而城尽。来年秦复求割地,王将与之乎?弗与,是弃前功而挑秦祸也;与之,则无地而给之。语曰‘强者善攻,弱者不能守’。今坐而听秦,秦兵不弊而多得地,是强秦而弱赵也。以益强之秦而割愈弱之赵,其计故不止矣。且王之地有尽而秦之求无已,以有尽之地而给无已之求,其势必无赵矣。”虞卿认为秦国贪得无厌,如果这样长此下去,赵国迟早要灭亡。

赵王依然下不了决心,毕竟如果答应秦国的城池不给,必会遭受报复。这时楼缓(赵国大臣,前文讲到过赵武灵王时赵国曾派其到秦国为相)从秦国回来,赵王把他招来商议,赵王问他:“予秦地(何)如毋予,孰吉?”楼缓觉得此事事关重大,就表示这不是他所能知道的,赵王还是恳请他谈谈自己的看法。楼缓对曰:“王亦闻夫公甫文伯母乎?公甫文伯仕于鲁,病死,女子为自杀于房中者二人。其母闻之,弗哭也。其相室曰:‘焉有子死而弗哭者乎?’其母曰:‘孔子,贤人也,逐于鲁,而是人不随也。今死而妇人为之自杀者二人,若是者必其于长者薄而于妇人厚也。’故从母言之,是为贤母;从妻言之,是必不免为妒妻。故其言一也,言者异则人心变矣。今臣新从秦来而言勿予,则非计也;言予之,恐王以臣为秦也:故不敢对。使臣得为大王计,不如予之。”楼缓说自己刚从秦国回来,所以开始的时候不好说话,他个人的观点还是认为应该遵守约定,给秦城邑。赵王听后没有表态,只是答应了一声。看来此时赵王对割地一事的态度已经有些转向虞卿一边。

虞卿听说此事后很愤怒,他对赵王说楼缓分明在狡辩,“王眘(即‘慎’)勿予!”楼缓得知后,也去找赵王,他认为虞卿只“得其一,不得其二”,对赵王说:“夫秦赵构难而天下皆说,何也?曰‘吾且因强而乘弱矣’。今赵兵困于秦,天下之贺战胜者则必尽在于秦矣。故不如亟割地为和,以疑天下而慰秦之心。不然,天下将因秦之(强)怒,乘赵之弊,瓜分之。赵且亡,何秦之图乎?故曰虞卿得其一,不得其二。愿王以此决之,勿复计也。”

虞卿听说之后,再去觐见赵王,他批评楼缓根本是在为秦国说话,如果割地给秦,不仅不能稳住秦国,反而让天下诸侯更加怀疑赵国。如此一来只能让天下各国看到赵国是软弱可欺的。他进一步阐述了自己的计划说:“秦索六城于王,而王以六城赂齐。齐,秦之深雠也,得王之六城,并力西击秦,齐之听王,不待辞之毕也。则是王失之于齐而取偿于秦也。而齐、赵之深仇可以报矣,而示天下有能为也。王以此发声,兵未窥于境,臣见秦之重赂至赵而反媾于王也。从秦为媾,韩、魏闻之,必尽重王;重王,必出重宝以先于王。则是王一举而结三国之亲,而与秦易道也。”虞卿提出了以六座城池结交与秦国有深仇的齐国合纵攻秦的主张,通过压服秦国使韩、魏两国向赵国纳地结盟,以此形成赵、齐、韩、魏四国合纵的形势。赵王听完这番话采纳了虞卿的意见。于是赵王派虞卿去齐国见齐王商讨合纵之事。① 从后来事情的发展来看,虞卿合纵齐国的主张并没有实现。其原因可能是齐国自乐毅破齐后国力大衰,无力与秦国对抗,而且齐国与秦国并不接壤,齐王不想因联合赵国而得罪秦国。正当虞卿在齐国联络合纵事宜的时候,秦国派出使者来赵国要求赵王履行先前答应割六城的承诺。赵孝成王回绝了秦使的要求。赵国背约的举动果不其然惹怒了秦王,于是就在当年(前259年)秦国派五大夫(秦官爵名,位于二十等爵中的第九级)王陵攻赵邯郸。

其实秦王本来打算派战功卓著的老将武安君白起去攻赵,秦王询问白起的意见,白起却说:“不可。”秦王不解,问曰:“前年国虚民饥,君不量百姓之力,求益军粮以灭赵。今寡人息民以养士,蓄积粮食,三军之俸有倍于前,而曰‘不可’,其说何也?”白起向秦王分析长平之战后敌我双方的形势,说:

① 《史记·平原君虞卿列传》。

“长平之事,秦军大克,赵军大破;秦人欢喜,赵人畏惧。秦民之死者厚葬,偿者厚养,劳者相飨,饮食餔馈,以靡其财;赵人之死者不得收,伤者不得疗,涕泣相哀,勠力同忧,耕田疾作,以生其财。今王发军,虽倍其前,臣料赵国守备,亦以十倍矣。赵自长平已来,君臣忧惧,早朝晏退,卑辞重币,四面出嫁,结亲燕、魏,连好齐、楚,积虑并心,备秦为务。其国内实,其交外成。”白起据此认为赵国现在国内同心,外交成功,因此不可伐赵。秦王见他不愿领兵,便不大高兴,骗他说“寡人既以兴师矣”。[①] 白起也对外宣称因病不能战(从后文来看,白起此时似有疾在身)。

秦军围攻邯郸几个月没什么进展,于是第二年正月秦国又增兵助王陵,但攻势仍不见起色,而且秦军又损失了五校的兵力(《战国策·中山策》高诱注云:“五校,军营也。”五校可能是指五个校的军事单位)。此时秦军攻赵不利,秦王又想请白起出马接替王陵攻邯郸,毕竟白起是一员功勋卓著的老将。可是白起称病不行。秦王上次请白起都遭到回绝,觉得面子上挂不住,就令应侯范雎前去要求白起领兵出征。范雎了解白起不赞成出兵攻赵,而且两人因为上次攻赵媾和的事就有嫌隙,为避免碰壁,所以先转述秦王的话对他恭维了一番:“楚,地方五千里,持戟百万。君前率数万之众入楚,拔鄢、郢,焚其庙,东至竟陵,楚人震恐,东徙而不敢西向。韩、魏相率,兴兵甚众,君所将之【卒】不能半之,而与之战于伊阙,大破二国之军,流血漂卤,斩首二十四万。韩、魏以故至今称东藩。此君之功,天下莫不闻。今赵卒之死于长平者已十七八,其国虚弱,是以寡人大发军,人数倍于赵国之众,愿使君将,必欲灭之矣。君尝以寡击众,取胜如神,况以强击弱,以众击寡乎?”[②]范雎列举了白起往年以少胜多的辉煌战绩,并提到现在敌寡我众,欲以此让白起出山领兵。

面对范雎的恭维白起很冷静,他回顾了当年伐楚和伊阙之战时的敌我形势,说:“是时楚王恃其国大,不恤其政,而群臣相妒以功,谄谀用事,良臣斥疏,百姓心离,城池不修,既无良臣,又无守备。故起所以得引兵深入,多倍城邑,发梁焚舟以专民,以掠于郊野,以足军食。当此之时,秦中士卒,以军中为家,将帅为父母,不约而亲,不谋而信,一心同功,死不旋踵。楚人自

① 《战国策·中山策》。

② 《战国策·中山策》。

战其地,咸顾其家,各有散心,莫有斗志。是以能有功也。伊阙之战,韩孤顾魏,不欲先用其众。魏恃韩之锐,欲推以为锋。二军争便之利不同,是臣得设疑兵,以待韩阵,专军并锐,触魏之不意。魏军既败,韩军自溃,乘胜逐北,以是之故能立功。皆计利形势,自然之理,何神之有哉!”接着白起又阐明了他对长平之战后赵国国内动向的观察:“今秦破赵军于长平,不遂以时乘其振惧而灭之,畏而释之,使得耕稼以益蓄积,养孤长幼,以益其众,缮治兵甲以益其强,增城浚池以益其固。主折节以下其臣,臣推体以下死士。至于平原君之属,皆令妻妾补缝于行伍之间。臣人一心,上下同力,犹勾践困于会稽之时也。以合(当作‘今’)伐之,赵必固守。挑其军战,必不肯出。围其国都,必不可克。攻其列城,必未可拔。掠其郊野,必无所得。兵出无功,诸侯生心,外救必至。臣见其害,未睹其利。”[①]说完这些攻赵的不利条件,白起再次称病不行。

范雎碰了钉子,回去将白起的话原原本本地告诉了秦王,秦王听后很生气,说:“微白起,吾不能灭赵乎?”受到白起之言的刺激,秦王更加固执地非要拿下邯郸不可,他再次增兵邯郸,并用王龁替换王陵作为主帅伐赵。已经围困了邯郸八、九个月,秦军死伤惨重,却还是没能攻下。赵王常出动轻锐之师扰袭秦国后军,秦国数战不利。白起看到这种情况,以略带得意的口吻跟人说:“不听臣计,今果何如?”秦王闻之大怒,亲自去见白起。白起躺在家中养病,秦王强迫他起身,再次要他带兵伐赵,以近乎威胁的口吻对他说:“君虽病,强为寡人卧而将之。有功,寡人之愿,将加重于君。如君不行,寡人恨君。”白起叩头说:“臣知行虽无功,得免于罪。虽不行无罪,不免于诛。然惟愿大王览臣愚计,释赵养民,以【观】诸侯之变。抚其恐惧,伐其骄慢,诛灭无道,以令诸侯,天下可定,何必以赵为先乎?此所谓为一臣屈而胜天下也。大王若不察臣愚计,必欲快心于赵,以致臣罪,此亦所谓胜一臣而为天下屈者也。夫胜一臣之严焉,孰若胜天下之威大耶?臣闻明主爱其国,忠臣爱其名。破国不可复完,死卒不可复生。臣宁伏受重诛而死,不忍为辱军之将。愿大王察之。”[②]从白起的话中可以看出,白起并非因居功自傲或者贪图个人之荣辱而拒不从命,相反,他是在以一片赤诚的忠君爱国之心为秦国考

① 《战国策·中山策》。

② 《战国策·中山策》。

虑。然而这时候秦王已经听不进白起这些逆耳忠言，他没有说话就离开了。白起连续三次生硬地回绝秦王请其出兵的请求为他日后的悲剧埋下了伏笔。秦王回去后，范雎保举故交郑安平为将军，继续攻赵。

就在秦、赵两军在战场上进入胶着相持阶段的时候，赵国也在积极向外争取援助。因为赵国平原君赵胜（平原君是魏安釐王的异母弟弟，事迹详见下章）的夫人是魏信陵君魏无忌（信陵君事迹详见下章）的姐姐，所以她多次写信向魏王和弟弟信陵君求援。在多次求援下，魏国派将军晋鄙率军十万救赵。秦昭王听到了这个消息，派使者威胁魏国，说秦军攻邯郸"旦暮且下，而诸侯敢救者，已拔赵，必移兵先击之。"[①]魏王听了之后担心惹火烧身，就让晋鄙的大军停止前进，在邯郸南边的邺（今河北磁县南）坚壁待进。名义上是救赵，实际上魏王想看事态的发展再伺机而动。与此同时，平原君带人去楚国求助，楚王亦惧秦，不敢相助。平原君门客毛遂慷慨陈词，申明大义，楚王终派春申君黄歇（春申君事迹详见下章）救赵。

赵国见魏军在邺地迟迟不动，于是平原君派使者多次到魏国，责怪信陵君说："胜（平原君自称）所以自附为婚姻者，以公子之高义，为能急人之困。今邯郸旦暮降秦而魏救不至，安在公子能急人之困也！且公子纵轻胜，弃之降秦，独不怜公子姊邪？"[②]信陵君遂多次请求魏王发兵。魏王畏秦之强，迟迟不肯发兵。信陵君不欲背负"独生而赵亡"的不义之名，只好亲自率领车骑百余乘，准备与赵国俱死。信陵君过夷门（魏都大梁的东门）时遇见了侯生，侯生为公子分析利害之后，献窃符之计。信陵君依计行事，经魏王最宠幸的妃子如姬之手，窃得将兵的虎符。侯生又进言："将在外，主令有所不受，以便国家。公子即合符，而晋鄙不授公子兵而复请之，事必危矣。臣客屠者朱亥可与俱，此人力士。晋鄙听，大善；不听，可使击之。"[③]信陵君到达军中，出示兵符，晋鄙果然不听，怀疑道："今吾拥十万之众，屯于境上，国之重任，今单车来代之，何如哉？"不愿轻易交出兵权。勇士朱亥抽袖中之铁椎击杀晋鄙。信陵君统领军队，下令："父子俱在军中，父归；兄弟俱在军中，兄归；独子无兄弟，归养。"[④]选出精兵八万人，发起进攻。这样就促成了魏、楚、

① 《史记·魏公子列传》。
② 《史记·魏公子列传》。
③ 《史记·魏公子列传》。
④ 《史记·魏公子列传》。

赵三国合纵的形势。

得到魏、楚出兵的承诺后,赵国上下亦同仇敌忾。平原君从楚国回来后,楚春申君、魏信陵君的援兵正在赶往赵国的路上,前方战事吃紧。在邯郸传舍吏(传舍是平原君所养之门客的食宿之所,传舍吏是管理传舍的官吏)李谈的劝说之下,"令夫人以下编于士卒之间,分功而作,家之所有尽散以飨士",自己组织敢死之士三千,对抗秦军,"秦军为之却三十里"[①]。

在秦国围邯郸城的第三年(前257年),秦国增兵河东地区的汾城(今山西侯马西北),以备大战之时支援邯郸前线。不久后,魏、楚联军北上进攻邯郸外围的秦军,秦将王龁大败,逃回汾城。郑安平被赵军所围困,率秦军两万人投降。邯郸之围遂解。两个多月后,魏楚联军追击而至汾城附近,王龁先与魏军交战,斩首魏军六千人,但其后魏、楚两军合力攻王龁,在汾水边大胜秦军,秦军淹死在汾水中的有二万人之多。[②] 还有一部分王龁部军士会同张唐进攻魏军,拔宁新中(今河南安阳)。攻克后将宁新中更名为安阳。魏军在汾城附近再胜秦军后,继续向河东地区进攻,收复了一部分被秦国夺去的土地。公元前256年,韩、魏、楚、赵四国合纵进攻宁新中,迫使秦军退去。至此,秦国对赵国的这次进攻以秦国的败退宣告完全结束。

在叙述完合纵救赵这出跌宕起伏的历史剧之后再来看看其中几位主人公的命运。武安君白起在三次拒绝秦昭王起兵的要求后彻底惹恼了秦王。秦王将其贬为士伍,让其迁至阴密(今甘肃灵台西南)。此时白起身体有病,迟迟没能成行。过了三个月,秦军失利的消息不断传到咸阳,秦王心情沮丧,于是迁怒于白起,派人驱逐白起,让他赶快离开咸阳。白起心里清楚,这都是因为秦王不听其言遭受失败,又无处发泄,反过来怪自己不帮忙,所以"其意尚怏怏不服,有余言"。这些话通过使者传到了秦王的耳朵里,秦王与应侯范雎等大臣讨论此事。本来秦相范雎就与白起有隙,他在秦王面前也趁机落井下石。这样一来秦王更加觉得白起不把自己放在眼里,于是派使者赐给白起一把宝剑,令其自裁。此时白起已经走到距咸阳西门十里的杜邮(今陕西咸阳东)。白起自认一片赤诚之心,最后落得如此下场觉得冤枉,

① 《史记·平原君虞卿列传》。

② 《史记·秦本纪》云"晋、楚流死河二万人"。杨宽先生认为当作"晋、楚流死我汾二万人",今从其说。参见杨宽《战国史料编年辑证》,上海人民出版社2001年版,第1006页。

在拔剑自刎前，他说："我何罪于天而至此哉?"他沉默良久，想起了从前领兵出征，杀人盈野的情景，又自言道："我固当死。长平之战，赵卒降者数十万人，我诈而尽阬之，是足以死。"①语毕，便自刎而亡。尽管对白起坑杀赵国降军四十万一事古今都有很多非议和指责，但不可否认的是白起作为中国古代著名军事将领为秦国统一天下立下了卓著的功勋。

范雎的故交郑安平投降赵国后不久就被封为武安君。信陵君因为自知窃符救赵惹怒了魏王，因此在战后就留在了赵国，赵王对其礼遇有加。关于信陵君和平原君的更多生平细节将在下一章中详细叙述。这场战争中发生的一件并不起眼的事情在这里应该交代一下，因为它影响了后来的历史。公元前257年，就在战争进入白热化的时候，赵国想杀掉在赵国作人质的秦公子子楚。子楚(原名异人)跟吕不韦(卫国濮阳人，本为阳翟的大商人。吕不韦在邯郸遇到子楚后，认为奇货可居，遂与其结交)商议对策后，以重金贿赂看守他的小吏，逃出邯郸，进入秦军大营。赵国得知子楚逃跑，迁怒于其妻子和儿子，欲杀之。因为子楚妻是赵国豪门之女，因此她带着儿子躲藏在娘家，母子二人得以逃过一劫。子楚后来即位为秦庄襄王，而子楚的儿子就是最终统一六国的秦始皇嬴政。

合纵救赵是长平之战的延续，秦国欲借此机会进一步削弱赵国的国力，而赵国凭借着国内的上下齐心、同仇敌忾以及魏、楚两国的及时相救得以保全国家。在这轮较量中，在秦、赵双方三年都相持不下的情况下，外部干预的因素起了非常关键的作用。从表面上看，魏、楚两国在得到请求时都不肯出兵，最后是因为个人因素(毛遂的激将法和信陵君窃符救赵，这两件事情的详尽过程见下一章)才促成了合纵成功。但仔细分析之下，能够看到两国最终出兵都有其深层原因。先说楚国。楚国是南方大国，亦是强国，也是战国时期较早开始变法的国家。楚怀王时期意欲与各国一争高下，于是积极参与合纵连横活动。由于怀王此人缺乏政治判断力和远见，所以两次被秦国所欺骗，不仅丢城失地，而且最终客死于秦国。这也是楚国上下与秦结怨的开始。楚顷襄王时秦国向南拓展，大破楚军，楚国丢失了首都鄢郢地区以及西南边的黔中郡，甚至连楚国先王的陵寝也被秦军焚毁。这件事更加深了楚国对秦国的怨恨和仇视，而毛遂在激将楚考烈王时就提到这件事，他

① 《史记·白起王翦列传》。

说:“白起,小竖子耳,率数万之众,兴师以与楚战,一战而举鄢郢,再战而烧夷陵,三战而辱王之先人。此百世之怨而赵之所羞,而王弗知恶焉。合从者为楚,非为赵也。吾君在前,叱者何也?”[①]最终使楚王下定决心出兵救赵。楚王救赵的目的当然不仅仅是为一雪前耻,其中也有趁机攻城略地的想法。楚国在合纵救赵的这一年(前256年)就趁机将鲁国灭掉。再说魏国。魏国由于离秦国最近,是受到秦国攻击最多的国家,已先后被秦国夺取河西、河东等地。后来秦国采纳了范雎的意见,转而进攻韩国,对魏国实行拉拢的政策。但魏国心里很清楚,秦国的拉拢是暂时的,自己早晚还会成为秦国的进攻目标。所以魏王起初派晋鄙率十万大军去救赵应当也是出于这种考虑。信陵君作为一位具有深谋远虑的政治家,其窃符救赵的行为恐怕不仅仅是碍于亲情,他对当时的政治形势也应有着很清晰的认识——救赵也是救魏国自己。

秦、赵两国之间的大规模冲突是必然发生的事件,也是秦国战略形势发展的需要,但其发生的时间由于赵国的主动介入而提前了。秦国自孝公变法崛起之后,与齐并强,一度曾互尊为帝。乐毅联合五国伐齐,齐国国都被攻破,一度仅剩下即墨(今山东平度东南)和莒(今山东莒县)两座城池,后来虽然在田单的指挥下恢复了国土,但实力已大不如前,齐、秦并强的格局宣告结束,秦国已然成为实力最强的国家。在这种战略格局下,秦国开始加快向东方国家的主动出击。秦国在这一时期的战略目的是明确的,即更多地攻略土地,占领军事要地以伺机兼并其他国家。秦国先后征伐过韩、魏、楚、赵、齐等国,取得了不错的战果,如攻取楚国国都郢周边的土地、魏国河东部分地区以及三晋国家的一些城邑。不过也遇到了实力较强的赵国的顽强狙击,使其向东进攻势头略微收敛,也使秦国意识到赵国的实力不容小觑。通过对秦国所进攻国家的观察能够看出,秦国想要首先消灭魏国,其原因一是可以使秦国与其得到的陶邑的土地连接起来,二是拿下魏国的河内地区能够在中原的腹心地带占据有利位置,如此则有利于其下一步进攻其他国家。可以说在这一阶段赵国并不是秦国主要的进攻对象,秦国对赵的进攻有被动性和报复性的因素,如秦国白起两伐大梁时赵国曾救魏,于是在此之后,秦派白起攻赵,阏与之役起因是赵国不履行两国之间的换城协议。在采纳

① 《史记·平原君虞卿列传》。

范雎提出的“远交近攻”战略后,秦国对进攻战略做出了调整。秦国不再把魏国作为头号消灭的目标,转而集中力量攻击韩国。在范雎的“远交近攻”战略中,赵国作为离秦较远的国家是其想要亲附的对象,只是由于赵国主动介入秦韩之间的战争而使秦国与其正面交锋。因此可以说秦、赵之间的对决在秦国的时间表上被提前了。从另一个面向看,秦、赵的交锋也是意料中之事。在齐、楚等国被削弱而无力与秦国对抗后,只有赵国的实力保存比较完好,甚至有时与秦可以一较高下。因而赵国成为秦国在兼并统一路上所面临的最后一个较难跨越的障碍。秦国要想顺利地推进它的统一战略就必然与赵国有一场大战争,长平之战与之后的围攻邯郸就是这场战争。经过前后共六年(前 262—前 257 年)的战争,赵国的军事力量和国力都遭受很大损失,赵国已难有实力再与秦国单独对抗。秦国围攻邯郸遭遇失败,延缓了秦国兼并各国的步伐,但难以影响秦国扩张的战略。经过秦、赵之间的战争,战国时代进入了一个新的阶段,秦国一国独大的格局已完全形成,东方六国已没有单独一个国家有能力与其抗衡,秦国兼并各国的进程将更加顺利。

二、秦灭两周周祚绝

秦国在邯郸之战中遭遇失败后并没有停止其对外扩张的势头,公元前 256 年,秦国派出将军摎攻韩,攻取阳城(今河南登封东南)、负黍(今河南登封西南),斩首四万。由于阳城和负黍两城地近周室所在的河南(今河南洛阳,周公营建成周的王城所在地),因此西周君恐秦国有顺势灭周之意,因此参加了各国的合纵,“将天下锐兵出伊阙(今河南洛阳东南龙门)攻秦”,阻断了秦国河东郡和阳城、负黍的联系。秦昭王看到已经与小国无异的西周竟敢与自己为敌,于是令将军摎直接去进攻西周,西周当然不是秦国的对手,西周武公奔秦,向秦王叩头谢罪,并献出西周所辖的大小城邑三十六,人口三万。至此西周灭亡。需要特别注意的是,这里所说的“西周”与周文王所建立的西周并不是一个概念,但两者又具有历史和血缘的联系。下面就简要回顾一下周朝的建立及其衰落的历史过程。

牧野之战,武王克商,定都于镐(今陕西西安市长安区沣河东岸),周王朝取得了正统的地位。翦商之后,武王去世,成王年幼,周公摄政,管叔蔡叔与武庚叛乱,东夷徐、奄、薄姑、熊、盈也乘机作乱,形势异常危急。此时,周公亲率大军东征,杀管叔武庚,流放蔡叔,镇压东夷。《尚书大传》有云:“周公居摄,一年救乱,二年克殷,三年践奄。”东征平叛后,大环境相对稳定,周公开始了一系列建设过程。营建洛邑(今河南洛阳王城公园一带),加强对殷人和东方广大地区的控制;迁离殷的顽固分子,将殷民六族、七族分至鲁和卫;实行分封制,安定中原。《左传·昭公二十六年》云:“昔武王克殷,成王靖四方,康王息民,并建母弟,以蕃屏周。”

西周计十一世十二王:武、成、康、昭、穆、共、懿、孝、夷、厉、宣、幽,共历时276年,详细信息见下表:

西周年表①

王	王　名	年代(公元前)	年　数
武　王	姬　发	1046—1043	4
成　王	姬　诵	1042—1021	22
康　王	姬　钊	1020—996	25
昭　王	姬　瑕	995—977	19
穆　王	姬　满	976—922	55
共　王	姬繄扈	922—900	23
懿　王	姬　囏	899—892	8
孝　王	姬辟方	891—886	6
夷　王	姬　燮	885—878	8
厉　王	姬　胡	877—841	37
共　和	—	841—828	14
宣　王	姬　静	827—782	46
幽　王	姬宫湦	781—771	11

十二王中,成王、康王时“天下安宁,刑错(措)四十年不用”②,堪称盛世,史称“成康之治”。昭王好武事,先后伐会,伐虎方,并有两次大规模的南征。其中第二次南征荆楚,“昭王南巡狩不返,卒于江上。其卒不赴告,讳之

① 参考夏商周断代工程专家组编著:《夏商周断代工程1996—2000阶段成果报告·简本》,世界图书出版公司北京公司2000年版,第88页。

② 《史记·周本纪》。

也。”[①]此事另见于《左传》僖公四年，齐桓伐楚，管仲答楚使者问：“昔召康公命我先君大公曰：‘五侯九伯，女(汝)实征之，以夹辅周室！’赐我先君履，东至于海，西至于河，南至于穆陵，北至于无棣。尔贡包茅不入，王祭不共，无以缩酒，寡人是征。昭王南征而不复，寡人是问。’对曰：‘贡之不入，寡君之罪也，敢不共给？昭王之不复，君其问诸水滨。’”从齐楚之间的对话可以看出，昭王南征不复应该是确有其事。穆王时又征伐地处西北的犬戎，得四白狼四白鹿以归，但从此犬戎各部就再也不来朝贡天子了。

共、懿、孝、夷时期政治上乏善可陈，衰落已初见端倪：“懿王时，王室遂衰，戎狄交侵，暴虐中国。中国被其苦”[②]，“夷王衰弱，荒服不至”[③]。

周厉王时发生了一次较为严重的政治危机。厉王时期任用荣夷公，将王室贵族和平民共享的山林川泽收归王室所有，专享其利。终于导致国人暴动，“厉王出奔于彘(今山西霍州)”，周公和召公[④](应是开国元勋周公和召公的后代，继承父辈的职务，故称)二相行政，直到宣王即位。宣王即位后，在周、召二公的辅弼下，师法文、武、成、康时期的遗风，国家元气有所恢复，诸侯又都尊奉周王室了。宣王本人也想恢复周代往日的辉煌，他曾经“料民于太原”，也就是清查人口，以此增加税赋收入、保证兵源。宣王想通过威服四夷来重建周室权威，因此曾征伐过南方的姜氏之戎，不过以失败告终。宣王时期号称“中兴”，其实西周并没有回到以前鼎盛时的国力，不过西周的政治危局在宣王时得到了极大缓解。

幽王统治时期天灾人祸齐至。幽王二年(前780年)，“西周三川皆震……三川竭，岐山崩”，这次地震非常严重，史书形容地震时“百川沸腾，山冢崒崩，高岸为谷，深谷为陵”[⑤]；幽王三年(前779年)“命伯士伐六济之戎，军败，伯士死焉”[⑥]，“幽王昏虐，四夷交侵”[⑦]。幽王又任命虢石父为卿，因为

---

① 《史记·周本纪》。

② 《汉书·匈奴传》。

③ 《后汉书·西羌传》。

④ 此据《史记·周本纪》。《史记索隐》引《纪年》则称“共伯和干王位”，《师毁簋》的铭文中提到了一个名为“伯龢父”的人向师毁赏赐物件，郭沫若等学者认为此人即是代行政事的共伯和。

⑤ 《诗经·小雅·十月之交》。

⑥ 《后汉书·西羌传》。

⑦ 《后汉书·西羌传》。

“石父为人佞巧,善谀好利”,因此“国人皆怨”。[①]《史记·周本纪》记载伯阳甫在地震之前就曾断言“周将亡矣”,并预料三川将震。这种谶语多半是后人附会,古人常以流星、地震、洪水、日食这类自然异象来比附人间的重大事件,“三川皆震”隐喻了周代社会将有大变动,背后反映的则是国内情况堪忧的状况。

幽王非常宠爱一名为褒姒的妃子。这位褒姒有个特点,就是自进宫后从没笑过,幽王为了博褒姒开心一笑,试过很多方法,但是都没有效果。幽王又用点燃烽火引来不明情况的诸侯,让诸侯们劳而无功的尴尬来换取美人一笑。这烽火台本是西周为了防备犬戎的侵扰,在镐京附近的骊山修筑的,如果犬戎进攻被士兵发现,就点燃烽火,邻近烽火台也要点火,依次传递信号,向诸侯报警。诸侯见了信号,知道犬戎入侵,就率兵前来保护周天子。他命人点燃烽火,四散的狼烟引来了各地诸侯,都带兵来抵抗犬戎,保护幽王。待诸侯兵马赶到骊山脚下,大家只看到幽王和褒姒的欢乐场景,并未有犬戎的一兵一卒。幽王告诉诸侯这只是他放火取乐而已,诸侯们愤然而回。褒姒眼见幽王将千军万马玩弄于股掌之间,召之即来挥之即去,竟觉得十分好玩,不觉大笑起来。

为了更加得到美人褒姒的欢心,幽王又废黜周王后申氏和太子宜臼,让褒姒的儿子伯服取而代之。太子逃到母亲的娘家申国,申侯听到自己的女儿和外孙被废的消息怒火中烧。公元前 771 年,联合犬戎和缯侯出兵进攻镐京。幽王燃烽火,向诸侯求救,受过欺骗的诸侯不再相信幽王,虽然狼烟漫天,却无兵来救驾。暴虐的幽王不得人心,镐京守卫一哄而散,犬戎轻而易举进入镐京,幽王被杀。待诸侯确认是真的有犬戎来犯而出兵来救援时,犬戎劫掠镐京财宝,掳走褒姒而退。这就是著名的“烽火戏诸侯”的故事。这件事情载于正史《史记·周本纪》,历代不少历史学家如柳宗元、焦循、崔述等都把它当作传说而非真实的历史事件对待。现代学者则认为它反映了先秦时代产生的将国家衰亡的政治责任推给君王身边女性的“女祸观”[②]。一种为大家接受的说法是周王废黜周王后申氏和太子宜臼的举动破坏了姬姜

---

① 《史记·周本纪》。

② 赵东玉:《先秦女子亡国说剖析》,《维士与女——先秦性别文化片论》,辽宁师范大学出版社 2007 年版,第 66—73 页。

联盟(申是姜姓国),因此申侯联合缯侯和犬戎出兵进攻镐京杀死了幽王。

周幽王死后,申侯等立宜臼为天子,于公元前770年在申即位。由于镐京已经被犬戎破坏殆尽,周西边土地被犬戎所占,平王在晋、郑、秦等国的护送下迁都洛邑(今河南洛阳王城公园一带),由于洛邑在镐京之东,因此迁都后的周被称作“东周”,在此之前则被称为“西周”。周平王东迁洛邑以后的形势混乱,徒有天下共主的虚名,反而依靠诸侯国才能存在,这也给诸侯国提供了发展壮大和操控政权的机会。

东迁后残存的周王室的土地,东不到荥阳,西不过潼关,南不越汝水,北不过沁水,大约有六百余里。这时的周王室不但丧失了对诸侯国的领导权,原本诸侯定期向王室述职和交纳贡物的制度,此时也已经不再遵守。东方姬姓诸国的大宗鲁国,本来是周室的忠实支柱、礼乐文明的典范,而周平王死后竟然不来奔丧,继立的周桓王却不得不多次聘鲁加以笼络。据统计,“《春秋》书(鲁)公朝王所者二,如京师者一,而书公如齐十,如晋至二十”,鲁大夫“如京师者仅四”,而其“如齐十六,如晋二十四”[①]。失去朝贡使王室陷入贫困,甚至要向诸侯“求赙”“求车”“求金”。

对于大诸侯国的依赖最初的对象是晋国。但是春秋初年,晋国内乱无暇外顾,郑国开始操持周王室的权柄。郑武公死后,周平王试图摆脱其控制,所以想立虢公为卿士,因郑庄公不满而作罢。为了取信于郑国,周平王还与郑庄公交换太子为人质,史称“周郑交质”。周平王死后,桓王又想让虢公执政,郑庄公就派士兵抢收了周地温和成周的庄稼,二者互不相让,历史上称为“周郑交恶”。公元前707年,桓王罢免了郑庄公的王室卿士之职,郑庄公不服,与周兵戎相见,战斗中郑军射中了周桓王的肩膀,周桓王落魄而逃。消息传出,周天子威信扫地,其他诸侯纷纷跃跃欲试,各大诸侯国之间争霸的序幕拉开。在春秋时期齐、晋、楚、秦等各大国的争夺中,常常宣称“尊王攘夷”,其实不过是需要周天子提供用来称霸所需要的旗号和名分而已,顾栋高说:“春秋二百四十二年,书朝王者二,而皆不于京师,书如京师者一,而又不以朝,此天下之尽无王。”[②]

---

① [清]顾栋高:《春秋大事表》,中华书局1993年版,第1575、1582、1585页。

② [清]顾栋高:《春秋大事表》,中华书局1993年版,第1563页。

东周年表

王	王　名	年代(公元前)	年　数
平　王	姬宜臼	770—720	51
桓　王	姬　林	719—697	23
庄　王	姬　佗	696—682	15
釐　王	姬胡齐	681—677	5
惠　王	姬　阆	676—652	25
襄　王	姬　郑	651—619	33
顷　王	姬壬臣	618—613	6
匡　王	姬　班	612—607	6
定　王	姬　瑜	606—586	21
简　王	姬　夷	585—572	14
灵　王	姬泄心	571—545	27
景　王	姬　贵	544—521	25
悼　王	姬　猛	520	1
敬　王	姬　匄	519—476	44
元　王	姬　仁	475—469	7
贞定王	姬　介	468—442	28
哀　王	姬去疾	441	1
思　王	姬　叔	441	1
考　王	姬　嵬	440—426	15
威烈王	姬　午	425—402	24
安　王	姬　骄	401—376	26
烈　王	姬　喜	375—369	7
显　王	姬　扁	368—321	48
慎靓王	姬　定	320—315	6
赧　王	姬　延	314—256	59

待天子位传到顷王时,周王室已经贫困不堪。襄王去世多时,顷王竟然没有财力来为其办理丧事,顷王无奈只好派卿士毛伯去鲁国讨钱,才使襄王

入土为安。周定王即位的那年(前606年),楚庄王带兵攻伐陆浑之戎,[①]事后到周的边境上阅兵示威,吓得定王赶忙派大臣王孙满去慰劳楚军。楚庄王劈头就问周朝都城宗庙内九鼎的"小大轻重"。九鼎相传是大禹时用各方进贡的铜所铸成九座鼎,象征天下九州。先秦时期九鼎被人们视为国家政权的传国重器。楚王问鼎之轻重明显有取而代之的意思。

后来朝廷中曾发生过一次内乱。周景王先是立姬猛为太子,后来景王又非常喜爱他的庶子姬朝,就动了废长立幼的念头。还没等改立,景王就突然去世了。景王死后,支持姬猛的大臣刘蚠、单旗(也是刘、单两国的国君)将姬朝师傅宾孟杀死,拥立姬猛为天子,也就是周悼王。没有当上天子的姬朝不甘心,发动叛乱,刘蚠出逃,悼王被劫持。晋顷公派大夫籍谈、荀跞带兵救出姬猛,护送其回都城。姬猛非常短命,在同年十一月病死。悼王病死后,由刘蚠、单旗扶持周敬王姬匄(姬猛同母弟)继位,居于狄泉(今河南洛阳,当时位于王城城外),当时人称为"东王"。敬王继位后,和西王姬朝长期相互攻伐,争夺王位。敬王四年(前516年),他在晋国等诸侯国的帮助下,回到了洛邑,姬朝奔楚。由于担心姬朝的党羽对自己不利,敬王十年(前510年)在天子的请求下,晋国在周的王城东面另筑一座新城,称洛阳(今河南洛阳东北,因在洛水北岸,故名)。后来敬王就住在这座新城中,这座城原为周公所营建之东都成周的一部分,因此这座新城也被称为成周。[②]敬王之后各天子大都住在这座城中。

进入战国时代以后,政治形势丕变,一部分诸侯国内的卿大夫取代国君,先后发生"三家分晋""田氏代齐"等事件。这时候的周天子早已徒有虚名,在诸侯眼中不过等同于一个小国。春秋时代诸侯称霸还要经过周天子名义上的承认,到了战国时代有时候索性连这一程序都给省略掉了。周考王时,将其弟姬揭封于河南(今河南洛阳,也就是周敬王之前的天子所住的王城),"以续周公之官职"[③],是为桓公,因为河南地在天子所居成周的西边,所以被称为"西周",形成一个西周小国,史书上将这个小国的国君一般称作"西周君"或"西周某公"。西周桓公去世,其子威公代立。比起太子朝,西周

---

① 古族名,原居瓜州(今甘肃敦煌),后被秦、楚两国迁到伊川(今河南嵩县北)。公元前525年,晋灭之,其部众逃至甘鹿(今河南宜阳东南)。

② 李学勤:《东周与秦代文明》,上海人民出版社2007年版,第12页。

③ 《史记·周本纪》。

威公更加宠爱公子根（一说作“班”）。威公的偏心为身后的夺位埋下了祸根。周显王二年（前367年），西周威公卒。公子根自恃父王生前宠爱自己，要跟太子争位。这时赵、韩两国前来干涉，两国帮助公子根在巩（今河南巩义西南）独立，因为巩在洛阳之东，故称东周，公子根称“东周惠公”。太子朝也在河南地继位，也叫“惠公”，不过因其在西周，就称“西周惠公”。这就是战国时期“西周”和“东周”的由来。经过这次内争本来就不大的周分裂为两个更小的封国。到周代临亡的时候，所统治的地方只相当于汉代的七个县，其中洛阳（今河南洛阳东北）、平阴（今河南孟津北）、偃师（今河南偃师）、巩（今河南巩义东北）属于东周，河南（今河南洛阳）、缑氏（今河南偃师东南）、穀城（今河南洛阳西北）属于西周。[①]

周赧王即位后，从属于东周的洛阳搬到了西周居住。西周和东周这两个小国虽然为兄弟之国，但关系并不和睦，不时发生龃龉，甚至兵戎相见。有一次东周与西周发生战争，西周欲跟楚、韩两国交好来共同对付东周。东周大臣齐明跟东周君说：“臣恐西周之与楚、韩宝，令之为己求地于东周也。不如谓楚、韩曰，西周之欲入宝，持二端。今东周之兵不急西周，西周之宝不入楚、韩。楚、韩欲得宝，即且趣我攻西周。西周宝出，是我为楚、韩取宝以德之也，西周弱矣。”西周也的确求过韩国出兵助己，有人劝韩王暂且按兵不出，这样西周着急，韩国就可以得到西周所藏的国之重器。[②] 不过由于缺乏记载，最后两周之争的结局不得而知。还有一件事，也反映了西周和东周之间紧张的关系。

东周需要水浇灌稻田，而处于洛水上游的西周不给放水，东周君拿西周没办法，对事情感到十分头疼。苏子（当是苏代或苏厉）向东周君提出要出使西周让其放水。见到西周君后，苏子说：“君之谋过矣！今不下水，所以富东周也。今其民皆种麦，无他种矣。君若欲害之，不若一为下水，以病其所种。下水，东周必复种稻；种稻而复夺之。若是，则东周之民可令一仰西周，而受命于君矣。”[③]西周君听到他说不放水反而有利于东周，于是下令放水。苏子也得到了双方的酬金。

---

① 转引自李学勤《东周与秦代文明》，上海人民出版社2007年版，第13页。

② 《战国策·东周策》。

③ 《战国策·东周策》。

西周和东周两国处于韩国境内，四面皆与韩国接壤，两国虽然面积不大，但却处于中原的核心地区，向东可至魏国，向北可达韩国的上党郡和赵国，向南可抵楚国方城，因此早被强国觊觎，两国只能在大国的夹缝中生存，利用大国之间的矛盾是两国的生存之道。

公元前 307 年，秦国攻韩国的宜阳（今河南宜阳西），向东周借道，东周担心借了会得罪韩国，不借又会得罪秦国，处在两难之间，这时史厌（《战国策·东周策》作“赝”）给东周君[①]出了一个主意，说：“何不令人谓韩公叔曰‘秦敢绝周而伐韩者，信东周也。公何不与周地，发质使之楚，秦必疑楚不信周，是韩不伐也。又谓秦曰‘韩强与周地，将以疑周于秦也，周不敢不受。’秦必无辞而令周不受，是受地于韩而听于秦也。”[②]不知最后东周君有没有采纳史厌的办法，不过秦国是东周得罪不起的，不管韩国乐不乐意，东周还是借道给秦国攻韩了。史厌自认为两全其美，不会开罪秦、韩任何一方，然而他忽略了一点，战国中期各国之间合纵连横的活动十分频繁，各国国无定交，关系复杂。韩国在受到秦国进攻后，就派人去联络与秦国有隙的楚国（公元前 312 年秦大败楚于丹阳），楚国遂派兵援救。楚怀王见周借道给秦国，便认为周是在助秦，于是想讨伐周。苏代为周（《周本纪》云“秦借道于两周之间”，可见西周和东周都借道给秦了，此周不知何指）游说楚王说：“何以周为秦之祸也？言周之为秦甚于楚者，欲令周入秦也，故谓‘周秦’也。周知其不可解，必入于秦，此为秦取周之精者也。为王计者，周于秦因善之，不于秦亦言善之，以疏之于秦。周绝于秦，必入于郢矣。”[③]楚王遂放弃了伐周的想法。秦国在向两周借道之外，还曾想召见西周君，西周君知道可能是要他派兵协助攻韩，所以不愿前去，就派人去跟韩王说：“秦召西周君，将以使攻王之南阳（今河南西南部一带）也，王何不出兵于南阳（《西周策》作‘河南’，即洛邑，可从）？周君将以为辞于秦。周君不入秦，秦必不敢逾河而攻南阳矣。”[④]

但两周的麻烦还没有结束。楚王派兵助韩，见韩国被秦国击败，想到以前秦败楚于丹阳时韩国是秦国的同盟，就转而攻韩的雍氏（今河南禹州东

---

① 据下文“信东周也”推测。另，此文亦见于《东周策》。《史记索隐》作西周武公，误。

② 《史记·周本纪》。

③ 《史记·周本纪》。

④ 《史记·周本纪》。

北）。这时韩国又派人来向东周征兵器和粮食。东周君[1]害怕了，就告诉了苏代，苏代说："何患焉？代能为君令韩不征甲与粟于周，又能为君得高都（今河南洛阳南）。"东周君一听还有这等好事，就跟苏代说："子苟能，寡人请以国听。"苏代前去跟韩相国公仲连说："公不闻楚计乎？昭应谓楚王曰：'韩氏罢于兵，仓廪空，无以守城，吾收之以饥，不过一月必拔之。'今围雍氏五月不能拔，是楚病也。楚王始不信昭应之计矣，今公乃征甲及粟于周，此告楚病也。昭应闻此，必劝楚王益兵守雍氏，雍氏必拔。"公仲连认为这个想法固然不错，但他告诉苏代使者已经派出去了。苏代顺势说何不把高都送给周，公仲连一听当然大怒，他说不向周要兵器和粮草就不错了，怎么可能还要送给周高都。苏代说："与之高都，则周必折而入于韩，秦闻之必大怒，而焚周之节，不通其使，是公以弊高都得完周也，何不与也？"[2]公仲连为了拉拢这个处于韩国腹地的小国不让他倒向秦国就答应了苏代的请求，不仅不征兵器和粮草，还把高都送给东周。苏代以其机敏的头脑和口才让东周摆脱了选择站队的烦恼，还让东周国得到了意想不到的收获。

西周和东周作为小国，处于四战之地，在大国的互相征伐中经常是被拉拢和裹挟的对象，而这两国又不能在其中加入任何一方以免日后遭到报复，两国利用出色的外交技巧成功化解了一次次战争威胁。后来西周还曾利用秦、魏间的矛盾骗得魏国为其筑城。

周赧王四十二年（前 273 年），这一年秦国败魏于华阳（今河南新郑北），大臣马犯对西周君[3]说："请令梁（魏国）城周。"西周君答应了他的请求。马犯对魏王说："周王病若死，则犯必死矣。犯请以九鼎自入于王，王受九鼎而图犯。"魏王一听说能得到九鼎就同意了，派了一些士兵跟他回去，对外声称是保卫周。马犯又跟秦王说："梁非戍周也，将伐周也。王试出兵境以观之。"秦国听说魏国要侵周，马上出兵。接着马犯再去魏国告诉魏王西周君的病好了，这样就不需要再献出九鼎了，九鼎的事情容以后再说。马犯接着又跟魏王说："今王使卒之周，诸侯皆生心，后举事且不信。不若令卒为周

---

① 此条本列在《战国策 · 西周策》，误。今从《史记 · 周本纪》改之。参见范祥雍《战国策笺证》，上海古籍出版社 2006 年版，第 95 页。

② 《战国策 · 西周策》。

③ 据吕祖谦《大事记》。参见杨宽《战国史料编年辑证》，上海人民出版社 2001 年版，第 898 页。

城，以匿事端。”[①]魏王一想，魏国新败，不能以小事再招惹事端，没办法只好答应为周筑城。

尽管两周在大国之间巧妙周旋，在战事频繁的战国时代依然保有着一块国土，但由于其所处的地理位置的原因，它们仍然不可避免地受到大国的侵伐。战国后期时，秦国的战略优势已经非常明显，秦国四处开拓疆土，周当然也在他的征伐之列。周赧王四十五年（前 270 年），秦国伐西周。周公子周冣跟秦昭王说：“为王计者不攻周。攻周，实不足以利，声畏天下。天下以声畏秦，必东合于齐。兵弊于周。合天下于齐，则秦不王矣。天下欲弊秦，劝王攻周。秦与天下弊，则令不行矣。”[②]面对秦国一国独大的局面正在加速形成的形势，西周君不可能一无所知，所以在后来的大国混战中，西周一改过去坚守中立、两不得罪的原则选择与秦国站到一边。秦国在长平之战后又围攻邯郸，赵国与魏、楚合纵攻秦，秦为三国所败。周赧王五十八年（前 257 年），赵、魏、韩三国再与秦国对抗，西周君觉得秦国实力强大，虽然之前受挫，但取胜是没有问题的，便派相国去秦国寻求结盟，起初周相国怕秦国瞧不起自己这个小国来使，就半路返回来了。有人对相国说：“秦之轻重未可知也。秦欲知三国之情。公不如急见秦王曰‘请为王听东方之变’，秦王必重公。重公，是秦重周，周以取秦也；齐重，则固有周聚（即周冣）以收齐：是周常不失重国之交也。”相国照着此人的话去在秦昭王面前说了，秦王看到西周愿意主动出力帮忙，便表示对西周很信任。但是到了第二年（前 256 年），西周君背秦之盟，于是就发生了本节开头的一幕。西周武公在投降秦国后，秦国将其放回西周，不久就去世了。同一年，居住在西周的周天子赧王去世。周赧王去世后天子之位没有接着传下去，从此周代天子世系终结，周代作为一个正统王朝实际上已经结束。西周武公之子文公继承了他的爵位，秦国对他在故地待着不放心，将其迁到狐（今河南汝州西北）。而七年后（前 249 年）东周君欲与诸侯谋秦，秦派相国吕不韦将其消灭。秦庄襄王念在东周君是王室嫡亲的份上，不仅没有杀他，还赐给他阳人（今河南汝州西）作为封邑，以奉祀周室先王。至此周室的最后一点力量也不复存在了。

---

① 《史记·周本纪》。

② 《史记·周本纪》。又见于《战国策·西周策》。

秦国消灭西周本身在当时来说算不上是一件惊天动地的大事,因为前文已经反复地说过,周在此时与一个小国并无二致,天子的权威基本已经没有了。诸侯各国醉心于各自合纵连横和相互攻击,也无心关注一个小国的存灭,对于天子的去世最多只是哀悼一下而已,至于周天子身后有没有人继承的问题,则与他们不相干。秦灭西周对于秦国自己来说还是很有意义的,因为周祚断绝,从此以后秦国可以无所顾忌地去进行它的统一战争了。

三、周室衰落之分析

对于周代的兴起,许倬云先生曾有过精彩的概括:“周人以蕞尔小邦,崛起渭上,不仅代替文化较高的大邑商,成为古代中国的主流,而且开八百年基业,为中国历史上重要的一个时代。”①然而周代自周厉王之后却迅速衰落,自平王东迁之后就已沦落为挂名天子,套用一句《左传·庄公十一年》中的话,可谓是“其兴也勃焉,其衰也忽焉”。其中的原因值得后人探究。

周代的衰落首先源于最高统治者周天子治理国家的失败。厉王的“专利”行为以及对国人的残酷镇压造成了国人和统治者的对立。在周代立国之后实行的国野制中,居住在都城城郭之内的国人是周天子统治的依靠力量,是兵士的来源。山泽是国人一部分生活资料的重要来源,厉王垄断山泽资源势必影响到国人的日常生活。周厉王对国人的不满进行镇压无疑是自毁长城之举。厉王被驱逐的命运让周天子在国人和诸侯心目中的地位不可避免地发生动摇。周幽王擅自废黜皇后和太子则破坏了从文王和武王时期就已形成的王室和姜姓联盟的传统,导致政变的发生。这次政变的结果不仅让都城破败,而且也使王室在丰镐周边的土地被犬戎侵占,失去了赖以立国的土地。没有土地,周室就失掉了最重要的经济来源,只能选择依靠诸侯的贡纳。政治的权威性必然大不如前。再者,周厉王和幽王重用荣夷公、虢石父这种善于阿谀奉承的“谗谄巧从之人”而远离贤臣,使国内政治更加败坏,《诗经·大雅·瞻卬》描述幽王时期的政治黑暗说:“人有土田,女反有之;人有民人,女覆夺之;此宜无罪,女反收之;彼宜有罪,女覆说之。”面对如此黑暗的国内政治,有人早已不堪忍受,甚至发出“取彼僭人,投畀豺虎”②的

① 许倬云:《西周史》,台北联经出版事业股份有限公司 2005 年版,第 317 页。

② 《诗经·小雅·巷伯》。

怒号。政治腐败、民怨沸腾，幽王时的形势已处于一种危如累卵的境地，西周国内发生动荡只是早晚的事情。

其二，周代的分封制导致了后来诸侯国的崛起，最终取代了天下的宗主周室。武王翦商之后，为“藩屏周”，实行分封。周初分封诸侯的以王室子弟、同姓为多，《左传·昭公二十八年》说：“昔武王克商，光有天下，其兄弟之国者十有五人，姬姓之国者四十人，皆举亲也。”除此之外，也封了一些在灭商中有功的异姓贵族。周王室给这些诸侯分封土地，允许他们组建自己的军队、任命卿士、征收赋税。同时诸侯作为天子的臣子必须履行定期觐见天子、缴纳贡赋、保卫周室的义务，以及在对外征伐中有应天子之命派出军队的义务。作为一种政治制度，周代以血缘关系和礼制为基础构建起一个发达的统治网络，保证天子的权威得到尊重，命令能够得到有效执行。但是周代分封制有其内在的弱点，第一是周天子只掌握有限的土地和资源，使得权力分布比较分散，周天子制约诸侯国的能力有限。第二点从其根源来说，由于分封制以血缘为基础，所以在诸侯国的前几代诸侯中，这种制度运行得还是十分良好的，国都有难诸侯来救就是一个证明。但是随着时间的推移，亲戚关系难免变得疏远，这时如果有诸侯国的实力上升就会出现诸侯与王室的离心倾向。尤其到了春秋时代，王室衰微，这种离心现象就表现得更为明显。诸如“周郑交质”、诸侯不来朝见这类事情都是其表征。并且越到后期，这种现象表现得越严重，以致到了兼并战争开始的时候，连周王室本身也成了诸侯要消灭的对象。因为天子象征着王朝的正朔，消灭了周室，自己取而代之就名正言顺了。

第三，自然灾害对周代统治的影响也是不能忽略的因素。根据史书的描述，幽王时期的地震极为强烈，造成地表面貌发生了极大的变化。地震发生的泾河、渭河和洛河流域是周的统治中心地带，也是人口比较稠密的地区，大地震必然带来大伤亡。在灾害应对方法有限的当时，它无疑会给当地居民的居住、吃饭和农业生产带来长时间的严重冲击。幽王时期除了这场大地震外，还连续发生过干旱等天灾，《诗经·大雅·召旻》说“旻天疾威，天笃降丧。瘨我饥馑，民卒流亡”，“如彼岁旱，草不溃茂”。连续的天灾导致人们生计出现严重困难，民怨四起，人们在歌谣中发出“我相此邦，无不溃止”的诅咒。古人对天灾极为畏惧，认为天灾是上帝对下民的惩罚。天灾在心理上给人带来的打击,往往比实际的经济危机打击更为沉重。[①] 这些无疑让为政本就不善的周朝雪上加霜。

如果仔细检视史书上的记载可以发现,周代的忽然衰落并不只是由周厉王的暴政导致国人暴动这一内部因素引发的。实际上在周厉王之前西周就面临着外部危机——边疆危机。

周朝建立后,在统治中心的四个方向上一共分封了数十个诸侯国,目的不仅在于帮助周天子管理这些新征服的土地,而且还有一个重要作用就是拱卫王畿。在整个周朝的四周还分布着许多少数民族部落,统称为蛮、夷、戎、狄。其中最令西周头疼的是镐京北面的犬戎和江淮流域的淮夷等南方部族。为了镇服这些部族,展示周室的国威,周天子曾多次与之交战。《小盂鼎》记载,康王时伐鬼方,一次即俘虏一万三千多人。如前文所讲,周昭王曾两度亲自南征,穆王亲征北方的犬戎(也称“猃狁”)。除此之外,据《纪年》记载,宣王四年(前824年),宣王派秦仲征西戎,秦仲败,又拨给秦仲的儿子庄公兵七千再伐西戎,破之。任何战争都是相互的,周边的民族也经常对周发动攻击。据出土青铜器铭文记载,穆王时期,周遭受到了克商一百年来第一次大规模的外族入侵。[②] 南方的淮夷入侵周,后来周取得了胜利。相对于南方的淮夷,北方的犬戎对周造成的威胁更为直接,到西周中后期入侵也更为频繁。西周政权的行政中心并非其当时统治的地理中心。西周的都城镐和丰都位于其国土的西部边境附近,而周公营造的东都洛邑才处于整个周朝的中心位置。西周前期,王室实力强大,能力足以控制所统治的领域。到了西周中后期,国势开始衰微,周逐渐放弃了向外的主动进攻,毗邻边境的少数民族虎视眈眈,不断袭扰,周都的位置此时成为其致命的弱点。铜器铭文(金文)对周和猃狁的记载很多,其中《多友鼎》的铭文记载,周厉王时,“猃狁方兴,广伐京师,告追于王”,也就是说猃狁不但一度攻入过京师,而且还去追击天子,可见猃狁对王畿附近已经构成了相当的威胁。从传世文献和金文的记载中能够发现,周代从昭王以来与少数民族战争的频率呈不断上升的趋势,周王室如此频繁的对外战争势必要耗费大量财力,投入众

---

① 许倬云:《西周史》,台北联经出版事业股份有限公司2005年版,第310页。

② 李峰:《西周的灭亡——中国早期国家的地理和政治危机》,上海古籍出版社2007年版,第112页。

多的兵力，在一定程度上也会削弱周王室的力量。在玁狁的入侵之下，周也丧失了泾河上游的大部分土地，使周的核心地区暴露在外族威胁下。[①] 当申侯主动引入犬戎进入国都的时候，犬戎便趁机占领了国都周围的大片土地，因为这时候犬戎的势力离国都已经不远了。

各诸侯国见证了作为天下共主的周代的衰落，对其衰落的原因心里都有各自的判断，从中吸取教训。作为周的继任者的秦国同样目睹了周从强盛至衰落到灭亡的整个过程，秦国在统一六国之后制定帝国政治制度时就曾借鉴了周代的经验教训，于是有了公元前221年的宫廷辩论。当时丞相王绾建议对于新攻下来的燕、齐、楚这些远离秦国本土的地方，要效法周代分封诸子去管理，由于是师法古人，所以朝中许多大臣也赞同他的提议。但是廷尉李斯却不同意，他说：

> 周文武所封子弟同姓甚众，然后属疏远，相攻击如仇雠，诸侯更相诛伐，周天子弗能禁止。今海内赖陛下神灵一统，皆为郡县，诸子功臣以公赋税重赏赐之，甚足易制。天下无异意，则安宁之术也。置诸侯不便。[②]

李斯对分封制的弊端看得很清楚，分封诸侯国早晚会彼此疏远，然后陷入为了各自的利益相互攻伐的结局。秦始皇也认为秦国征战这么多年为的就是使天下大定，不再四分五裂，如果再行分封就是步周代的后尘。这场辩论的结局是“郡县制”的实施，天下分为三十六郡。这是一种有效的政治控制手段，虽然秦帝国早逝，但是在以后的数千年中，“郡县制”一直为统治者所沿用。

周代不仅给后人留下了许多珍贵的历史经验和思想，它还影响了中国历史发展的脉络和路径。周代的社会规范和道德规范统称为“礼”。作为一个重“礼”的王朝，礼贯穿于社会的各个层面，周礼规范国家的政治外交活动和人们的日常行为。周代的礼俗经过后人的整理，在《周礼》《仪礼》《礼记》

---

① 李峰：《西周的灭亡——中国早期国家的地理和政治危机》，上海古籍出版社2007年版，第220页。

② 《史记·秦始皇本纪》。

中较为系统地保存了下来。

春秋时期孔子主张“克己复礼”，并将其用于对人民大众的约束。他认为夏、商、周三代的礼相沿革而有所损益，对人民要以礼来约束：“道之以政，齐之以刑，民免而无耻；道之以德，齐之以礼，有耻且格。”[①]当政者仅靠刑罚、政令来治理国家，只能使百姓因为惧怕而免于犯罪，不能使人有知耻之心；只有通过道德教育以礼制来规范人们的言行，才能使人们有羞耻之心，走上正道。这种治民方法被后代沿用，成为统治者必备的治国方案。礼法结合也成为中国社会的一大特点。

周代超越疆土的局限，实现文化的扩展与包容。夏商时代始终以部族的管理方式来治国，其文化来源比较单一，并且缺少对于其他文化的融合与包容。周在崛起之初随着迁移而不断吸取农耕文化和草原文化的营养，来丰富自己的文化内涵。以招抚、联姻等诸多方式加强同其他民族之间的联系，壮大自己的力量，使之团结成为一个文化共同体。分封之下却也有不同习俗，却又共同遵循周制，二者相互融合，共同臣服于一个“周天子”，实现了“溥天之下，莫非王土；率土之滨，莫非王臣”的理想。这个大“天下”观对于前世无疑是一种超越，对于后世更是一种很好的启迪。

---

① 《论语·为政》。

第十三章　名士政治：四公子合纵

战国是一个风云激荡的时代，政客们往来于各国之间，向君主们推销着自己的主张，或合纵或连横，由此而展开了激烈壮观的战国历史长卷。战国时期的名士在政治生活中扮演着重要的角色，他们才华横溢，足智多谋，对战国社会的发展起着不可估量的推动作用。在那个人才竞争异常激烈的社会背景下，养士之风油然兴起，可谓蔚为大观，而其中的佼佼者则当属"战国四公子"。

"公子"一词在中国古代文献中出现较早，如《诗经·周南·麟之趾》中就有"振振公子"之语。"公子"一词在古代有三种含义[①]：一是指诸侯之庶子，以别于世子，亦泛称诸侯之子；二是指诸侯之女；三是对有权势地位者的尊称，或富豪子弟的通称，后也用来尊称别人的儿子。"公子"用于表达第二种含义较为少见，多用于表达另外两种含义。在中国历史上，"四公子"的称号可谓屡见不鲜，如有"明末四公子"陈贞慧、方以智、侯方域和冒辟疆；"清末四公子"谭嗣同、陈三立、吴褒初和丁惠康；"民初四公子"袁克文、溥侗、张孝若和张伯驹；"民国四公子"孙科、段宏业、张学良和卢筱嘉等。而最早称"四公子"的则是"战国四公子"，他们是齐国的孟尝君、赵国的平原君、魏国的信陵君和楚国的春申君。

战国四公子在早期被称为"四君"，最早见于贾谊的《过秦论》："当是时，齐有孟尝，赵有平原，楚有春申，魏有信陵。此四君者，皆明知（智）而忠信，宽厚而爱人，尊贤重士，约纵离衡（横）……"继"四君"之后，在《汉书·陈胜项籍传·赞》中又出现了"四贤"的称谓。正式指称"四公子"的则是西晋时期众所推崇的文坛领袖——张华，他在乐府曲《游侠篇》中写道：

---

① 王洪波、李丽：《"战国四公子"称谓商榷》，《昭乌达蒙古族师专学报（汉文哲学社会科学版）》2000 年第 2 期。

翩翩四公子，浊世称贤明。龙虎方交争，七国并抗衡。食客三千余，门下多豪英。游说朝夕至，辩士自从（纵）横。孟尝出东关，济身由鸡鸣。信陵西反魏，秦人不窥兵。赵胜南诅楚，乃与毛遂行。黄歇北适秦，太子还入荆。美哉游侠士，何以尚四卿。我则异于是，好古师老彭。

自此以后，战国四公子之名才正式传开。① 战国四位公子以轻财下士和好客养士而著称，亦以纵横家的身影活跃于纵横捭阖的战国政治时局当中，在战国史上留下了属于他们也属于那个时代的精彩一页。

一、妙用门客：游刃自保的孟尝君

孟尝君（生卒年不详）姓田名文，战国中期人。

根据战国的封君制度，当时封君的君号有的以封邑命名，有的以功德命名，有的以谥号或雅号而命名。“君”是当时很流行的一种爵号，“尝”是指田文的封地尝邑（即薛邑之旁的常邑），故称尝君。而“孟”是老大的意思，可事实上田文并非是田婴的长子，可见此处称“孟”并非年长之意，而是出于田文被立为太子而在诸兄弟中地位最高的缘故。

（一）初出茅庐　崭露头角

孟尝君的父亲是很有名望的靖郭君田婴，田婴乃“齐威王少子而齐宣王庶弟也”。田婴从威王时就任职当权，曾与成侯邹忌以及田忌带兵去救韩攻魏。后来，成侯与田忌为争得齐王的宠信而闹得嫌隙很深，结果成侯出卖了田忌。“田忌惧，袭齐之边邑，不胜，亡走。”时值齐威王去世而宣王被立为国君，宣王得知成侯陷害田忌，“乃复召田忌以为将”。齐宣王二年（前 341 年），田忌与孙膑、田婴一同攻打魏国，在马陵之战中战败魏国，俘虏了魏太子申并杀了魏军将领庞涓。宣王七年（前 336 年），田婴奉命出使韩国和魏国，他的一番活动促使韩、魏归服于齐国。田婴陪着韩昭侯、魏惠王在东阿（今山东阳谷阿城镇西北）南会见齐宣王，促使三国结盟缔约。第二年，宣王又与梁惠王在甄地（今山东鄄城北）会盟。宣王九年（前 334 年），田婴任齐

① 王淳：《战国四封君怎么又成了“四公子”》，《史学月刊》2009 年第 2 期。

国宰相。齐宣王与魏襄王在徐州会盟,互相尊称为王,这就是历史上有名的“徐州相王”。楚威王得知此事后,对田婴非常恼怒,认为这是田婴一手策划的。第二年,楚国就进攻齐国,在徐州战败了齐国军队并派人追捕田婴。“田婴使张丑说楚威王,威王乃止。”[①]田婴在齐国任相长达十一年,被封于薛邑(今山东滕县东南),故称“薛公”。[②]

早在生田文之前,田婴已“有子四十余人”,而田文又是田婴的一个贱妾所生,故田文的出生本应不会引起田氏家族的太多注意。然而,田文却“以五月五生”[③],这倒令整个田氏家族尤其是田婴感到意外,一种不祥的预兆立即打破了往日的沉寂。当时的端午并非如今天这样是一个欢乐祥和的日子,相反,它却是一年里最不吉利的一天。五月俗称“毒月”或“恶月”,而五日又被视为五月当中最不吉利的一天。五月五日本是时人非常忌讳的日子,这天出生的孩子更被视为不祥之兆。“俗说五月五日生子,男害父,女害母”[④],故有这样的说法:“讳举正月、五月子。以正月、五月子杀父与母,不得举也。已举之,父母祸死。”[⑤]田文的诞生令田婴感到不安,于是田婴警告田文的母亲千万不要养这个孩子。在当时,弃婴甚至食子并非是新鲜事,所以田婴丝毫没有什么丧子之痛,也没有把此事放在心上。而发自人性本真的母爱却毅然地阻止了田母,她并没有按照丈夫的吩咐去做,而是私下里把田文喂养长大。可是,田母不可能就这样一直隐瞒下去,因为孩子需要正常人的生活,他也需要别人的认可。而且,田母还发现田文机敏过人,这个孩子将来绝非等闲之辈,出于对田文的关爱和为其前途着想,她决定安排田文与父亲见面。一天,田母通过田文的兄弟把他引荐给田婴。田婴并未因突然出现一个儿子而有丝毫的惊喜,相反,他却是大发雷霆,立即斥责田文的母亲,“吾令若去此子,而敢生之,何也?”田文的母亲被吓得在一旁颤抖,无言以对。而田文则毫不畏惧地向前叩头,他反问父亲道:“君所以不举五月子

---

① 《史记·孟尝君列传》。

② 《史记·孟尝君列传》载:“宣王卒,湣王即位。即位三年,而封田婴于薛。”《索隐》云:“纪年以为梁惠文王后元十三年四月,齐威王封田婴于薛。”湣王三年封薛之说不确,疑为太史公错把“惠文王后元十三年四月”当成“襄王十四年”(即齐湣王三年)所致。

③ 《史记·孟尝君列传》。

④ 《史记·孟尝君列传》《索隐》引《风俗通义》。

⑤ 《论衡·四讳》。

者,何故?”田婴生气地说:“五月子者长与户齐,将不利其父母。”田文则不卑不亢地说:“人生受命于天乎?将受命于户邪?”田婴一时不知怎样回答才好,便沉默不语。田文接着说:“必受命于天,君何忧焉?必受命于户,则高其户耳,谁能至者!”田文如此聪明伶俐,能言善辩,使得田婴自觉理亏,无言以对,他只好斥责道:“子休矣!”[①]父子有生以来的第一次交锋,田文就这样取得了胜利,田婴虽然没有放弃对田文的偏见,但田文的机敏确实给父亲留下了深刻的印象。

过了一段时间之后,田文又趁空去找父亲交流,以便增进父子之间的感情。他先以看似再平常不过的问题来引起话端,请问父亲,“子之子为何?”田婴答道:“为孙。”田文又接着问:“孙之孙为何?”田婴答道:“为玄孙。”田文又问:“玄孙之孙为何?”[②]田婴一时说不出,“不能知也。”田文话锋一转:“君用事相齐,至今三王矣,齐不加广而君私家富累万金,门下不见一贤者。文闻将门必有将,相门必有相。今君后宫蹈绮縠而士不得短褐[③],仆妾余粱肉而士不厌糟糠。今君又尚厚积余藏,欲以遗所不知何人,而忘公家之事日损,文窃怪之。”[④]田文的这番言论立刻为田婴敲响了警钟,更使得田婴对这个“五月子”另眼相看。田文出语不凡,心怀大志,绝非平庸之辈,做过多年宰相的田婴立刻以尖锐的目光洞察到田文的政治才能,于是田婴从此转而器重田文。田婴有意安排田文主持家政,接待宾客,结果宾客往来不断,日益增多,田文的美名也随之传播到各诸侯国之中。各诸侯国纷纷派人来请求田婴立田文为太子,田婴便欣然应允下来。此后,田文在薛邑的地位与日俱增,在诸侯国中的名望也越来越大。田婴去世后,谥为靖郭君,而田文则继嗣为薛公,[⑤]正式统理薛邑。

其实,孟尝君在乃父身上继承了许多优点,如深有见地的识人之道、力排众议的果敢胆识、不拘一格广纳人才的养士之风等,这都对孟尝君日后的

① 《史记·孟尝君列传》。

② 《史记·孟尝君列传》《索隐》引《尔雅》:“玄孙之子为来,来孙之子为昆,昆孙之子为仍,仍孙之子为云”。

③ 《史记·孟尝君列传》《索隐》:“短亦音竖。竖褐,谓褐衣而竖裁之,以其省而便事也。”

④ 《史记·孟尝君列传》。

⑤ 大约在公元前310年以前,参见杨宽先生《战国史》(增订本),上海人民出版社1998年版,第365页。

发展有着一定的影响。下面的一件事就折射出了田婴身上的独特优点。在靖郭君田婴的门下有个叫作齐貌辨的门客，此人"为人也多疵"，故"门人弗悦"。孟尝君劝说父亲把齐貌辨赶走，田婴非但没有采纳他的意见，反而大怒曰："刬而类，破吾家。苟可慊齐貌辨者，吾无辞为之。"靖郭君又把齐貌辨安置在上等宾馆住，让长子去亲自侍候。几年后，齐宣王即位，田婴与齐宣王关系不和，田婴只好离开齐都而去了薛邑。为了帮助田婴与齐宣王两人修复关系，齐貌辨甘愿冒着生命危险去劝说齐宣王。靖郭君对齐貌辨说："王之不说婴甚，公往，必得死焉。"齐貌辨却回答说："固不求生也，请必行。"[①]于是，齐貌辨前往齐宣王那里，正如靖郭君所料，齐宣王对齐貌辨的态度非常不好，但齐貌辨还是极力劝说道："王之方为太子之时，辨谓靖郭君曰：'太子相不仁，过颐豕视，若是者信反。不若废太子，更立卫姬婴儿郊师。'靖郭君泣而曰：'不可，吾不忍也。'若听辨而为之，必无今日之患也。"这是齐貌辨向齐宣王提出的第一条劝和理由，紧接着他又摆出第二条："至于薛，昭阳(楚国将领)请以数倍之地易薛，辨又曰：'必听之。'靖郭君曰：'受薛于先王，虽恶于后王，吾独谓先王何乎！且先王之庙在薛，吾岂可以先王之庙与楚乎？'又不肯听辨。"齐宣王听罢深受感动，不禁大声叹息："靖郭君之于寡人，一至此乎！寡人少，殊不知此。"[②]随后，齐宣王让齐貌辨请田婴回齐。倘若当初田婴不会识别人或因别人的非难而改变用人之道，又怎能换来齐貌辨这样一个置个人生死度外而为主解忧的能士呢？日后的孟尝君在养士用人等方面体现出了许多与其父一样的特点，甚至有过之而无不及。

(二)礼遇门客　谏士解困

孟尝君在薛邑招揽各诸侯国的宾客，广泛吸纳各种类型的人才，甚至把那些具有一技之能的罪犯也网罗到自己的门下。这些门客在孟尝君提供的馆舍里免费吃住，没有固定的事务可做，只是偶尔受孟尝君之托办一些琐碎的事情，有的人也未必就真能派上什么用场。孟尝君宁肯舍弃家业也要给门客以丰厚的待遇，因而天下贤士无不倾心向往。孟尝君的食客有几千人，孟尝君不以身份贵贱论之，而是一律以才能多寡为取舍。每当接待宾客时，

---

① 《战国策·齐策一》。

② 《战国策·齐策一》。

孟尝君总是与宾客坐着谈话,还在屏风后安排侍史来记录谈话内容,尤其要记载所问宾客亲戚的住处。“客去,孟尝君已使使存问,献遗其亲戚。”①

孟尝君从不把门客简单地视为下人,而是以贵宾的礼遇待之,平日里他对待门客都非常客气,也经常向他们请教一些问题,悉心听取谏言。例如,有一次孟尝君与人相聚座谈,他十分尊敬地对三位先生说:“愿闻先生有以补之阙者。”其中一人回答说:“訾天下之主,有侵君者,臣请以臣之血湔其衽”,以此表白拼死效命的决心。第二个人也不甘落后,不过与前者不同的是他有自己的独特方式:“车轶之所能至,请掩足下之短者,诵足下之长。千乘之君与万乘之相,其欲有君也,如使而弗及也。”第三个人则说:“臣愿以足下之府库财物,收天下之士,能为君决疑应卒,若魏文侯之有田子方、段干木也。此臣之所为君取矣。”②孟尝君的礼贤下士赢得了门客们的敬仰与爱戴,他们都争先恐后为孟尝君效力。

孟尝君的坦荡胸怀更是感染着那些门客,使得他们能够忠心地为孟尝君奋力效劳,甚至能够做到舍命相助。有一次,孟尝君招待宾客吃晚饭。有个人遮住了烛光,一位宾客便恼怒起来,“以饭不等,辍食辞去”③。孟尝君马上站了起来,亲自端着自己的饭食来到那个人的近前与之相比,那个宾客顿时惭愧得无地自容,便刎颈自杀以表谢罪。一顿饭食竟引得自刎,看来这还真不是小事!由此可见,门客对于自己在主人心目中的分量如何还是看得很重的,而一些细微处所能透露出的颜面问题也常常成为门客关注的焦点。

中山君曾设宴招待都邑的士大夫,可是在他分羊羹时却忽略了司马子期,于是司马子期一怒之下投奔了楚国。到了楚国后,司马子期说服楚君攻打中山,结果致使中山君沦落到逃亡的境地。然而,却始终有两个人提着戈一直伴随在中山君的身后,中山君回身问那两个人的身世,他们回答说:“臣有父,尝饿且死,君下壶飡饵之。臣父且死,曰:‘中山有事,汝必死之!’故来死君也。”听了这番话,中山君仰面叹息道:“与不期众少,其于当厄;怨不期深浅,其于伤心。吾以一杯羊羹亡国,以一壶飡得士二人。”④孟尝君的那个门客因怀疑饭食的标准不一而放下碗筷要辞别而去,这与司马子期很类似,

① 《史记·孟尝君列传》。
② 《战国策·齐策三》。
③ 《史记·孟尝君列传》。
④ 《战国策·中山策》。

但孟尝君的处理方式却与中山君大有不同,人之见识高低与胸怀宽窄也由此见之。

此后,孟尝君平易近人、善待宾客的美名更为广泛流传,有更多的贤士愿归附于孟尝君的门下。孟尝君对来到门下的宾客都热情接纳,不挑拣,无亲疏,一律给予优厚的待遇。宾客们也都认为孟尝君与自己亲近,人人争先恐后地在孟尝君面前表现自己的才能。与孟尝君的门客争先恐后地为主效力相比,管燕的门客却显得尤为冷漠。管燕得罪了齐王,他希望门客当中能有人挺身解困,可是左右的人都闭口不言,管燕无奈得伤心落泪,慨叹道:"悲夫!士何其易得而难用也!"这时他的手下田需对他说:"士三食不得餍,而君鹅鹜有余食;下宫糅罗纨,曳绮縠,而士不得以为缘。且财者君之所轻,死者士之所重。君不肯以所轻与士,而责士以所重事君,非士易得而难用也。"[①]看来,士人能否为主效命,还得看他的主人怎样来对待他,孟尝君就是这样一个善于妥善对待门客的人。

孟尝君曾用四匹马拉的车和百人享用的饭食来供养夏侯章,可见孟尝君对夏侯章是何等优待。可夏侯章却每次说话时都有意去诋毁孟尝君。有人向孟尝君禀告了此事,孟尝君却回答说:"文有以事夏侯公矣,勿言。"孟尝君显然并没有把此事放在心上,正因为他如此心怀宽广,才有许多夏侯章这样的人愿意留在他的身旁。而事实上,夏侯章也有自己的独特想法:"孟尝君重非诸侯也,而奉我四马百人之食。我无分寸之功而得此,然吾毁之,以为之也。君所以得为长者,以吾毁之者也。吾以身为孟尝君,岂得持言也。"[②]夏侯章就是以这样牺牲个人名誉的方式来成全了孟尝君的名誉,正是众多像夏侯章这样的人在支持着孟尝君,这才使得孟尝君名达于诸侯。

有一次,孟尝君外出巡行五国,当到达楚国时,楚王要送给他一张象牙床。郢都[③]的登徒氏正好当班护送象牙床,可是他并不愿意去,他找孟尝君的门客公孙戌来求助。他告诉公孙戌那床价值千金,稍有损坏,即使卖掉了妻室儿女也赔偿不起。他希望公孙戌能够设法让他免掉这个差事,他愿以先人传下来的宝剑作为报酬。公孙戌不假思索地答应了下来,随即进宫拜

---

① 《战国策·齐策四》。

② 《战国策·齐策三》。

③ 楚国迁都所至之处当时都被称为郢,此处郢应指巨阳(今安徽太和东南)。

见孟尝君说:“君岂受楚象床哉?”孟尝君点头言是。公孙戌劝孟尝君不要接受这份厚礼,孟尝君便向他询问其中缘故。公孙戌回答说:“小国所以皆致相印于君者,闻君于齐能振达贫穷,有存亡继绝之义。小国英桀之士,皆以国事累君,诚说君之义,慕君之廉也。今君到楚而受象床,所未至之国,将何以待君?臣戍(戌)愿君勿受!”听了这番很有道理的言论后,孟尝君便爽快地表示不再接受象牙床。公孙戌于是快步退了出去,刚刚走到中门,孟尝君起了疑心,于是让人把公孙戌召唤回来,问他说:“子教文无受象床,甚善。今何举足之高、志之扬也?”公孙戌见隐瞒不得,便巧言辩道:“臣有大喜三,重之宝剑一。”孟尝君不解,公孙戌便解释道:“门下百数,莫敢入谏,臣独入谏,臣一喜;谏而得听,臣二喜;谏而止君之过,臣三喜。输象床,郢之登徒不欲行,许戍(戌)以先人之宝剑。”孟尝君见其坦言相告就没有责怪,反有嘉许之色:“善!受之乎?”公孙戌赶忙说:“未敢。”孟尝君顺水推舟地说:“急受之。”因为这件事,孟尝君在门板上写道:“有能扬文之名,止文之过,私得宝于外者,疾入谏!”[①]孟尝君当然不会因这点小事而影响门客的进谏情绪,机敏过人的他却利用了这件事来增加自己的声望,并以此事显示了他宽广的胸怀。

倘若说上面那件小事还不足以表现孟尝君的宽广胸怀,那么接下来的这件事则足以令人对孟尝君的宽宏大量表示钦佩。在孟尝君的门客之中,有一个人与孟尝君的夫人“相爱”[②]。自然有人把这件事情禀告了孟尝君,“为君舍人而内与夫人相爱,亦甚不义矣,君其杀之。”然而,令人感到意外的是,孟尝君竟不以为然地说:“睹貌而相悦者,人之情也,其错之,勿言也。”过了一年,孟尝君招来那个爱慕夫人的门客,委婉地对他说:“子与文游久矣,大官未可得,小官公又弗欲。卫君与文布衣交,请具车马皮币,愿君以此从卫君。”这个门客当然能够领会孟尝君的意思,孟尝君能够宽怀大量地放过他并为他谋出路,足以见得孟尝君的气度不凡。这个门客自然是感激不已,于是就怀着感恩之心前往卫国。这个门客在卫国很受卫君的器重,后来齐卫两国关系一度出现剑拔弩张的局面,卫君极想纠集诸侯进攻齐国,在这个关键的时刻,这位门客站出来对卫君说:“孟尝君不知臣不肖,以臣欺君。且

① 《战国策·齐策三》。

② “爱”释为“通”或“慕”,似“通”更近乎情理。

臣闻齐、卫先君刑马压羊，盟曰：‘齐、卫后世无相攻伐。有相攻伐者，令其命如此。’今君约天下之兵以攻齐，是足下倍先君盟约而欺孟尝君也。愿君勿以齐为心！君听臣，则可。不听臣，若臣不肖也，臣辄以颈血湔足下衿。”卫君于是打消了伐齐的念头。齐人听到这件事，都赞叹道：“孟尝君可语(谓)善为事矣，转祸为功。”[①]其实，当初孟尝君并不会想到那个门客日后会帮助他转危为安，正是他那宽广博大的胸怀才换来了这感恩的回报。

孟尝君门下有许多有胆有识的谏士，他们围绕在孟尝君的身边，经常提醒孟尝君，使得孟尝君少犯许多错误。孟尝君身边曾经有一个侍从宾客，可孟尝君不怎么喜欢他，就想要把他赶走。这时鲁仲连用一番道理劝说孟尝君，猿猴离开树木到水中去生活，那它就不如鱼鳖了；翻越险阻攀登高峰，那骏马就比不上狐狸了。曹沫举起三尺剑，一个军队的人也不能抵挡；假使让曹沫放下他的三尺之剑，而手握锄头和农夫在田地里耕耘，那么他连农夫都赶不上。“故物舍其所长，之其所短，尧亦有所不及矣。今使人而不能，则谓之不肖；教人而不能，则谓之拙。拙则罢之，不肖则弃之。使人有弃逐，不相与处而来害相报者，岂非世之立教首也哉?”[②]鲁仲连的话为孟尝君敲响了警钟，孟尝君立即改变了主意，此后不再言说驱赶门客之事。

有一次，孟尝君复归齐国，谭拾子[③]到边境上去迎接他，他对孟尝君说：“君得无有所怨齐士大夫?”孟尝君点头言是。谭拾子又问：“君满意杀之乎?”孟尝君回答说：“然。”谭拾子又接着说：“事有必至，理有固然，君知之乎?”孟尝君回答说不知，谭拾子便解释道：“事之必至者，死也。理之固然者，富贵则就之，贫贱则去之。此事之必至，理之固然者。请以市谕。市，朝则满，夕则虚，非朝爱市而夕憎之也，求存故往，亡故去。愿君勿怨!”[④]孟尝君于是就取出他所怨恨人的五百条罪状，把它们销毁，从此以后不提此事。

孟尝君因贤能而名达于诸侯，像他这样的高级人才自是各诸侯国都想拥有的。时值秦国对东方各国虎视眈眈，秦昭王一心网罗东方各国的人才，当他得知孟尝君有较强的号召力和非凡的才能后，一心想把孟尝君请到秦国任职。秦昭王先派遣自己的同母弟弟泾阳君到齐国作人质，泾阳君千方

---

① 《战国策·齐策三》。

② 《战国策·齐策三》。

③ 《史记·孟尝君列传》所载类似故事的主人公则是冯谖。

④ 《战国策·齐策四》。

百计地与孟尝君建立联系，劝说孟尝君到秦国去做宰相。孟尝君果然动心，于是准备前往秦国。尽管宾客们都不赞成他出行，但孟尝君丝毫不听门客们的规劝，他甚至心烦意乱地说："人事者，吾已尽知之矣；吾所未闻者，独鬼事耳！"[①]在孟尝君的门客当中有个叫苏代[②]的人，他是苏秦的弟弟，如其兄一样以能言善辩而著称。苏代可算得上是辅助孟尝君成就事业的重要人物之一，他曾多次为孟尝君出谋划策。这次虽然他知道孟尝君执意前往，可他还是顶着压力站了出来，在关键的时刻道出了自己的想法。苏代先向孟尝君讲了一则寓言故事，说是他见到一个木偶人与一个土偶人正在交谈。木偶人说："天一下雨，你就要坍毁了。"土偶人说："我是由泥土生成的，即使坍毁，也要回归到泥土里。若天真的下起雨来，水流冲着你跑，可就不知把你给冲到哪里去了。"讲完这则寓言之后，苏代开始切入正题，"今秦，虎狼之国也，而君欲往，如有不得还，君得无为土偶人所笑乎？"[③]孟尝君这才恍然大悟，立即停止了出行的准备。养兵千日，用兵一时，在关键的时刻，孟尝君的门客确实能够挺身而出，帮助孟尝君免入危境。

（三）鸡鸣狗盗　狡兔三窟

孟尝君未能入秦，秦国并没有就此罢手，在其百般努力之下，终于使得齐湣王派孟尝君入秦。齐湣王与其父齐宣王的外交政策有所不同，齐宣王持亲秦政策，而齐湣王则持反秦政策。既然如此，那么齐湣王却为何要派孟尝君入秦？即便他对孟尝君有看法，但无论如何他都应当知道人才外流的危害性，难道他料到秦国就不能容下孟尝君？还是他有意派孟尝君去了解秦国的国情？抑或是孟尝君作为与泾阳君对换的质子而入质秦国？内中原因尚无法确定。

公元前299年，孟尝君奉命来到了秦国，秦昭王暗自为秦国偏得贤才而高兴不已，立即让孟尝君担任秦国宰相。这个空降宰相的出现，自然会招来秦国老臣的种种猜忌和嫉妒，更重要的是，孟尝君任相将会对当时的战国时局产生很大的影响。在此之前，孟尝君已组织了齐、韩、魏三国合纵攻楚并

---

① 《战国策·齐策三》。

② 《史记·孟尝君列传》载为苏代，《战国策·齐策三》载为苏秦，今从前说。

③ 《史记·孟尝君列传》。

取得胜利(下文详述),继相之后的他会采取怎样的外交战略,又将对诸国产生怎样的影响,这备受关注。对孟尝君任秦相最为敏感的就是赵国,赵国恐怕秦齐两大国联合对己不利,暗地里推波助澜,派金投入秦请秦昭王罢免孟尝君而改换赵国的楼缓为相,促成秦、赵、宋联合而与齐国对峙。楼缓原是赵武灵王的重臣,曾赞助推行胡服而攻略中山国的措施,主张赵国与秦、楚联合。倘若楼缓为秦相,那么列国之间关系的变化就可想而知了。于是,便有人站出来向秦王进言:"孟尝君贤,而又齐族也,今相秦,必先齐而后秦,秦其危矣!"[①]秦昭王便生了疑心,于次年(前 298 年)罢免了孟尝君的宰相职务。秦昭王对孟尝君还不放心,就把他囚禁了起来,为了不让这个高级人才流失到别国,秦昭王便对孟尝君动了杀机。

孟尝君智力过人,又有那么多贤士相助,当然会灵敏地嗅到肃杀的气氛,可是逃离虎口又何尝容易?孟尝君身在异国,又处在受制于人的困境之中,根本无法施展自己的能力。孟尝君只能求助于他人,而这个"他人"又必须是昭王最亲近的人,否则难以解决。孟尝君最后物色好了一个人物,这就是昭王身边的一个宠妾,孟尝君赶紧派人去求见她。昭王身边的大红人自是难以打理,一出口就毫不客气地索要孟尝君的白色狐裘。孟尝君来秦国的时候,带有一件贵重的白色狐裘,价值千金,天下独一无二。可是,孟尝君将其作为见面礼献给了昭王,再也没有别的狐裘了。孟尝君很为这件事发愁,问遍了宾客,谁也想不出办法。正在无计可施的时候,随孟尝君而来的一个门客说他能拿到那件白色狐裘。当晚这位门客化装成狗,钻入了秦宫的仓库,偷出了那件狐白裘。孟尝君立即派人把白狐裘献给了昭王的宠妾,宠妾得到了梦寐以求的白狐裘,当然是高兴不已,马上就到昭王那里替孟尝君说情。昭王抵挡不住爱妾的缠绵,便释放了孟尝君。孟尝君获释后,立即乘快车逃离,更换了出境证件,改了姓名,一路慌忙向东奔逃,夜半时分到达了函谷关。按照关法规定,不到鸡鸣之时不能开关放人,孟尝君恐怕有追兵赶到,万分着急。宾客中有人惟妙惟肖地学起了鸡叫,他这一学鸡叫,附近的鸡都随着一齐叫了起来,守城的官吏也就稀里糊涂地开关放行了。孟尝君出逃后,昭王猛然悔悟,立即派人驾上专车飞奔而去追捕,令追兵遗憾的是,孟尝君出关后约莫一顿饭的工夫,他们才赶到了函谷关,他们已落后了

① 《史记·孟尝君列传》。

很远，就只好放弃了。

当初，孟尝君把这两个“鸡鸣狗盗”之徒安排在宾客中的时候，宾客们都以与此二人同列为耻。等孟尝君在秦国遭到这个劫难，终于靠着这两个人脱离了险境，现在他们才理解孟尝君的良苦用心。唐代诗人胡曾还为此作了一首咏史诗《函谷关》，诗曰：

寂寂函关锁未开，田文车马出秦来。
朱门不养三千客，谁为鸡鸣得放回？

唐代诗人周昙也作咏史诗《田文》云：

下客常才不足珍，谁为狗盗脱强秦。
秦关若待鸡鸣出，笑杀临淄土偶人。

“鸡鸣狗盗”之徒出现在孟尝君的门下，其实并非偶然。据传，春秋时期的管仲最初就是“成阴（今山东高密）之狗盗”[①]。《韩非子·外储说左下》中还记载了这样一则小故事：齐国有个“狗盗之子”，他与一个受刖刑者之子在一起玩耍时相互夸耀，这个狗盗之子就说：“吾父之裘独有尾。”由此可见，“狗盗”应该是指身上穿着有尾之裘而打扮成狗的模样以行窃。当时的很多士人还热衷于斗鸡，[②]苏秦在游说齐宣王时就曾说过这样的话：“临淄甚富而实，其民无不吹竽鼓瑟，击筑弹琴，斗鸡走犬，六博蹹踘者。”[③]与孟尝君鸡鸣出关这则故事如出一辙的是燕丹子也曾鸡鸣诈关。据《燕丹子》载，燕太子丹从秦国逃出，“夜到关，关门未开，丹为鸡鸣，众鸡皆鸣，遂得逃归。”看来，有时“鸡鸣狗盗”之徒的作用也不可低估。

齐国有个名叫冯谖（亦作冯煖、冯驩、冯讙、冯欢）的人，家境贫困得难以养活自己，他托人请求孟尝君，愿寄食于孟尝君的门下。冯谖穿着草鞋远道而来求见孟尝君，孟尝君问道：“先生远辱，何以教文也？”冯谖回答说：“闻君

---

① 《说苑·尊贤》。

② 春秋时期已有斗鸡之戏，《左传·昭公二十五年》载：“季郈之鸡斗，季氏介其鸡，郈氏为之金距。”

③ 《战国策·齐策一》。

好士,以贫身归于君。”[①]孟尝君没有再说什么,把他安置在了下等食客的住所里。孟尝君身边的人因为主人不太在意冯谖,就拿粗茶淡饭给他吃。住了不久,冯谖就背靠柱子,弹长铗而歌:“长铗(指剑柄)归来乎,食无鱼!”左右把这件事告诉孟尝君,孟尝君便吩咐下人说:“食之,比门下之(鱼)客。”住了不久,冯谖又弹着他的长铗,唱道:“长铗归来乎,出无车!”孟尝君说:“为之驾,比门下之车客。”于是冯谖驾车带剑,向他的朋友夸耀:“孟尝君客我。”这样过了一段日子,冯谖又弹铗而歌:“长铗归来乎,无以为家!”左右的人都非常厌恶他,认为他这是贪得无厌。孟尝君关切地问道:“冯公有亲乎?”左右答道:“有老母。”[②]孟尝君资其家用,让他的老母亲不再穷困,冯谖从此便不再唱牢骚放歌了。

孟尝君时任齐国宰相,受封万户于薛邑。他的食客有三千人之多,食邑的赋税收入不够供养这么多食客,孟尝君就派人到薛邑贷款放债。由于年景不好,没有收成,借债的人多数不能付给利息,食客的需用将无法供给。面对这种情况,孟尝君自然是焦虑不安。后来,孟尝君出了一通告示,寻找通晓账务会计并能替他到薛地收债的人。冯谖在告示上署上名字说:“能。”孟尝君看后很诧异,向左右随从问是何人,他们答道:“乃歌长铗归来者也。”孟尝君笑道:“客果有能也,吾负之,未尝见也。”于是请他来相见,道歉说:“文倦于事,愦于忧,而性懧愚,沉于国家之事,开罪于先生。先生不羞,乃有意欲为收责于薛乎?”冯谖说:“愿之。”于是孟尝君替他备好车马行装,让他载着债券契约出发。辞别时,冯谖问:“责毕收,以何市而反?”孟尝君说:“视吾家所寡有者。”[③]冯谖告别了孟尝君,赶着马车来到薛地,索要欠债得到利息十万钱。可他并没有把这笔款项送回去,而是用这些钱酿了许多酒,买了肥壮的牛,然后召集借钱的人,能付给利息的都来,不能付给利息的也要来,要求一律带着借钱的契据以便核对。随即让大家一起参加宴会,当日杀牛炖肉,置办酒席。宴会上正当大家饮酒尽兴时,冯谖就拿着契据走到席前一一核对,能够付给利息的,给他定下期限;穷得不能付息的,取回他们的契据当众烧毁。全部核对之后,冯谖假托孟尝君的名义将债款赏给这些百姓,烧

---

① 《史记·孟尝君列传》。
② 《战国策·齐策四》。
③ 《战国策·齐策四》。

掉了那些券契文书，接着对大家说："孟尝君所以贷钱者，为民之无者以为本业也；所以求息者，为无以奉客也。今富给者以要期，贫穷者燔券书以捐之。诸君强饮食。有君如此，岂可负哉！"[①]在座的人都站了起来，连续两次行跪拜大礼。

冯谖又马不停蹄地返回齐国都城临淄，一大早来求见孟尝君，孟尝君很奇怪他回来得这么快，穿好衣服接见他说："责毕收乎？来何疾也！"冯谖答道："收毕矣。""以何市而反？"冯谖说："君云'视吾家所寡有者'，臣窃计，君宫中积珍宝，狗马实外厩，美人充下陈，君家所寡有者以义耳！窃以为君市义。"孟尝君不解，"市义奈何？"冯谖答道："今君有区区之薛，不拊爱子其民，因而贾利之，臣窃矫君命以责赐诸民，因烧其券，民称万岁。乃臣所以为君市义也。"孟尝君很不高兴，但又确实不好说些什么，只好说："诺，先生休矣！"一年以后，齐王因受毁谤之言的蛊惑而罢免了孟尝君，那些宾客们都纷纷离开了他。孟尝君回到了封地薛邑，还差百里未到的时候，当地百姓扶老携幼，在路旁迎接孟尝君。孟尝君甚为感动，回头对冯谖说："先生所为文市义者，乃今日见之！"[②]唐代诗人皎然为赞颂冯谖烧券买义，作两首《咏史》诗赞曰：

其一

田氏门下客，冯公众中贱。
一朝市义还，百代名独擅。

其二

始知下客不可轻，能使主人功业成。
借问高车与珠履，何如卑贱一书生。

在孟尝君的身边，还发生了一件与冯谖烧债券相类似的魏子收债的故事。孟尝君任齐国相时，一次他的侍从魏子替他去收封邑的租税，三次往返，结果一次也没把租税收回来。孟尝君问他这是什么缘故，魏子回答说：

---

① 《史记·孟尝君列传》。
② 《战国策·齐策四》。

“有贤者,窃假与之,以故不致入。”孟尝君听后大发雷霆,一气之下辞退了魏子。几年之后,孟尝君因受田甲暴力“劫王”事件影响而出逃。曾经得到魏子赠粮的那位贤人听说了这件事,他就上书给湣王申明孟尝君不会作乱,“请以身为盟,遂自刭宫门以明孟尝君”[①]。湣王为之震惊,便追查考问实际情况,见孟尝君果然没有叛乱阴谋,便召回了孟尝君。

齐王受到秦国和楚国毁谤言论的蛊惑而罢免孟尝君,宾客们都纷纷离去,唯有冯谖守在孟尝君的身边。冯谖对孟尝君进言说:“狡兔有三窟,仅得免其死耳。今君有一窟,未得高枕而卧也。请为君复凿二窟。”[②]孟尝君便准备了马车和礼物送冯谖上了路,冯谖就乘车向西到了秦国[③],游说秦王说:天下的游说之士驾车向西来到秦国的,无一不是想要使秦国强大而使齐国削弱;乘车向东进入齐国的,无一不是要使齐国强大而使秦国削弱。“此雄雌之国也,势不两立为雄,雄者得天下矣。”秦王听得入了神,挺直身子问冯谖说:“何以使秦无为雌而可?”冯谖回答说:“王亦知齐之废孟尝君乎?”秦王说:“闻之。”冯谖说齐国受到天下敬重的原因就是齐国有孟尝君的存在,如今齐国国君听信了毁谤之言而把孟尝君罢免了,孟尝君心中一定无比怨愤,必定背离齐国。他若背离齐国而进入秦国,那么齐国朝中上至君王下到官吏的情况都将为秦国所掌握。冯谖劝说秦王:“急使使载币阴迎孟尝君,不可失时也。如有齐觉悟,复用孟尝君,则雌雄之所在未可知也。”秦王听了非常高兴,就派遣十辆马车载着百镒黄金去迎接孟尝君。

冯谖告别了秦王而抢在使者前面赶往齐国,冯谖又对齐王说:天下游说之士驾车向东来到齐国的,无一不是想要使齐国强大而使秦国削弱;乘车向西进入秦国的,无一不是要使秦国强大而使齐国削弱。秦国与齐国是两个决一雌雄的国家,秦国强大那么齐国必定软弱,这两个国家势必不能同时称雄。冯谖还诈称,自己私下得知秦国已经派遣使者带着十辆马车载着百镒黄金来迎接孟尝君了;又说孟尝君不西去则罢,倘若西去担任秦国宰相,那么天下将归秦国所有,秦国是强大的雄国,齐国就是软弱无力的雌国,那么临淄、即墨(今山东平度东南)就危在旦夕了。冯谖劝说齐王趁秦国使者尚

---

① 《史记·孟尝君列传》。

② 《战国策·齐策四》。

③ 《史记·孟尝君列传》载为秦国,而《战国策·齐策四》载为魏国,今从前说。

未到达之前,赶快恢复孟尝君的官位并通过增加封邑来向孟尝君表示歉意,如果这么做了,孟尝君必定情愿接受。他还指出:“秦虽强国,岂可以请人相而迎之哉!折秦之谋,而绝其霸强之略。”[①]齐王听后,顿时醒悟过来,于是派人至边境等候秦国使者。秦国使者的车子刚入齐国边境,齐国在边境的使臣就立即回报了这个情况,齐王召回孟尝君并且恢复了他的宰相官位,同时还给了他原来封邑的土地,又给他增加了千户。秦国的使者听说孟尝君恢复了齐国宰相的官位,就转车回去了。冯谖又劝孟尝君说:“愿请先王之祭器,立宗庙于薛。”宗庙落成,冯谖回报说:“三窟已就,君姑高枕为乐矣。”[②]唐代诗人周昙也曾专门为冯谖咏诗《冯讙》曰:

兔窟穿成主再兴,辈流狐伏敢骄矜。
冯讙不是无能者,要试君心欲展能。

后来,楚人攻打薛地,淳于髡帮助孟尝君前往游说齐湣王说:“薛不量其力而为先王立清庙,荆固而攻之,清庙必危。”[③]于是,齐湣王大惊失色,急速派兵解救薛地,这样薛地才免了这场灾难。孟尝君为相几十年,没有纤介之微的祸患,依靠的正是冯谖“狡兔三窟”的谋划。冯谖和孟尝君之间的故事已成为千古流传的美谈,显示了孟尝君睿智大度、善御人才的领袖风度,也折射出了冯谖高瞻远瞩、深谋远略的战略家般的魅力。

(四)三国合纵　相魏攻齐

孟尝君好客养士,好善乐施,其目的是加强人才储备,凭靠所养之士维护自己的利益,不断开拓自己的事业,从而在风云激变的时局中增强自身的竞争力。孟尝君也恰恰实现了这一点,在纵横捭阖的时局中发挥了以他为首的这个智力集团的重要作用。因而,孟尝君不仅是个封君和宰相,更是显赫一时的纵横家。早在他继立为薛公前,就曾与公孙衍合作,出任魏相而参与合纵抗秦,但不久就失败了。孟尝君任齐相后,策划以齐宣王为“纵长”的

① 《史记·孟尝君列传》。
② 《战国策·齐策四》。
③ 《战国策·齐策三》。

合纵活动，连续主持两次合纵之战，即齐、韩、魏三国攻楚与攻秦。韩魏两国介于秦齐两大国之间，时刻准备着合纵攻打秦国或齐国，同时韩魏两国也面临着南方楚国的强大压势，与楚国也形成了对峙的局面。为了拓展自身的生存空间，韩魏两国当然愿意与齐国合作来共同对付楚国和秦国。

公元前306年，齐楚两国相合，后因楚秦联姻，故而楚国转而与秦国于公元前304年在黄棘（今河南南阳南）相会结盟。次年，秦攻取魏国的蒲阪（今山西永济西）、晋阳和封陵（今山西永济西南），这三地都是秦、魏间黄河上的重要渡口。同时，秦又攻取了韩国的贯通南北的交通要道——武遂。在如此紧急形势的逼迫下，韩、魏只有投靠东方大国齐国才有生路。于是，齐、韩、魏三国就以楚国背弃合纵转而合秦为由，联合出兵伐楚。楚国使太子横入质于秦求救，秦派客卿通率兵救楚，三国因而退兵。公元前302年，入质于秦的楚太子横因在私斗中杀死了一个秦大夫而逃回楚国，于是秦楚两国关系变化。这年魏韩两国又投靠秦国，故而三国攻楚停滞下来。次年，孟尝君再度合纵攻楚，为了防止秦楚再次联手，三国策划了离间楚秦的计谋。三国一方预约楚王参与合纵攻秦，骗楚王说这样不但能够帮助楚国得到蓝田，而且楚国的失地也能收复，楚王因此极力赞成。这事传到了秦国，秦楚关系便恶化了。三国乘机向楚国发动进攻，楚国因没能得到秦的外援，结果在垂沙（今河南唐河西南）大败，楚国将领唐眛被杀，宛邑（今河南南阳宛城）、叶邑（今河南叶县）以北的土地也为韩魏两国所取得，这就是齐、韩、魏三国合纵胜楚的“垂沙之役”。

孟尝君组织的合纵攻楚取得胜利后，他的名声一时显赫。公元前300年，孟尝君来到魏国，与魏襄王“会于釜丘（今山东定陶西南）”①。这时秦国也想极力拉拢孟尝君这位纵横家，于是发生了前面所述的孟尝君入秦和从秦逃出的一幕。孟尝君逃离虎口后，心有余悸，对秦国深恶痛绝，他又再次组织合纵，这次的攻伐对象便改为秦国。

孟尝君要组织合纵联盟，公孙弘劝说孟尝君先派人探测秦国的情况，孟尝君便派公孙弘带上了十辆兵车出使秦国。秦昭王听说公孙弘要来秦国，正准备用言语侮辱他一番。公孙弘到了秦国后，秦昭王对他说：“薛公之地，大小几何？”公孙弘答道：“百里。”秦昭王笑了笑说：“寡人地数千里，犹未敢

① 《水经·济水注》引《纪年》。

以有难也。今孟尝君之地方百里，而因欲难寡人，犹可乎？”公孙弘回答说：“孟尝君好人，大王不好人。”昭王又问：“孟尝君之好人也奚如？”公孙弘做出了这样的回答：孟尝君尊重贤士，大王却不尊重贤士。只要合乎正义，宁愿不做天子之臣，不做诸侯之友，得志而当仁不让做人君，不得志也不曲意为人臣，像这样的人，孟尝君可算得上第三个；如果说到治理国家，他可以作为管仲、商鞅的老师，他的君主喜爱正义之理，听信正义之行，他能使君主成就称王称霸的大业，像这样的人，孟尝君可算得上第五个；大王身为令人敬畏的万乘之君，却侮辱外交使节，他就和您同归于尽，像我这样的人，要算得上第十个。昭王笑了笑，道歉说：“客胡为若此？寡人直与客论耳！寡人善孟尝君，欲客之必谕寡人之志也。”[①]秦昭王虽表面上显得很客气，可事实上他却对孟尝君不屑一顾，看来秦昭王与孟尝君之间的这场较量是在所难免。

在攻打秦国之前，孟尝君打算要向西周[②]借兵借粮。西周国是当时的一个小国，它夹于大国之间尚且自身难保，自然不愿卷入大国之间的战争。况且，秦国是与西周毗邻的大国，西周当然不敢得罪秦国。西周不想借给齐国兵粮，但又不想因此而得罪了齐国这个东方大国，处于两难的境地。这时苏代[③]替西周去游说孟尝君，他说孟尝君用齐国的力量帮助韩国和魏国攻打楚国，历时五年才攻下宛邑、叶邑以北的地方，这等于在加强韩国和魏国的实力，而如今攻打秦国是在进一步加强韩国和魏国。苏代分析说，韩魏两国南面没有来自楚国的忧患，西面没有来自秦国的忧患，它们的地域不断扩大，地位更加尊显，那么齐国的地位就必然会相对下降。他建议孟尝君让西周暗中与秦国结交，让孟尝君既不攻打秦国，又不借兵借粮。倘若迫近函谷关而不进攻，让西周把孟尝君的意图转告秦王，就说：“薛公必不破秦以强韩、魏。其攻秦也，欲王之令楚王割东国以与齐，而秦出楚怀王以为和。”齐国让秦王放回楚王，两国和好。孟尝君再让西周用这种办法施惠于秦国，秦国让楚国割地给齐国，秦国这样就避免了齐、韩、魏三国进攻，秦国一定非常愿意这样去做。楚王能够脱身，也一定感激齐国并愿意割地给齐国。齐国得到楚国东部的土地就会更加强盛，“而薛世世无患矣。秦不大弱，而处三晋之

---

① 《战国策·齐策四》。

② 此西周为公元前426年周考王之弟姬揭（后称桓公）建都于王城（今洛阳市之西）所成立之封国西周。

③ 《史记·孟尝君列传》载为苏代，而《战国策·西周策》载为韩庆，今从前说。

西,三晋必重齐”。听了这番话后,孟尝君觉得有一定的道理,“令韩、魏贺秦,使三国无攻,而不借兵食于西周矣”[①]。而秦国毕竟是能够与齐国相抗衡的劲敌,合纵攻秦的念头也只是暂时打消而已,一旦孟尝君觉得时机成熟,他就会再次策动韩魏两国与齐国并肩攻秦。

公元前298年,孟尝君又策动齐、韩、魏三国合纵攻秦,以齐湣王为主盟人,以齐将匡章为统帅,向秦国的函谷关发起了大规模的进攻。尽管这时赵宋两国与秦国联合,但它们没有对秦国做实际的援助,因为他们各有自己的打算。赵武灵王采取联秦抗齐的策略,目的在于防止秦齐联合对己不利,通过维持秦齐对峙的局势使之疲于战斗,那么秦齐两国也就无力干涉赵国攻灭中山国的计划,赵国就可以自如地扩张自己的势力。此时,赵武灵王已经退位,惠文王正专心准备吞并中山国。宋国则一直处于齐、魏、楚的夹攻当中,宋国的定陶又是当时中原最繁荣的城市,素来为各大国所垂涎。在如此不利形势下,宋国采取远交近攻的策略,联合秦、赵以牵制邻国,宋国也可伺机夺取邻国的土地。任何国与国之间的联合都是暂时的,赵国与宋国的目的在于利用大国之间的矛盾,以便寻找机会兼并小国,因而它们不会轻易消耗自己的实力。北方的燕国也没有参与合纵,燕昭王无意于攻齐而有志于对齐报仇,因为齐国曾经在公元前314年趁燕国内乱而入侵,一度占领了燕国的国都。南方的楚国也没有参与,因为楚国此时也自顾不暇。此时的楚怀王已上了秦昭王的当,亲自到秦国去和谈,结果被秦昭王扣留在秦国。楚国的大臣扶立了怀王的儿子顷襄王,虽然楚国不致因“失君”而大乱,但绝无参与合纵攻秦的实力。这样,一开始就只有齐、韩、魏三国参与了合纵攻秦。

三国合纵攻秦历时三年之久,在孟尝君的组织协调下,联军终于击败秦军,攻入函谷关,占领盐市。此时,赵宋两国也乘机向秦夹击,形成了“五国共攻秦”的局面。在这样的形势下,秦国不得不求和,只好归还了魏国的河外、封陵(今山西芮城封陵渡)和韩国的河外、武遂(今山西运城垣曲)等地,齐、韩、魏三国最终取得了胜利。三国胜利后准备返回,这时西周却担忧了起来,它生怕魏国向它借道。于是有人替西周对魏襄王说:“楚、宋不利秦之德(听)三国也,彼且攻王之聚以利秦。”[②]魏襄王听后很是惊恐,命令军队快

① 《史记·孟尝君列传》。
② 《战国策·西周策》。

马加鞭，风餐露宿，急匆匆地赶回了魏国，魏襄王回国后方知这不过是一场虚惊罢了。

这次合纵攻秦虽然不能给秦国以致命的一击，但确实取得了一定的战果，它是东方诸国合纵攻秦第一次攻入函谷关并迫使秦国归还重要侵地的胜利。孟尝君联合韩魏两国，连年不断地攻伐楚国和秦国，目的在于迫使强国屈服，不干涉他的对外兼并，以便攻取宋国以及淮北的土地，正如时人苏秦所云："薛公相秦也，伐楚九岁（当作五岁[①]），攻秦三年，欲以残宋，取淮北。"[②]但令人遗憾的是，结果都没有成功。"在当时齐、秦两大强国东西对峙的形势下，孟尝君以齐相组织韩、魏'合纵'而战胜楚、秦，和张仪以秦相组织'连横'而战胜楚、齐，性质是一样的。所不同的是，秦经过张仪的'连横'得到了许多重要的土地，齐没有经过孟尝君的合纵而得到土地，只是为韩、魏得到了土地和收回了一些失地。秦在'连横'而发动的战争中损失不大，而齐国在'合纵'而发动的连年战争中消耗实力很多。"[③]正因为齐国在连年战争中实力耗费很多，孟尝君也常常为后人所诟病。

早在田婴在世时，孟尝君就已经登上政治舞台，被魏召请为相。孟尝君初任魏相大约在公元前 324—前 322 年之间，张仪相魏以后，孟尝君才返回齐国。孟尝君任齐相以来一直专权，弄得"闻齐之有田文，不闻有其王"[④]。公元前 294 年，齐国发生了贵族田甲用暴力"劫王"的事件。联系之前有人说"孟尝君将为乱"，齐湣王便怀疑此事与孟尝君有关，"孟尝君乃奔"[⑤]。齐湣王改任秦国的逃亡将领吕礼为齐相，苏代恐怕吕礼陷自己于困境，于是他就到孟尝君那里游说。苏代说周最对齐王是极为忠诚的，可齐王却把他驱逐了，而听信亲弗的意见让吕礼做宰相，其原因就是打算联合秦国。齐国与秦国联合，那么亲弗与吕礼就会受到重用。他们若受到重用，齐国与秦国必定会轻视孟尝君。苏代建议孟尝君"急北兵，趋赵以秦、魏，收周最以为后行，且反齐王之信，又禁天下之率。齐无秦，天下果（集），弗必走，齐王谁与

---

① 杨宽：《战国史》（增订本），上海人民出版社 1998 年版，第 377 页。

② 《战国纵横家书》八。

③ 杨宽：《战国史》（增订本），上海人民出版社 1998 年版，第 367 页。

④ 《史记·范睢蔡泽列传》。

⑤ 《史记·孟尝君列传》。

为其国?”[①]孟尝君便听从了苏代的计谋,可是吕礼却嫉恨起孟尝君,并要伺机谋害孟尝君。孟尝君很害怕,就去劝谏秦国丞相魏冉,孟尝君说如果秦国打算借助吕礼来联合齐国以排斥天下,这样魏冉的地位就一定会降低。倘若秦齐结盟来共同对付韩、赵、魏三国,那么吕礼必将出任秦齐两国的宰相,这样就等于魏冉联合齐国来抬高了吕礼的地位。倘若齐国免除了各国的威胁,那么吕礼一定会加深对魏冉的仇恨。孟尝君劝丞相魏冉“不如劝秦王令弊邑卒攻齐之事。齐破,文请以所得封君。齐破晋强,秦王畏晋之强也,必重君以取晋。齐予晋弊邑而不能支秦,晋必重君以事秦。是君破齐以为功,操晋以为重也。破齐定封,而秦、晋皆重君。若齐不破,吕礼复用,子必大穷矣。”[②]于是魏冉向秦昭王进言攻打齐国,吕礼则不得已逃离了齐国。

公元前 286 年,“齐湣王灭宋”[③]。此后,齐湣王愈加骄傲起来,在他眼中已根本容不下孟尝君,意欲除掉孟尝君。孟尝君的高度政治敏感度立即提醒他,为预防不测,孟尝君动身逃往魏国。由于孟尝君具有显赫的地位和担当宰相的才能与经验,所以魏昭王任孟尝君为相。孟尝君担任魏相以后,与齐国为敌,极力挑唆各国与齐国的关系,以此来制约齐国。孟尝君举魏国之力联合秦赵两国,主张合纵攻齐。这一时期合纵连横的形势很复杂,各国都根据自身的利益需求不断调整外交策略,同一国内的纵横家的主张也往往互相争持不下。赵将韩徐为与孟尝君的主张是一致的,都提倡合纵攻齐。赵相奉阳君李兑则主张合纵攻秦,秦大臣吕礼和曾为齐相的韩珉都主张齐秦联合,曾为魏相和齐相的周最又主张魏齐联合而反对齐秦联合。孟尝君与赵将韩徐为共同发起合纵攻齐,孟尝君还邀请燕昭王一起攻齐,而燕昭王却计划在齐攻宋疲惫时乘虚而入。赵国首先付诸行动攻打齐国,公元前 287 年,赵梁率赵军攻齐,次年韩徐为亲自率军攻齐。齐国自灭宋以来,对三晋之地造成了巨大的威胁,特别是齐赵之间的矛盾尤为尖锐。齐国也是秦国进入中原的巨大障碍,因此秦国也加入了攻齐的行列。公元前 287 年,秦昭王宣称:“齐王四与寡人约,四欺寡人,必率天下以攻寡人者三。有齐无秦,无齐有秦,必伐之,必亡之!”[④]此刻的齐国几乎成为众矢之的,在这样的形势

---

① 《战国策·东周策》。
② 《战国策·秦策三》。
③ 《史记·孟尝君列传》《六国年表》。
④ 《战国策·燕策二》。

下,也有人劝说坚持魏齐联合主张的周最不要固执,“魏王以国与先生,贵合于秦以伐齐。薛公(指孟尝君)故主,轻忘其薛,不顾其先君之丘墓,而公独脩虚信为茂行,明群臣据故主,不与伐齐者,产以忿强秦,不可。”[①]这段话正体现出了战国时期的士人唯利是图而抛仁义道德于身外的普遍观念,尤其那些纵横家更是诡诈多变,他们很少有坚定的人格和信念。

公元前285年,秦国向齐国采取行动,秦国派蒙骜越过韩魏向齐河东进攻。次年,秦昭王与魏昭王在宜阳(今河南宜阳西)相会,又与韩釐王在新城(今河南伊川西南)相会,同年,燕国在赵国的拉拢下也加入合纵,这样秦、赵、燕、魏、韩五国合纵攻齐就达成了。五国合纵以秦、赵、燕三国为主,为了巩固联盟,秦入质子于燕赵,推举赵国主其事,推定燕将乐毅为赵、燕两国的“共相”和五国联军的统帅,秦国则派御史起贾驻在魏国主持监督五国合纵之事。最终,五国合纵攻齐以乐毅攻破齐国而告终。公元前284年,齐滑王逃往莒(今山东莒县),最终死在了那里。此后,孟尝君在诸侯国之间持中立立场,不从属于任何一位君王。齐襄王即位后,对孟尝君很畏惧,便主动与孟尝君亲近起来。五国合纵攻齐虽不是由孟尝君直接领导,但孟尝君却是主要的促成者之一。齐国几乎灭亡,孟尝君确实在其中起了很大的作用。齐国遭受如此沉重的打击之后,再也不能如从前那样雄霸东方,这使当时的政治格局发生了巨大的变化。

公元前283年,秦国调发大军进攻魏都大梁(今河南开封),意欲攻破大梁并一举消灭魏国。当时秦军声势浩大,所有魏长城旁边的城邑都已被秦军攻占。在遭到围攻的形势下,身为魏相的孟尝君认为只有得到诸国的救援才能使魏国得以幸免于难,孟尝君分别赶往赵国和燕国求救,结果赵国发兵十万,战车三百辆,燕出兵八万,战车二百辆。秦昭王见魏国请来了援军,又怕东方各国合纵攻秦,于是就退兵了。可是秦国并不甘心,公元前281年再次围攻大梁,由于赵、燕再次出兵救魏,秦国又一次败回。由于列国实力和外交关系已发生变化,孟尝君未能像促成五国合纵攻齐那样来促成合纵攻秦,魏国在秦国的进攻中逐渐被削弱,孟尝君也只能对此深表无奈。

---

① 《战国策·东周策》。

（五）雍门鼓琴　褒贬身后

有一次，善于鼓琴的雍门周前来拜访孟尝君。

孟尝君早已听说雍门周的琴艺非常好，常常能够引起听者的悲伤情感。孟尝君有意要试探一下雍门周，他就问雍门周是否也能弹琴一曲令他悲伤。

雍门周回答得很婉转："臣何独能令足下悲哉？"雍门周说他的琴声就能让这样的一批人悲伤，他们或是先富贵而后贫贱的人，孤独地住在贫穷的地方不与人交往；或是既有才能而又正直，但却受到别人谗言的陷害，无法为自己辩解；或是与红颜知己相离别，而又难以相见；或是幼年丧父，中年无妻儿，孤身一人……这类人哪怕是听到秋风与飞鸟的声音都会伤心，只有为这样的人弹琴，他们才无不凄凉而流泪。

雍门周接着又说到了孟尝君，"今若足下千乘之君也，居则广厦邃房，下罗帷，来清风，倡优侏儒处前选进而谄谀；燕则斗象棋而舞郑女，激楚之切风，练色以淫目，流声以虞耳；水游则连方舟，载羽旗，鼓吹乎不测之渊；野游则驰骋弋猎乎平原广囿，格猛兽；入则撞钟击鼓乎深宫之中。方此之时，视天地曾不若一指，忘死与生，虽有善琴者，固未能令足下悲也。"

听到这里，孟尝君点头言是，雍门周却话锋一转，"然臣之所为足下悲者一事也。"孟尝君微微一愣，不知雍门周所云。雍门周说在这天下诸侯称霸的时候，出头露面抵抗秦国的人是孟尝君，联络诸侯讨伐楚国的也是孟尝君。现在天下并非太平，在争战中不是楚王称霸，就是秦王称帝。如果以秦国和楚国的实力来对付阁下小小的薛邑，就好似用斧子砍蘑菇一样。凡是有识之士，没有不为孟尝君的处境而担忧的。

雍门周又继续说："千秋万岁后，庙堂必不血食矣。高台既以坏，曲池既以渐，坟墓既以下而青廷矣。婴儿竖子樵采薪荛者，踯躅其足而歌其上，众人见之，无不愀焉，为足下悲之曰：'夫以孟尝君尊贵乃可使若此乎？'"

孟尝君听了，不禁悲从中来，眼泪已涌到了睫毛边，不过还没有掉下来。这时，雍门周开始拨动琴弦，轻轻一弹，孟尝君挂在睫毛边的眼泪不由自主地落了下来。伴随着雍门周的琴声，孟尝君哀叹道："先生之鼓琴令文立若破国亡邑之人也。"①

---

① 《说苑·善说》。

不幸被雍门周言中的是,孟尝君死后,他的几个儿子竟为继承爵位而争斗,随即齐魏两国乘机联合灭掉了薛邑,孟尝君绝嗣。如此结局,何其悲惨,当后人看到这样的结局时,不禁会联想起那风度翩翩的田公子与那悲凉、苍劲、婉转的琴声……

孟尝君以轻财下士、招贤纳众而著称,但是由于他所招纳的门客复杂,也不可避免地留有诸多弊端,对此后世史家多有非议。

司马迁曾说:“吾尝过薛,其俗闾里率多暴桀子弟,与邹、鲁殊。问其故,曰:‘孟尝君招致天下任侠,奸人入薛中盖六万余家矣。’世之传孟尝君好客自喜,名不虚矣。”[①]显然,太史公在这里对孟尝君有所贬低。

王安石在读了《史记·孟尝君列传》后则对孟尝君贬斥更深:“世皆称孟尝君能得士,士以故归之,而卒赖其力以脱于虎豹之秦。嗟乎!孟尝君特鸡鸣狗盗之雄耳,岂足以言得士?不然,擅齐之强,得一士焉,宜可以南面而制秦,尚何取鸡鸣狗盗之力哉?夫鸡鸣狗盗之出其门,此士之所以不至也。”[②]

其实,由于孟尝君供养的食客人数众多,不免鱼龙混杂,其中不乏横行乡里为所欲为者,但也确有不少有为之士为他出谋划策,这才使得孟尝君多次化险为夷并有足够的实力游刃于战国时局。孟尝君得以遍仕齐、秦、魏诸国,实现自己的政治主张,这与他所豢养的“士”集团的帮助和支持有直接关系。至于把孟尝君说成是“鸡鸣狗盗之雄”,显然是不符事实的。像苏代、公孙戍、鲁仲连、冯谖这样的能士,在孟尝君的门下并非少数,他们也绝非“鸡鸣狗盗”之辈,“鸡鸣狗盗”的存在不应该吞噬孟尝君礼贤下士的美名。

孟尝君是一个集矛盾于一身的人,由此增加了这个历史人物的复杂性。他在招贤纳士的过程中表现出了一般人所未有的宽怀大度,但有时却也小肚鸡肠。有一次,孟尝君经过赵国,赵国平原君以贵宾相待。赵国人听说孟尝君贤能,都出来围观,想一睹风采,可他们见了孟尝君后便都嘲笑说:“始以薛公为魁然也,今视之,乃眇小丈夫耳。”[③]孟尝君听了这些揶揄他的话,大为恼火。随行的人跟他一起跳下车来,砍杀了几百人,毁了一个县方才离去。

---

① 《史记·孟尝君列传》。

② 王安石:《读孟尝君传》。

③ 《史记·孟尝君列传》。

孟尝君虽以礼贤下士而著称，但他也有对士不够礼遇的时候。对此，鲁仲连就曾经提醒过孟尝君说："君好士也？雍门养椒，亦阳得子养[1]，饮食衣裘与之同之，皆得其死。今君之家富于二公，而士未有为君尽游者也。"孟尝君说："文不得是二人故也。使文得二人者，岂独不得尽？"鲁仲连说："君之厩马百乘，无不被绣衣而食菽粟者，岂有骐麟騄耳[2]哉？后宫十妃，皆衣缟纻，食粱肉，岂有毛廧（嫱）、西施哉？色与马取于今之世，士何必待古哉？故曰君之好士未也。"[3]

孟尝君曾为自己的母国齐国的对外开拓而积极努力，先后两次成功地发动合纵战争，取得了对楚和对秦的胜利，加强了齐国作为东方大国的影响力，但也使齐国在合纵战争中消耗了实力。孟尝君曾以一己之力推动了齐国的发展，他也因一己之私而促成了五国合纵攻齐，加速了齐国的衰落。在合纵连横的复杂形势下，东投西靠，猎取富贵功名者甚众，为一己之私而全然不顾道义者亦不乏其人，于此孟尝君也毫不例外。

孟尝君是一个复杂的历史人物，历史成就了他的丰功伟业，也无情地为他设计了人生的悲剧。孟尝君的人生起伏跌宕，有喜有悲，后人对他的评价亦有褒有贬，也许任何一种对孟尝君的人格与人生的定位都不是确切的：名士耶？小人耶？精彩耶？可悲耶？可能没有哪些词汇足以用来对他做出完美的诠释。

二、取舍有道：巧用外援的平原君

平原君（？—前251年）赵胜是赵惠文王的弟弟，赵孝成王的叔叔。他在诸多公子中最为贤德有才，他好客养士，大约也有三千宾客投奔到他的门下。

平原君担任过赵惠文王和孝成王的宰相，曾经三次离开宰相职位而又三次官复原职。惠文王元年（前298年），惠文王任命赵胜为相[4]，封地在平

---

① 雍门、椒、亦阳、子养，并为人姓名。《说苑》中载有雍门子狄与雍门子周，但此处雍门氏是否为其一，或另有所指，无可考。椒、亦阳、子养亦无可考。此句意在列举昔人之好士者。

② 亦作"骐骥騄駬"，千里马之谓也。《商君书·画策》载："麒骥騄駬，日行千里，有必走之势也。"

③ 《战国策·齐策四》。

④ 《史记·六国年表》。

原邑(今山东平原县东南)。后来,平原邑归属齐国,于是平原君的封地又改在东武城(今山东武城西北),但平原君的称号一仍其旧。

(一)杀妾留客　巧言退兵

平原君家里有座高楼面对着下边的民宅,民宅中有个跛子,总是一瘸一拐地出外打水。平原君有一位美妾就住在这个楼上,有一天她闲来无事,往楼下望去,看到那个跛子打水的样子,她觉得很好笑,就不禁哈哈大笑起来。第二天,这位伤了自尊的跛子就找上平原君的门来,"臣闻君之喜士,士不远千里而至者,以君能贵士而贱妾也。臣不幸有罢癃[①]之病,而君之后宫临而笑臣,臣愿得笑臣者头。"平原君笑着应付一声说:"诺。"等这个跛子离开后,平原君又对着门客笑着说:"观此竖子,乃欲以一笑之故杀吾美人,不亦甚乎!"平原君没有把这件事情放在心上,当然没有舍得杀掉那个爱妾。

过了一年多,食客们陆陆续续地离开了一多半。平原君对此深感奇怪,他疑惑地问身边的食客:"胜所以待诸君者未尝敢失礼,而去者何多也?"其中一人走上前回答说:"以君之不杀笑躄者,以君为爱色而贱士,士即去耳。"[②]闻听此言,平原君恍然大悟,他马上下令斩下了那个爱妾的头颅,他还亲自登门去献给那个跛子,向他深深表示歉意。此后,原来的那些门客们又陆陆续续地回到了平原君的身边。清代诗人吴绡曾借此题发挥,作《咏古》诗云:

公子翩翩信绝伦,拟将豪举却强秦。
不知宾客成何事,枉杀楼头斩美人。

公元前259年,秦国围攻赵国的都城邯郸(今河北邯郸西南)。当时赵国总结了长平之战的经验教训,采取了持久防御的战略方针,避免和秦军进行决战,秦军竟然十七个月都没能攻打下来。

此时,邯郸城已是形势万分危急,甚至到了百姓"悬釜而炊,易子而食"[③]的地步。赵孝成王与平原君商议对策,决定派人求救于魏、楚等国。由于魏

① 《史记·平原君列传》《索隐》:"罢癃,背疾,言腰曲而背癃高也。"
② 《史记·平原君列传》。
③ 《史记·赵世家》。

国害怕秦国，所以从魏国来的援军停留在路上不肯前进。魏安釐王还派客籍将军辛垣衍潜入邯郸，通过平原君向赵王进言说："秦所为急围赵者，前与齐湣王争强为帝，已而复归帝；今齐（湣王）已益弱，方今唯秦雄天下，此非必贪邯郸，其意欲复求为帝。赵诚发使尊秦昭王为帝，秦必喜，罢兵去。"

平原君也不知拥护秦王称帝一事是否可行，他一直处于犹豫不决的状态之中。这时，鲁仲连恰好在赵国游历，他听说平原君正为这件事发愁，就去拜见平原君说："事将奈何？"平原君情绪低落地回答说："胜也何敢言事！前亡四十万之众于外，今又内围邯郸而不能去。魏王使客将军辛垣衍令赵帝秦，今其人在是。胜也何敢言事！"鲁仲连见平原君意志消沉，就有意激他："吾始以君为天下之贤公子也，吾乃今然后知君非天下之贤公子也。梁客辛垣衍安在？吾请为君责而归之。"[①]平原君听鲁仲连这么一说，就赶紧去见辛垣衍，尽管辛垣衍不想见鲁仲连，但为了给平原君一个面子，他还是答应下来。

鲁仲连见了辛垣衍后有意一言不发。辛垣衍明知鲁仲连的来意，他故意奚落鲁仲连说："吾视居此围城之中者，皆有求于平原君者也。今吾观先生之玉貌，非有求于平原君者也。曷为久居此围城之中而不去？"鲁仲连自然是有话对付他："世以鲍焦（周代隐士）为无从颂而死者，皆非也。众人不知，则为一身。彼秦者，弃礼义而上首功之国也，权使其士，虏使其民。彼即肆然而为帝，过而为政于天下，则连有蹈东海而死耳，吾不忍为之民也。所为见将军者，欲以助赵也。"辛垣衍不屑一顾，有意责难鲁仲连："先生助之将奈何？"鲁仲连回答说："吾将使梁（指魏国）及燕助之，齐、楚则固助之矣。"辛垣衍笑着说："燕则吾请以从矣；若乃梁者，则吾乃梁人也，先生恶能使梁助之？"鲁仲连并没有被难倒，他自信地说："梁未睹秦称帝之害故耳。使梁睹秦称帝之害，则必助赵矣！"[②]

辛垣衍又进一步追问秦国称帝究竟会有哪些危害，鲁仲连告诉他说："今秦万乘之国也，梁亦万乘之国也。俱据万乘之国，各有称王之名，睹其一战而胜，欲从而帝之，是使三晋之大臣不如邹、鲁之仆妾也。且秦无已而帝，则且变易诸侯之大臣。彼将夺其所不肖而与其所贤，夺其所憎而与其所爱。

① 《史记·鲁仲连列传》。
② 《史记·鲁仲连列传》。

彼又将使其子女谗妾为诸侯妃姬,处梁之宫。梁王安得晏然而已乎?而将军又何以得故宠乎?”闻听此言,辛垣衍赶紧站起身来向鲁仲拜了两拜,道歉说:“始以先生为庸人,吾乃今日知先生为天下之士也。吾请出,不敢复言帝秦。”

秦国的将军听说鲁仲连劝说辛垣衍离开了邯郸,他立刻把围困邯郸的军队撤退了五十里。恰巧这时魏国的信陵君夺取了晋鄙的兵权,他率领军队前来援救赵国并进攻秦军,秦军就只好撤退了。

邯郸之围解除后,平原君打算封赏立了大功的鲁仲连,鲁仲连再三辞让,始终不肯接受。平原君又摆酒宴款待他,正当酒喝得畅快的时候,平原君站起身来向鲁仲连奉上千金,鲁仲连笑着说:“所谓贵于天下之士者,为人排患释难解纷乱而无取也。即有取者,是商贾之事也,而连不忍为也。”①鲁仲连辞别了平原君而离开了赵国,此后再也没有露面。

(二)毛遂自荐　舍家纾难

为了解救邯郸之围,平原君还曾亲自去楚国请求援助,拟推楚国为盟主来合纵抗秦。这次平原君出使楚国,打算从门下的食客中挑选出二十个有勇有谋的人一同前往。

平原君对门客说:“使文能取胜,则善矣。文不能取胜,则歃血于华屋之下,必得定从而还。士不外索,取于食客门下足矣。”结果恰巧选得十九人,唯独剩下的一个人无法确定,大家竟找不出合适的人选来凑足这整二十人,门客们为此煞费脑筋。这时门客中有个叫毛遂的人主动站出来,他对平原君说:“遂闻君将合从于楚,约与食客门下二十人偕,不外索。今少一人,愿君即以遂备员而行矣。”平原君一见此人,先是一愣,因为他对此人毫无印象。平原君问道:“先生处胜之门下几年于此矣?”毛遂回答道:“三年于此矣。”平原君又说:“夫贤士之处世也,譬若锥之处囊中,其末立见。今先生处胜之门下三年于此矣,左右未有所称诵,胜未有所闻,是先生无所有也。先生不能,先生留。”毛遂自知平原君没有看中自己,但他并没有气馁,还是硬着头皮说:“臣乃今日请处囊中耳。使遂蚤得处囊中,乃脱颖而出,非特其末

① 《史记·鲁仲连列传》。

见而已。"[①]平原君也确实找不到其他合适人选,见毛遂如此诚心,就只好答应下来。那十九个人互相使眼色,暗地里嘲笑毛遂,只是没有发出声音而已。毛遂把这一切看在眼里,但他也只好暂时忍在心上,等待机会展露自己的才能。

平原君率领着这精挑细选出的二十人前往楚国的新都陈城(今河南淮阳),毛遂与那十九个人一起高谈阔论天下局势,那十九个人自叹不如,无不佩服毛遂的才能。平原君与楚考烈王谈判订立合纵盟约的事,再三陈述利害关系,从早晨开始谈判,直到中午还没决定下来。楚王本不想答应,因为在此前秦军在长平之战中大胜赵国,况且楚国的兵力又不是秦国的对手,楚国生怕因此而得罪了秦国。那十九个人看出了楚王的心思,他们就鼓动毛遂登堂,于是毛遂便紧握剑柄,一路小跑地登阶到了殿堂上,他大声对平原君说:"从之利害,两言而决耳。今日出而言从,日中不决,何也?"显然这话是说给楚王听的,楚王见毛遂如此不懂礼节,就问平原君这个人是干什么的。平原君回答说是他的随从家臣。楚王厉声呵斥道:"胡不下!吾乃与而君言,汝何为者也!"毛遂毫不屈服,紧握剑柄走向前说:"王之所以叱遂者,以楚国之众也。今十步之内,王不得恃楚国之众也,王之命悬于遂手。吾君在前,叱者何也?且遂闻汤以七十里之地王天下,文王以百里之壤而臣诸侯,岂其士卒众多哉,诚能据其势而奋其威。今楚地方五千里,持戟百万,此霸王之资也。以楚之强,天下弗能当。白起,小竖子耳,率数万之众,兴师以与楚战,一战而举鄢(今湖北宜城东南)郢(今湖北金陵西北),再战而烧夷陵,三战而辱王之先人。此百世之怨而赵之所羞,而王弗知恶焉。合从者为楚,非为赵也。吾君在前,叱者何也?"毛遂的这番数说正击中了楚王的要害,使楚王十分尴尬,为了缓解气氛并为自己挽回面子,楚王便一改先前的态度,"唯唯,诚若先生之言,谨奉社稷而以从。"毛遂进一步逼问道:"从定乎?"楚王回答说:"定矣。"毛遂趁热打铁,用带着命令式的口吻对楚王的左右说:"取鸡狗马之血来。"[②]毛遂双手捧着铜盘跪下并把它进献到楚王的面前,"王当歃血而定从,次者吾君,次者遂。"[③]就这样,在楚国的殿堂上确定了

---

① 《史记·平原君列传》。

② 《史记·平原君列传》《索隐》:"盟之所用牲贵贱不同,天子用牛及马,诸侯以犬及豭,大夫已下用鸡。今此总言盟之用血,故云'取鸡狗马之血来'耳。"

③ 《史记·平原君列传》。

合纵的盟约。这是一次小规模的合纵抗秦，只由赵楚两国发起并获得魏国的参加，终使赵国解围，秦军退却。

平原君确定了合纵的盟约后便返回赵国，他深有感慨地对手下说："胜不敢复相士。胜相士多者千人，寡者百数，自以为不失天下之士，今乃于毛先生而失之也。毛先生一至楚，而使赵重于九鼎大吕。[①] 毛先生以三寸之舌，强于百万之师。胜不敢复相士。"[②]此后，平原君把毛遂尊为上等宾客，再也不敢小看。关于毛遂自荐一事，后人对平原君颇有微词，唐代诗人周昙在咏史诗《毛遂》中写道：

> 不识囊中颖脱锥，功成方信有英奇。
> 平原门下三千客，得力何曾是素知。

清代诗人孙枝蔚则作《平原君》一诗云：

> 丰草犹能蔽豫章，高才多困众人旁。
> 平原亦是佳公子，毛遂三年未处囊。

平原君回到赵国后，楚国派春申君带兵赴赵救援，魏国的信陵君也假托君命夺取了晋鄙的军权而带兵前来救援，可是他们暂时还没有到达。秦国乘机急速围攻邯郸，邯郸告急，平原君为此殚精竭虑。

在这时，一个邯郸馆吏的儿子李同[③]求见平原君，他故意问平原君："君不忧赵亡邪?"平原君叹了一口气说："赵亡则胜为虏，何为不忧乎?"李同又继续说："邯郸之民，炊骨易子而食，可谓急矣！而君之后宫以百数，婢妾被绮縠，余粱肉，而民褐衣不完，糟糠不厌。民困兵尽，或剡木为矛矢，而君器物钟磬自若。使秦破赵，君安得有此？使赵得全，君何患无有？今君诚能令夫人以下编于士卒之间，分功而作，家之所有尽散以飨士，士方其危苦之时，

---

① 《史记·平原君列传》《索隐》："九鼎大吕，国之宝器。言毛遂至楚，使赵重于九鼎大吕，谓为天子所重也。"

② 《史记·平原君列传》。

③ 实为李谈，《史记·平原君列传》正义："名谈，太史公讳改也。"

易德耳。"①

听了李同的这一番见解，平原君觉得非常有理，于是他当即采纳了这个意见，得到了敢于冒死的士兵三千人，李同本人也加入了这三千人的队伍。队伍奔赴前线与秦军决一死战，秦军因此被击退了三十里。这时也凑巧楚魏两国的救兵到达，秦军便撤退了，邯郸就这样才得以保存下来。李同则在同秦军作战时阵亡，后来他的父亲被赐封为李侯。

（三）虚心纳言　拒和合纵

前文曾讲到，赵奢曾是一个负责收田税的小官。因为严格执法，处死了平原君的家臣而得罪了平原君。但在听了赵奢"君于赵为贵公子，今纵君家而不奉公则法削，法削则国弱，国弱则诸侯加兵，诸侯加兵是无赵也，君安得有此富乎？以君之贵，奉公如法则上下平，上下平则国强，国强则赵固，而君为贵戚，岂轻于天下邪？"②的一席话后，平原君不但放弃了报复赵奢的念头，他还把赵奢推荐给赵王重用。

平原君能够放弃前嫌，虚心听取敌对方的意见并举荐对方，由此可见平原君确实有宽广的胸怀，他也是一个知错就改的人。

在平原君的朋友当中有一个叫作虞卿③的人，他是个善于游说的有才之士。虞卿曾脚穿草鞋，肩搭雨伞，远道而来游说赵孝成王。第一次拜见赵王，赵王便"赐黄金百镒，白璧一双"；第二次拜见赵王，他便"为赵上卿"④。在长平之战中，虞卿曾坚持不与秦国和谈，但是他的建议没有被采纳，以致赵国终遭邯郸之围。虞卿与平原君交往频繁，关系甚好。虞卿想要以平原君的内弟信陵君出兵救赵为理由，替平原君向赵王请求增加封邑，他对赵王说："夫不斗一卒，不顿一戟，而解(二)国患者，平原君之力也。用人之力，而忘人之功，不可。"⑤赵王明白了虞卿的意图，便决定封赏平原君。公孙龙得知了这个消息，连夜乘车去见平原君，"龙闻虞卿欲以信陵君之存邯郸为君

① 《史记·平原君列传》。

② 《史记·廉颇蔺相如列传》。

③ 因"食邑于虞"(《史记·虞卿列传》《集解》引谯周语)，且"为赵上卿，故号为虞卿"(《史记·虞卿列传》)。

④ 《史记·虞卿列传》。

⑤ 《战国策·赵策三》。

请封,有之乎?”平原君回答说确实有此事。公孙龙十分担忧地说:“此甚不可。且王举君而相赵者,非以君之智能为赵国无有也。割东武城而封君者,非以君为有功也。而以国人无勋,乃以君为亲戚故也。君受相印不辞无能,割地不言无功者,亦自以为亲戚故也。今信陵君存邯郸而请封,是亲戚受城而国人计功也。此甚不可。且虞卿操其两权,事成操右券以责,事不成以虚名德君。君必勿听也。”[①]平原君因此拒绝了虞卿的建议,此后平原君对待公孙龙非常优厚。这一次,平原君又虚心接受了谏言。

平原君也经常主动向别人请教问题,悉心听取他人的意见和建议。有一次,平原君问冯忌:“吾欲北伐上党,出兵攻燕,何如?”冯忌回答说:“不可。”冯忌进一步做了分析:当初秦国将领武安君公孙起“乘七胜之威,而与马服之子战于长平之下,大败赵师,因以其余兵围邯郸之城”。赵国“以亡败之余众”,收拢被击败的军队固守邯郸城,秦军竟在邯郸城下被拖得疲惫不堪,“赵守而不可拔者,以攻难而守者易也”。如今赵国“非有七克之威也”,而燕国亦“非有长平之祸也”,赵国七次战败的灾祸尚且没有平复,若以丧失元气的赵军去进攻强大的燕军,就会导致“弱赵为强秦之所以攻,而使强燕为弱赵之所以守”。“而强秦以休兵承赵之敝,此乃强吴之所以亡而弱越之所以霸。故臣未见燕之可攻也。”平原君称其言“善哉”[②],对冯忌的看法深表认同。

秦国在长平之战后继续分兵两路进攻赵国,赵国欲献六城予秦以求和,虞卿坚决反对。最终赵王取消了献城的计划。过了不久,魏国派人通过平原君请求与赵国合纵,平原君与赵王谈了好几次,可赵王一直没有答应。平原君就与虞卿一起商议合纵之道,商议好之后,虞卿就入宫拜见赵王。赵王对虞卿说:“魏请为从。”虞卿回答说:“魏过。”赵王又说:“寡人固未之许。”虞卿却说:“王过。”赵王听了一愣,有些不解:“魏请从,卿曰魏过;寡人未之许,又曰寡人过。然则从终不可乎?”虞卿解释说:“臣闻小国之与大国从事也,有利则大国受其福,有败则小国受其祸。今魏以小国请其祸,而王以大国辞其福,臣故曰王过,魏亦过。窃以为从便。”[③]赵王接受了虞卿的建议,也

---

① 《史记·平原君列传》。
② 《战国策·赵策三》。
③ 《史记·虞卿列传》。

等于是间接肯定了平原君的意见，终于同魏国订立了合纵盟约。

平原君于赵孝成王十五年（前251年）去世，[①]平原君的子孙承袭了他的封爵，他的后嗣直到赵国灭亡的时候才断绝。从这一点上看，平原君的身后结局要比孟尝君好得多。平原君在秦国围攻邯郸的危急时刻，在毛遂的鼎力协助下与楚订立盟约，在信陵君的帮助下求得魏国救兵，又能接受李同的意见散金励士，从而取得抗秦存赵的胜利，真可算得上是“翩翩浊世之佳公子也”[②]。当然，平原君也有不识大局的一面，他曾利令智昏，为了贪图冯亭献城的小便宜而招致长平之战赵军覆没的大祸；他招徕宾客虽多，却也时常不识贤才。尽管平原君同孟尝君一样留下或褒或贬的名声，但他的合纵身影还是给人留下了鲜明的印象。

三、胆识超群：铿锵进取的信陵君

信陵君（？—前243年）魏无忌乃“魏昭王少子而魏安釐王异母弟也”[③]，是战国四公子中最有英雄气概的一位。

信陵君为人仁爱宽厚，礼贤下士，士人无论有无才能或才能大小，他都谦恭有礼地同他们交往，从来不敢因为自己富贵而轻慢士人。方圆几千里的士人都争相归附于信陵君的门下，他招徕食客也有三千多人。当时，各诸侯国因信陵君贤德并宾客众多，连续十几年不敢动兵谋犯魏国。魏安釐王即位之初封魏无忌于信陵邑（今河南宁陵县东南），故称信陵君。

（一）胆识英豪　窃符救赵

信陵君首先是一个很有谋略的人。有一次，信陵君正“与魏王博[④]”，忽然北边边境传来警报说：“赵寇至，且入界。”魏王“释博”，就要召集大臣们商议对策。信陵君劝阻魏王说：“赵王田猎耳，非为寇也。”信陵君“复博如故”，如同什么事情都没发生一样。而魏王却很惊恐，“心不在博”。过了一会儿，

---

① 《史记·六国年表》。

② 《史记·平原君虞卿列传》太史公语。

③ 《史记·魏公子列传》。

④ 《世本》载：“桀臣乌曹作博。”尚秉和先生《历代社会风俗事物考》谓：“博自博，弈自弈，判然两事”，箸、棋、马、关、五木、骰“皆博具也”（江苏古籍出版社2002年版，第356—360页）。由此可知，此处“博”不能轻易下结论为“棋”，姑且仍称之为“博”。

又从北方边境传来消息说:“赵王猎耳,非为寇也。”魏王听后大感惊诧,问信陵君是如何知晓的。信陵君回答说:“臣之客有能深[①]得赵王阴事者,赵王所为,客辄以报臣,臣以此知之。”[②]信陵君深谋远虑,故而能够在方寸之间掌控千里之外。

信陵君还很有义气感,他的重义行为往往令人钦佩和敬仰。例如有一次,魏王爱妾如姬的父亲被人杀死,如姬一心想为父报仇雪恨,“资之三年,[③]自王以下欲求报其父仇,莫能得”。按照常理,魏王之爱妾为父报仇不应算是难事,但三年未能如愿,大概是仇家势力很大,或如姬本人不愿因此事惊动魏王。后来,如姬找到信陵君哭诉,信陵君派门客“斩其仇头,敬进如姬”[④]。如姬对信陵君非常感激和钦佩,一直等待着机会报答他。这件事传了出去,大家都很仰慕信陵君。关于信陵君的义气感,还有一则后人附会的故事:一次,信陵君正在吃早饭,有一只鸠被鹞所追逐,飞到信陵君的桌下。信陵君见鸠可怜,就把它藏了起来,等鹞飞走后才将鸠放开。谁知鹞并没有离开,而是藏在屋脊上等待鸠出来,等鸠飞出后就把它吃掉了。信陵君为没能保护一只鸠而自咎,人们闻听此事后感叹道:“魏公子不忍负一鸠,忍负人乎?”[⑤]信陵君着实能够礼贤下士,对投奔来的门客优待有加,以自己的豪气感染着他们。对此,唐代诗人周昙在咏史诗《公子无忌》中赞叹道:

按剑临笼震咄呼,鹞甘枭戮伏鸠辜。
能怜钝拙诛豪俊,悯弱摧强真丈夫。

魏国有个七十多岁的隐士叫侯嬴,他家境贫寒,“为大梁夷门监者”。信陵君听说这个人很不一般,就派人带上一份厚礼去拜见他。侯嬴不肯接受礼物,他说:“臣修身洁行数十年,终不以监门困故而受公子财。”

信陵君见侯嬴没有接受礼物,以为是礼遇不够,于是他就亲自出面。信

① 《史记·魏公子列传》《索隐》:“谯周作‘探’”。
② 《史记·魏公子列传》。
③ 《史记·魏公子列传》《索隐》:“资者,蓄也。谓欲为父复仇之资蓄于心已得三年矣。”
④ 《史记·魏公子列传》。
⑤ 《龙文鞭影》与《东周列国志》皆有载。魏公子好博,而“博贵枭,胜者必杀枭”(《韩非子·外储说左下》),疑似以此为基而附会。

陵君先大摆酒席来宴饮宾客，等大家来齐坐定之后，信陵君就带着车马以及随从人员，空出车子的上位，亲自到东城门去迎接这位侯先生。侯先生整理了一下破旧的衣帽，径直上了车子左边的尊贵座位，他丝毫没有谦让的意思。侯先生是想借此观察一下信陵君的态度，而信陵君却没有显出丝毫的急躁情绪，仍然在耐心地牵马久等。侯先生又对信陵君说："臣有客在市屠中，愿枉车骑过之。"信陵君就立即驾车前往进入街市，到达街市后侯先生就下车去会见他的朋友朱亥。侯先生用余光看着信陵君，故意久久地站在那里同他的朋友聊天，暗暗地观察信陵君的颜色，而信陵君的面色却显得更加和悦。就在侯嬴对信陵君进行一次次的试探和考验的同时，信陵君的贵宾们，包括将军、宰相、宗室大臣等，都已齐坐堂上，焦急地等待着信陵君归来举杯开宴。街市上的人都看到信陵君手握缰绳替侯先生驾车，信陵君的随从人员都暗自责骂侯先生不识抬举。侯嬴"视公子色终不变"，这才"谢客上车"①。

到家后，信陵君领着侯先生坐到上位，向全体宾客赞扬地介绍了侯先生，满堂宾客无不惊异。大家酒兴正浓时，信陵君站起来走到侯先生面前举杯为他祝寿。侯先生见信陵君如此诚心，多少有些歉意，他对信陵君说："今日嬴之为公子亦足矣。嬴乃夷门抱关者也，而公子亲枉车骑，自迎嬴于众人广坐之中，不宜有所过，今公子故过之。然嬴欲就公子之名，故久立公子车骑市中，过客以观公子，公子愈恭。市人皆以嬴为小人，而以公子为长者能下士也。"②侯先生还说他所拜访的屠夫朱亥是个贤能的人，只是人们大都不了解朱亥，所以他才隐没在屠夫中罢了。这次宴会之后，侯先生便成了信陵君的贵客，尽管他没有直接去信陵君的门下作食客。信陵君也曾多次前往拜见朱亥，而朱亥却故意不回拜答谢，信陵君暗自觉得这个人很奇怪。

公元前257年，秦军围攻邯郸。信陵君的姐夫平原君多次给魏王和信陵君送信来，向魏国请求救兵，于是魏王派将军晋鄙带领十万之众去援救赵国。秦昭王得知这个消息后就派使臣告诫魏王说："吾攻赵旦暮且下，而诸侯敢救者，已拔赵，必移兵先击之。"魏王很害怕，就派人阻止晋鄙不要再进军了，把军队留在邺城（今河北临漳县城西南）扎营驻守，名义上是救赵国，

① 《史记·魏公子列传》。
② 《史记·魏公子列传》。

实则采取两面倒的策略以观望形势的发展。

平原君派使臣到魏国频频告急,可魏国就是没有回应,一再向后拖延。平原君便写信责备魏信陵君,“胜所以自附为婚姻者,以公子之高义,为能急人之困。今邯郸旦暮降秦而魏救不至,安在公子能急人之困也! 且公子纵轻胜,弃之降秦,独不怜公子姊邪?”①信陵君心中焦急万分,屡次请求魏王赶快出兵,又让宾客们千方百计地劝说魏王。由于魏王害怕秦国,他始终不肯听从信陵君的意见,信陵君真是左右为难。信陵君估计终究不能征得魏王的同意,他就决计不能自己活着而让赵国灭亡。在无可奈何的情况下,信陵君孤注一掷,凑集了战车一百多辆,打算带着宾客赶到战场上去同秦军拼一死命,与赵国人一起死难。

信陵君带着车队走过东门时,他忽然想起了侯先生,便赶到侯先生那里倾诉了心中的打算。当信陵君向侯先生诀别时,侯先生只是对信陵君淡淡地说了这样一句话,“公子勉之矣,老臣不能从。”信陵君走了几里路,心里觉得不快,自语道:“吾所以待侯生者备矣,天下莫不闻。今吾且死,而侯生曾无一言半辞送我,我岂有所失哉?”于是信陵君又赶着车子返回来,想向侯先生问问缘故。侯先生一见信陵君便笑着说:“臣固知公子之还也。公子喜士,名闻天下。今有难,无他端而欲赴秦军,譬若以肉投馁虎,何功之有哉?尚安事客? 然公子遇臣厚,公子往而臣不送,以是知公子恨之复返也。”信陵君连着两次向侯先生拜礼,进而询问对策。侯先生就让旁人回避,同信陵君秘密交谈,“嬴闻晋鄙之兵符常在王卧内,而如姬最幸,出入王卧内,力能窃之”。“如姬之欲为公子死,无所辞,顾未有路耳。公子诚一开口请如姬,如姬必许诺,则得虎符夺晋鄙军,北救赵而西却秦,此五霸之伐也。”信陵君听从了侯嬴的计策,请求如姬帮忙,如姬果然盗出兵符交给了信陵君。

信陵君拿到了兵符准备上路,侯先生说:“将在外,主令有所不受,以便国家。公子即合符,而晋鄙不授公子兵而复请之,事必危矣。臣客屠者朱亥可与俱,此人力士。晋鄙听,大善;不听,可使击之。”信陵君听了这些话后便哭了,侯先生见此情形便问道:“公子畏死耶? 何泣也?”信陵君回答说:“晋鄙嚄唶宿将,往恐不听,必当杀之,是以泣耳,岂畏死哉?”于是信陵君就去请求朱亥一同前往,朱亥笑着说:“臣乃市井鼓刀屠者,而公子亲数存之,所以

① 《史记·魏公子列传》。

不报谢者，以为小礼无所用。今公子有急，此乃臣效命之秋也。”朱亥很爽快地答应了信陵君的请求。信陵君去向侯先生辞行，侯先生深情地对信陵君说：“臣宜从，老不能。请数公子行日，以至晋鄙军之日，北乡自刭，以送公子。”[①]信陵君心怀感激之情，匆忙地上路出发了。在信陵君与侯先生诀别后到达邺城军营的那一天，侯先生果然面向北刎颈而死。唐代诗人周昙也特意为侯嬴和朱亥作诗，在咏史诗《侯嬴朱亥》中赞曰：

屠肆监门一贱微，信陵交结国人非。
当时不是二君计，匹马哪能解赵围。

明人李贽也作《咏史》一诗来赞颂侯嬴和朱亥，诗云：

夷门画策却秦兵，公子夺符出魏城。
上客功成心遂死，千秋万岁有侯嬴。

晋鄙合符果自疑，挥锤运臂有屠儿。
情知不是信陵客，刎颈迎风一送之。

到了邺城，信陵君拿出兵符，假传魏王的命令接替晋鄙担任将领。晋鄙合了兵符，验证无误，但他还是觉得这件事有些蹊跷，他举着手盯着公子说：“今吾拥十万之众，屯于境上，国之重任，今单车来代之，何如哉？”晋鄙已经敏感地感觉到这一非常之举，他正要拒绝接受命令时，朱亥取出藏在衣袖里的四十斤铁椎，一椎击死了晋鄙。信陵君接替了统帅晋鄙的军权，然后整顿部队，向军中下令：“父子俱在军中，父归；兄弟俱在军中，兄归；独子无兄弟，归养。”[②]经过整顿选拔，得到精兵八万人，开赴前线攻击秦军。秦军解围撤离而去，于是邯郸得救，保住了赵国。此后，信陵君在赵国的影响力与日俱增，乃至有很多人弃平原君而投归于信陵君的门下，信陵君的声望已经远远超过了平原君。

---

① 《史记·魏公子列传》。
② 《史记·魏公子列传》。

（二）归国救难　合纵抗秦

信陵君窃符救赵的行为令魏王十分恼怒，这一点信陵君也是心知肚明，所以在打退秦军拯救赵国之后，信陵君就让部将带着部队返回魏国去，而他自己却和他的门客留在了赵国。赵王和平原君亲自在城郊迎接他，平原君替他背着弓箭袋在前面带路，赵孝成王也一再揖拜，称赞他是自古以来少有的贤人。赵孝成王为表感激，还与平原君商量要把五座城邑封赏给信陵君。在这一阵阵颂扬和厚封的热浪中，信陵君产生了骄傲自大的情绪，渐渐露出了居功自满的神色。门客唐且敏锐地观察到了信陵君的变化，及时向信陵君劝说道："臣闻之曰，事有不可知者，有不可不知者；有不可忘者，有不可不忘者。"信陵君不解，问道："何谓也?"唐且解释说："人之憎我也，不可不知也；吾憎人也，不可得而知也。人之有德于我也，不可忘也；吾有德于人也，不可不忘也。今君杀晋鄙，救邯郸，破秦人，存赵国，此大德也。今赵王自郊迎，卒然见赵王，臣愿君之忘之也！"[①]信陵君听后，立刻责备自己，有种无地自容的感觉。赵国召开盛大欢迎宴会，赵王打扫了殿堂台阶，亲自到门口迎接贵客，并执行主人的礼节，领着信陵君走进殿堂的西边台阶。信陵君则侧着身子走，一再推辞谦让，并主动从东边的台阶上升堂。宴会上，信陵君称说自己有罪，对不起魏国，于赵国也无功劳可言。赵王陪着信陵君饮酒直到傍晚，始终不好意思开口谈封献五座城邑的事，因为信陵君总是在谦让自责。信陵君终于留在了赵国。赵王把鄗邑封赏给信陵君，这时魏王也把信陵邑又奉还给公子，但是信陵君还是没有回去，仍然留在赵国。

信陵君听说赵国有两个既有才有德而又没有从政的人，一个是毛公藏身于赌徒之中，一个是薛公藏身在"卖浆者"那里。这个"卖浆者"不是指卖豆浆的，因为当时还没有豆浆，据说豆浆是在汉武帝时的淮南王刘安那里产生的，可能这里的"浆"是指米浆或酒浆之类。信陵君很想结识这两个人，可这两个人却由于身卑的缘故躲藏了起来。信陵君打听到他们的藏身之处，就悄悄地步行去见这两个人，见面之后，他们彼此都以相识为乐事，高兴不已。平原君知道了这个情况，就对他的夫人说："始吾闻夫人弟公子天下无双，今吾闻之，乃妄从博徒卖浆者游，公子妄人耳。"平原君的夫人就把这些

① 《战国策·魏策四》。

话转告给了信陵君，信陵君听后就向夫人告辞，准备离开这里，“始吾闻平原君贤，故负魏王而救赵，以称平原君。平原君之游，徒豪举耳，不求士也。无忌自在大梁时，常闻此两人贤，至赵，恐不得见。以无忌从之游，尚恐其不我欲也。今平原君乃以为羞，其不足从游。”信陵君就要整理行装准备离去。信陵君的姐姐把他的这一番话全都转告了平原君，平原君自感惭愧，赶忙去向信陵君脱帽谢罪，在平原君的强烈要求下，信陵君终于留了下来。后来，“平原君门下闻之，半去平原君归公子，天下士复往归公子，公子倾平原君客”①。

信陵君在赵国一留就是十年，他深深思念着他的国家，但是他又无颜回去面对他的哥哥魏安釐王，他深知哥哥在嫉恨着他。秦国知道信陵君留在赵国，魏王身边失去了一个强有力的能手，于是秦国便寻找时机举兵东进。其实，魏国自马陵战败后，一蹶不振。安釐王在位期间，经常遭到秦国的侵略，连失城邑，损失惨重，正如信陵君所言：“所亡于秦者，山南山北，河外河内，大县数十，名都数百。”②尤其是在信陵君留赵期间，秦国更是肆无忌惮地加紧了灭魏的步伐，日夜出兵东伐魏，魏王为此事焦虑万分，他只好派使臣去请信陵君回国。信陵君仍担心魏王对他怀恨在心，因此他并不打算回去，就告诫门下宾客不许劝说他，倘若有人敢替魏王使臣通报传达，他就杀了那个人。由于宾客们都是背弃魏国而来到赵国的，所以没谁敢劝公子回魏国，他们也有所顾虑，万一回去，魏王恐怕会责怪或惩罚他们，他们也许就会失去了容身之地。就在信陵君堵塞言路，将入歧途之时，毛公和薛公两人挺身而出，冒死进谏信陵君：“公子所以重于赵，名闻诸侯者，徒以有魏也。今秦攻魏，魏急而公子不恤。使秦破大梁而夷先王之宗庙，公子当何面目立天下乎？”③话还没说完，信陵君的脸色就变了，他大吼一声，嘱咐左右赶快准备车马，立刻向魏大都奔驰而去。魏王见到多年不见的弟弟，两人不禁相对落泪，悲喜交集。魏王把上将军的大印授予信陵君，信陵君便统帅了全国的军队。

公元前 247 年，信陵君派使臣把自己担任上将军职务一事通报给各个诸

① 《史记·魏公子列传》。
② 《史记·魏世家》。
③ 《史记·魏公子列传》。

侯国,诸侯们得知信陵君担任了上将军,也都各自调兵遣将救援魏国。魏国与赵、楚、韩、燕四国合纵攻秦,信陵君率领五个诸侯国的军队在黄河以南地区把秦军打得大败,使得秦将蒙骜败逃,进而乘胜追击直到函谷关,把秦军压在函谷关内,使他们不敢再出关。这次战争虽为魏国后期唯一的一次胜仗,却大长了各诸侯国的志气,在一定程度上挫伤了秦国东进吞魏的锐气,同时,也延缓了六国灭亡的命运。秦国这次围攻邯郸,起初秦王派王陵领兵,失利后要改派白起。白起认为"邯郸实未易攻也"①,于是称病不愿前往。秦军的失败果然印证了白起的军事预见性,也说明邯郸解围并非出于偶然。

(三)攻城固都　冤遭罢黜

为了魏国的安全,信陵君还曾率领魏军攻打韩国的管城(今河南郑州市)。管城位于荥泽东南,倘若为秦军攻取,即可"决荥泽水灌大梁"②,这对于魏国来说是致命的危险。鉴于管城的重要战略地位,信陵君决定攻打管城,但事实上攻打管城并非易事,攻打了许久都没有获胜。

有个安陵(今山东胶南市城北)人叫作缩高,恰好他的儿子是管城的守官,信陵君就打定了主意从缩高下手。为了收买缩高的儿子,信陵君先要利诱缩高,于是他派人去找安陵君,对他说:"君其遣缩高,吾将仕之以五大夫,使为持节尉。"而安陵君却说:"安陵,小国也,不能必使其民。使者自往请。"信陵君见安陵君不配合,就只好派使者直接去缩高那里,缩高对使者说:"君之幸高也,将使高攻管也。夫以父攻子守,人大笑也。是(见)臣而下,是倍主也。父教子倍,亦非君之所喜也。敢再拜辞!"使者把缩高的原话禀告给信陵君,信陵君大为恼火,于是他就派大使对安陵君说:"安陵之地,亦犹魏也。今吾攻管而不下,则秦兵及我,社稷必危矣。愿君之生束缩高而致之!若君弗致也,无忌将发十万之师,以造安陵之城。"安陵君也毫不示弱,对使者说:"吾先君成侯受诏襄王以守此地也,手受大府之宪,宪之上篇曰:'子弑父,臣弑君,有常不赦。国虽大赦,降城亡子不得与焉。'今缩高谨解大位,以全父子之义,而君曰'必生致之',是使我负襄王诏而废大府之宪也。虽死,终不敢行。"缩高听说安陵君拒绝了信陵君的命令,就说道:"信陵君为人,悍

---

① 《史记·白起王翦列传》。

② 《战国策·魏策三》。

而自用也，此辞反，必为国祸。吾已全已，无为人臣之义矣！岂可使吾君有魏患也？”于是缩高就前往使馆，自刎而死。信陵君听说缩高自杀身亡，身穿丧服离开自己的正房，派使者向安陵君赔罪说：“无忌，小人也，困于思虑，失言于君，敢再拜释罪！”①

尽管魏国在攻打管城的过程中出现了这样一段插曲，但信陵君攻城的决心始终没有动摇，后来魏国终于攻下了管城，有力地保证了大梁的安全。在信陵君的大力协助下，魏安釐王还为争夺睢阳、上蔡、召陵一带土地而与楚国交战，魏军也取得了胜利。信陵君为魏国的对外开拓立下了不可磨灭的功劳。

五国合纵攻秦取得胜利后，信陵君的声威震动天下，各诸侯国来的宾客都纷纷向信陵君进献兵法，信陵君把这些兵法合在一起并署上自己的名字，世上俗称《魏公子兵法》。随着声威的不断升高，信陵君遭到了秦国君臣的仇恨，也受到了魏国君臣的猜忌，因此，危险也在逐渐地向他靠近。

秦王担忧信陵君在魏国掌权将会进一步威胁到秦国，于是秦国就开始使用反间计来离间信陵君和魏安釐王的关系。秦王派人拿着万斤黄金到魏国去行贿，寻找晋鄙原来的那些门客们，让他们在魏王面前进谗言说：“公子亡在外十年矣，今为魏将，诸侯将皆属，诸侯徒闻魏公子，不闻魏王。公子亦欲因此时定南面而王，诸侯畏公子之威，方欲共立之。”②秦国又多次实行反间，让秦国在魏国的间谍假装不知情地祝贺信陵君将立为王。魏王天天听到这些毁谤信陵君的话，不能不信以为真，后来魏王果然罢黜了信陵君。信陵君自己也明知这是又一次因毁谤而被废黜，于是他就托病不再上朝。失意的信陵君在家里与宾客们通宵达旦地宴饮，连续四年日夜寻欢作乐，颇有“英雄无用处，酒色了残春”之意。公元前243年，信陵君终于因酒色无度而患病身亡。从此以后，秦国逐渐蚕食魏国，过了十八年便俘虏了魏王假，屠杀大梁军民，魏国从此灭亡。

信陵君具有思贤若渴、礼贤下士、虚心纳谏、知过必改的高尚品德，正因如此，他才得到了士人的大力支持，获得了很高的声望。信陵君在魏国是一个举足轻重的人物，他在魏国之时，诸侯“不敢加兵谋魏十余年”；他离开魏

---

① 《战国策·魏策四》。

② 《史记·魏公子列传》。

国之时,秦国就疯狂地吞食魏国;他死后,秦国更是无所顾忌地“使蒙骜攻魏,拔二十城”[1],其后十八年竟使魏国遭到了灭亡的厄运。后来,有人谈到魏亡的原因时说:“魏以不用信陵君故,国削弱至于亡。”[2]当然,这种评价未免有失偏颇,但它充分表明,信陵君的历史作用绝不可小视。周昙在咏史诗《公子无忌再吟》中就对信陵君赞美有加:

赵解重围魏再昌,信陵贤德日馨芳。
昏蒙愚主听谗说,公子云亡国亦亡。

四、能言善辩:乐于投机的春申君

春申君(?—前238年)姓黄,名歇,是楚国的贵族子弟,是被楚灭亡了的黄国的后裔,以国为姓。[3]

黄歇最初受封的都城在寿春(今安徽寿县)故地“春申”,故名春申君,以后改封江东,仍号春申君。春申君曾周游各地从师学习,知识非常渊博,因而能够受到楚顷襄王的赏识。据说,春申君的门下也有门客三千人。[4] 春申君也像其他三位公子那样参与过合纵,在纵横捭阖的战国时局中也留下了令人瞩目的身影。

(一)上书秦王 解救楚难

楚顷襄王见春申君有口才,就让他出使秦国。当时秦昭王派白起进攻韩魏两国联军,在华阳(今河南新郑华阳寨)战败了他们,捕获了魏国将领芒卯,“韩、魏服而事秦”。秦昭王已命令白起同韩、魏一起进攻楚国,白起还没出发,楚王就派春申君来到了秦国,春申君正好听说了秦国的这个计划。在这个时候,秦国已经占领了楚国大片领土,因为在这以前秦王曾派白起攻打楚国,夺取了巫郡(今四川巫山北)、黔中郡(今湖南、湖北西部、贵州东北

---

① 《史记·魏公子列传》。

② 《史记·魏世家》。

③ 一说春申君是黄国的后代,此说在史界占主导地位;另一说春申君是“王者亲属”,即楚国王族的后裔。今从前说。

④ 司马迁在《史记》中对战国四公子的宾客数量都记载为三千,这大概是极言其多的虚数吧!

部),攻占了鄢城郢都,向东直打到竟陵(今湖北潜江西北),楚顷襄王只好把都城向东迁到陈城(今河南淮阳)。春申君见到楚怀王被秦国引诱去那里访问,结果被扣留并死在秦国。顷襄王是楚怀王的儿子,秦国根本不把他看在眼里,“恐一举兵而灭楚”。在这个关键的时刻,春申君马上上书劝阻秦昭王。

春申君把秦楚两国比作两个猛虎,“两虎相与斗而驽犬受其獘,不如善楚”。春申君又说:“臣闻物至则反,冬夏是也;致至则危,累棋是也。”他认为秦国的威势已经达到了极点,秦王如果能够保持功绩,掌握威势,去掉攻伐之心,广施仁义之道,使秦没有以后的祸患,那么秦王的事业就可与三王并称,其威势就可与五霸并举。而秦王如果依仗壮丁的众多,凭靠军备的强大,趁着毁灭魏国的威势而想以武力征服天下诸侯,恐怕就会有以后的祸患。春申君又引经据典,“《诗》曰:‘靡不有初,鲜克有终’。《易》曰:‘狐涉水,濡其尾’。此言始之易,终之难也。”怎么才能知道是这样的呢?春申君举出了两个例子:从前,智伯只看见攻伐赵襄子的好处,却没料到自己反在榆次遭到杀身之祸;吴王夫差只看到进攻齐国的利益,却没有想到在干隧被越王勾践战败。这两个国家,不是没有建树过巨大功绩,由于贪图眼前的利益,结果招来了祸患。春申君话锋一转,又讲到楚国,“今王妒楚之不毁也,而忘毁楚之强韩、魏也,臣为王虑而不取也”。“今王中道而信韩、魏之善王也,此正吴之信越也。臣闻之,敌不可假,时不可失。臣恐韩、魏卑辞除患而实欲欺大国也。”春申君为秦王进一步分析道:“王无重世之德于韩、魏,而有累世之怨焉。夫韩、魏父子兄弟接踵而死于秦者将十世矣。本国残,社稷坏,宗庙毁。刳腹绝肠,折颈摺颐,首身分离,暴骸骨于草泽,头颅僵仆,相望于境,父子老弱系脰束手为群虏者相及于路。鬼神孤伤,无所血食。人民不聊生,族类离散,流亡为仆妾者,盈满海内矣。故韩、魏之不亡,秦社稷之忧也。今王资之与攻楚,不亦过乎!”春申君还指出秦国出兵路线的困惑与危害:“王将借路于仇雠之韩、魏乎?兵出之日而王忧其不返也,是王以兵资于仇雠之韩、魏也。王若不借路于仇雠之韩、魏,必攻随水右壤。随水右壤,此皆广川大水,山林溪谷不食之地也,王虽有之,不为得地。是王有毁楚之名,而无得地之实也。”①

① 《史记·春申君列传》。

春申君还向秦王分析了各方的利益分配关系,“且王攻楚之日,四国必悉起兵以应王”[①]。秦、楚两国一旦交战便兵连祸结不会罢休,魏国将出兵攻打留、方与、铚、湖陵、砀、萧、相等城邑和地方,原先占领的宋国土地必定全都丧失。齐国人向南攻击楚地,泗水地区必定攻克。这些地方都是平坦开阔四通八达的肥沃土地,却让他们单独占领。秦王击败楚国而使韩、魏两国在中原地区壮大起来,又使齐国更加强劲。韩魏两国强大了,完全能够同秦国抗衡。齐国南面以泗水为边境,东面背靠大海,北面依恃黄河,便没有以后的祸患,天下的国家没有谁能比齐国、魏国更强大,齐、魏两国得到土地保持已得的利益,进而让下级官吏审慎治理,一年以后,即使不能称帝天下,但阻止大王称帝却是富富有余的。以秦国土地的广大、壮丁的众多、军备的强大,一旦发兵而与楚国结下怨仇,就会让韩、魏两国尊齐称帝。春申君还劝说秦楚两国联合,“秦、楚合而为一以临韩,韩必敛手。王施以东山之险,带以曲河之利,韩必为关内之侯。若是而王以十万戍郑,梁氏寒心,许、鄢陵婴城,而上蔡、召陵不往来也,如此而魏亦关内侯矣。王壹善楚,而关内两万乘之主注地于齐,齐右壤可拱手而取也。王之地一经两海,要约天下,是燕、赵无齐、楚,齐、楚无燕、赵也。然后危动燕、赵,直摇齐、楚,此四国者不待痛而服矣。”[②]

秦王读了春申君的上书后连声称好,于是秦王阻止了白起出征并辞谢了韩魏两国。同时,秦王还派使臣给楚国送去了厚礼,秦楚结为盟国。秦王为什么会对春申君的上书如此看重呢?这是因为春申君对天下形势了如指掌,对秦的进攻方向和步骤也提出了切实可行的方略。过三年,范雎就秦国的内政、外交问题及对策,与秦昭王做了深入的交谈,其中关于对外兼并的策略所提出的具体建议,几乎与春申君的上书内容如出一辙,真是英雄所见略同。秦国在后来的一段时间内不攻打楚国,而是集中力量去攻打中原诸国,显然是遵照春申君的方略行事的。春申君虽一时阻止了秦国的兵锋,但却从另一个方面教会秦国亡楚,春申君不觉间充当了为秦国战略利益效劳的策略家角色,这却是他始料未及的。

---

① 《史记·春申君列传》。

② 《史记·春申君列传》。

(二)巧助太子　任相辅国

春申君的上书得到肯定后,他便"受约归楚"。楚为博取秦国的欢心,第二年即采取了两大行动:一是在秦的组织下,与秦、韩、魏一起出兵攻燕;二是派春申君"与太子完入质于秦"。然而,秦国却把他们扣留了数年之久。公元前 263 年,楚顷襄王病危,楚太子仍被扣留而不能归国。这时担任秦国宰相的是范雎,他本是魏国人,他在魏国时曾随着须贾出使齐国,须贾怀疑他与齐国有勾结,回国后就向魏相魏齐进谗言。魏齐命令家人猛打范雎,范雎险些被打死,幸亏他假死才得以逃生。后来,郑安平把范雎藏了起来并把他推荐给秦国使者王稽,王稽就带范雎回到了秦国。范雎的上书得到了秦王的重视,秦王日益信任范雎,后来秦王任范雎为相,封以应地(今河南宝丰),号为应侯。

楚太子与范雎的私人关系很好,春申君就去找范雎,想让范雎向秦王进言放过楚太子。春申君问范雎:"相国诚善楚太子乎?"范雎说:"然。"春申君又说:"今楚王恐不起疾,秦不如归其太子。太子得立,其事秦必重而德相国无穷,是亲与国而得储万乘也。若不归,则咸阳一布衣耳。楚更立太子,必不事秦。夫失与国而绝万乘之和,非计也。愿相国孰虑之。"范雎把春申君说的意思报告给了秦王,秦王决定让楚太子的师傅先回去探问一下楚王的病情,等回来后再作计议。春申君对太子说:"秦之留太子也,欲以求利也。今太子力未能有以利秦也,歇忧之甚。而阳文君子二人在中,王若卒大命,太子不在,阳文君子必立为后,太子不得奉宗庙矣。不如亡秦,与使者俱出。臣请止,以死当之。"楚太子更换了衣服,假扮成楚国使臣的车夫才得以出关,而春申君则留守在客馆里,推托太子有病而谢绝会客。估计太子已经走远了,春申君就主动去找秦昭王坦白,"楚太子已归,出远矣。歇当死,愿赐死"。秦王大为恼火,要准予春申君自杀,这时范雎进言道:"歇为人臣,出身以徇其主,太子立,必用歇。故不如无罪而归之,以亲楚。"①秦王听从了应侯范雎的意见,只好把春申君遣送回楚国。

春申君回到楚国后三个月,楚顷襄王去世,太子完立为楚王,这就是考烈王。考烈王元年(前 262 年),任命黄歇为宰相,封为春申君,"赐淮北地十

① 《史记·春申君列传》。

二县”。公元前248年,春申君向楚王进言道:“淮北地边齐,其事急,请以为郡便。”[①]同时,他还献出淮北十二个县,请求封到江东去。考烈王答应了他的请求,春申君就把吴国故都(今苏州城北)修整一番,把那里作为自己的都邑。春申君在吴地建造了“吴两仓”“吴市”“吴诸里大闬”“吴狱庭”[②]等宫室,还兴修水利,对江东进行了进一步的开发,推动了江东地区的经济发展。后人为了纪念春申君,就用他的名字为许多地方命名,因而出现了许多带有“申”或“春申”的地名。现属上海市境内的黄浦江,当时都属吴邑,相传为春申君所疏而得名,旧称黄浦、黄歇浦、申江、春申江等。在江南一带,传说由春申君黄歇开凿或疏通的港浦河渠甚多,如江阴的申港、黄田港,吴兴的黄浦等。

春申君在楚国担任宰相长达二十五年,这二十五年正是战国末年风云变幻的时期,也是秦对外兼并战争步步深入并不断取得胜利的时期。作为中原诸国寄予厚望的楚国,在这一剧变时期扮演什么样的角色,几乎完全由春申君的对外路线和军事策略所决定,而春申君所一贯坚持的正是反秦的政策。春申君曾帮助平原君救赵,也曾帮助信陵君救魏。春申君任相期间,他还为楚国向北征伐,灭掉鲁国。春申君从公元前261年攻鲁,至公元前249年贬鲁君为家人,前后长达十余年时间。

在春申君与楚王的共同努力下,楚国又兴盛强大起来。有一次,赵国平原君派使臣到春申君这里来访问,春申君把他们一行安排在上等客馆住下。赵国使臣想向楚国夸耀赵国的富有,特意“为玳瑁簪,刀剑室以珠玉饰之”,请求招来春申君的宾客会面。春申君的上等宾客“皆珠履以见赵使”[③],使赵国使臣自惭形秽。

邯郸被围后,楚考烈王在平原君及其门客毛遂的再三要求下被迫决定出兵援赵,楚王派春申君率军前往。春申君实际上操纵着楚国的军政大权,平原君按理应当先与春申君取得联系并得到他的认可,然后才能顺利通过楚王那一关。魏国与楚国谋划合纵攻秦时,魏国就曾先派使者见春申君,春申君对使者说:“子为我反,无见王矣。十日之内,数万之众,今(‘今’犹

① 《史记·春申君列传》。
② 《越绝书·记吴地传》。
③ 《史记·春申君列传》。

'即')涉魏境。"[①]可见,春申君的决策权是很大的。而平原君此次求救却如此费周折,可以推测春申君对此事的态度至少是不明确的,抑或是反对的。

公元前242年,秦大败魏后,建置东郡,使国土与齐境相接,"断山东之脊也"[②],韩魏两国危在旦夕,其他各国也感到唇亡齿寒。公元前241年,赵、魏、韩、燕、楚五国才又合纵抗秦。春申君曾参加过信陵君所领导的合纵,这次又参加了五国合纵攻秦,由于这时楚国版图最大,实力最强,故楚考烈王被推举为"纵长",而春申君则实际当权主事。五国军队攻至函谷关,但被反攻的秦军击溃。"楚考烈王以咎春申君,春申君以此益疏。"

春申君的宾客中有个观津(今河北武邑县东南)人叫朱英,他对春申君说:"人皆以楚为强而君用之弱,其于英不然。先君时善秦二十年而不攻楚,何也?秦逾黾隘(今河南信阳西)之塞而攻楚,不便;假道于两周,背韩、魏而攻楚,不可。今则不然,魏旦暮亡,不能爱许、鄢陵,其许魏割以与秦。秦兵去陈百六十里,臣之所观者,见秦、楚之日斗也。"[③]确实,此时的形势与以前大有不同,春申君不该为此担负责任。春申君本人也认为朱英说得非常有道理,就把都城从陈迁到了寿春。寿春的得名大概与春申君有关,有人把它解释为祝福春申君长寿之意。

(三)阴谋窃国　惨遭身死

楚考烈王没有儿子,春申君为此事发愁,他就寻找宜于生育儿子的妇女进献给楚王,虽然进献了不少,却始终没有生儿子。赵国李园带着他的妹妹李环来到楚国,打算把他的妹妹进献给楚王,又听说楚王不宜于生育儿子,恐怕时间长了不能得到宠幸。李园便寻找机会做了春申君的侍从,不久他请假回家,又故意延误了返回的时间。回来后他去拜见春申君,春申君问他迟到的原因,他回答说:"齐王使使求臣之女弟,与其使者饮,故失期。"春申君问道:"娉入乎?"李园回答说:"未也。"春申君想见一见李园的妹妹,李园就把李环献给春申君,她立即得到了春申君的宠幸。后来李园知道了妹妹怀了身孕,就同妹妹商量了下一步的打算。李环找了个机会对春申君说:

---

① 《战国策·韩策一》。

② 《战国策·魏策四》。

③ 《史记·春申君列传》。

"楚王之贵幸君,虽兄弟不如也。今君相楚二十余年,而王无子,即百岁后将更立兄弟,则楚更立君后,亦各贵其故所亲,君又安得长有宠乎?非徒然也,君贵用事久,多失礼于王兄弟,兄弟诚立,祸且及身,何以保相印江东之封乎?今妾自知有身矣,而人莫知。妾幸君未久,诚以君之重而进妾于楚王,王必幸妾。妾赖天有子男,则是君之子为王也,楚国尽可得,孰与身临不测之罪乎?"[①]春申君认为这番话说得对极了,就把李环送出家门,把她严密地安排在一个住所,随后春申君便向楚王称说要进献李园的妹妹。楚王把李环召进宫来很是宠幸她,她果然生了个儿子,后来立为太子,李环也就自然地被封为王后。楚王很器重李园,李园便开始参与朝政。

李园的地位提高后,便担心起春申君来,认为春申君是眼前的一个巨大障碍。李园生怕春申君说漏秘密而更加骄横,于是他就暗中豢养了刺客,打算杀死春申君来灭口,而这件事却传了出去。朱英得知了这个风声后,就对春申君说:"世有无妄之福,又有无妄之祸。今君处无妄之世,以事无妄之主,安不有无妄之人乎?"春申君听了这番话后疑惑不解,他就问:"何谓无妄之福?"朱英回答说:"君相楚二十余年矣,虽名为相国,实楚王也。五子皆相诸侯。今王疾甚,旦暮且崩,太子衰弱,疾而不起,而君相少主,因而代立当国,如伊尹、周公。王长而反政,不即遂南面称孤,因而有楚国。此所谓无妄之福也。"春申君又问:"何谓无妄之祸?"朱英回答说:"李园不治国,王之舅也,不为兵将,而阴养死士之日久矣。楚王崩,李园必先入,据本议,制断君命,秉权而杀君以灭口。此所谓无妄之祸也。"春申君又接着问道:"何谓无妄之人?"朱英回答说:"君先仕臣为郎中。君王崩,李园先入,臣请为君劘其胸杀之。此所谓无妄之人也。"春申君听了以后,并没有表示赞同,他反倒对朱英说:"先生置之,勿复言已。李园软弱人也,仆又善之,又何至此?"[②]朱英知道自己的进言不被采用,恐怕祸患殃及自身,就逃离了楚国。

公元前238年,楚考烈王去世,李园果然抢先入宫,并在棘门埋伏下刺客。春申君刚进入棘门,李园豢养的刺客就从两侧冲出,刺杀了春申君,春申君的头被斩下抛于棘门之外,春申君的家人也不幸落得个满门抄斩的下场。春申君这一窃国行为与吕不韦极其相似,而吕不韦尚且落得个全尸,春

① 《史记·春申君列传》。
② 《战国策·楚策四》。

申君却身首异处,下场实在可悲,可叹!周昙在咏史诗《黄歇》中赞赏了春申君的立王之功,而对其献妾盗国这个行为也多有非议:

春申随质若王图,为主轻生大丈夫。
女子异心安足听,功成何更用阴谋。

当年,春申君劝说秦昭王并冒着生命危险派人把楚太子送回楚国,这真是值得称道的明智之举。可是,他后来却轻信李环并被李园所控制,这又暴露出了他昏聩的一面。同是一人,前后表现却如此不同,不禁令人感叹!

孟尝君、平原君、信陵君与春申君被称为“战国四公子”,绝非虚名,他们对战国历史确实产生了巨大的影响。在那个社会大动荡和大变革的时期,各诸侯国之间的矛盾十分复杂和尖锐,各国为了在争霸斗争中占据有利地位,纷纷投入到人才竞争的激烈洪流之中,人才在这一时期受到了空前的重视。在这个相对宽松的政治氛围中,具有才能的士阶层随之迅速壮大,各种类型的士人包括学士、辩士、侠士、游士等等构成了一个异常活跃的阶层,在当时的社会中发挥出巨大的能量。养士之风轰轰烈烈盛行起来,“战国四公子”在这方面起到了很好的表率作用,他们动辄养士数千人,形成了一股很大的政治势力。在这股政治势力笼罩下的士人,奔波于各诸侯国之间,联系着社会的各个层面,以一技之长即可见用。在庞大的士人群体中,忠肝义胆者有之,奸猾卑鄙者亦不乏其人,然四公子却能将这些形形色色的人物囊括于自己的门下,以此为资本而形成属于自己的政治集团。在纵横捭阖的政治舞台上,四公子或各显其姿,或联袂增色,为一部可歌可泣的纵横史增添了许多精彩和感动。“战国四公子”始终吸引着代代后人那眷恋的览史目光,拨动着后来者那震颤的思古心弦……

附录：

合纵连横大事编年[①]
（前353—前237年）

周显王十六年（前353年）至周显王二十五年（公元前344年）大事：商鞅变法　桂陵之战　逢泽之会

周显王十六年（前353年）

秦孝公九年，魏惠王十七年，韩昭侯十年，赵成侯二十二年，齐威王四年，楚宣王十七年，燕文公九年。

东周与郑高都、利。（《水经·伊水注》引《纪年》）

韩伐东周，取陵观、廪丘。（《六国年表》《韩世家》）

韩昭后朝魏。（《水经·渠水注》引《纪年》）

宋、卫会齐师围魏襄陵。（《水经·淮水注》引《纪年》）

桂陵之战。（《田世家》《齐策一》《孙子吴起列传》）

鲁共公卒，子屯立，是为康公。（《鲁世家》）

周显王十七年（前352年）

秦孝公十年，魏惠王十八年，韩昭侯十一年，赵成侯二十三年，齐威王五年，楚宣王十八年，燕文公十年。

诸侯围魏襄陵。筑长城，塞固阳。（《魏世家》《六国年表》）

卫鞅为大良造，将兵围魏安邑，降之。（《秦本纪》《商君列传》）

梁惠成王以韩师败诸侯师于襄陵。齐侯使景舍来求成。王会齐、宋之围。（《水经·淮水注》引《纪年》）

周显王十八年（前351年）

秦孝公十一年，魏惠王十九年，韩昭侯十二年，赵成侯二十四年，齐威王六年，楚宣王十九年，燕文公十一年。

---

① 本编年系节录自杨宽《战国史料编年辑证》（上海人民出版社2001年版）的有关内容，以便于读者参考。

魏取泫氏、濩泽。(《水经·沁水注》引《纪年》)

魏归赵邯郸,与盟漳水上。(《魏世家》《六国年表》)魏惠王十六年围邯郸,十七年拔邯郸,十九年归邯郸,首尾四年,使魏“士民罢潞,国家空虚”,成为魏从此衰败的主因。魏惠王连年战败,先为孙膑败于桂陵,再为孙膑大败于马陵,“大将、爱子有禽者也。”又屡为秦所败,丧失西河、上郡,确是“土地四削,魏从此衰矣。”

周显王十九年(前350年)

秦孝公十二年,魏惠王二十年,韩昭侯十三年,赵成侯二十五年,齐威王七年,楚宣王二十年,燕文公十二年。

秦孝公初取(读“聚”)小邑为三十一县。令。为田开阡陌。(《六国年表》)

秦孝公十二年作为咸阳,筑冀阙,秦徙都之。并诸小乡、聚,集为大县,县一令。四十一县。为田开阡陌。东地渡洛。(《秦本纪》)

居三年(指卫鞅为大良造,将兵取魏安邑之后三年),作为筑冀阙宫廷于咸阳,秦自雍徙都之。而令民父子兄弟同室内息者为禁。而集小乡、邑、聚为县,置令、丞,凡三十一县。为田开阡陌封疆而赋税平。平斗桶权衡长尺。(《商君列传》)

夫商君为孝公平权衡,正度量,调轻重,决裂阡陌,教民耕战。(《秦策三》)

孝公用商君,制辕田,开阡陌,东雄诸侯。(《汉书·地理志》)

秦用商鞅之法,改帝王之制,除井田,民得买卖,富者田连阡陌,贫者亡立锥之地。(《汉书·食货志》引董仲舒语)

昔者魏王拥土千里,带甲三十六万,其强北拔邯郸,西围定阳,又从十二诸侯朝天子,以西谋秦。(《齐策五》苏代说齐湣王)

魏惠王与秦会彤。(《魏世家》《六国年表》)按:前年秦卫鞅将兵围安邑而降之,次年卫鞅又围固阳而降之,此乃乘魏正与齐、赵相战之时机。及魏与齐、赵想后结盟讲和,魏即向秦反攻。魏由上郡西攻,安邑当已为魏所收复。是年魏与秦相会,以迫使秦与会修好。

齐筑防以为长城。(《水经·汶水注》引《纪年》,《苏秦列传》《正义》引《纪年》)

赵成侯卒,公子绁与太子肃侯争立,绁败,亡奔韩。(《赵世家》)

梁车为邺令,其姊往看之,暮后而至,闭门,因逾郭而入。车遂刖其足。赵成侯以为不慈,夺之玺而免之令。(《韩非子·外储说左下》)

周显王二十年(前349年)

秦孝公十三年,魏惠王二十一年,韩昭侯十四年,赵肃侯元年,齐威王八年,楚宣王二十一年,燕文公十三年。

秦孝公大良造鞅之造戟。(《三代吉金文存》卷二十)

赵肃侯夺晋君端氏,徙处屯留。(《赵世家》)

周显王二十一年(前348年)

秦孝公十四年,魏惠王二十二年,韩昭侯十五年,赵肃侯二年,齐威王九年,楚宣王二十二年,燕文公十四年。

秦献公初为赋。(《秦本纪》《六国年表》)

韩昭侯如秦。(《韩世家》《六国年表》)

赵肃侯与魏惠王会于阴晋。(《赵世家》)

周显王二十二年(前347年)

秦孝公十五年,魏惠王二十三年,韩昭侯十六年,赵肃侯三年,齐威王十年,楚宣王二十三年,燕文公十五年。

赵公子范袭邯郸,不胜而死。(《赵世家》《六国年表》)

周显王二十三年(前346年)

秦孝公十六年,魏惠王二十四年,韩昭侯十七年,赵肃侯四年,齐威王十一年,楚宣王二十四年,燕文公十六年。

赵肃侯朝天子。(《赵世家》)

齐威王杀其大夫牟辛。(《田齐世家》《六国年表》)按,大夫,《集解》徐广曰:"一作夫人。"《索隐》与《年表》并作夫人。

太子犯法,卫鞅曰:"法之不行,自上犯之,将法太子,太子君嗣也,不可施刑。"刑其傅公子虔,黥其师公孙贾,明日秦人皆趋令,行之十年,秦民大说,道不拾遗,山无盗贼。家给人足,民勇于公战,怯于私斗,乡邑大治。秦民初言令不便者,有来言令便者,卫鞅曰:"此皆乱化之民也。"尽迁之于边城,其后民莫敢议令。(《商君列传》)

周显王二十五年(前344年)

秦孝公十八年,魏惠王二十六年,韩昭侯十九年,赵肃侯六年,齐威王十三年,楚宣王二十六年,燕文公十八年。

秦会诸侯于周。(《周本纪》《六国年表》)

秦孝公会诸侯于逢泽,朝天子。(《六国年表》)

梁(即魏)君伐楚胜齐,制赵、韩之兵,驱十二诸侯以朝天子于孟津。后子死,身布冠而拘于秦。(《秦策五》)

魏惠王为臼里之盟,将复立天子。(《韩非子·说林上》)

白圭乐观时变,人弃我取,人取我与。(《史记·货殖列传》)

赵攻齐,拔高唐。(《赵世家》)

魏惠王使人谓韩昭侯封郑之后。(《吕氏春秋·审应》)

卫成侯十六年卫更贬号曰侯,二十九年成侯卒,子平侯立。(《卫世家》)

周显王二十六年(前343年)至周显王三十五年(公元前334年)大事:马陵之战　徐州相王

周显王二十六年(前343年)

秦孝公十九年,魏惠王二十七年,韩昭侯二十年,赵肃侯七年,齐威王十四年,楚宣王二十七年,燕文公十九年。

赵公子刻攻魏首垣。(《赵世家》)

中山君相魏。(《魏世家》《六国年表》)

秦城武城。从东方牡丘来归,天子致伯。(《六国年表》)

齐田肦败梁马陵。(《孙子吴起列传》《索隐》引《纪年》)

秦威服戎羌,使太子驷率戎狄九十二国朝周显王。(《后汉书·西羌传》)

梁惠成王穰疵率师及郑孔夜,战于梁、赫,郑师败逋。(《水经·渠水注》引《纪年》)

孙子为师,救韩、赵以击魏,大败之马陵,杀其将庞涓,虏魏太子申。(《田世家》)

赵王谋袭邺,邺令襄疵常辄闻而先言之魏王,魏王备之,赵乃辄还。(《韩非子·内储说下》)

周显王二十八年(前341年)

秦孝公二十一年,魏惠王二十九年,韩昭侯二十二年,赵肃侯九年,齐威王十六年,楚宣王二十九年,燕文公二十一年。

齐、魏战于马陵,齐大胜魏,杀太子申,覆军十万。(《魏策二》)

齐田肦及宋人伐魏东鄙,围平阳。(《水经·泗水注》引《纪年》)

周显王二十九年(前340年)

秦孝公二十二年,魏惠王三十年,韩昭侯二十三年,赵肃侯十年,齐威王十七年,楚宣王三十年,燕文公二十二年。

齐与赵会博望,伐魏。(《田世家》《集解》徐广引《六国年表》)

秦、赵、齐共伐魏,虏其将公子卬。(《魏世家》《六国年表》)

秦孝公封大良造鞅为列侯,号商君。(《六国年表》《秦本纪》)

秦南侵楚。楚宣王卒,子威王熊商立。(《楚世家》)

周显王三十年(前339年)

秦孝公二十三年,魏惠王三十一年,韩昭侯二十四年,赵肃侯十一年,齐威王十八年,楚威王元年,燕文公二十三年。

秦、晋战岸门。(《六国年表》)

梁惠成王为大沟于北郛,以行圃田之水。(《水经·渠水注》引《纪年》)

邳迁于薛,改名徐州。(《水经·泗水注》引《纪年》)

周显王三十一年(前338年)

秦孝公二十四年,魏惠王三十二年,韩昭侯二十五年,赵肃侯十二年,齐威王十九年,楚威王二年,燕文公二十四年。

秦大荔围合阳。(《六国年表》)

秦、晋战燕门,虏其将魏错。(《秦本纪》《索隐》引《纪年》)

商鞅反,卒车裂以徇秦国。(《秦本纪》)

白圭相魏。(《韩非子·内储说下》)

周显王三十二年(前337年)

秦惠文王元年,魏惠王三十三年,韩昭侯二十六年,赵肃侯十三年,齐威王二十年,楚威王三年,燕文公二十五年。

楚、韩、赵、蜀朝秦。(《秦本纪》《六国年表》)

周显王三十三年(前336年)

秦惠文王二年,魏惠王三十四年,韩昭侯二十七年,赵肃侯十四年,齐威王二十一年,楚威王四年,燕文公二十六年。

周显王贺秦惠王。(《周本纪》)

秦初行钱。(《秦始皇本纪》)

宋太丘社亡。(《六国年表》)

周显王三十四年(前335年)

秦惠文王三年，魏惠王三十五年，韩昭侯二十八年，赵肃侯十五年，齐威王二十二年，楚威王五年，燕文公二十七年。

秦拔韩宜阳。(《六国年表》)

义渠败秦师于洛。(《后汉书·西羌传》)

赵肃侯起寿陵，困于万民而卫取茧氏。(《赵世家》《吕氏春秋·首时》)

惠施相魏。(《吕氏春秋·不屈》)

田婴使于韩、魏，韩、魏服于齐。婴与韩昭侯、魏惠王会齐威王东阿南，盟而去。明年，复与梁惠王会甄。(《孟尝君列传》)

秦惠王三年，王冠。(《秦本纪》《六国年表》)秦君必须二十二岁行冠礼后方得亲政。

周显王三十五年(前334年)

秦惠文王四年，魏惠王后元元年，韩昭侯二十九年，赵肃侯十六年，齐威王二十三年，楚威王六年，燕文公二十八年。

田婴相齐，齐威王与魏惠王会徐州相王。(《孟尝君列传》)

秦惠王四年，天子致文、武胙。齐、魏王。(《秦本纪》《索隐》："齐威王、魏惠王")

齐因起兵击魏，大破之马陵，魏破韩弱，韩、魏之君因田婴北面而朝田侯。(《齐策一》)

齐威王举兵伐魏，壤地两分，国家大危。梁王身抱质执璧，请为陈侯臣，天下乃释梁。(《秦策四》)

齐人伐魏，杀其太子，覆其十万之军，魏王大恐，跣行按兵于国，而东次于齐，然后天下乃舍之。(《齐策五》)

惠王三十六年改元，从一年始，至十六年而称惠成王卒。(《春秋经传集解释·后序》引《纪年》)

田婴初封彭城。(《孟尝君列传》《索隐》引《纪年》)

靖郭君相齐专权。(《韩非子·外储说右下》《韩非子·内储说下》)

赵肃侯游大陵，出于鹿门，大成午扣马曰："耕事方急，一日不作，百日不食。"肃侯下车谢。(《赵世家》)

秦惠文王思念天子致文武胙。魏夫人来。(《六国年表》)

周显王三十六年(前333年)至周显王四十七年(公元前322年)大事：张仪相秦、魏　公孙衍发起五国相王

周显王三十六年(前333年)

秦惠文王五年,魏惠王后元二年,韩昭侯三十年,赵肃侯十七年,齐威王二十四年,楚威王七年,燕文公二十九年。

楚威王围齐徐州。(《六国年表》《田世家》)

楚伐齐败齐师于徐州,而使人逐田婴。田婴使张丑说楚威王,威王乃止。(《孟尝君列传》)

赵肃侯围魏黄,不克。筑长城。(《赵世家》)

魏惠王后元二年,秦败魏雕阴。(《六国年表》)

秦惠文王五年阴晋人犀首为大良造。(《六国年表》)

韩昭侯卒,子宣惠王立。(《韩世家》《六国年表》)

燕文公卒,太子立,是为易王。(《燕世家》)

周显王三十七年(前332年)

秦惠文王六年,魏惠王后元三年,韩宣惠王元年,赵肃侯十八年,齐威王二十五年,楚威王八年,燕易王元年。

魏纳阴晋,阴晋更名宁秦。(《秦本纪》)《汉书·地理志》:"华阴县,故阴晋,秦惠王五年更名宁秦,高祖八年更名华阴。"

齐与魏伐赵,赵决河水灌齐、魏,罢兵。(《田世家》)

周显王三十八年(前331年)

秦惠文王七年,魏惠王后元四年,韩宣惠王二年,赵肃侯十九年,齐威王二十六年,楚威王九年,燕易王二年。

义渠内乱,秦庶长操将兵定之。(《六国年表》)

秦公孙衍与魏战,虏其将龙贾,斩首八万。(《秦本纪》)

周显王三十九年(前330年)

秦惠文王八年,魏惠王后元五年,韩宣惠王三年,赵肃侯二十年,齐威王二十七年,楚威王十年,燕易王三年。

秦樗里疾将使而伐曲沃,尽出其人,取其城,地入秦。(《樗里子列传》)

魏纳河西地。(《秦本纪》)

秦败魏龙贾军四万五千于阴雕,围焦、曲沃。予秦河西地。(《魏世家》)龙贾为魏西边防秦之主将。《纪年》谓梁惠王十二年龙贾帅筑长城于西边,十五年,龙贾又筑阳池以备秦,是年,秦分南北两路向魏进攻,南路以樗里疾为主将,出函谷关进围曲沃与焦,焦在今河南三门峡市西,曲沃在焦之西南。

北路以公孙衍为主将，大举进攻围魏上郡之雕阴，在今陕西甘泉南。结果，焦与曲沃为秦所取，魏之主将龙贾在雕阴大败。此一战役，龙贾所统率之魏西边防秦之主力军覆没，龙贾亦被擒，从此，魏之河西、上郡失去防卫之兵力，因而河西、上郡不得不陆续拱手而献秦。此为三晋首次在抗秦战斗中失败。

梁公子景贾率师伐郑，韩明战于阳，梁师败逋泽北。（《水经·济水注》引《纪年》）

田居子伐邯郸，围平邑。（《水经·济水注》引《纪年》）

卫嗣君五年更贬号曰君，独有濮阳。（《卫世家》）

周显王四十年（前329年）

秦惠文王九年，魏惠王后元六年，韩宣惠王四年，赵肃侯二十一年，齐威王二十八年，楚威王十一年，燕易王四年。

秦渡河，取汾阴、皮氏，与魏王会应。围焦，降之。（《秦本纪》《六国表》）

魏伐楚，败之陉山。（《魏世家》）

楚威王卒，子怀王熊槐立。魏闻楚丧，伐楚，取陉山。（《楚世家》）

楚、魏战于陉山，魏许秦以上洛，以绝秦于楚。魏战胜，楚败于南阳，秦责赂于魏，魏不与……秦王告楚，楚王扬言与秦遇，魏王闻之恐，效上洛于秦。（《秦策四》）

楚攻魏，张仪谓秦王曰："不如与魏以劲之。魏战胜，复德于秦，必入西河以外；不胜，魏不能守，王必取之。"王用仪言，取皮氏卒万人、车百乘以与魏。犀首战胜威王，魏兵罢弊，恐。畏秦，果献西河之外。（《秦策一》）

张仪过东周入秦，相秦惠王。（《吕氏春秋·报更》）

宋剔成（司城子罕）废其君桓公而自立，剔成弟偃攻袭剔成，剔成败奔齐。（《宋世家》）

杜赫以安天下说周文君。（《楚策三》）

杜赫说东周文君重视景翠。（《东周策》）

楚威王学书于沈尹华。（《吕氏春秋·去宥》）

楚威王问于莫敖子华。（《楚策一》）

周显王四十一年（前328年）

秦惠文王十年，魏惠王后元七年，韩宣惠王五年，赵肃侯二十二年，齐威

王二十九年,楚怀王元年,燕易王五年。

张仪相秦。魏纳上郡十五县。(《秦本纪》《楚世家》)

秦公子桑围蒲阳,魏纳上郡。(《六国年表》)

赵肃侯十二年,赵疵与秦战,败,秦杀疵河西,取赵蔺、离石。(《赵世家》)

赵肃侯救燕,与中山公战于房子。(《太平寰宇记》)

昔者中山悉起而迎燕、赵,南战于长子(当作房子),败赵氏;北战于中山,克燕军,杀其将。(《齐策五》)

秦惠王相张仪,陈轸奔楚。(《张仪列传》附《陈轸传》)

周显王四十二年(前327年)

秦惠文王十一年,魏惠王后元八年,韩宣惠王六年,赵肃侯二十三年,齐威王三十年,楚怀王二年,燕易王六年。

秦县义渠。归魏焦、曲沃。义渠君为臣,更名少梁曰夏阳。(《秦本纪》《六国年表》)

周显王四十三年(前326年)

秦惠文王十二年,魏惠王后元九年,韩宣惠王七年,赵肃侯二十四年,齐威王三十一年,楚怀王三年,燕易王七年。

秦惠王初腊,会龙门。(《六国年表》)腊祭乃酬谢有关收获之神,具有庆祝丰收与慰劳农民之意义,是日举行酒会,男女齐集,展开娱乐活动。因秦新从魏取得河西与上郡,欲以此与黄河上游之居民联欢,包括原来游牧于黄河上游之戎、狄部族在内。

赵肃侯卒,秦、楚、燕、齐、魏出锐师各万人来会葬。子武灵王立。(《赵世家》)

韩宣惠王与邯郸围襄陵。(《韩世家》《索隐》引《纪年》)

周显王四十四年(前325年)

秦惠文王十三年,魏惠王后元十年,韩宣惠王八年,赵武灵王元年,齐威王三十二年,楚怀王四年,燕易王八年。

秦与韩、魏、赵并称王。(《周本纪》《正义》引《秦本纪》)

张仪相秦四年,立惠王为王。(《张仪列传》)

周显王四十四年,秦惠王称王,其后诸侯皆为王。(《周本纪》)

梁惠王会韩威侯于巫沙。十月,郑宣王朝梁。(《韩世家》《索隐》引《纪

年》)

赵武灵王元年,阳文君赵豹相谅惠王与太子嗣,韩宣王与太子仓来朝信宫。武灵王年少,未能听政,博闻师三人,左右司过三人。及听政,先问先王贵臣肥义,加其秩;国三老,年八十,月致其礼。(《赵世家》)

魏败赵赵护。(《六国年表》)

赵韩举与齐、魏战,死于桑丘。(《赵世家》)

齐田肸及邯郸韩举战于平邑(田肸即田肦),邯郸之师败逋,获韩举,取平邑、新城。(《水经·河水注》引《纪年》)

周显王四十五年(前324年)

秦惠文更元元年,魏惠王后元十一年,韩宣惠王九年,赵武灵王二年,齐威王三十三年,楚怀王五年,燕易王九年。

秦相张仪将兵取陕。(《六国年表》)

梁惠王在平阿与齐威王相会,谋求对抗秦国。(《孟尝君列传》)

惠施为魏相,主张以韩魏"合齐、楚以按兵",因而以太子鸣质于齐,以公子高质于楚。(《魏策二》)

赵武灵王二年城鄗。(《六国年表》)鄗在今河北高邑东,与中山相邻。是时中山参与"五国相王",赵于鄗筑城,盖用以防中山。

周显王四十六年(前323年)

秦惠文更元二年,魏惠王后元十二年,韩宣惠王十年,赵武灵王三年,齐威王三十四年,楚怀王六年,燕易王十年。

张仪与齐、楚大臣会啮桑。(《秦本纪》)

韩宣惠王十年君为王。(《六国年表》)

燕君为王。(《燕世家》)

五国相王,楚独否,曰:"无其实,敢处其名乎?"令国人谓己曰"君"。(《赵世家》)

六国皆称王。(《鲁世家》)

公孙衍为魏将,采取合纵策略,以谋与张仪策略相对抗,因而发起"五国相王",即"犀首立五王"。(《中山策》)

楚怀王败魏襄陵。(《六国年表》《楚世家》《齐策二》)

巴与楚婚,及七国称王,巴亦称王。(《华阳国志》)

周显王四十七年(前322年)

秦惠文更元三年,魏惠王后元十三年,韩宣惠王十一年,赵武灵王四年,齐威王三十五年,楚怀王七年,燕易王十一年。

梁惠王、齐威王会于鄄。(《孟尝君列传》《索隐》引《纪年》)

张仪挟其秦相之势力,进入魏国,将惠施逐走。惠施走至楚,楚不敢留,又送之入宋。(《韩非子·内储说上》《魏策一》《楚策三》)

张仪免秦相,相魏。(《六国年表》)

韩、魏太子朝秦,张仪相魏。(《秦本纪》)

秦取魏曲沃、平周。(《魏世家》)

齐威王封田婴于薛。十年,齐城薛。(《六国年表》)

滕文公因齐人将筑薛而恐,问于孟子。(《孟子·梁惠王下》)

赵武灵王四年与韩会区鼠。(《韩世家》《六国年表》))

周显王四十八年(前321年)至周赧王元年(公元前314年)大事:司马错灭蜀　燕子之杀太子平　齐人醢子之

周显王四十八年(前321年)

秦惠文更元四年,魏惠王后元十四年,韩宣惠王十二年,赵武灵王五年,齐威王三十六年,楚怀王八年,燕王哙元年。

封田婴于薛。(《六国年表》)

薛子婴朝梁惠王。(《孟尝君列传》《索隐》引《纪年》)

周显王崩,子慎靓王定立。(《周本纪》)

赵武灵王取韩女为夫人。(《六国年表》《赵世家》)

燕易王卒,子燕哙立。(《燕世家》)

韩宣王问于缪柳。(《韩非子·说林上》《韩策一》)

张仪为魏相,仍用犀首为将,韩以韩朋(即公仲朋)为相,而兼用公叔。公仲支持张仪之连横,公叔赞助犀首合纵。魏之两用张仪与犀首,韩之两用公仲与公叔,盖欲相互牵制,企求保持平衡。(《韩策一》)

周靓王元年(前320年)

秦惠文更元五年,魏惠王后元十五年,韩宣惠王十三年,赵武灵王六年,齐威王三十七年,楚怀王九年,燕易王十三年。

秦假道韩、魏以攻齐。(《齐策一》)

齐威王薨。子宣王辟疆立。(《田齐世家》)

齐威王三十七年迎妇于秦。(《田世家》《六国年表》)

秦惠文王北游戎地,至河上。(《六国年表》《秦本纪》)

孟子见梁惠王。(《孟子·梁惠王上》)

周靓王二年(前319年)

秦惠文更元六年,魏惠王后元十六年,韩宣惠王十四年,赵武灵王七年,齐宣王元年,楚怀王十年,燕王哙二年。

陈轸为秦使于齐。(《张仪列传》附《陈轸传》)

陈轸奔楚。(《张仪列传》附《陈轸传》)

楚王逐张仪于魏。(《魏策三》)

田莘之为陈轸说秦惠王。(《秦策一》)

魏惠王卒。梁襄王嗣位。(《魏世家》)

孟子见梁襄王。(《孟子·梁惠王上》)

秦伐义渠,取郁郅。(《后汉书·西羌传》郁郅在今甘肃庆阳县东北,此乃首次秦所攻取义渠之城。

楚城广陵。(《六国年表》)广陵在今扬州市西北,是时楚城广陵,正谋灭越。

周靓王三年(前318年)

秦惠文更元七年,魏襄王元年,韩宣惠王十五年,赵武灵王八年,齐宣王二年,楚怀王十一年,燕王哙三年。

魏、韩、赵、楚、燕击秦不胜。(《六国年表》)

苏秦约从山东六国共攻秦,楚怀王为从长。至函谷关,秦出兵击六国,六国兵皆引而归,齐独后。(《楚世家》)

五国相王。(《赵世家》)

孟子去齐居宋,孟子未见宋王即离去。(《孟子·滕文公下》)

乐池相秦。(《秦本纪》)

燕哙三年与楚、三晋攻秦,不胜而还。(《燕策一》)

燕王哙以君权禅让于燕相子之,太子平、将军市被因聚众围王宫,攻子之,不克。继而子之反攻,杀太子平与将军市被。(《燕世家》《燕策一》)

苏秦之在燕也,与其相子之为婚,而苏代与子之交。(《燕策一》)

周靓王四年(前317年)

秦惠文更元八年,魏襄王二年,韩宣惠王十六年,赵武灵王九年,齐宣王三年,楚怀王十二年,燕王哙四年。

韩、赵、魏、燕、齐率匈奴共攻秦,秦使庶长疾与战修鱼,虏其将申差,败赵公子渴、韩太子奂,斩首八万二千。(《秦本纪》《六国年表》)

齐败赵观泽。(《赵世家》《六国年表》)

是年秦使庶长疾统率大军出函谷关,追击从函谷关后退之三晋联军,庶长疾即是樗里疾,号称"智囊"。修鱼为韩邑,在今河南原阳县西南,东靠魏所筑用以保卫大梁之西边长城,此地已在函谷关以东五百里以外。已深入三晋腹地,逼得三晋在此与秦决战,结果秦取得斩首八万之战果,并生擒韩将申差等。

齐败魏观津。(《魏世家》《六国年表》)

齐宣王伐败赵、魏军,秦亦败韩,与齐争长。(《楚世家》)

张仪复相秦。(《秦本纪》《六国年表》)

田文为魏相,犀首约结于婴,召其子而相之也。(《魏策二》)

周靓王五年(前316年)

秦惠文更元九年,魏襄王三年,韩宣惠王十七年,赵武灵王十年,齐宣王四年,楚怀王十三年,燕王哙五年。

秦司马错伐蜀,灭之。(《秦本纪》《六国年表》《华阳国志》卷三《蜀志》)

秦惠王兼巴中,以巴氏为蛮夷君长。世尚秦女,其民爵比不更,有罪得以除爵。(《后汉书·南蛮传》)

秦取赵西都、中阳。(《赵世家》)

周靓王六年(前315年)

秦惠文更元十年,魏襄王四年,韩宣惠王十八年,赵武灵王十一年,齐宣王五年,楚怀王十四年,燕王哙六年。

韩太子仓质秦。秦伐取韩石章,伐败赵将泥。(《秦本纪》)

齐掌权大臣沈同以私人身份访问孟子,宣王令匡章将而伐燕。(《孟子·公孙丑下》)

子之杀公子平。(《燕世家》《索隐》引《纪年》)

君哙及太子、相子之皆死。(《六国年表》)

韩、齐为与国,张仪以秦、魏伐韩。(《齐策二》)

齐人擒子之而醢其身也。(《燕世家》《索隐》引《纪年》)

赵武灵王召公子职于韩,立以为燕王,使乐池送之。(《赵世家》)

魏襄王四年改阳曰河雍,向曰高平。(《赵世家》《集解》徐广引《纪年》)

晋阳亦作阳晋，与封陵同为魏之西边黄河南端之重要渡口。向在河阳西北，河阳正当孟津对岸，乃黄河中游之重要渡口。是年韩侯使韩辰以晋阳与向两地归于魏国，魏即在河阳与向筑城防守。

秦伐取义渠二十五城。(《秦本纪》)

周慎靓王崩，子赧王延立。时东西周分治。王赧徙都西周。(《周本纪》)

司马憙相中山。(《邹阳列传》载《狱中上书》)

周赧王元年(前 314 年)

秦惠文更元十一年，魏襄王五年，韩宣惠王十九年，赵武灵王十二年，齐宣王六年，楚怀王十五年，燕王哙七年。

齐人伐燕，取之。诸侯将谋救燕。(《孟子·梁惠王下》《战国策·魏策一》《赵策三》)

齐人攻燕，杀子之，破敌国，燕不割而燕国复归。(《魏策三》)

赵武灵王立燕公子职为燕王。(《六国年表》)

秦樗里疾围焦，降之。败韩岸门，斩首万，其将犀首走。(《秦本纪》)

秦公子通封于蜀。(《秦本纪》)

秦封子通国为蜀侯，以陈庄为相，置巴郡，以张若为蜀国守。戎伯尚强，乃移秦民万家实之。(《华阳国志》卷三《蜀志》)

周赧王二年(前 313 年)至周赧王七年(前 308 年)大事：秦取汉中，置汉中郡　取商於之地，置黔中郡

周赧王二年(前 313 年)

秦惠文更元十二年，魏襄王六年，韩宣惠王二十年，赵武灵王十三年，齐宣王七年，楚怀王十六年，燕王哙八年。

秦来立公子政为太子。魏襄王与秦王会临晋。(《六国年表》)

秦拔赵蔺，虏将军赵庄。楚、魏王来，过邯郸。(《赵世家》)

秦王与梁王会临晋，庶长疾攻赵，虏赵将庄。(《秦本纪》)

越释齐而伐楚。(《越世家》)

秦、齐共攻楚，斩首八万，杀屈匄，取丹阳。(《张仪列传》)是时楚正以三大夫张九军北围秦之曲沃、於中。当此年齐助楚攻取曲沃后，楚将进一步攻取於中，秦之形势颇为不利。秦因而遣张仪入楚见怀王，进献出征在围攻中之商於之地，以齐、楚绝交为交换条件。此为秦缓兵之计，以待秦之进一步加强坚守商於之地之兵力,图谋向楚反攻。及张仪食言,怀王大怒,令屈匄进攻所围商於之地。当楚军攻入商於之地东部,即陷入秦军之重围,因而惨败。

屈原为楚怀王左徒。(《屈原列传》)

甘茂约秦、魏而攻楚。(《秦策二》)

周赧王三年(前312年)

秦惠文更元十三年,魏襄王七年,韩宣惠王二十一年,赵武灵王十四年,齐宣王八年,楚怀王十七年,燕王哙九年。

楚围雍氏。(《秦本纪》《韩策二》)

韩宣惠王卒,太子仓立,是为襄王。(《韩世家》)

秦取楚汉中之郡。楚怀王大怒,乃悉国兵复袭秦,战于蓝田,大败楚军。韩、魏闻楚之困,乃南袭楚,至于邓。楚闻,乃引兵归。(《楚世家》)

齐、宋围煮枣。(《韩世家》《集解》徐广引《纪年》)

秦封樗里子,号为严君。(《樗里子列传》)

魏章率师及郑师伐楚,取上蔡。(《水经·汝水注》引《纪年》)

魏襄王攻齐,虏声子于濮,与秦伐燕。(《魏世家》《六国年表》)

魏韩明率师伐襄丘。(《水经·济水注》引《纪年》)

赵武灵王十四年赵何攻魏。(《赵世家》)

齐宣王杀其王后。(《田世家》《索隐》引《纪年》)

周赧王四年(前311年)

秦惠文更元十四年,魏襄王八年,韩襄王元年,赵武灵王十五年,齐宣王九年,楚怀王十八年,燕昭王元年。

张仪欲以新攻取汉中归还于楚,逐走楚将昭过与谋臣陈轸,迫使楚与秦连横,但此谋未逞。当时秦大臣甘茂即反对以汉中归还于楚。(《楚策一》《秦策一》)

魏襄王围卫。(《六国年表》)

秦樗里疾围蒲不克而秦惠王薨。(《樗里子列传》《索隐》引《纪年》)

秦伐楚,取召陵,丹犁臣。蜀相壮杀蜀侯来降。惠王卒,子,武王立。韩、魏、齐、楚、越皆宾从。(《秦本纪》)

秦惠王遣张仪与司马错等定蜀,置蜀郡,王莽改之曰导江。仪筑成都,以象咸阳。(《水经·江水注》)

陈庄反，杀蜀侯通国。秦遣庶长甘茂、张仪、司马错复伐蜀，诛陈庄。(《华阳国志》卷三《蜀志》)

周赧王五年(前310年)

秦武王元年，魏襄王九年，韩襄王二年，赵武灵王十六年，齐宣王十年，楚怀王十九年，燕昭王二年。

秦武王元年诛蜀相庄。张仪、魏章皆死于魏。(《六国年表》)

秦武王与魏惠王会临晋，诛蜀相庄。张仪、魏章皆东出之魏。伐义渠、丹、犁。(《秦本纪》)

秦惠王卒，武王立，张仪、魏章去，东之魏。蜀侯辉、相庄反，秦使甘茂定蜀。(《甘茂传》)

秦惠王卒，太子武王立，逐张仪、魏章，而以樗里子、甘茂为左右丞。(《樗里子列传》)

张仪为秦所逐。(《楚策三》《齐策二》《魏策一》)

陈需杀张寿而犀首走。(《韩非子·内储说下·经三》)

田文代立于薛，是为孟尝君。(《孟尝君列传》)

赵武灵王游大陵。孟姚立为惠后。(《赵世家》)

魏襄王九年洛入成周，山水大出。(《水经·洛水注》引《纪年》)

周赧王六年(前309年)

秦武王二年，魏襄王十年，韩襄王三年，赵武灵王十七年，齐宣王十一年，楚怀王二十年，燕昭王三年。

秦武王初置丞相，樗里疾、甘茂为左右丞相。(《秦本纪》)

赵武灵王十七年，出九门，为野台，以望齐、中山之境。(《赵世家》)

楚庶章率师会魏襄王，次于襄丘。(《水经·济水注》引《纪年》)

魏襄王十年十月大霖雨，疾风，河水溢酸枣郛。(《水经·济水注》引《纪年》)

周赧王七年(前308年)

秦武王三年，魏襄王十一年，韩襄王四年，赵武灵王十八年，齐宣王十二年，楚怀王二十一年，燕昭王四年。

魏襄王十一年与秦武王会应。(《魏世家》)

秦武王与韩襄王会临晋。南公揭卒。樗里疾相韩。("相韩"二字疑误)。武王谓甘茂曰："寡人欲容车通三川，窥周室，死不恨矣。"其秋，使甘

茂、庶长封伐宜阳。（《秦本纪》，“封”当为“寿”之形误）

向寿者，宣太后外族也，而与昭王少相长，故任用。（《甘茂列传》）

甘茂为秦约魏以攻韩宜阳，又北之赵。冷向欲令赵拘甘茂，此谋未成。（《赵策一》）

秦攻取韩宜阳之前，秦尝使使者伪许归楚汉中。（《秦策二》）

秦攻宜阳另见于《楚策三》《东周策》《韩策一》等。宜阳大县，为韩之重镇，势在必守，因而甘茂伐宜阳五月而不拔，秦死伤者众，甘茂欲息兵，但甘茂为相，以宜阳为饵武王，而为樗里疾、公孙显所反对，因而欲罢不能，必决死战。因而“以宜阳之郭为墓”，终于攻克，向寿于此役为右将有大功。此后向寿即守宜阳，韩公仲使苏代谓向寿曰：“禽困覆军，公破韩”，即指此而言。

周赧王七年封公子恽为蜀侯，司马错率巴蜀众十万，大舶舡米六百万斛，浮江伐楚，取商於之地。为黔中郡。（《华阳国志》卷三《蜀志》）是年秦遣司马错率水师十万，乘船由巴伐楚，从枳南入，攻取楚商於之地，即楚黔中地，在今湖南省西部及贵州省东北部，枳在今四川涪陵，涪陵水即今乌江。

西周君立公子咎为太子。（《周本纪》《东周策》）

东周与西周争，西周欲求和于楚、韩。（《东周策》）

东周欲为稻，西周不下水。苏子游说，得两国之金。（《东周策》）

周赧王八年（前307年）至周赧王十三年（前302年）大事：秦拔宜阳　赵武灵王胡服骑射　苏秦始将连横　魏冉为政

周赧王八年（前307年）

秦武王四年，魏襄王十二年，韩襄王五年，赵武灵王十九年，齐宣王十三年，楚怀王二十二年，燕昭王五年。

秦拔宜阳，斩首六万。（《韩世家》《六国年表》）

秦武王四年拔宜阳，斩首六万。涉河，城武遂。魏太子来朝。武王有力，好戏，力士任鄙、乌获、孟说皆至大官。王与孟说举鼎，绝膑。八月，武王死，族孟说。武王取魏女为后，无子。立异母弟，是为昭襄王。昭襄王母楚人，姓芈氏，号宣太后。武王死时，昭襄王为质于燕，燕人送归，得立。（《秦本纪》）

是年秦拔宜阳，并北上渡河占武遂筑城，次年，秦又归武遂于韩，此乃震动当时各国大事。武遂在今山西垣曲县东南，黄河以北，正当宜阳以北，为韩重要之关塞，并有重要之通道，南下渡河，可通大县宜阳，北上可直达韩之旧都平阳(今山西临汾市西南)。武遂即利用黄河与山岭穿凿而成,用以贯通南北之通道。《秦本纪》与《六国年表》皆谓秦拔宜阳之后,即渡河占有武遂而筑城设防,绝断韩南北之通道,以此作为威胁要挟韩国屈服之手段。

秦武王竟至周而卒于周,其弟立为昭王,王母宣太后楚女也。(《甘茂列传》)

秦令樗里疾以车百乘入周,周君迎之以卒。(《西周策》《樗里子列传》)

秦假道以周以伐韩。(《东周策》)

秦攻宜阳,楚救之,而楚以周为秦故,将伐之。苏代为周说楚王。(《周本纪》)

秦武王打通三川后,即亲往周都洛阳,与力士在此比武而举鼎,所举者未必真是九鼎。但在其心目中,周鼎为传国神器,为天下最高权力所凭依,必欲亲往之而后甘心。(《周本纪》)

楚怀王怨秦败楚于丹阳而韩不救,乃以并围韩雍氏。秦下师于崤以救韩,楚兵去。(《甘茂列传》)

楚攻雍氏,周粻秦、韩,楚王怒周,周之君患之。(《东周策》《西周策》)

秦昭王少,宣太后自治,任魏冉为政。(《穰侯列传》)

公仲数不信于诸侯,诸侯锢之。(《韩策一》)及秦武王兵三川而攻拔韩之大县宜阳,因而造成赵、楚、齐、秦"四国锢之,而无所入关",因而谓公仲朋当如尾生为守信而死。

魏太子朝于秦,秦来伐魏皮氏,未拔而解。(《魏世家》)皮氏在今山西河津县西一里,即黄河龙门所在。不仅形势险要,且为河西通往河东之桥头堡。所谓"有皮氏,国之大利也",因而魏尽力坚守,秦攻之不能拔。

赵武灵王俗胡服,习骑射,北破林胡、楼烦。(《史记·匈奴列传》)

周赧王九年(前306年)

秦昭王元年,魏襄王十三年,韩襄王六年,赵武灵王二十年,齐宣王十四年,楚怀王二十三年,燕昭王六年。

昭滑常主持越之外交,是时楚使昭滑于越,即乘越内乱之机,图谋灭亡越国。(《甘茂列传》《楚策一》《韩非子·内储说下》)

楚怀王二十三年灭越之前,庄蹻已为盗于境内而吏不能禁。及楚怀王二十八年,楚为齐、魏、韩联军大败于方城,杀楚大夫唐蔑(即唐昧),庄蹻遂乘机攻入楚郢而使"楚分为三四"。(《韩非子·喻老》)

秦复与韩武遂。(《韩世家》《六国年表》)

秦严君疾为相,甘茂出之魏。(《秦本纪》)

秦还击皮氏,皮氏未降,又去。(《樗里子列传》《甘茂列传》)

魏襄王十三年,城皮氏。(《水经·汾水注》引《纪年》)

公仲朋之秦求归武遂,其后韩珉曾因亲秦而为齐滑王之相。(《韩策三》)

楚怀王不合秦,而合齐以善韩。(《楚世家》)

齐滑王欲为"纵长"。(《楚世家》)齐滑王有误,应为齐宣王。

甘茂之亡秦奔齐……秦因复甘茂之家,以市于齐。(《秦策二》《甘茂列传》)

苏秦始将连横,说秦昭王。(《秦策一》)

赵略中山地,至宁葭。西略胡地,至榆中,林胡王献马。归,使楼缓之秦,仇液之韩,王贲之楚,富丁之魏,赵爵之齐。代相赵固主胡,致其兵。(《赵世家》)

赵武灵王破原阳,以为骑邑……出于遗遗之门,逾九限之固,绝五陉之险,至榆中,辟地千里。(《赵策二》)原阳在今内蒙古呼和浩特市东南,为秦、汉云中郡属县,在云中东北。武灵王破原阳以为骑邑。鲍注骑邑骑士所居,盖用作训练骑射之地。胡貉之族善尚骑射,赵武灵王欲以骑兵为主力,方能取榆中而辟地千里。林胡献马表示归附,由代相赵固主管之而收编,从而增强赵之兵力。

周赧王十年(前305年)

秦昭王二年,魏襄王十四年,韩襄王七年,赵武灵王二十一年,齐宣王十五年,楚怀王二十四年,燕昭王七年。

秦庶长壮与大臣、诸公子为逆,皆诛。及惠文后皆不得良死。悼武王后出归魏。(《秦本纪》)

秦昭王即位,以魏冉为将军,卫咸阳。诛季君之乱,而逐武王后出之魏,昭王诸兄弟不善者皆灭之,威振动秦国。昭王少,宣太后自治,任魏冉为政。(《穰侯列传》)

秦内乱,杀其太后及公子雍、公子壮。(《穰侯列传》《索隐》引《纪年》)

楚倍齐而合秦,秦昭王初立,乃厚赂于楚。楚往迎妇。(《楚世家》)

齐甘茂使于楚,楚怀王新与秦合婚而欢。而秦闻甘茂在楚,使人谓楚王

曰:“愿送甘茂于秦。”(《甘茂列传》)

楚王问于范环。(《韩非子·内储说下》《甘茂列传》)

楚怀王于是使使请秦相向寿于秦,秦卒相向寿。而甘茂不得复入秦,卒于魏。(《甘茂列传》)

秦攻皮氏。(秦简《编年纪》)皮氏为河西通往河东之桥头堡,自秦武王四年以来,秦屡次进攻,魏坚守未拔。

赵攻中山,赵袑为右军,许钧为左军,公子章为中军,王并将之。牛翦将车骑,赵希并胡、代。赵与之陉,合军曲阳,攻取丹邱、华阳,鸱之塞。王军取鄗、石邑、封龙、东垣,中山献四邑请和,王许之,罢兵。(《赵世家》)

管鼻之令翟强与秦事。(《魏策四》)

魏相翟强死,有人为甘茂说楚王,请王与齐约,推荐甘茂为魏相,并称甘茂为齐之行人,并谓“魏氏听,甘茂与樗里疾,贸首之仇也,而魏、秦之交必恶。”(《楚策二》)

周赧王十一年(前304年)

秦昭王三年,魏襄王十五年,韩襄王八年,赵武灵王二十二年,齐宣王十六年,楚怀王二十五年,燕昭王八年。

秦昭王冠,与楚王会黄棘。与楚上庸。(《秦本纪》《六国年表》)

楚吾得率师伐郑,围纶氏。(《水经·伊水注》引《纪年》《西周策》)

翟章救郑,次于南屈。(《水经·河水注》引《纪年》)

奢延水又东,经肤施县南,秦昭王三年置上郡治。(《水经·河水注》)

周赧王十二年(前303年)

秦昭王四年,魏襄王十六年,韩襄王九年,赵武灵王二十三年,齐宣王十七年,楚怀王二十六年,燕昭王九年。

秦复取韩武遂。(《韩世家》《六国年表》)

秦拔魏蒲阪、晋阳、封陵。(《六国年表》)蒲阪、晋阳、封陵皆为河西通往河东之重要渡口,为军事上必争之地。

韩、魏为楚负其从亲而合于秦,三国共攻楚,楚使太子入质于秦而请救。秦乃遣客卿通将兵救楚,三国引兵去。(《楚世家》《六国年表》)

薛公以齐为韩、魏攻楚。(《西周策》《孟尝君列传》)

齐王问孟尝君以治国。(《韩非子·内储说上》《吕氏春秋·不侵》《齐策四》)

赵攻中山。(《赵世家》)

城浑说楚以新城为主郡,以御秦之宜阳。(《楚策一》)新城在今河南伊川县西南,正当宜阳之东南。楚于新城设郡防守,可以防备秦从宜阳进攻。

周赧王十三年(前302年)

秦昭王五年,魏襄王十七年,韩襄王十年,赵武灵王二十四年,齐宣王十八年,楚怀王二十七年,燕昭王十年。

秦大夫有私与楚太子斗,楚太子杀之而亡归。(《楚世家》)

魏王来朝应亭,秦复与魏蒲阪。(《秦本纪》《六国年表》)

韩太子婴与秦会临晋,因至咸阳而归。(《六国年表》)

邯郸命吏大夫奴迁于九原,又命将军、大夫、适子、戍吏皆貉服矣。(《水经·河水注》引《纪年》)

周赧王十四年(前301年)至周赧王十九年(前296年)大事:三国攻秦司马错定蜀

周赧王十四年(前301年)

秦昭王六年,魏襄王十八年,韩襄王十一年,赵武灵王二十五年,齐宣王十九年,楚怀王二十八年,燕昭王十一年。

齐宣王卒,子湣王地立。(《田世家》《索隐》云:"《世本》名遂。")

秦与齐、韩、魏共攻楚,杀楚将唐眛,取楚重丘而去。(《楚世家》《六国年表》)

秦庶长奂伐楚,斩首二万。泾阳君质于齐。(《秦本纪》)

秦攻新城。(秦简《编年纪》)

齐使章子、魏使公孙喜、韩使暴鸢共攻楚方城,取唐眛。(《秦本纪》系于昭王八年,误后二年)

魏败楚于陉山,禽唐明。(《赵策四》)

齐、楚构难,宋请中立,齐急宋,宋许之。(《楚策一》)

秦取楚汉中,再战于蓝田,大败楚军。韩、魏闻楚之困,乃南袭至邓,楚王引归。(《秦策四》)

赵伐中山,中山君奔齐。(《资治通鉴》卷三)

中山恃齐、魏以轻赵,齐、魏伐楚而赵亡中山。(《魏策四》《赵策一》《齐策五》《燕策一》)

赵武灵王惠后卒,使周袑胡服傅王子何。(《赵世家》)

秦取韩穰。(《韩世家》《六国年表》)

蜀侯烨反,司马错定蜀。(《秦本纪》)

周赧王十五年(前300年)

秦昭王七年,魏襄王十九年,韩襄王十二年,赵武灵王二十六年,齐湣王元年,楚怀王二十九年,燕昭王十二年。

薛侯来魏,会于釜丘。(《水经·济水注》引《纪年》)

樗里子卒,葬于渭南章台之东。(《樗里子列传》)

秦使泾阳君质于齐。(《田世家》《六国年表》)

新城陷。(秦简《编年记》)

秦击楚,斩首三万。(《六国年表》)

秦复攻楚,大破楚,楚军死者二万,杀楚将景缺。怀王恐,乃使太子为质于齐以求和。(《楚世家》)

秦取楚襄城,杀景缺。(《六国年表》)

垂沙之难,楚太子横为质于齐。(《楚策四》)

魏败楚于陉山,禽唐明。楚王惧,令昭应奉太子以委和于薛公。(《赵策四》)

齐、秦攻楚,楚令景翠以六城赂齐,以太子为质。(《楚策二》)

赵复攻中山,攘地北至林胡、楼烦,筑长城,自代并阴山下,至高阙为塞,而置云中、雁门、代郡。(《史记·匈奴列传》)

魏冉为相。(《六国年表》)

韩太子婴死。公子咎、公子虮瑟争为太子。(《韩世家》)

韩公叔与几瑟争国。(《韩策二》《楚策一》)

郑强载八百金入秦,请以伐韩。(《韩策一》)

楚围雍氏,韩求救于秦……于是楚解雍氏围。(《韩世家》)

周赧王十六年(前299年)

秦昭王八年,魏襄王二十年,韩襄王十三年,赵武灵王二十七年,齐湣王二年,楚怀王三十年,燕昭王十三年。

魏公子劲、韩公子长为诸侯。(《秦本纪》系于昭王八年取唐昧之役后)

秦使将军芈戎攻楚取新市。(《秦本纪》)

秦复伐楚,取八城。(《楚世家》《六国年表》)

楚王来秦,因留之。(《六国年表》)

秦败楚汉中,楚王入秦,秦王留之。(《楚策二》)

秦昭王与楚婚,欲与怀王会。怀王欲行,屈平曰:“秦虎狼之国,不可信,不如毋行。”怀王稚子子兰劝王行:“奈何绝秦欢。”怀王卒行。入武关,秦伏兵绝其后,因留怀王。怀王怒,不听,亡走赵,赵不内。复之秦,竟死于秦而归葬。(《屈原列传》《楚世家》)

秦因留楚王,要以割巫、黔中之郡。(《楚世家》)

楚王死,太子质在齐。苏秦欲留太子于齐,因而太子怨苏秦。(《齐策三》《楚策二》)

楚王死,薛公归太子横,因与韩、魏之兵随而攻东国。(《楚策四》)

孟尝君薛文来相秦。(《秦本纪》《六国年表》《孟尝君列传》)

齐归泾阳君于秦。孟尝君薛文入秦,即相秦。文亡去。(《田世家》)

赵武灵王大朝于东宫,传国,立王子何以为王。王庙见礼毕,出临朝。大夫悉为臣,肥义为相国,并傅王。是为惠文王。惠文王,惠后吴娃子也。武灵王自号为主父。(《赵世家》)

赵破中山,其君亡,竟死齐。(《秦本纪》)

韩襄王与齐王会于韩。(《六国年表》)

楚昭献相韩,秦且攻韩,韩废昭献。昭献令人谓公叔曰:“不如贵昭献以固楚,秦必曰楚、韩合矣。”(《韩策一》)

周赧王十七年(前298年)

秦昭王九年,魏襄王二十一年,韩襄王十四年,赵惠文王元年,齐湣王三年,楚顷襄王元年,燕昭王十四年。

秦攻析。(秦简《编年记》)

秦昭王发兵出武关攻楚,大败楚军,斩首五万,取析十五城而去。(《楚世家》)

薛文以金受免,楼缓为丞相。(《秦本纪》系于昭王十年)

楚王惧,令昭应奉太子以委和于薛公(楚太子横入质于齐)。主父(赵武灵王)欲败之,乃结秦连宋之交,令仇郝相宋,楼缓相秦。(《赵策四》)

秦昭王囚孟尝君,谋欲杀之,孟尝君使人抵昭王幸姬求解……昭王释孟尝君。(《孟尝君列传》)

孟尝君归相齐。(《六国年表》)

齐与韩、魏共攻秦,至函谷军焉。(《田世家》《赵策一》《东周策》)

赵武灵王谋攻灭中山，尝遣其臣至各国，设法孤立中山。(《赵策三》)

三国攻秦，赵攻中山，取扶柳。……齐人戎郭。(《赵策四》)自赵武灵王推行联合秦、宋以抗击齐、魏、韩之策略，使楼缓相秦，仇郝相宋，造成齐、魏、韩三国与赵、秦、宋三国对峙之局势。齐欲打败楚、秦而称雄中原，赵欲压制齐国而攻灭中山，并向北开拓。此时，齐、魏、韩三国攻秦，至函谷关而军焉，以封锁秦国，即此所谓"三贵攻秦""齐人戎郭"。同时，赵攻中山，已取扶柳，并攻至滹沱河一带。宋突此时向宋相仇郝献策，盖为中山谋求解脱困境。宋突请赵尽归新取中山之地。盖中山已参与赵、秦、宋之联盟，四国联军将包抄匡章进军函谷关之后路，秦与中山之君与赵军会合南下渡河，再与宋军会合以攻函谷关，必须假道于卫。如果确是如此，三国攻秦大军必然全军覆没。因此，齐闻此必献纳与中山临近齐邑鼓以求和。鼓在今河北晋县西，正在中山国东边。

赵以公子胜为相，封平原君。(《六国年表》)

周赧王十八年(前297年)

秦昭王十年，魏襄王二十二年，韩襄王十五年，赵惠文王二年，齐湣王四年，楚顷襄王二年，燕昭王十五年。

赵惠文王二年主父行新地，遂出代，西遇楼烦王于西河而致其兵。(《赵世家》)

秦昭王十年，楚怀王亡之赵，赵弗内。(《六国年表》)

周赧王十九年(前296年)

秦昭王十一年，魏襄王二十三年，韩襄王十六年，赵惠文王三年，齐湣王五年，楚顷襄王三年，燕昭王十六年。

韩、魏击秦，秦与韩武遂和。(《六国年表》)

秦复与魏河外及封陵为和。(《魏世家》)

齐、韩、魏、赵、中山五国共攻秦至盐市而还。秦与韩、魏河北及封陵以和。(《秦本纪》)三国攻秦函谷先后持续三年，赵、宋持观望态度，是年三国得胜，攻入函谷，于是，赵、宋起兵与齐、魏、韩三国向河东进攻，攻至盐市，迫使秦归还已占有之河外及封陵、武遂，此皆魏、韩两国重点防守要塞。经两次收复，可以解除秦东侵之威胁。

魏襄王卒，子昭王立。(《魏世家》)

韩襄王卒，太子咎立，是为釐王。(《韩世家》)

楚顷襄王三年,怀王卒于秦,秦归其丧于楚。楚人皆怜之,如悲如戚,诸侯由是不直秦。秦、楚绝。(《楚世家》)

令尹子兰使上官大夫短屈原于顷襄王,顷襄王怒而迁之。(《屈原列传》)

赵氏攻中山,中山之人多力者曰吾丘鴪,衣铁甲,操铁杖以战,而所击无不碎,冲无不陷,以车投车,以人投人也,几至将所而后死。(《吕氏春秋·贵卒》)

白圭之中山、齐,辞而去,言二国欲亡。(《吕氏春秋·先识》)

赵灭掌上明珠迁其于肤施。起灵寿,北地方从,代道大通。还归,行赏,大赦,置酒酺五日,封长子章为代安阳君。(《赵世家》)

齐、燕战而赵氏兼中山。(《齐策五》)

周赧王二十年(前 295 年)至周赧王二十七年(前 288 年)大事:苏秦合纵攻击齐

周赧王二十年(前 295 年)

秦昭王十二年,魏昭王元年,韩釐王元年,赵惠文王四年,齐湣王六年,楚顷襄王四年,燕昭王十七年。

齐佐赵灭中山。(《田世家》)

赵惠文王围杀主父。与齐、燕共灭中山。(《田世家》《六国年表》)

秦楼缓免,穰侯魏冉为相,予楚粟五万石。(《秦本纪》《六国年表》)

赵武灵王使惠文王莅政,李兑为相,武灵王不以身躬亲杀生之柄,故劫于李兑。(《韩非子·外储说右下》)

秦尉错来击魏襄。(《六国年表》)

薛公相齐。(《战国纵横家书》)

乐毅为魏昭王使于燕,燕王以客礼代之,乐毅辞让。遂委质为臣,燕昭王以为亚卿。(《乐毅列传》)

苏秦说李兑。(《赵策一》)

周赧王二十一年(前 294 年)

秦昭王十三年,魏昭王二年,韩釐王二年,赵惠文王五年,齐湣王七年,楚顷襄王五年,燕昭王十八年。

秦向寿伐韩,取武始。左更白起攻新城。(《秦本纪》)

白起者,郿人也。善用兵,事秦昭王。昭王十三年而白起为左庶长,将

而击韩之新城。(《白起列传》)

秦攻伊阙。(秦简《编年记》)

魏与秦战,魏不利。(《魏世家》)

穰侯相秦,举任鄙以为汉中守。(《白起列传》)

魏冉相秦,欲诛吕礼,出奔齐。(《穰侯列传》列于昭王十四年前)

吕礼于是年由秦来齐,后曾一度相齐,使秦、齐相合。昭王十九年,秦称西帝,齐称东帝,月余,吕礼来,而齐、秦各复归帝为王。盖是时齐与秦合而又分裂,即将爆发大战,作为齐、秦联合之大臣吕礼,不得不自齐归来。(《东周策》)

田甲劫齐湣王,相薛文走。(《六国年表》)

孟尝君归老于薛。(《孟尝君列传》)

魏子为收邑入尝与粟贤者,及孟尝君出走,魏子所与粟之贤者自刭以明孟尝君,湣王复召孟尝君。(《孟尝君列传》)

苏秦为燕昭王主谋,伐破齐国。(《战国纵横书》《燕策一》第五章、第十四章)

苏秦欲"恶齐、赵之交""与赵谋齐""以便王之大事"。主张广结与国,合纵攻齐而谋求开拓领土。(《战国纵横书》《燕策二》)

周赧王二十二年(前293年)

秦昭王十四年,魏昭王三年,韩釐王三年,赵惠文王六年,齐湣王八年,楚顷襄王六年,燕昭王十九年。

魏佐韩攻秦。秦将白起败魏军二十四万。虏公孙喜,拔五城。(《魏世家》《秦本纪》)

伊阙之战,秦遗楚王书,楚顷襄王谋复与秦平。(《楚世家》)

秦败东周,与魏战于伊阙,杀犀武,乘胜而留于境。魏令公孙衍请卑辞割地以讲于秦。(《魏策一》)

周赧王二十三年(前292年)

秦昭王十五年,魏昭王四年,韩釐王四年,赵惠文王七年,齐湣王九年,楚顷襄王七年,燕昭王二十年。

大良造白起攻魏,取垣,复予之。攻楚,取宛。(《秦本纪》)

秦取楚宛、叶。魏冉谢病免相,以客卿寿烛为相。(《穰侯列传》)

白起为大良造,攻魏,拔之,取城大小六十一。(《白起列传》《六国年

表》)

楚迎妇于秦,秦、楚复平。(《楚世家》)

周赧王二十四年(前291年)

秦昭王十六年,魏昭王五年,韩釐王五年,赵惠文王八年,齐湣王十年,楚顷襄王八年,燕昭王二十一年。

秦拔韩宛。(《韩世家》)

秦左更错取轵及邓。冉免。封公子市宛,公子悝邓,魏冉陶。(《秦本纪》)

白起与客卿错攻垣城,拔之。(《白起列传》)

烛免,复相冉。乃封魏冉于穰,复益封陶,号曰穰侯。(《穰侯列传》)

赵城南行唐。(《赵世家》)

韩春劝使取魏所出齐女以为妻而与齐并势攻魏。(《秦策四》)

周赧王二十五年(前290年)

秦昭王十七年,魏昭王六年,韩釐王六年,赵惠文王九年,齐湣王十一年,楚顷襄王九年,燕昭王二十二年。

城阳君朝秦,东周君亦朝。秦攻垣为蒲阪、皮氏。王之宜阳。(《秦本纪》)

秦攻垣、枳。(秦简《编年记》)

秦大举攻韩,成阳君入朝于秦。成阳君为韩之亲秦者,不能回韩。(《魏策四》)

韩珉相齐,令吏逐步公畴竖,大怒于周之留成阳君也。(《韩策三》)

齐攻宋,燕王使张魁将燕兵以从焉,齐王杀之。(《吕氏春秋·行论》)

宋北与齐讲。(《战国纵横家书》)

赵梁将,与齐合军攻韩,至鲁关下,反。(《赵世家》)

韩与秦武遂地二百里。(《韩世家》)

魏昭王予秦河东地四百里。芒卯以诈重。(《魏世家》《六国年表》)

秦、韩攻魏,昭卯西说而秦、韩罢齐、荆攻魏,卯东说而二齐、荆罢,魏昭王养之以五乘将军。(《韩非子·外储说左下》)

孟卯妻其嫂而有五子焉,然而相魏,宁其危而解其患。(《淮南子·氾论训》)

秦、赵约而伐魏,魏王患之。芒卯遣使以邺程献赵,欲绝秦、赵。待赵既

绝秦，芒卯不献，赵因割五城以合于魏而支秦。（《魏策三》）

周赧王二十六年（前289年）

秦昭王十八年，魏昭王七年，韩釐王七年，赵惠文王十年，齐湣王十二年，楚顷襄王十年，燕昭王二十三年。

秦错攻垣、河雍，决桥取之。（《秦本纪》）

秦客卿错击魏，至轵，取城大小六十一。（《秦本纪》）

穰侯封四岁，为秦将攻魏，魏献河东方四百里。拔魏之河内，取城大小六十余。（《穰侯列传》）

苏秦被赵扣留，使韩山献书燕王。（《战国纵横家书》《燕策二》）

秦恐周冣为周之公子，入魏为重臣而善于齐。尝与孟尝君合齐、韩、魏三国攻秦入函谷关。是时周冣由魏入齐，秦昭王怒，因令姚贾让魏昭王。盖秦恐周冣以三晋合齐攻秦。是时孟尝君正为魏相，正谋合纵伐齐，赵将韩徐亦欲合纵攻齐。（《东周策》）

周赧王二十七年（前288年）

秦昭王十九年，魏昭王八年，韩釐王八年，赵惠文王十一年，齐湣王十三年，楚顷襄王十一年，燕昭王二十四年。

赵董叔与魏氏伐宋。合河阳于魏。秦取梗阳。（《赵世家》）

齐、赵、魏、秦正争取宋国之地。赵奉阳君李兑与秦穰侯魏冉皆欲得宋之陶邑作为封地。是年赵使董叔与魏氏伐宋，于是争宋成为合纵连横之焦点所在。而齐湣王欲避秦、赵等国之干预而灭宋，亦不断调换其执政之相国，从而变更其合纵连横之策略。（《魏策三》）

秦昭王十九年十月为帝，十二月复为王，任鄙卒。（《六国年表》）

齐湣王为东帝二月，复为王。（《六国年表》）

魏昭王见有楚淮王入秦而不能出之先例，故不敢入朝，许绾因而声称以头作为魏王入朝秦而得出之保证。（《吕氏春秋·应言》）

秦败魏于华，魏王且入朝周。（《魏策三》）

昔者周佼以西周善于秦而封于梗阳，周启以东周善于秦而封于平原。（《韩策三》）

齐、赵遇于阿，王忧之。臣与之遇，约攻秦去帝。（《战国纵横家书》《赵策一》）

苏秦向燕报告参与齐、赵两君在阿之会晤，而促成五国伐秦之事。并因

燕王有责难,对燕昭王有所解释。(《战国纵横家书》)

周赧王二十八年(前287年)至周赧王三十年(前285年)大事:苏秦发动五国伐秦　秦发起五国合纵伐齐

周赧王二十八年(前287年)

秦昭王二十年,魏昭王九年,韩釐王九年,赵惠文王十二年,齐湣王十四年,楚顷襄王十二年,燕昭王二十五年。

苏秦发动五国伐秦后,向齐湣王陈述"保燕而事王"之决心,以争取信任。(《战国纵横家书》)

五国伐秦开始,韩、魏已出军,因遇雨而未能迅速进军。赵之奉阳君已许允,韩、魏既合兵,赵将悉发上党之兵攻秦。并谓燕之事齐,在以前派二万兵"自食以攻宋"之后,又发二万兵"自食以攻秦。"又因奉阳君怀疑齐、楚两国之君相会必为秦收,盼齐王不与楚王会晤,又盼齐王与魏王相会,说明苏秦正谋巩固与三晋之联盟,以便胜秦。(《战国纵横家书》)

苏秦在梁使人谓齐湣王,欲齐王安抚孟尝君,以宋之平陵予孟尝君,悬平陵与陶于孟尝君与奉阳君以勉之。待终事然后予之,由"臣保燕而循事王,三晋必无变。"合三晋以疾攻秦,必破之,不至三月而能见"天下之王业"。(《战国纵横家书》)

苏秦献计齐王,为谋举宋,悬陶以为奉阳君未来之封邑,大发攻宋之声势,以观奉阳君之相应。同时,又以地封于燕之襄成君,使苏秦得"循燕以观赵",造成齐能攻克宋之形势。苏秦以此得齐湣王信任而得为齐相。(《赵策四》)

五国攻秦数月无功,齐兵停留于荥阳成皋。齐王告赵奉阳君,对梁有四点不满。盖当时齐、魏争夺宋地,齐王发起五国攻秦,其目的在于挡住秦、赵之干预,以便攻灭宋国。梁之阻挠五国攻秦,目的亦在争宋地。(《战国纵横家书》)

齐、秦并称东西帝而约伐赵。齐在五国攻击秦罢于成皋,欲先天下与秦讲和,是时齐王已发觉燕将待其攻宋疲而攻齐,苏秦因此请燕王"慎毋非令群臣众议论攻齐"。(《战国纵横家书》)

齐湣王得知燕欲谋齐之策划,苏秦为燕辩解,并以"死"作保证。以为可乘天下攻秦之机,再度攻宋而灭之。(《战国纵横家书》)

五国伐秦、留天下之兵于成皋后,赵欲阴讲于秦,又欲与秦攻魏,苏秦为此入魏进说魏昭王,使魏怨赵而不疑齐,因当时魏相薛公、赵将韩徐为谋合纵攻齐,甚得魏王信任。此乃苏秦进说魏王后,向齐王报告,欲齐王“遍劫天下”,即以威势迫使各国服从。(《赵策四》)

苏秦悬陶而争取奉阳君攻秦以便灭宋。但齐滑王灭宋后,奉阳君未能因此得陶。赵首发五国合纵伐齐。(《赵策四》)

齐滑王从苏秦之计,放弃东帝称号,取消五国连横伐赵之约,反而与赵王约定,合纵五国攻秦,以便“以其间举宋”。五国合兵攻秦,会师于成皋、荥阳之际,齐即发动第二次攻宋,是时赵、魏亦正合兵攻宋,于是齐、魏争夺宋地。魏即留五国之师于成皋,而不进攻秦。是时。燕王正欲群臣谋乘机破齐之消息传至齐王,齐王于是归兵,但齐王尚不知苏秦为燕之间谍,更不知孟尝君即是主谋合纵攻齐者,即将上述决定告知苏秦与孟尝君。而孟尝君亦不知苏秦为间谍而将上述决定转告之。因而苏秦在梁立刻将此确切情报上告燕王。以后,燕昭王得以合纵五国攻破齐国,苏秦之间谍工作从中起到了重大作用。(《战国纵横家书》)

秦王因欲为成阳君求相韩、魏,太后不许。谓不能见其达而收之。(《秦策三》)

秦攻安邑。(秦简《编年记》)

秦拔魏新垣、曲阳之城。(《魏世家》《六国年表》)

秦王之汉中、又之上郡、北河。(《秦本纪》)

赵、梁将攻齐。(《赵世家》)

周赧王二十九年(前286年)

秦昭王二十一年,魏昭王十年,韩釐王十年,赵惠文王十三年,齐湣王十五年,楚顷襄王十三年,燕昭王二十六年。

五国伐秦,无功而还。(《魏策二》)

错攻魏河内,魏献安邑,秦出其人,募徙河东,赐爵,赦罪人迁之。(《秦本纪》)

齐伐宋,宋王出亡,死于温。齐割南荆楚之淮北,西侵三晋,欲以并周室,为天子。泗上诸侯邹、鲁之君皆称臣,诸侯恐惧。(《田世家》)

齐滑王与魏、楚伐宋,杀王偃,遂灭宋而三分其地。(《宋世家》)

齐灭宋,宋王死于温。(《魏世家》《六国年表》)

魏昭王以孟尝君为相,西合于秦、赵,与燕共伐破齐。(《孟尝君列传》)

秦攻夏山。(秦简《编年记》)

韩徐为将,攻齐。公主死。

周赧王三十年(前 285 年)

秦昭王二十二年,魏昭王十一年,韩釐王十一年,赵惠文王十四年,齐湣王十六年,楚顷襄王十四年,燕昭王二十七年。

秦昭襄王二十二年蒙武伐齐河东,为九县。与楚王会宛。与赵王会中阳。(《秦本纪》《六国年表》)

秦伐齐,拔列城九。(《田世家》)

蒙骜自齐事秦昭王,官至上卿。(《蒙恬列传》)

秦攻安邑,恐齐救之,则以宋委质于齐之后。秦既得安邑,即以破宋为齐罪,约三晋合纵攻齐。三晋中以赵最强,秦昭王约赵惠文王相会于中阳,共谋合纵破齐。秦并使蒙骜越韩、魏向齐之河东进击,拔取九城而改为秦之九县,作为进一步攻齐之基地。当齐合纵五国攻秦时,齐尝推赵李兑为纵长。是年秦发起合纵五国攻齐,亦推赵为纵长。(《燕策二》)

苏秦为齐上书赵王。(《战国纵横家书》)

五国合纵伐齐,以秦、赵、燕三国为主,韩、魏之参与,乃为形势所驱使,而赵、秦、燕三国中,又以秦为首要,由秦入质子泾阳君、高陵君于赵、燕以为信。(《苏秦列传》《燕策一》)

赵相国乐毅将赵、秦、韩、魏、燕攻齐,取灵丘。(《赵世家》)

孟尝君如魏,魏昭王以为相,西合于秦、赵与燕共破齐。(《孟尝君列传》)

狐援说齐湣王。(《吕氏春秋·贵直》)

周赧王三十一年(前 284 年)至周赧王三十五年(前 280 年)大事:五国伐齐

周赧王三十一年(前 284 年)

秦昭王二十三年,魏昭王十二年,韩釐王十二年,赵惠文王十五年,齐湣王十七年,楚顷襄王十五年,燕昭王二十八年。

秦尉斯离与三晋、燕伐齐,破之济西。秦王与魏王会宜阳,与韩王会新城。(《秦本纪》)

燕昭王来见赵惠文王。赵与韩、魏、秦共击齐,齐王败走。燕独深入,取临菑。(《赵世家》)

魏与秦、赵、韩、燕共伐齐，败之济西，湣王出亡。（《韩世家》《六国年表》）

燕、秦、楚、三晋合谋，各出锐师以伐齐，败齐济西，王解而却。燕将乐毅遂入临淄，尽取齐之宝藏器。湣王出亡，之卫，卫君辟宫舍之，称臣而共惧。湣王不逊，卫人侵之，湣王去，走邹、鲁，有骄色，邹、鲁君弗内，遂走莒。楚使淖齿将兵救齐，因相齐湣王。淖齿因杀湣王，而与燕共分齐之侵地卤器。（《田世家》）

五国伐齐之事另见于《燕策一》《楚世家》《乐毅列传》等。

燕举兵，使昌国君将而击之，齐使蜀子将而应之。齐军破，蜀子以舆一乘亡，达子收余卒复振，与燕战。求所以赏者，湣王不肯与，军破走。（《齐策六》）

昔燕攻击齐，遵雒路，渡济桥，焚雍门，击齐左而虚其右。王歜绝颈而死，公孙差格死于龙门，饮马于淄、渑，定获于琅邪。王与太后奔于莒，逃于城阳之山。（《说苑·奉使》）

公孙固讥笑湣王滥罚而不肯赏，导致失败。（《荀子·强国》）

齐湣公亡居于卫，昼日步足……慨焉太息曰："贤固若是其苦邪？"（《吕氏春秋·审己》《新序·杂事》）

王奔莒，淖齿数之雨血沾衣，地坼至泉，人有当阙而哭者。淖齿曰："夫天雨血沾衣者，天以告也；地坼至泉者，地以告也；人有当阙而哭者，人以告也。天、地、人皆以告矣，而王不知诫焉，何得无诛乎？"于是杀湣王于鼓里。（《齐策六》）

淖齿闻齐王之恶已也，乃矫为秦使以知之。（《韩非子·内储说上》）

淖齿管齐之权，缩湣王之筋，悬之庙梁，宿昔而死。（《秦策三》）

淖齿用齐，擢湣王之筋，悬于其庙梁，宿夕而死。（《楚策四》）

湣王一用淖齿而身死乎东庙。（《韩非子·难一》）

齐能并宋而不能凝也，故魏夺之。（《荀子·议兵》）

齐以东帝而困于天下，而鲁取徐州。（《吕氏春秋·首时》）

齐湣王之遇杀，其子法章，变姓名为莒太史家庸夫，太史敫女奇法章之状貌，以为非常人，怜而常窃衣食之，与私焉。莒中及齐亡臣相聚求湣王子，欲立之，法章乃自言于莒，共立法章为襄王。襄王以太史女为王后，生太子建。太史敫曰："女无媒而嫁者，非吾种也，污吾世矣。"终身不睹。君王后

贤,不以不睹之故,失人子之礼也。(《齐策六》《田单列传》)

杀湣王于鼓里,太子乃解衣免服,逃太史之家,为溉园。君王后太史女,知其贵,善事之。(《齐策六》)

王孙贾年十五,事湣王。王出走,失王之处。其母曰:"女朝出而晚来,则吾倚门而望;女暮出而不还,则吾倚闾而望;女今事王,王出走,女不知其处。女尚何归?"王孙贾乃入市中曰:"淖齿乱齐国,杀湣王,欲与我诛者袒右。"市人从贾者四百人,与之诛淖齿,刺而杀之。(《齐策六》)

燕王悉起兵,以乐毅为上将军,秦尉斯离帅师与三晋之师会之。赵王以相印授乐毅,乐毅并将秦、魏、韩、赵之兵以伐齐。齐王悉国中之众以拒之,战于济西,齐师大败。乐毅还秦、韩之师,分魏师以略宋地,部赵师以收河间。身率燕师,长驱逐北……齐人果大乱失度,湣王出走。乐毅入临淄,取宝物、祭器,输之于燕。燕王亲至济上劳军,行当飨士,封乐毅为昌国君,遂使留徇齐城之未下者。(《资治通鉴》周赧王三十一年)

燕师乘胜长驱,齐城皆望风奔溃。乐毅修整燕军,禁止侵掠,求齐之逸民,显而礼之,宽其赋敛,除其暴令,修其旧政,齐民喜悦。乃遣左军渡胶东、东莱。前军循泰山以东至海,略琅邪,右军循河、济,屯阿、鄄以连魏师,后军旁北海以抚千乘,中军据临淄仌镇齐都。祀桓公、管仲,封王蠋之墓,齐人食邑于燕者二十余君,有爵位于蓟者百有余人。六月之间,下齐七十余城,皆为郡县。(《资治通鉴》周赧王三十一年)

尹文见齐王。(《公孙龙子·迹府》)

周赧王三十二年(前283年)

秦昭王二十四年,魏昭王十三年,韩釐王十三年,赵惠文王十六年,齐襄王元年,楚顷襄王十六年,燕昭王二十九年。

秦拔魏安城,兵到大梁,去。(《魏世家》《六国年表》)

秦昭王与楚王会鄢,又会穰。秦取魏安城,至大梁,燕、赵救之,秦军去。魏冉免相。(《秦本纪》《楚世家》)

秦攻林。(秦简《编年记》)

秦、韩围梁,燕、赵救之。谓韩山阳君曰:"秦战而胜三国,秦必过周、韩而有梁,三国而胜秦,三国之力虽不足以攻秦,足以拔郑。计者,不如构三国而攻秦。"(《赵策一》)

秦将伐魏,魏王闻之,夜见孟尝君告之曰:"秦且攻魏,子为寡人谋奈何?”孟尝君曰:“有诸侯之救,则国可存也。”孟尝君借燕、赵之兵救魏,秦王大恐,割地请求于魏。魏因归燕、赵之兵而封田文。(《魏策一》)

赵惠文王与燕王遇。廉颇将,攻齐昔阳,取之。(《赵世家》)

赵惠文王十六年,廉颇为赵将,伐齐,大破之,取晋阳,拜为上卿,以勇气闻于诸侯。(《廉颇列传》)

周赧王三十三年(前 282 年)

秦昭王二十五年,魏昭王十四年,韩釐王十四年,赵惠文王十七年,齐襄王二年,楚顷襄王十七年,燕昭王三十年。

秦拔赵二城。(《秦本纪》)

秦攻兹氏。(秦简《编年记》)

乐毅将赵师攻魏伯阳。(《赵世家》)

秦昭王与韩襄王会新城,与魏王会新明邑。(《秦本纪》)

完璧归赵。(《廉颇蔺相如列传》)

平原君不肯出租,赵奢以法治之。(《廉颇蔺相如列传》)

平原君相赵惠文王及孝成王,三去相,三复位,封于东武城。(《平原君列传》)

周赧王三十四年(前 281 年)

秦昭王二十六年,魏昭王十五年,韩釐王十五年,赵惠文王十八年,齐襄王三年,楚顷襄王十八年,燕昭王三十一年。

秦攻离石。(秦简《编年记》)

白起率秦兵出塞,过两周,践韩而以攻魏大梁。(《西周策》)

赵惠文王再之卫东阳,决河水,伐魏氏,大潦,漳水出。魏冉来相赵。(《赵世家》)

秦昭襄王赦罪人迁之穰,侯冉复相。(《秦本纪》)

穰侯越韩、魏而东攻齐五年,而秦不益尺土之地,乃成其陶邑之封。(《韩非子·定法》)

楚人弋射者说楚襄王。分析当时形势,以秦、魏、燕、赵为騏雁,即大雁;以齐、鲁、韩、卫为青首,即中雁;以邹、鲁、郯、邳为罗鶿,即小雁。盖当五国合纵破齐之后,齐之国力衰落,而燕、赵方强。弋射者主张首先攻魏,以楚攻魏不仅可以取得魏都大梁,更可以深入魏地,“饮马西河”。弋射者又主张楚攻齐,由此连接燕、赵。若楚、燕、赵三国合纵,其势力可以北及燕之辽东,而南望登于越之会稽。泗上十二诸侯皆可包容在内。如此可以合纵攻秦,楚之故地汉中、析、郦皆可收复。待秦国力疲倦,山东、河内皆可统一。从此楚可以面南称王矣,秦虽大鸟,处既形便,势有地利,“未可得独招而夜射也。”此弋射者依据当时形势,主张楚、燕、赵三国合纵,先攻魏、齐,而后攻秦,收复失地。(《楚世家》顷襄王十八年下)

赵、韩乘西周内乱而助西周威公少子于东部独立,因而分周为二。周赧王徙都西周,居于王城,名为天下共主,但已不能遣东周君入楚。(《楚世家》顷襄王十八年下)

周赧王三十五年(前280年)

秦昭王二十七年,魏昭王十六年,韩釐王十六年,赵惠文王十九年,齐襄王四年,楚顷襄王十九年,燕昭王三十二年。

秦攻邓。(秦简《编年记》)

错攻楚。赦罪人迁之南阳。白起攻赵,取代、光狼城。又使司马错发陇西,因蜀而攻楚黔中,拔之。(《秦本纪》)

秦伐楚,楚军败,割上庸、汉北地予秦。(《楚世家》)

秦败赵二城。赵与魏伯阳。赵奢将,攻齐麦丘,取之。(《赵世家》)

白起攻赵,取光狼城。(《白起列传》)

苏代约燕王。(《燕策二》《苏秦列传》)

秦昭王二十七年,地东,坏城。(《六国年表》)

周赧王三十六年(前279年)至周赧王四十一年(前274年)大事:田单破燕　庄蹻王滇　秦以郢为南郡

周赧王三十六年(前279年)

秦昭王二十八年,魏昭王十七年,韩釐王十七年,赵惠文王二十年,齐襄王五年,楚顷襄王二十年,燕昭王三十三年。

大良造白起攻楚,取鄢、邓,赦罪人迁之。(《秦本纪》《白起列传》)

秦白起拔高楚西陵。(《楚世家》)

楚顷襄王二十年秦拔鄢、西陵。(《六国年表》)

顷襄王二十年,白起拔楚西陵,或拔鄢、郢、夷陵,烧先王之墓,王徙东北,保于陈城,楚遂削弱,为秦所轻。(《秦策四》)

秦南攻蓝田、鄢、郢。(《魏策四》)

秦置陇西郡。(《水经·河水注》)

廉颇将,攻齐。赵惠文王与秦会渑池,蔺相如从。(《六国年表》)

渑迟会、负荆请罪。(《廉颇蔺相如列传》)

秦召燕王,燕王欲往,苏代约燕王。(《燕策二》)

田单与骑劫战,破骑劫于即墨城下,而转战逐燕,北至河上,尽复得齐城,而迎襄王于莒,入于临淄。(《乐毅列传》)

燕既尽降齐城,唯独莒、即墨不下。燕军闻齐王在莒,并兵攻之。淖齿既杀湣王于莒,因坚守拒燕军,数年不下。燕引兵东围即墨。即墨大夫出与战,败死。城中相与推田单,曰:“安平之战,田单宗人以铁笼全,习兵。”立以为将军。以即墨距燕。(《田单列传》)

燕昭王卒,惠王立,与乐毅有隙。田单闻之,乃纵反间于燕……燕王以为然,使骑劫代乐毅。乐毅因归赵,燕人士卒忿。而田单令城中人食必祭其先祖于庭,飞鸟悉翔舞城中下食……城中人见齐诸降者尽劓,皆怒,坚守,惟恐见得。……燕军尽掘垄墓,烧死人。即墨人从城中望见,皆涕泣,俱欲出战,怒自十倍。田单知士卒之可用,乃身操版插,与士卒分功,妻妾编于行伍之列,尽散饮食飨士。令甲卒皆伏,使老弱女子乘城,遣使约降于燕,燕军皆呼万岁。田单又收民金,得千镒,令即墨富豪遗燕将,曰:“即墨即降,愿无掳吾族家妻妾,令安堵。”燕将大喜,许之。燕君由此益懈。田单乃收城中,得千余牛,为绛缯衣,画以五彩龙文,束兵刃于其角,而灌脂束苇于尾,烧其端。凿城数十穴,夜纵牛,壮士五千随其后。牛尾热,怒而奔燕军,燕军夜大惊。牛尾炬尾光明炫耀,燕军视之皆龙文,所触尽死伤。五千人因衔枚击之,而城中鼓噪从之,老弱皆击铜器为声,声动天地。燕军大骇,败走。齐人遂夷杀其将骑劫。燕军扰乱奔走,齐人追亡逐北,所过城邑皆畔燕而归田单,兵日益多,乘胜,燕日败亡,卒至河上,而齐七十余城皆复为齐。乃迎襄王于莒,入临淄而听政。襄王封田单,号曰安平君。(《田单列传》)

襄王在莒五年,田单以即墨攻破燕军,迎襄王于莒,入临淄。齐故地尽复属于齐,齐封田单为安平君。(《田世家》《燕世家》《齐策六》)

赵惠王谓公孙龙偃兵而不成。(《吕氏春秋·审应》)

公孙龙说燕昭王以偃兵。(《吕氏春秋·应言》)

燕有贤将秦开,为质于胡,胡甚信之。归而袭破走东胡,东胡却千余里。(《史记·匈奴列传》)

始楚威王时,使将军庄蹻将兵循江上,略巴、蜀、黔中以西。庄蹻者,故楚庄王苗裔也。蹻至滇池,地方三百里,旁平地,肥饶数千里,以兵威定属楚。欲归报,会秦击夺楚巴、黔中郡,道塞不通,因还,以其众王滇,变服,从其俗,以长之。(《史记·西南夷列传》)

初,楚顷襄王时,遣将庄豪从沅水伐夜郎,军至且兰,椓船于岸而步战。既灭夜郎,因留王滇池。以且兰有椓船牂柯处,乃改其名为牂柯。(《后汉书·西南夷传》)

周之季世,楚顷襄王遣将军庄蹻泝沅水、出且兰,以伐夜郎,且兰既克,夜郎又降,而秦夺楚黔中地,无路得反,遂留王滇池。蹻,楚庄王苗裔也。以牂柯系船,因名且兰为牂柯国。(《华阳国志》卷四《南中志》)

楚使聘于齐,齐王飨之梧宫。(《说苑·奉使》)

周赧王三十七年(前278年)

秦昭王二十九年,魏昭王十八年,韩釐王十八年,赵惠文王二十一年,齐襄王六年,楚顷襄王二十一年,燕惠王元年。

白起攻楚拔郢,少夷陵,遂东至竟陵。楚王亡去郢,东走徙陈,秦以郢为南郡。白起迁为武安君。(《白起列传》)

周赧王三十八年(前277年)

秦昭王三十年,魏昭王十九年,韩釐王十九年,赵惠文王二十二年,齐襄王七年,楚顷襄王二十二年,燕惠王二年。

秦蜀守若伐楚,取巫郡及江南,为黔中郡。(《秦本纪》)

武安君因取楚,定巫、黔中郡。(《白起列传》)

庄辛谏楚襄王。(《楚策四》《新序·杂事二》)

周赧王三十九年(前276年)

秦昭王三十一年,魏安釐王元年,韩釐王二十年,赵惠文王二十三年,齐襄王八年,楚顷襄王二十三年,燕惠王三年。

白起伐魏,取两城。楚人反我江南。(《秦本纪》《魏世家》《六国年表》)

楚顷襄王乃收东地兵,得十余万,复西取所拔楚江旁十五邑以为郡,距秦。(《楚世家》)

魏安釐王即位,封魏公子无忌为信陵君。(《魏公子列传》)

赵楼昌将攻魏几,不能取。十二月,廉颇将攻几,取之。(《赵世家》)

居二年,廉颇复伐齐几,拔之。(《廉颇列传》)

周赧王四十年(前275年)

秦昭王三十二年，魏安釐王二年，韩釐王二十一年，赵惠文王二十四年，齐襄王九年，楚顷襄王二十四年，燕惠王四年。

秦相穰侯攻魏至大梁，破暴鸢，斩首四万，鸢走，魏入三县以和。（《秦本纪》）

秦又拔魏二城，军大梁下，韩来救，予秦温以和。（《魏世家》《六国年表》）

秦昭王三十二年攻启封。（秦简《编年记》）

廉颇将，攻魏房子，拔之，因城而还。又攻安阳，取之。（《赵世家》）

后三年廉颇攻魏之防陵、安阳，拔之。（《廉颇列传》）

周赧王四十一年（前274年）

秦昭王三十三年，魏安釐王三年，韩釐王二十二年，赵惠文王二十五年，齐襄王十年，楚顷襄王二十五年，燕惠王五年。

秦攻蔡、中阳。（秦简《编年记》）

秦客卿胡伤攻魏卷、蔡阳、长社，取之。（《秦本纪》）

秦拔魏四城，斩首四万。（《魏世家》《六国年表》）

魏背秦，与齐从亲。秦使穰侯伐魏，斩首四万，走魏将暴鸢，得魏三县，穰侯益封。明年，穰侯与白起、客卿胡阳攻赵、韩、魏，破芒卯于华阳下，斩首十万。取魏之卷、蔡阳、长社、赵氏观津。且与观津，益赵以兵，伐齐。（《穰侯列传》）

赵惠文王二十五年，燕周将，攻昌城、高唐取之。（《赵世家》）

周赧王四十二年（前273年）至周赧王五十年（前265年）大事：范雎献策远交近攻

周赧王四十二年（前273年）

秦昭王三十四年，魏安釐王四年，韩釐王二十三年，赵惠文王二十六年，齐襄王十一年，楚顷襄王二十六年，燕惠王六年。

秦攻华阳。（秦简《编年记》）

秦昭王三十三年客卿胡伤攻魏卷、蔡阳、长社，取之。击芒卯、华阳，破之，斩首十五万，魏入南阳以和。（《秦本纪》《穰侯列传》）

白起攻魏，拔华阳，走芒卯，而虏三将，斩首十三万。与赵将贾偃战，沈其卒二万人于河中。（《白起列传》）

秦昭王使白起攻韩、魏，败之于华阳，禽魏将芒卯，韩、魏复而事秦。

(《春申君列传》)

赵、魏攻华阳,韩告急于秦,秦不救。穰侯请秦发兵,八日而至大败赵、魏于华阳之下。是岁,韩釐王卒,自桓惠王立。(《韩策三》《韩世家》)

秦败魏于华阳,走芒卯而围大梁。(《战国纵横家书》)

须贾说穰侯而解梁之围。(《穰侯列传》)

魏使段木干子请予南阳以和。(《魏世家》)

段木干子割地而讲。(《魏策三》)

赵取东胡偶代也。(《赵世家》)

周赧王四十三年(前272年)

秦昭王三十五年,魏安釐王五年,韩桓惠王元年,赵惠文王二十七年,齐襄王十二年,楚顷襄王二十七年,燕惠王七年。

燕惠王卒。韩、魏、楚共伐燕。燕武成王立。(《燕世家》《韩世家》《六国年表》)

楚顷襄王使三万人助三晋伐燕。复与秦平,而入太子为质于秦,楚使左徒侍太子于秦。(《楚世家》)

秦昭王三十五年,佐韩、魏、楚伐燕,初置南阳郡。(《秦本纪》)

黄歇受约归楚,楚使歇与太子完入质于秦,秦留之数年。(《春申君列传》)

赵徙漳水武平南。封赵豹为平阳君。河水出,大潦。(《赵世家》)

及昭王立,义渠王朝秦,遂与昭王母宣太后通,生二子。至赧王四十三年,宣太后诱杀义渠王于甘泉宫,因起兵灭之,始置陇西、北地、上郡焉。(《后汉书·西羌传》)

周赧王四十四年(前271年)

秦昭王三十六年,魏安釐王六年,韩桓惠王二年,赵惠文王二十八年,齐襄王十三年,楚顷襄王二十八年,燕武成王元年。

蔺相如伐齐,至平邑。罢城北九门大城。(《赵世家》《廉颇蔺相如列传》)

秦相国穰侯言客卿灶,欲伐齐取刚、寿以广其陶邑。(《穰侯列传》《秦策三》《战国纵横家书》)

范雎入秦。(《范雎蔡泽列传》)

燕将成安君公孙操弑其王。(《赵世家》)

周赧王四十五年(前270年)

秦昭王三十七年,魏安釐王七年,韩桓惠王三年,赵惠文王二十九年,齐襄王十四年,楚顷襄王二十九年,燕武成王二年。

秦击齐刚、寿。(《田世家》)

范子因王稽入秦,献书昭王。(《秦策三》)

周君之秦。秦欲攻周。(《西周策》《周本纪》)

周赧王四十六年(前269年)

秦昭王三十八年,魏安釐王八年,韩桓惠王四年,赵惠文王三十年,齐襄王十五年,楚顷襄王三十年,燕武成王三年。

秦更胡伤攻赵阏与,不能取。(《秦本纪》)

秦、韩相攻,而围阏与,赵使赵奢将,击秦,大破秦军阏与下,赐号为马服君。(《赵世家》《六国年表》)

秦攻赵蔺、离石、祁,拔,赵以公子部为质于秦,而请内焦、黎、牛狐之城,以易蔺、离石、祁于秦。赵背秦,不予焦、黎、牛狐。秦王怒,令公子缯请地。赵王乃令郑朱对曰……卒背秦。秦王大怒,令卫胡易伐楚,攻阏与,反,攻魏几,廉颇救几,大败秦师。(《赵策三》)

秦伐韩,混于阏与。王召廉颇、乐乘、赵奢问。王令赵奢将,救之。兵去邯郸三十里,而令军中曰:"有以军事谏者死。"秦军军武安西,秦军鼓噪勒兵,武安屋瓦尽振,军中有一人言急救武安,赵奢立斩之。坚壁,留二十八日不行,复益增垒。秦间来入,赵奢善食而遣之。间以报秦将,秦将大喜曰:"夫去国三十里而军不行,乃增垒,阏与非赵地也。"赵奢既已遣秦间,乃卷甲而趋之,二日一夜至,令善设者去阏与五十里而军。军垒成,秦人闻之,悉甲而至。……秦兵后至,争山不得上,赵奢纵兵击之,大破秦军。秦军解而走,遂解阏与之围而归。赵惠文王赐号为马服君,以许历为国尉。(《廉颇蔺相如列传》)

相都平原君田单问赵奢兵法。(《赵策三》)

秦昭王三十八年上郡大饥。(《太平御览》九十五引《洪范五行传》)

周赧王四十七年(前268年)

秦昭王三十九年,魏安釐王九年,韩桓惠王五年,赵惠文王三十一年,齐襄王十六年,楚顷襄王三十一年,燕武成王四年。

秦攻怀。(秦简《编年记》《魏世家》《六国年表》)

秦昭王卒听范睢谋,使五大夫绾伐魏拔怀。(《范睢列传》)

周赧王四十八年(前267年)

秦昭王四十年,魏安釐王十年,韩桓惠王六年,赵惠文王三十二年,齐襄王十七年,楚顷襄王三十二年,燕武成王五年。

秦昭襄王悼太子死魏,归葬芷阳。(《秦本纪》《六国年表》《吕不韦列传》《魏世家》)

周赧王四十九年(前266年)

秦昭王四十一年,魏安釐王十一年,韩桓惠王七年,赵惠文王三十三年,齐襄王十八年,楚顷襄王三十三年,燕武成王六年。

秦攻邢丘。(秦简《编年记》)

秦攻魏,取邢、怀。(《秦本纪》)

秦拔魏郪丘。(《魏世家·集解》徐广曰:郪丘一作廪丘,又作邢丘。)

秦举兵而攻邢丘,邢丘拔而魏请附。(《秦策三》)

范睢以韩为心腹之患,其远交近攻之策略,重点即在攻韩,因而在"邢丘拔而魏请附"后即向昭王献计,请举兵攻韩,从河南与河北两路进击。一军临荥阳,一军临太行,韩恐,使阳城君入谢于秦,请效上党之地以为和。(《秦策三》《范睢列传》)

范睢言宣太后专制,穰侯擅权于诸侯,泾阳君、高陵君之属太侈,富于王室。于是秦昭王悟,乃免相国,令泾阳之属皆出关,就封邑。穰侯出关,辎车千乘有余。穰侯卒于陶,因而葬焉。秦复收陶为郡。(《穰侯列传》)

赵惠王卒,太子丹立,是为孝成王。(《赵世家》《廉颇蔺相如列传》)

周赧王五十年(前265年)

秦昭王四十二年,魏安釐王十二年,韩桓惠王八年,赵孝成王元年,齐襄王十九年,楚顷襄王三十四年,燕武成王七年。

秦攻少曲。(秦简《编年记》)

范睢相秦二年,东伐韩少曲、高平,拔之。(《范睢列传》)

秦诏王出平原君归赵。(《范睢列传》)

虞卿卒去赵,困于梁,不得意,乃著书。(《虞卿列传》)

秦拔赵三城,平原君相。(《六国年表》)

赵王新立,太后用事,秦急攻之。(《赵世家》)

齐安平君田单将赵师而攻燕中阳,拔之。又攻韩注人,拔之。(《赵世

家》《六国年表》)

秦安国君为太子。十月,宣太后薨,葬芷阳郦山。九月穰侯出之陶。(《秦本纪》《六国年表》)

宣太后病将死,将以魏丑夫殉葬。庸芮为魏子说太后,乃止。(《秦策二》)

秦王拜范睢为相,收穰侯之印,使归,因使县官给牛车以徙,千乘有余。到关,关阅其宝器,宝器珍怪多于王室。(《穰侯列传》)

齐襄王卒,子建立,建年少,国事皆决于君王后。(《资治通鉴》周赧王五十年、《田世家》《齐策六》)

周赧王五十一年(前264年)至周赧王五十九年(前256年)大事:秦赵长平大战　秦灭西周

周赧王五十一年(前264年)

秦昭王四十三年,魏安釐王十三年,韩桓惠王九年,赵孝成王二年,齐王建元年,楚顷襄王三十五年,燕武成王八年。

白起攻韩拔九城,斩首五万。(《秦本纪》)

白起攻韩汾、陉,拔之,因城河上广武。(《白起列传》《范睢列传》《韩世家》《六国年表》《秦策三》《韩策一》)

虞卿说春申君于安思危,危则虑安。(《楚策四》《战国纵横家书》)

赵孝成王惠后卒,田单为相。(《赵世家》)

齐王使使者问赵威。(《齐策四》)

秦昭王问孙卿子。(《荀子·儒效》)

应侯问孙卿子。(《荀子·儒效》《新序·杂事五》)

荀子述秦"广大乎舜、禹"之疆域及"威强乎汤、武"之形势。(《荀子·强国》)

周赧王五十二年(前263年)

秦昭王四十四年,魏安釐王十四年,韩桓惠王十年,赵孝成王三年,齐王建二年,楚顷襄王三十六年,燕武成王九年。

秦攻韩南阳,取之。(《秦本纪》《六国年表》)

白起攻韩南阳、太行道,绝之。(《白起列传》《韩世家》《六国年表》)

天下之士合从相聚于赵,而欲攻秦。(《秦策三》)

朱己谋合纵攻秦而游说于魏安釐王。(《魏策三》《魏世家》《战国纵横

家书》)

楚顷襄王病,太子亡归。秋,顷王卒,太子熊元代立,是为考烈王。考烈王以左徒为令尹,封以吴,号春申君。(《楚世家》)

考烈王元年,以黄歇为相,封春申君,赐淮北地十二县。(《春申君列传》《六国年表》)

周赧王五十三年(前262年)

秦昭王四十五年,魏安釐王十五年,韩桓惠王十一年,赵孝成王四年,齐王建三年,楚考烈王元年,燕武成王十年。

秦大夫贲攻韩,取十城。叶阳君悝出之国,未至而死。(《秦本纪》)

秦伐韩之野王,野王降秦,上党道绝。赵封冯亭为华阳君。(《白起列传》)

赵发兵取上党。廉颇将军军长平。(《赵世家》《赵策一》)

秦取楚夏州。是时楚益弱。(《六国年表》《楚世家》)

黄歇为楚相。(《六国年表》)

周赧王五十四年(前261年)

秦昭王四十六年,魏安釐王十六年,韩桓惠王十二年,赵孝成王五年,齐王建四年,楚考烈王二年,燕武成王十一年。

赵孝成王使廉颇拒秦于长平。(《六国年表》)

秦攻韩缑氏、蔺,拔之。(《白起列传》)

秦昭王之南郑。(《六国年表》)

楚伐鲁至徐州。(《鲁世家》)

秦昭王息民缮兵,复欲伐赵。(《韩非子·外储说右下》)

周赧王五十五年(前260年)

秦昭王四十七年,魏安釐王十七年,韩桓惠王十三年,赵孝成王六年,齐王建五年,楚考烈王三年,燕武成王十二年。

长平之战,秦坑赵军四十五万。(《秦本纪》《六国年表》《赵世家》《白起列传》《赵奢列传》《齐策二》)

周赧王五十六年(前259年)

秦昭王四十八年,魏安釐王十八年,韩桓惠王十四年,赵孝成王七年,齐王建六年,楚考烈王四年,燕武成王十三年。

韩献垣雍,秦军分为三军。武安君归。王龁将伐赵武安、虎牢,拔之。

司马梗北定太原,尽有韩上党。正月兵罢,复首上党。其十月,五大夫陵攻赵邯郸。(《秦本纪》《白起列传》)

应侯攻韩八年,成其汝南之封。(《韩非子·定法》)

秦、赵战长平……赵卒不得媾,军果大败。王入秦,秦留赵王而后许之媾。(《赵策三》)

秦既解邯郸围,而赵王入朝。使赵郝约事于秦,割六县而媾。(《虞卿列传》)

赵孝成王七年,不听秦,秦围邯郸。武垣令傅豹、王容、苏射率燕众反燕地。赵以灵丘封楚相春申君。(《赵世家》)

赵使平原君求救,合纵于楚。(《平原君列传》)

赵于长平之战后,赵王入朝于秦,请割地求和。赵王一度为秦相所留,赵割六城而赵王得还。赵王归国后,虞卿反对割六城,力言割六城无益,将使赵国亡国,先与赵郝辩论。其后,秦使人索六城于赵而讲,楼缓新从秦来,楼缓为赵亲秦之老臣,一度曾为秦相,主张割与。虞卿又大加驳斥,主张与齐合纵抗秦,为赵王所许诺。秦因索城不得,于是又发动攻赵,围攻赵邯郸。(《赵策三》)

秦始皇帝者,秦庄襄王子也。庄襄王为秦质子于赵,见吕不韦姬,悦而取之,生始皇。以秦昭王四十八年正月生于邯郸。及生,名为政,姓赵氏。(《秦始皇本纪》)

吕不韦取邯郸诸姬绝好善舞者与居,知有身。子楚从不韦饮,见而悦之,因起为寿,请之。吕不韦怒,念业已破家为子楚,欲以钓奇,乃遂献其姬。姬自匿其身,至大期时,生子政。子楚遂立姬为夫人。(《吕不韦传》)

吕不韦进说子楚及入秦游说华阳夫人。(《吕不韦传》)

周赧王五十七年(前 258 年)

秦昭王四十九年,魏安釐王十九年,韩桓惠王十五年,赵孝成王八年,齐王建七年,楚考烈王五年,燕武成王十四年。

秦昭襄王四十九年正月益发卒佐陵,陵战不善,免,王龁代将。其十月将军张唐攻魏,为蔡尉捐弗守,还斩之。(《秦本纪》《白起列传》)

燕武成王卒,子孝王立。(《燕世家》)

周赧王五十八年(前 257 年)

秦昭王五十年,魏安釐王二十年,韩桓惠王十六年,赵孝成王九年,齐王

建八年,楚考烈王六年,燕孝王元年。

秦围邯郸,楚、魏来救。(《秦本纪》)

平原君如楚请救,还,楚来救,魏公子无忌亦来救,秦围邯郸乃解。(《赵世家》《六国年表》)

秦围邯郸,赵告急楚,楚遣将军景阳救赵。(《楚世家》)

邯郸告急于楚,楚使春申君将兵救之。秦兵亦去。春申君归。(《春申君列传》《六国年表》)

秦破马服之师,围邯郸,齐、魏亦佐秦伐邯郸,齐取淄鼠,魏取伊是。公子无忌为天下循便计,杀晋鄙,率魏兵以救邯郸之围,使秦弗有而失天下,是齐入魏而救邯郸之功也。(《齐策三》)

毛遂自荐。(《平原君列传》)

信陵君窃符救赵。(《魏策四》)

虞卿为平原君请益地。(《赵策三》)

秦昭王五十年王龁、郑安平围邯郸。及龁还军,拔新中。(《六国年表》)

秦王强起武安君,武安君自杀。(《白起列传》《秦本纪》)

魏、楚合纵救赵,击败秦围攻邯郸之秦军,秦还军攻拔魏之宁新中(即安阳),盖欲制服魏而分解合纵,因而虞卿为此进说魏王。(《魏策四》)

临武君与孙卿子议兵于赵小成王前。(《荀子·议兵》)

秦昭王五十年使王龁围邯郸,急,赵欲杀子楚。子楚与吕不韦谋,行金六百金予守者吏,得脱,亡赴秦军,遂以得归。赵欲杀子楚妻,子楚夫人赵豪家女也,得匿,以故母子竟得活。(《吕不韦列传》)

魏北向破秦存赵后,乘胜东向攻取破齐时取故宋地而建立之陶郡。卫为繁华富庶之区,亦成为魏欲夺取之目标。足见魏之国力尚强,本可不入秦朝见,何待于魏敬之劝说而辍行邪?(《吕氏春秋·应言》)

秦既为魏、楚联军大破于邯郸,再大败于河东,于是地处魏东之秦陶郡,陷于孤立无援之境地,成为便于魏攻取之目标。地处陶郡西北之卫国,亦同时成为魏兼并之目标。(《韩非子·有度》)

周赧王五十九年(前256年)

秦昭王五十一年,魏安釐王二十一年,韩桓惠王十七年,赵孝成王十年,齐王建九年,楚考烈王七年,燕孝王二年。

韩、魏、楚救赵新中,秦兵罢。(《六国年表》)

秦拔韩阳城、负黍。(《韩世家》)

西周君背秦,与诸侯约从,将天下锐兵出伊阙攻秦,令秦勿得通阳城,于是秦使将军摎攻西周。西周君走来自归,顿首受罪,尽献其邑三十六城,口三万。秦王受限,归其君于周。(《秦本纪》)

周君、王赧卒,周民遂东亡。秦取九鼎宝器,而迁西周公于𢠸狐。(《周本纪》)

周赧王死,秦拔西周,使天子绝灭,故赵使徒父祺出访临国,图谋联合挽救。(《赵世家》)

魏、楚合纵救赵攻秦,夺回应邑。(《秦策三》)

秦昭王五十二年(前255年)至秦王政十年(前237年)大事:秦灭东周 平嫪毐乱 吕不韦免相

秦昭王五十二年(前255年)

魏安釐王二十二年,韩桓惠王十八年,赵孝成王十一年,齐王建十年,楚考烈王八年,燕孝王三年。

秦取西周。(《六国年表》)

周民东亡,其器九鼎入秦。周初亡。(《秦本纪》)

楚取鲁,鲁君封于莒。(《六国年表》)

春申君相楚八年为楚北伐灭鲁。以荀卿为兰陵令。当是时,楚复强。(《春申君列传》)

秦昭王五十二年,王稽弃市。(《六国年表》《范睢列传》)

蔡泽见逐于赵,而入韩、魏……西入秦,将见昭王,使人宣言以感怒应侯。(《蔡泽列传》)

赵孝成王城元氏,县上原。武阳君郑安平死,收其地。(《赵世家》)

燕孝王卒,子今王喜立。(《燕世家》)

魏、楚合纵救赵大败秦军之后,魏、楚正乘机向东攻占卫及宋旧地,赵亦谋乘机攻燕而向东发展。(《赵策三》)

秦昭王五十三年(前254年)

魏安釐王二十三年,韩桓惠王十九年,赵孝成王十二年,齐王建十一年,楚考烈王九年,燕王喜元年。

秦昭襄王五十三年,天下来宾。魏后,秦使　伐魏,取吴城。韩王入朝。魏委国听令。(《秦本纪》)

秦昭王五十四年(前253年)

魏安釐王二十四年,韩桓惠王二十年,赵孝成王十三年,齐王建十二年,楚考烈王十年,燕王喜二年。

秦昭襄王郊见上帝于雍。(《秦本纪》)

卫怀君三十一年朝魏,魏囚杀怀君。魏更立嗣君弟,是为元君。元君为魏婿,故魏立之。(《卫世家》)

卫离魏为衡,半岁而亡。(《韩非子·五蠹》)

楚考烈王十年,徙于巨阳。(《六国年表》)

秦昭王五十五年(前252年)

魏安釐王二十五年,韩桓惠王二十一年,赵孝成王十四年,齐王建十三年,楚考烈王十一年,燕王喜三年。

平原君赵胜死。(《赵世家》《六国年表》)

秦昭王五十六年(前251年)

魏安釐王二十六年,韩桓惠王二十二年,赵孝成王十五年,齐王建十四年,楚考烈王十二年,燕王喜四年。

秦昭襄王卒,子孝文王立。尊唐八子为唐太后,而合其葬于先王。韩王衰绖入吊祠,诸侯皆使其将相来吊祠,视丧事。(《秦本纪》)

秦昭王五十六年薨。太子安国君立为王,华阳夫人为王后,子楚为太子。赵亦奉子楚夫人及子政归秦。(《吕不韦列传》)

燕王喜四年伐赵,赵破燕军,杀栗腹。(《六国年表》《燕策三》《赵世家》《乐毅列传》《廉颇列传》)

平原君卒。(《六国年表》)

秦孝文王元年(前250年)

魏安釐王二十七年,韩桓惠王二十三年,赵孝成王十六年,齐王建十五年,楚考烈王十三年,燕王喜五年。

孝文王元年赦罪人,修先王功臣,褒厚亲戚,驰苑囿。孝文王除丧,十月己亥继位,三日辛丑卒,子庄襄王立。(《秦本纪》)

秦王立一年薨,谥为孝文王。太子子楚立,是为庄襄王。庄襄王所母华阳后为华阳太后,真母夏姬尊以为夏太后。(《吕不韦列传》)

廉颇围燕,以乐乘为武襄君。(《赵世家》)

初,燕将攻下聊城,人或谗之,燕将惧诛,遂保守聊城,不敢归。田单攻

之，岁余，士卒多死，而聊城不下，鲁仲连乃为书，约之矢以射城中，遗燕将。（《齐策六》《鲁仲连列传》）

魏安釐王……攻尽陶、卫之地，加兵于齐，私平陆之都。（《韩非子·有度》）

张良父张平相韩釐王、悼惠王（即桓惠王）。悼惠王三年卒。（《留侯世家》）

秦庄襄王元年（前 249 年）

魏安釐王二十八年，韩桓惠王二十四年，赵孝成王十七年，齐王建十六年，楚考烈王十四年，燕王喜六年。

秦庄襄王元年大赦，修先王功臣，施厚德骨肉，布惠于民。东周与诸侯谋秦，秦使相国不韦诛之，尽入其国。秦不绝其祀，以阳人地赐周君，奉其祭祀。（《秦始皇本纪》附《秦记》《秦本纪》）

秦使蒙骜伐韩，韩献成皋、巩（梁玉绳曰：巩，荥阳之误）。秦界至大梁，初置三川郡。（《秦本纪》《韩世家》《六国年表》《蒙恬列传》）

子楚立，以吕不韦为相，号曰文信侯，食蓝田十二县。王后为华阳太后，诸侯皆置养邑。（《秦策五》）

庄襄王元年以吕不韦为丞相，封为文信侯，食河南雒阳十万户。（《吕不韦列传》）

赵孝成王十七年假相、大将武襄君（即乐乘）攻燕，围其国。（《赵世家》）

其明年，乐乘、廉颇为赵围燕，燕重礼以和，乃解。（《乐毅列传》）

楚灭鲁，顷公迁卞，为家人，绝嗣。（《六国年表》）

齐王建后卒。（《田世家》）

秦日夜攻三晋、燕、楚，五国各自救于秦，以故王建四十余年不受兵。（《田世家》《齐策六》）

秦庄襄王二年（前 248 年）

魏安釐王二十九年，韩桓惠王二十五年，赵孝成王十八年，齐王建十七年，楚考烈王十五年，燕王喜七年。

秦庄襄王击赵榆次、新城、狼孟，得三十七城。初置太原郡。（《六国年表》《蒙恬列传》《燕世家》《秦本纪》）

赵延陵钧率师从相国信平君助魏攻燕。秦拔赵榆次。(《赵世家》)

秦庄襄王立二年取太原地。(《秦始皇本纪》附《秦记》)

春申君徙封于吴。春申君因城故吴墟,以自为都邑。(《六国年表》《春申君列传》)

秦欲与燕共伐赵,以广河间之地,因国事决于不韦,不韦益封河间。因燕献河间十城以为吕不韦封邑,因而秦以燕为上交,欲与燕合攻赵,以广河间之地。(《战国纵横家书》《赵策一》)

天下合纵,以赵、楚、魏三国为主谋,信陵君正留赵不归,因窃符救赵而破秦,颇具威名,因而被推为五国合纵之师之统帅。(《赵策三》)

赵王听从建信君主持合纵抗秦。(《赵策三》《韩策三》)

秦庄襄王三年(前247年)

魏安釐王三十年,韩桓惠王二十六年,赵孝成王十九年,齐王建十八年,楚考烈王十六年,燕王喜八年。

王龁击上党。秦初置太原郡。魏公子无忌率五国却秦军河外,蒙骜解去。(《六国年表》《秦本纪》)

庄襄王卒,子政立,是为秦始皇帝。(《秦本纪》)

秦悉拔韩上党。(《韩世家》《六国年表》)

庄襄王即位三年,薨,太子政立为王,尊吕不韦为相国,号称仲父。秦王年少,太后时时窃通吕不韦。不韦家僮万人。(《吕不韦列传》)

李斯至秦,求为吕不韦舍人,不韦贤之,任以为郎。(《李斯列传》)

李斯问于荀卿。(《荀子·议兵》)

魏师数败,魏王患之,乃使人请信陵君于赵,信陵君畏得罪,不肯还。(《魏公子列传》)

魏无忌归魏,率五国兵攻秦,败之河外,走蒙骜。魏太子增质于秦,秦恐,欲囚魏太子增。或为增谓秦王,秦乃止增。(《魏世家》)

赵与燕易土:以龙兑、汾门、临乐与燕;燕以葛、武阳、平舒与赵。(《赵世家》)

秦皇初即位,穿治郦山。(《秦始皇本纪》)

秦王政元年(前246年)

魏安釐王三十一年,韩桓惠王二十七年,赵孝成王二十年,齐王建十九

年，楚考烈王十七年，燕王喜九年。

秦始皇帝元年击取晋阳。作郑国渠。(《六国年表》)

晋阳反，秦始皇帝元年将军蒙骜击定之。(《秦始皇本纪》)

秦王拜李斯为上卿。(《李斯列传》)

秦行金万斤于魏以毁魏公子。(《魏公子列传》)

秦王政二年(前245年)

魏安釐王三十二年，韩桓惠王二十八年，赵孝成王二十一年，齐王建二十年，楚考烈王十八年，燕王喜十年。

秦攻卷，斩首三万。(《秦本纪》)

赵孝成王卒。廉颇将，攻繁阳取之。使乐乘代之，廉颇攻乐乘，乐乘走，廉颇亡入魏。子偃立，是为悼襄王。(《赵世家》《廉颇列传》《燕世家》)

李牧居代、雁门备匈奴。(《廉颇列传》附《李牧列传》)

李牧为赵将居边……北逐单于，破东胡，灭澹林，西抑强秦，南支韩、魏。(《史记·冯唐列传》)

秦王政三年(前244年)

魏安釐王三十三年，韩桓惠王二十九年，赵悼襄王元年，齐王建二十一年，楚考烈王十九年，燕王喜十一年。

蒙骜攻韩取十三城。王龁死。十月，将军蒙骜攻魏氏畼、有诡。岁大饥。(《秦本纪》《韩世家》《六国年表》《蒙恬列传》)

赵大备魏，欲通平邑、中牟之道不成。(《赵世家》)

廉颇既亡入魏，赵使李牧攻燕，拔武遂、方城。(《廉颇列传》附《李牧传》)

燕使太子丹入秦。(《刺客列传》《秦策三》)

秦王政四年(前243年)

魏安釐王三十四年，韩桓惠王三十年，赵悼襄王二年，齐王建二十二年，楚考烈王二十年，燕王喜十二年。

秦拔畼、有诡。三月军罢。秦质子归自赵，赵太子出归国。十月庚寅，蝗虫从东方来，蔽天，天下疫，百姓内粟千石，拜爵一记。(《六国年表》)

李牧攻燕，拔武遂、方城。秦召春平君，因而留之……城韩皋。(《赵世家》《赵策四》《燕世家》)

信陵君死。(《六国年表》)

魏安釐王卒,太子增立,是为景湣王。(《魏世家》)

秦王政五年(前242年)

魏景湣王元年,韩桓惠王三十一年,赵悼襄王三年,齐王建二十三年,楚考烈王二十一年,燕王喜十三年。

秦将军骜攻魏,定酸枣、燕、虚、长平、雍丘、山阳诸城,皆拔之,取二十城。初置东郡。(《秦始皇本纪》《魏世家》)

赵、魏会鲁柯盟。(《六国年表》)

燕剧辛死于赵。(《六国年表》)

庞煖破燕军,杀剧辛。(《廉颇列传》附《李牧传》)

秦王政六年(前241年)

魏景湣王二年,韩桓惠王三十二年,赵悼襄王四年,齐王建二十四年,楚考烈王二十二年,燕王喜十四年。

韩、魏、赵、卫、楚共击秦,取寿陵。秦出兵,五国兵罢。(《秦本纪》《六国年表》)

赵庞煖将赵、楚、魏、燕之锐师攻秦蕞,不拔。移攻齐,取饶安。(《赵世家》)

楚与诸侯共伐秦,不利而去,楚东徙都寿春,命曰郢。(《楚世家》)

秦拔卫,迫东郡,其君角率其支属徙居野王,阻其山以保魏之河内。(《秦始皇本纪》)

秦始皇徙卫君角于野王,置东郡,治濮阳县。(《水经·睢水注》)

吕不韦作《吕氏春秋》。(《史记·十二诸侯年表·序》)

秦王政七年(前240年)

魏景湣王三年,韩桓惠王三十三年,赵悼襄王五年,齐王建二十五年,楚考烈王二十三年,燕王喜十五年。

秦将军骜死。以攻龙、孤、庆都,还兵攻汲。夏太后死。(《秦始皇本纪》)

赵傅抵将,居平邑;庆舍将东阳、河外师,守河梁。(《赵世家》)

秦王政八年(前239年)

魏景湣王四年,韩桓惠王三十四年,赵悼襄王六年,齐王建二十六年,楚

考烈王二十四年，燕王喜十六年。

秦始皇弟长安君成蟜将军击赵，反死屯留，军吏皆斩死，迁其民于临洮。将军壁死，卒屯留，蒲鶮反，戮其尸。(《秦始皇本纪》)

赵封长安君以饶。(《赵世家》)

嫪毐封为长信侯，予之山阳地，令毐居之……事无大小皆决毐。又以河西、太原郡为毐国。(《秦始皇本纪》)

始皇帝益壮，太后淫不止。吕不韦恐觉祸及己，乃私求大阴人嫪毐为舍人，时纵倡乐，使毐以其阴关桐轮而行，令太后闻之，以啖太后。太后闻，果欲私得之。吕不韦乃进嫪毐，诈令人以腐罪告之。不韦又阴谓太后曰："可事诈腐，则得给事中。"太后乃阴厚赐主腐者吏，诈论之，拔其须眉为宦者，遂得侍太后。太后私与通，绝爱之。有身，太后恐人知之，诈卜当避时，徙宫居雍。嫪毐常从，赏赐甚厚，事皆决于嫪毐。嫪毐家僮数千人，诸客求宦为嫪毐舍人千余人。(《吕不韦列传》"千余人"当作"四千人"。《秦始皇本纪》谓嫪毐处死后，其舍人迁蜀四千余家)

秦攻魏急，或人请魏王赂秦以为嫪毐有功，王以国赞嫪毐，使嫪毐争胜吕不韦，使天下舍吕氏从毐氏，从而解患而报怨。(《魏策四》)

顿若游说秦王。(《秦策四》)

韩桓惠王卒，子王安立。(《韩世家》)

秦王政九年(前238年)

魏景湣王五年，韩王安元年，赵悼襄王七年，齐王建二十七年，楚考烈王二十五年，燕王喜十七年。

秦攻魏垣、蒲阳……杨端和攻衍氏。嫪毐为乱，迁其舍人于蜀。(《秦始皇本纪》)

秦攻魏取得东部之地甚大，以扩大秦之东郡，使秦取得中原大块土地，从此东方六国不能再合纵抗秦，直至陆续为秦所并。(《秦策四》)

长信侯作乱而觉……尽得嫪毐等。卫尉竭、内史肆、佐弋竭、中大夫令齐等二十人皆枭首，车裂以徇，灭其宗。及其舍人，轻者为鬼薪。及夺爵迁蜀四千余家，家房陵。(《秦始皇本纪》《吕不韦列传》)

楚考烈王死卒，子幽王悍立。李园杀春申君。(《楚世家》《六国年表》)

秦王政十年(前237年)

魏景湣王六年,韩王安二年,赵悼襄王八年,齐王建二十八年,楚幽王元年,燕王喜十八年。

相国吕不韦坐嫪毐免。桓齮为将军……秦王迎太后雍而入咸阳,复居甘泉宫。(《秦始皇本纪》)

文信侯就国河南。(《吕不韦列传》)

李斯上书,乃止逐客令。(《秦始皇本纪》)

尉缭说秦王……秦王以为国尉,卒用其计策。(《秦始皇本纪》)

齐、赵王入秦置酒。(《田世家》《六国年表》)

参 考 文 献

典籍文献

1. [汉]司马迁:《史记》,中华书局 1982 年版。

2. [汉]刘向集录,范祥雍笺证,范邦瑾协校:《战国策笺证》,上海古籍出版社 2006 年版。

3. [汉]刘向:《战国策》,上海古籍出版社 1985 年版。

4. [汉]刘向撰:《新序 说苑》,上海古籍出版社 1990 年版。

5.《十三经注疏》,中华书局 1980 年版。

6.《诸子集成》,中华书局 1954 年版。

7. [宋]司马光编著,[元]胡三省注:《资治通鉴》,上海古籍出版社 1987 年版。

8. [宋]袁枢:《通鉴纪事本末》,中华书局 1964 年版。

9. [宋]洪迈:《容斋随笔》卷十三《孙膑减灶》,中华书局 2005 年版。

10. [清]黄式三:《周季编略》,凤凰出版社 2008 年版。

11. [清]顾栋高:《春秋大事表》,中华书局 1993 年版。

12. [清]顾炎武:《日知录》,《影印文渊阁四库全书》本,台湾商务印书馆 1985 年版。

13. [清]顾炎武著,黄汝成集释:《日知录集释》,上海古籍出版社 1985 年版。

14. [清]章学诚:《文史通义》,中华书局 1985 年版。

15. 杨伯峻:《春秋左传注》,中华书局 1990 年版。

16. 程俊英:《诗经译注》,上海古籍出版社 2004 年版。

17. 徐元诰:《国语集解》,中华书局 2002 年版。

18. 方诗铭、王修龄:《古本竹书纪年辑证》(修订本),上海古籍出版社

2005 年版。

近今论著

1. 谭其骧主编:《中国历史地图集》(第一册),地图出版社 1982 年版。

2. 马王堆汉墓帛书整理小组编:《战国纵横家书》,文物出版社 1976 年版。

3. 杨宽:《战国史》(增订本),上海人民出版社 1998 年版。

4. 杨宽:《战国史料编年辑证》,上海人民出版社 2001 年版。

5. 杨宽、吴浩昆主编:《战国会要》,上海古籍出版社 2005 年版。

6. 缪文远:《战国制度通考》,巴蜀书社 1998 年版。

7. 缪文远:《战国史系年辑证》,巴蜀书社 1998 年版。

8. 睡虎地秦墓竹简整理小组编:《睡虎地秦墓竹简》,文物出版社 1990 年版。

9. 银雀山汉墓竹简整理小组:《银雀山汉墓竹简(壹)》,文物出版社 1985 年版。

10. 陈梦家:《西周年代考 六国纪年》,中华书局 2005 年版。

11. 许倬云:《西周史》,联经出版事业股份有限公司 2005 年版。

12. 钱穆:《先秦诸子系年》,商务印书馆 2001 年版。

13. 詹子庆:《先秦史》,辽宁人民出版社 1984 年版。

14. 吕思勉:《先秦史》,上海古籍出版社 2006 年版。

15. 晁福林:《春秋战国的社会变迁》,商务印书馆 2011 年版。

16. 朱绍侯主编:《中国古代史》(上册),福建人民出版社 2000 年版。

17. 陈槃:《春秋大事表列国爵姓及存灭表撰异》,上海古籍出版社 2010 年版。

18. 赵东玉:《唯士与女:先秦性别文化片论》,辽宁师范大学出版社 2007 年版。

19. 黄中业:《战国变法运动》,吉林大学出版社 1990 年版。

20. 张长寿、殷玮璋主编,中国社会考古研究院编著:《中国考古学·两周卷》,中国社会科学出版社 2004 年版。

21. 吴如嵩:《孙子兵法浅说》,战士出版社 1983 年版。

22. 银雀山汉墓竹简整理小组编:《银雀山汉墓竹简——孙膑兵法》,文物出版社 1975 年版。

23. 张震泽:《孙膑兵法校理》,中华书局 1984 年版。

24. 霍建章:《孙膑兵法浅说》,解放军出版社 1986 年版。

25. 邓泽如:《孙膑兵法注释》,解放军出版社 1986 年版。

26. 张彦修:《纵横家书——〈战国策〉与中国文化》,河南大学出版社 1998 年版。

27. 李学勤:《东周与秦代文明》,上海人民出版社 2007 年版。

28. 钱宗范:《春秋战国史话》,北京出版社 1985 年版。

29. 黎东方:《细说秦汉》,上海人民出版社 2002 年版。

30. 冯立鳌:《天下战国人物正解》,陕西人民出版社 2006 年版。

31. 沈长云、杨善群:《战国史与战国文明》,上海科学技术文献出版社 2007 年版。

32. 谢齐、彭邦炯:《战国史话》,中国国际广播出版社 2007 年版。

33. 王阁森、唐致卿主编:《齐国史》,山东人民出版社 1992 年版。

34. 王修德编著:《齐国大事纪年》,齐鲁书社 2007 年版。

35. 刘琳:《华阳国志校注》,巴蜀书社 1984 年版。

36. 段连勤:《北狄族与中山国》,河北人民出版社 1985 年版。

37. 河北省文物考古研究所:《战国中山国灵寿城——1975—1993 年考古报告》,文物出版社 2005 年版。

38. 夏商周断代工程专家组编著:《夏商周断代工程 1996—2000 阶段成果报告·简本》,世界图书出版公司北京公司 2000 年版。

39. 李峰:《西周的灭亡——中国早期国家的地理和政治危机》,上海古籍出版社 2007 年版。

40. [日]藤田胜久著,曹峰、[日]广濑薰雄译:《〈史记〉战国史料研究》,上海古籍出版社 2008 年版。

41. [英]崔瑞德、鲁惟一著,杨品泉等译:《剑桥中国秦汉史》,中国社会科学出版社 1992 年版。

42. [英]阿诺德·约·汤因比著,徐波等译:《人类和大地母亲》,上海人民出版社 2001 年版。

43. 仝晰纲:《桂陵之战诸问题辨析》,《史学月刊》1999 年第 3 期。

44. 田昌五:《谈桂陵之战及相关诸问题》,《文史哲》1991 年第 3 期。

45. 王文涛:《从“禽庞涓”谈“马陵之战”及其他》,《聊城大学学报(社科版)》2006年第3期。

46. 何汉:《试论古代秦国早期的重要建树》,《华中师范大学学报(社会科学版)》1990年第1期。

47. 李学勤、李零:《平山三器与中山国史的若干问题》,《考古学报》1979年第2期。

48. 冯庆全、阎忠:《春秋战国时期的人才流动》,《史学集刊》1991年第1期。

49. 顾颉刚:《息壤考》,《文史哲》1957年第10期。

50. 郭维德:《楚郢都辨疑》,《江汉考古》1997年第4期。

51. 楚皇城考古发掘队:《湖北宜城楚皇城勘察简报》,《考古》1980年第2期。

52. 杨宽:《关于越国灭亡年代的再商讨》,《江汉论坛》1991年第5期。

53. 王洪波、李丽:《“战国四公子”称谓商榷》,《昭乌达蒙古族师专学报(汉文哲学社会科学版)》2000年第2期。

54. 蔡德贵:《论先秦齐国与稷下古典自由主义》,《南京大学学报(哲学·人文科学·社会科学)》2005年第4期。

55. 赵东玉:《秦为春秋大国说》,《史学集刊》2007年第3期。

56. 张杰、徐加富:《论春秋战国时期齐国的人才观》,《管子学刊》2008年第2期。

57. 戴建忠:《纵横家的外交政策及其现代意义——古今外交和谐论》,《管子学刊》2008年第2期。

58. 王淳:《战国四封君怎么又成了“四公子”》,《史学月刊》2009年第2期。

后　记

《战国合纵连横述要》是多卷本《战国史》的组成部分之一。本书按照写作之初的设计，是以相对通俗的语言描述战国时代列国合纵连横的人和事，勾勒时代风云变幻的线条与画面。写作过程中参考了古今学者的大量论著，受益良多，启发甚深。有关的论著已列入附录的参考文献之中。在此，谨向战国史研究的各位先贤和时哲表示敬意与谢忱！

本书是集体协作而成的。作者都曾在辽宁师范大学历史文化学院从事过教学科研工作，而今散在各地继续从事先秦史和思想文化史的研究。全书由我提出写作的总体构想，王金涛博士协助我形成了写作提纲，张野博士协助我进行了全书统稿和校对。其中，王金涛负责桂陵之战、逢泽之会、马陵之役、齐魏相王、秦国始强、赵国崛起、东进南攻、合纵抗秦部分，张野负责名士政治部分，董云香负责田单复国、范雎远交近攻部分，杨铭负责谋略交织、燕国雪耻部分，芦翠负责纵横家的初登场部分。

粗略算来，书稿杀青已是近十年前的事了。彼时，我与上述青年学者悠游于连湾海滨，研讨古史、切磋学问，思接千载、纵论百家，乐亦在其中矣。今书稿即将出版，而旧事恍如眼前。

由于水平和视野所限，加之写作定位为历史文化传播之作，难免有错谬不当之处，尚祈方家指正。

是为后记。

东禺

2019 年 9 月 6 日 于大连